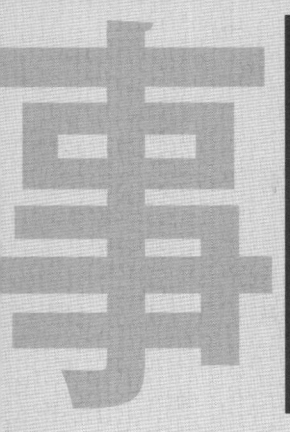

実務
行政事件訴訟法

大貫　裕之
宇佐見方宏　編著

事例別

弘文堂

実務
行政事件訴訟法

大貫　裕之
宇佐見方宏　編著

事例別

弘文堂

は　し　が　き

　『事例別　実務行政事件訴訟法』を世に送る。弘文堂の高岡俊英さんが編著者の一人の大貫を訪ねてこられたのは、新司法試験で行政法が必修科目となり、法科大学院でも実務を意識した講義が始まっている頃であった。しかし、講義で事例問題を取り扱うと言っても、実務で実際に起こりうることについて充分に詳しく解説がなされるわけではない。また、新司法試験を経て弁護士になる人も増え、加えて、国民の意識の変化もあり、行政訴訟も少しずつ増えているように思われた。だが、こうした状況にあっても、事件を受任する弁護士の方が必ずしも行政訴訟の実務に通暁しているわけではないようにも感じられた。高岡さんの企画は、法科大学院生に実務で起こりうるリアルな問題を少しでも考えてもらうこと、同時に、弁護士として行政訴訟を担当する方に、実際の事件でどのように思考し、行動すべきか助言することを試みたいというものであった。大貫は一も二もなく賛同し、さっそく、もう一人の共編著者として、練達の実務家である宇佐見方宏弁護士にお願いし、本の完成に向けた作業が始まった。

　上記のような目的を達成するために、まず宇佐見弁護士に、事例を提供して原稿を執筆してくださる実際の行政訴訟を担当した弁護士の選定をお願いし、その方々に担当事件をモデルにして事例を作成してもらった。そして、その事例を作成した弁護士の方から学問的に解説してほしい項目を挙げてもらい、研究者が解説を執筆した。こうしてできあがったのが本書である。解説されている項目は学問的な関心からではなく、実務的な関心から選択されている（本書は実務に配慮した（?!）構成になっている。本書の冒頭の導入的解説──宇佐見弁護士と同じ事務所に所属する河口まり子弁護士に協力をお願いした──も実務家の視点から執筆いただいた）。このことによって、法科大学院生は行政事件で実際に問題となりうる論点について学問的な解説により学習することができるであろう。弁護士の方は、現実の行政訴訟で問題となりうることについて、現場に立って訴訟を提起する者の視点から勉強することができるであろう。さらに、より深く学習したい法科大学院生、弁

護士のために、数は多くはないが、応用的な項目の解説も行ったので、特定の論点について広がりのある学びができるだろう。

　本書の事例は現実の事件をモデルにしているために、事例によって、解説される項目の数に違いが生じたが、調整には限界があった。また、同一の解説項目が複数の事例で取り扱われたが、解説者によって解説の力点が異なることもあり、調整は最小限にとどめ、それぞれの解説の個性を尊重した。クロスレファレンスをもっと行いたかったなど、更に向上させたいところはあるが、今は、本書を世に送り、さまざまなご指摘をいただき、より一層の発展を期すなかで行いたい。

　上に述べたように、これまでにない企画であったことから、本書の作成に当たり執筆者の皆さんには大変なご負担をお掛けした。編著者の宇佐見弁護士にも、事例の実務的な観点からの検討、全体の統一などにおいて多大のご尽力をいただいた。また、編集作業を担当してくださった高岡さんには筆舌に尽くしがたいご負担をお掛けした。彼の忍耐力がなければ本書は完成しなかったであろう。こころからお礼申し上げる。

　2014年3月

　　　　　　　　　　　　　編著者を代表して

　　　　　　　　　　　　　　　　大　貫　裕　之

CONTENTS

はしがき ……………… i

第1編　冒頭解説編

冒頭解説（宇佐見方宏＋河口まり子）……………… 2

《1 はじめに（法律による行政の原理とは）……………………… 2
　　1　法律の留保……………… 2
　　2　法律の優位の原則……………… 2
　　3　法律の法規創造力……………… 3
《2 行政救済制度の必要性 ……………………………………… 3
《3 行政救済制度の種類 ………………………………………… 3
　　1　行政争訟制度……………… 4
　　2　各行政争訟制度の説明……………… 4
《4 行政事件訴訟を起こすための準備 ……………………… 10
　　1　問題となる行政機関の行政活動の検討……………… 10
　　2　本案の違法主張……………… 11
　　3　訴訟要件の調査……………… 11
《5 取消訴訟の審理手続き …………………………………… 13
　　1　要件審理と本案審理……………… 13
　　2　審理の対象（訴訟物）……………… 14
　　3　原告側の主張制限……………… 14
　　4　被告側の主張制限（処分理由の追加差し替え）……………… 15
　　5　職権主義の加味……………… 15
　　6　証明責任……………… 16
　　7　取消訴訟の判決の効力……………… 16
《6 仮の権利保護 ……………………………………………… 17
　　1　申請に対する処分を巡る訴訟の場合……………… 17
　　2　不利益処分を巡る訴訟の場合……………… 17
《7 国家賠償 …………………………………………………… 18
　　1　国家賠償法1条の賠償責任の要件と効果……………… 19
　　2　国家賠償法2条の責任……………… 19
　　3　民法の適用……………… 20

第2編　事例編

1 建築基準法事例——申請制度を巡る諸問題1 ……………28

──事例編──　（宇佐見方宏）

((1 事案の概要……………………………………………………28

((2 建築確認の違法性…………………………………………31
　（1）違法性の検討と事実確認（31）　（2）建築確認（基準法6条1項）とは（32）　（3）建築確認の対象（32）　（4）建築確認と裁量の余地（33）　（5）指定確認検査機関（33）　（6）本件建築確認は、東京都建築安全条例4条2項に反するか（34）

((3 建築確認の取消を求める法的手段………………………37
　（1）審査請求前置（37）　（2）審査請求の申立て（32）　（3）取消訴訟の提起（38）　（4）原告適格（38）　（5）処分の違法（39）　（6）執行停止の申立て（40）

((4 原処分主義…………………………………………………40
　（1）建築確認と棄却裁決（40）　（2）原処分主義（40）　（3）原処分主義に違反した場合の救済（41）

((5 狭義の訴えの利益…………………………………………41
　（1）マンション建築工事の完成と問題の所在（41）　（2）建築確認の法的効力（42）

((6 完成後の考えられる法的手段……………………………42
　（1）建物の完成と訴えの利益の喪失（42）　（2）義務付け訴訟の可否（43）

((7 民事的救済の可否…………………………………………43

((8 仮処分の排除………………………………………………44

((9 行政訴訟のルートか民事訴訟のルートか………………45
　（1）訴訟手続の選択（45）　（2）選択の判断要素（45）

──解説編──　（土田伸也）

[**解説1**　建築確認]………………55
　（1）建築基準法における建築確認の仕組み（55）　（2）建築確認の法的性格（56）

[**解説2**　建築確認の対象]………………56

[**解説3**　建築確認の裁量]………………57
　（1）要件裁量（58）　（2）効果裁量（58）

[**解説4**　建築行政の担い手]………………59
　（1）建築主事（59）　（2）指定確認検査機関（60）　（3）特定行政庁（60）

[**解説5**　接道義務]………………61

[**解説6**　建築審査会に対する審査請求]………………62

[**解説7**　出訴期間]………………63

［解説 8　被告適格］‥‥‥‥‥‥‥‥65
　　［解説 9　原告適格］‥‥‥‥‥‥‥‥66
　　［解説10　原処分主義］‥‥‥‥‥‥‥68
　　［解説11　狭義の訴えの利益と建築確認の法的効力］‥‥‥‥‥‥‥69
　　［解説12　非申請型義務付け訴訟］‥‥‥‥‥‥‥70
　　　　(1)　重大な損害（71）　(2)　補充性（72）　(3)　原告適格（73）
　　［解説13　民事訴訟としての差止訴訟］‥‥‥‥‥‥‥73
　　［解説14　民事上の仮処分］‥‥‥‥‥‥‥74

　2　廃掃法事例──申請制度を巡る諸問題2‥‥‥‥‥‥ 76
　　──**事例編**──（河口まり子）
《1　事案の概要‥‥‥‥‥‥‥‥‥‥‥‥‥‥‥‥‥‥‥‥76
《2　方針の検討‥‥‥‥‥‥‥‥‥‥‥‥‥‥‥‥‥‥‥‥77
　　　　(1)　法令調査など（77）　(2)　時系列の整理（81）　(3)　事実関係の補充確認（82）
　　　　(4)　方針の検討（83）
《3　不作為の違法確認訴訟の提起‥‥‥‥‥‥‥‥‥‥‥‥‥‥‥‥85
　　　　(1)　訴訟形式の検討・訴訟形式の選択（85）　(2)　訴状の起案（86）
　　──**解説編**──（大貫裕之）
　　［解説 1　権限の委任、行政訴訟の被告適格、地方公共団体の事務］‥‥‥‥ 91
　　［解説 2　申請と届出］‥‥‥‥‥‥‥91
　　［解説 3　受理、申請の審査開始義務］‥‥‥‥‥‥‥93
　　［解説 4　都市計画法及び建築基準法による規制の仕組み］‥‥‥‥‥‥ 94
　　［解説 5　要綱とは何か］‥‥‥‥‥‥‥95
　　［解説 6　経由機関とは何か］‥‥‥‥‥‥‥96
　　［解説 7　行政指導とは何か］‥‥‥‥‥‥‥97
　　［解説 8　行政手続法11条　複数の行政庁が関与する処分についての関係　行政庁の対応］‥‥‥‥‥‥‥100
　　［解説 9　行政手続法、行政手続条例いずれが適用になるか］‥‥‥‥‥‥ 101
　　［解説10　不作為の違法確認訴訟］‥‥‥‥‥‥‥102
　　［advanced 1　手続的規律の判別］‥‥‥‥‥‥ 103
　　［advanced 2　訴訟物、処分の範囲］‥‥‥‥‥‥ 105

③ 道路交通法事例——更新制度を巡る諸問題 ……………… 108
　　──事例編──（辻本雄一）
　1 事 案 の 概 要 ………………………………………… 108
　2 事 情 聴 取 ………………………………………… 110
　3 訴訟要件についての打ち合わせ ………………………… 113
　4 違法性の主張についての打ち合わせ …………………… 114
　　──解説編──（神橋一彦）
　[解説1　処分性] ……………121
　　（1）基本的な考え方（121）　（2）違反運転者の場合（122）　（3）優良運転者にならなかった場合（123）
　[解説2　訴えの利益] ……………124
　　（1）基本的な考え方（124）　（2）違反運転者の場合（124）　（3）優良運転者にならなかった場合（124）
　[解説3　理由の提示] ……………125
　[解説4　行政処分に手続違反があった場合、それが当該処分の取消までもたらすのか] ……………127

④ 学校教育法事例——就学校指定を巡る諸問題 ……………… 129
　　──事例編──（辻本雄一）
　1 事 案 の 概 要 ………………………………………… 129
　2 事情聴取—平成18年2月8日 ………………………… 131
　3 方針の決定—相談日当日 ……………………………… 135
　4 他の訴訟の可能性—方法選択 ………………………… 136
　5 訴えの利益—就学校指定処分 ………………………… 138
　6 原 告 適 格 ………………………………………… 139
　7 違法性の主張 ………………………………………… 141
　8 差止訴訟（可能性・要件） …………………………… 148
　　──解説編──（稲葉一将）
　[解説1　条例の処分性] ……………150
　[解説2　訴訟形式の選択] ……………152
　[解説3　請求の客観的併合] ……………153
　[解説4　違法性の承継] ……………154
　[解説5　原告適格を有する者] ……………155

[解説6 公の施設の廃止と裁量権の逸脱濫用]･････････156
[解説7 「重大な損害」の有無]･････････157

5 風営法事例——不利益処分を巡る諸問題･････････159
────**事例編**────（宇佐見方宏）
((1 事 案 の 概 要･････････159
((2 聴 聞 手 続･････････165
　　(1) 法令調査（165）　(2) 方針の検討（167）　(3) 処分基準（168）
　　(4) 聴聞期日（170）　(5) 公安委員会の開催（171）
((3 営業許可取消処分を事前に差し止める方策･････････176
　　(1) 谷塚弁護士の悩み（176）　(2) 仮の差止めと差止訴訟の検討（176）
　　(3) 仮の差止めを申し立てる時期（177）
((4 営業許可取消処分がなされた場合の対応･････････180
　　(1) 営業許可取消処分の取消訴訟の提起（180）　(2) 営業許可取消処分の違法性（181）　(3) 谷塚弁護士が作成した訴状と執行停止申立書の骨子（182）
((5 手続的違法性･････････185
　　(1) 乙地方裁判所で受付（185）　(2) 甲県公安委員会代理人らの検討（185）
　　(3) 執行停止命令（186）　(4) 本案訴訟の審理（186）　(5) 裁判所の心証　行政手続法26条違反（187）　(6) 再度の取消処分の可否（187）
((6 実体的違法性･････････188
　　(1) 処分の違法（188）　(2) 原告の主張（188）　(3) 被告の主張（189）
────**解説編**────（野口貴公美）
[解説1 許可の取消]･････････190
[解説2 風営法8条2号に定める営業許可の取消の性質について]･････190
[解説3 行政手続法と不利益処分の手続]･････････191
[解説4 聴聞手続]･････････191
[解説5 処分基準]･････････192
[advanced 1 処分基準そのものの違法性の争い方]･････････193
[解説6 差止訴訟と仮の差止め]･････････194
[解説7 差止訴訟の訴訟要件について]･････････195
[advanced 2 手続的瑕疵と実体的瑕疵の区分]･････････195
[解説8 行政手続法違反の効果（手続的瑕疵の効果）]･････････196
[解説9 取消判決の効力]･････････197

［解説10　裁量権限行使の違法性――裁量権の逸脱濫用］・・・・・・・・・・・・・・198
　　［advanced 3　処分基準にしたがわない処分の効力について］・・・・・・・・・199

⑥ 出入国管理法事例――退去強制を巡る諸問題・・・・・・・・・・・・・・・201
　　――事例編――（久保田まち子）
《1　事案の概要・・201
《2　方法の検討・・205
　　（1）法令調査等（205）　（2）方針の決定（208）　（3）訴状の起案（209）
　　（4）訴状の検討（211）
《3　訴訟提起後の事情の変更・・・・・・・・・・・・・・・・・・・・・・・・・・・・・・・・・・・・・・212
　　――解説編――（野口貴公美）
　　［解説１　入管法の退去強制手続とは］・・・・・・・・・・・・・・・・・221
　　［解説２　仮放免とは］・・・・・・・・・・・・・・・・・222
　　［解説３　法務大臣の裁決は、「裁決」（行訴法３条３項）か］・・・・・・・・・・・222
　　［解説４　退去強制事由該当性の判断の違法性を主張するには］・・・・・・・223
　　［解説５　退去強制令書の執行を阻止するための訴訟――（異議の申出に理由がない旨の）裁決の取消訴訟と退去強制令書発布処分の取消訴訟との関係］
　　　・・・224
　　［解説６　違法性の承継］・・・・・・・・・・・・・・・・・・・・224
　　［解説７　在留特別許可とは］・・・・・・・・・・・・・・・・・226
　　［解説８　法務大臣の裁決の司法審査］・・・・・・・・・・・・・・・・・226
　　［解説９　在留特別許可ガイドラインとは］・・・・・・・・・・・・・・・・・227
　　［advanced 1　在留特別許可ガイドラインの法的性格について］・・・・・・・228
　　［解説10　在留特別許可の義務付け訴訟の性格］・・・・・・・・・・・・・・・229
　　［advanced 2　退去強制令書が出た後の事情の変更について］・・・・・・・・・230
　　［解説11　再審情願とは］・・・・・・・・・・・・・・・・・231

⑦ 労災補償保険法事例――社会保障給付を巡る諸問題・・・・・・・・・・・・・233
　　――事例編――（宇佐見方宏）
《1　事案の概要・・233
《2　法令調査・・235
《3　労働者性の検討・・236
《4　業務起因性の検討・・・238

《5 氷川弁護士と平和弁護士の打ち合わせ……………………241
《6 理由の追加・差し替え……………………………………242
《7 裁判所の対応………………………………………………243
《8 判　決……………………………………………………244
《9 再度の処分──判決効…………………………………245
　───**解説編**───（稲葉一将）
　　［**解説1**　労災保険給付の仕組みと不服申立て制度］……………246
　　［**解説2**　労働者性の有無］………………246
　　［**解説3**　業務起因性の有無］………………247
　　［**解説4**　管轄］………………248
　　［**解説5**　被告の主張制限（処分理由の補充の許否）］……………248
　　［**解説6**　取消判決の拘束力］………………250

　⑧ 健康保険法事例──保険医療機関の指定を巡る諸問題………251
　　───**事例編**───（重隆憲）
《1 事案の概要………………………………………………251
《2 法令の調査………………………………………………252
《3 方針の検討………………………………………………253
《4 執行停止とその要件─「重大な損害」……………………254
《5 執行停止の申立て………………………………………257
《6 執行停止の申立書の概要…………………………………257
《7 取消訴訟の訴状の起案……………………………………259
《8 処分庁と権限の委任………………………………………259
《9 処　分　性………………………………………………259
《10 不　正　請　求……………………………………………260
《11 監　査　要　綱…………………………………………262
《12 手続の違法の有無の検討…………………………………262
《13 監　査　の　経　緯………………………………………263
《14 審査請求前置……………………………………………263
《15 患者、看護師及び病院職員の訴訟参加……………………264
　───**解説編**───（徳本広孝）
　　［**解説1**　「回復の困難な損害」から「重大な損害」への改正］…………271
　　［**解説2**　地方支分部局とは］………………272

　　　　(1) 地方支分部局（272）　(2) 権限の委任（272）
　　［解説3　保険医療機関の指定の法的性質、保険医療機関の指定取消の法的性質］‥‥‥‥‥‥‥‥273
　　　　(1) 保険医療機関の指定の法的性質、保険医療機関の指定取消の法的性質（273）
　　　　(2) 保険医療機関の指定取消と効果裁量の有無（275）　(3) 裁量統制（276）
　　［解説4　不利益処分の前提となる行政調査の違法と不利益処分の違法］・277
　　［解説5　保険医療機関指定取消処分の取消訴訟と患者の原告適格］‥‥‥278
　　　　(1) 保険医療機関指定取消処分の取消訴訟と患者の原告適格（278）
　　　　(2) 保険医療機関指定取消処分の取消訴訟と看護師・病院職員の原告適格（280）
　　　　(3) 看護師・病院職員の訴訟参加（280）
　　［advanced　処分手続の瑕疵と行政調査の瑕疵］‥‥‥‥‥‥‥ 281

9　地方税法事例──租税賦課、納付を巡る諸問題‥‥‥‥‥‥‥283

　　────事例編────（小松哲）
《1　事 案 の 概 要‥‥‥‥‥‥‥‥‥‥‥‥‥‥‥‥‥‥‥‥‥‥‥‥283
　　　　(1) 更正処分の取消訴訟事件について（第1次訴訟）（283）還付加算金取り戻し訴訟（第2次訴訟）（284）
《2　相談内容と方針決定‥‥‥‥‥‥‥‥‥‥‥‥‥‥‥‥‥‥‥‥‥286
《3　更正の請求と修正申告‥‥‥‥‥‥‥‥‥‥‥‥‥‥‥‥‥‥‥‥297
《4　更 正・決 定‥‥‥‥‥‥‥‥‥‥‥‥‥‥‥‥‥‥‥‥‥‥‥‥‥299
　　────解説編────（解説1～4小松哲、advanced 1・2 徳本広孝）
　　［解説1　租税確定手続］‥‥‥‥‥‥‥‥300
　　［解説2　付帯税と還付請求権］‥‥‥‥‥‥‥‥300
　　　　(1) 延滞税・加算税（国税通則法）(300)　(2) 延滞金・加算金（地方税法）（301）
　　　　(3) 還付金と過誤納金（301）　(4) 過誤納金の還付請求の方法（302）　(5) 還付加算金（302）
　　［解説3　租税不服申立ての種類と内容］‥‥‥‥‥‥‥‥302
　　　　(1) 異議申立て（302）　(2) 審査請求（303）
　　［解説4　税務訴訟］‥‥‥‥‥‥‥304
　　［advanced 1　行政過程における私人の行為］‥‥‥‥‥‥‥ 305
　　［advanced 2　還付通知書、還付加算金の計算等に関する租税行政庁の措置の処分性］‥‥‥‥‥‥‥307

10 地方自治法事例——住民訴訟を巡る諸問題 ………………310
——事例編——（重隆憲）
(1 事案の概要 ……………………………………………………… 310
(2 法令の調査 ……………………………………………………… 311
(3 訴状の準備 ……………………………………………………… 313
　　(1) 原告（313）　(2) 請求の趣旨（313）　(3) 4号請求における被告（314）　(4) 提訴期限、管轄、印紙代（314）
(4 答弁書とこれに対する反論 …………………………………… 316
(5 財務会計行為についての被告の再反論 ……………………… 317
(6 「住民訴訟における違法性の承継」に関する被告の主張 …… 320
(7 分限免職処分・懲戒免職処分と裁量 ………………………… 322
——解説編——（大貫裕之）
［解説1　住民監査請求］………………324
［解説2　分限免職処分と懲戒免職処分の違い］………………327
［解説3　住民訴訟（その沿革と制度趣旨）］………………329
［解説4　退職手当と給与条例主義］………………333
［解説5　住民訴訟における原告］………………334
　　(1) 普通地方公共団体の住民であること（法242条1項・242条の2第1項）（334）　(2) 住民監査請求をした者であること（242条の2第1項）（335）
［解説6　4号請求についての平成14年改正（代位請求から義務付け請求へ）］
………………335
［解説7　4号但書請求と職員の賠償責任（法243条の2）］……… 336
［解説8　財務会計行為の一般論について］………………338
［解説9　住民訴訟における違法性の承継］………………339

11 道路法事例——仮の権利保護を巡る諸問題 ……………… 343
——事例編——（河口まり子）
(1 事案の概要 ……………………………………………………… 343
(2 平成22年3月23日乙警察署での松原警部補とのやりとり ……… 351
　　(1) 訴訟形式の検討（354）　(2) 訴状及び申立書の起案（355）
——解説編——（神橋一彦）
［解説1　道路法32条に基づく道路占用許可の申請権者］……… 362
［解説2　異議申立て］………………362

[**解説3**　（申請型）義務付け訴訟]・・・・・・・・・・・・363
　（1）訴訟要件（363）　（2）本案勝訴要件（363）　（3）併合提起された訴訟の取扱い（364）
[**解説4**　仮の義務付け]・・・・・・・・・・・・・・・365
　（1）執行停止の機能的限界（365）　（2）仮の義務付け（366）
[**解説5**　申立人以外の者に生じる損害を「償うことのできない損害」に含めることができるか]・・・・・・・・・・・・・・・367
　（1）仮の権利保護の要件における「損害」の範囲（367）　（2）執行停止の場合（367）　（3）仮の義務付けの場合（368）
[**解説6**　本案で争ったのでは訴えの利益が失われる可能性が存することは、「償うことのできない損害」または、「緊急の必要」であるといえるか]・・369
[**解説7**　「償うことのできない損害」を本案が認められる可能性との相関的に判断できるか]・・・・・・・・・・・・・・・370
[**解説8**　道路管理者による許可の性質]・・・・・・・・・・・・・371
　（1）許可と特許の違い（371）　（2）道路占用許可の法的性質（372）
[**解説9**　路線認定、供用開始、道路予定区域の認定とは]・・・・・・・・・・・373
　（1）路線認定（373）　（2）区域決定（374）　（3）供用開始（374）
　（4）道路予定区域（374）
[**解説10**　取消と撤回]・・・・・・・・・・・・・・・375

12 国家賠償法事例——営造物責任を巡る諸問題・・・・・・・・376
　——事例編——（重隆憲）
《1 事案の概要・・・・・・・・・・・・・・・・・・・・・・・・・・・376
《2 相談者・天城の話・・・・・・・・・・・・・・・・・・・・・・・376
《3 訴え提起までの準備・・・・・・・・・・・・・・・・・・・・・377
《4 被告の確定・・・・・・・・・・・・・・・・・・・・・・・・・・・378
《5 資料の収集・・・・・・・・・・・・・・・・・・・・・・・・・・・378
《6 訴訟の序盤の状況・・・・・・・・・・・・・・・・・・・・・・・379
《7 調査報告書・・・・・・・・・・・・・・・・・・・・・・・・・・・380
《8 富士弁護士事務所での検討・・・・・・・・・・・・・・・・・・381
《9 求釈明と管理の瑕疵の主張の補充・・・・・・・・・・・・381
　——解説編——（土田伸也）
[**解説1**　国家賠償法2条1項の「公の営造物」の意義]・・・・・・386

［**解説2**　国家賠償法2条1項の「設置・管理の瑕疵」の意義］・・・・・・・・・387
　　(1) 総説 (387)　(2) 道路の設置管理の瑕疵 (388)
［**解説3**　国家賠償法2条1項の責任の性質］・・・・・・・・・・・・・・・・・389
［**解説4**　地方公共団体の事務の種類］・・・・・・・・・・・・・・・・・390
［**解説5**　営造物責任の主体］・・・・・・・・・・・・・・・・・392
［**解説6**　設置管理の瑕疵と予見可能性］・・・・・・・・・・・・・・・・・392
［**解説7**　国賠法1条と国賠法2条の責任の関係］・・・・・・・・・・・・・・・・・394

事項索引・・・・・・・・・・・・・・・・・396

第 1 編
冒頭解説編

冒頭解説

本章では、行政法の基本概念を鳥瞰するとともに、行政事件訴訟（主に取消訴訟）を提起する際にどのようなことに注意して準備すべきかの概要につき説明する（各項目の詳細な説明は、各事例の解説に譲ることとする）。

1 はじめに（法律による行政の原理とは）

法律による行政の原理とは、行政権の行使は、国民の代表機関である国会が制定した法律（法律の法規創造力）に基づいて（法律の留保）、しかもその法律の内容に適合するように行わなければならない（法律の優位）という原則である。

1 法律の留保

行政の活動は、国会が制定した法律の根拠に基づかなければならないという原則である。この法律の留保が国民の権利を制限したり新たな義務を課す権力的な作用について要求されることはいうまでもないが、たとえば、給付行政（補助金を支出する場合など）といった非権力的な作用にまで必要とされるかについては見解が分かれている。必要とする見解を全部留保説、不要とする見解を侵害留保説という。

2 法律の優位の原則

いかなる行政活動も法律の定めに違反してはならない、という原則である。行政庁は国民に対して法律に違反したり抵触する行為をすることはできないし、行政組織の内部においても法の趣旨に反する通達や業務命令を

発することは許されない。

3　法律の法規創造力
法規（国民の権利義務に関する一般的規律）をつくる力が、法律に独占されていることをいう。

以上の法律による行政の原理は、行政法の学習を進めるに際して最も基本的かつ重要な考え方であると同時に、実務で事件を解決するにあたっても常に頭に置いておかなければならない重要な基本原則であるといえる。

2　行政救済制度の必要性

このような法律による行政の原理のもとにおいては、行政活動は法のもとに法が命ずるところ（法律の定め）に従って行われる。

しかし、現実の行政活動においては、行政庁が法に違反する活動をしたり、また、権限の行使を怠ったことにより国民の権利利益が侵害される事態も生じる。こうした場合に、国民がこのような違法状態の排除を求め、あるいは被った損害の賠償を受けることのできる制度が法律による行政の原理の確保をはかるために必要とされる。このように行政活動の過程で私人に生じた不利益の救済をはかる制度が、行政救済制度とよばれるものである。

3　行政救済制度の種類

行政救済制度には、大きく分けて行政活動そのものの効力を争う行政争訟制度（行政不服申立て・行政事件訴訟）、相手が被った損害や損失を金銭で償う国家賠償制度及び損失補償制度がある。

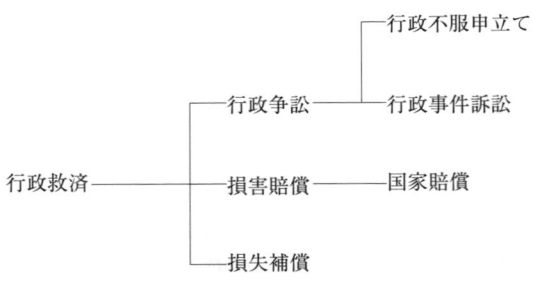

1　行政争訟制度

　行政争訟制度には、裁判所に対し訴訟を提起し、違法な行政活動の是正を求める行政事件訴訟の制度と私人が行政機関に対し不服を申し立てる行政上の不服申立ての制度が存する。両者は、行政活動に対する救済を求める制度である点で共通するが、不服申立ての場合には、申立て先の機関が、行政機関である点で大きくことなる。行政不服申立ての場合には、簡易・迅速な判断がなされるというメリットがある一方で、判断を行うのが行政機関であるという点で、第三者性が低いというデメリットを指摘することができる。

　以下では、行政救済制度の中心となる行政事件訴訟を中心に解説する。

2　各行政争訟制度の説明
（1）　行政事件訴訟

　（ア）　行政事件訴訟の種類　　行政事件訴訟については、行政事件訴訟法（以下特に断りがないときは、「法」という）に定めがあるがこの分類は以下の通りである。

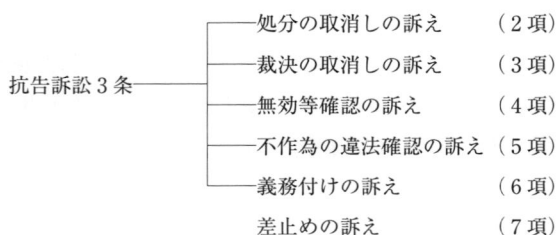

(a) 主観(的)訴訟と呼ばれる類型は、個人的な権利利益の救済を目的とする訴訟である。

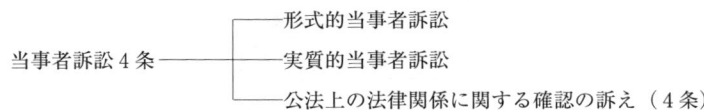

(b) 客観(的)訴訟と呼ばれる類型は、客観的な公法秩序の適正な維持を目的とする訴訟である。

┌──民衆訴訟（5条）……選挙訴訟・住民訴訟
└──機関訴訟（6条）……地方公共団体の長と議会の間の訴訟

(2) どのような行政事件訴訟を起こすか

以上のような訴訟類型を前提として、どのような行政事件訴訟を起こすか。この問題は、難解に思われがちである。しかしながら、行政活動の時間的な流れを意識することで基本的な考え方は定まってくる。行政活動の大きな流れを図にすると以下のようになる。

「どのような行政事件訴訟を提起すべきか」との問題に直面した場合には、まず、権利侵害の態様はどのようなものかを確定し、その問題が次図のⅠ、Ⅱ、Ⅲ、Ⅳのどの場合に該当するのか、すなわち処分が観念できるのか否か（処分が予定されているのか）について検討する必要がある。そして、処分が予定されている場合（図Ⅰ・Ⅱ・Ⅲ）、申請に対し、行政庁がこちらの望む内容の処分をしないのか（図Ⅰの申請に対する処分を巡る訴訟）、何らかの不利益な処分をされ、もしくはされようとしているのか（図Ⅱの不利益処分を巡る訴訟）処分の名宛人以外の第三者が申請者に対する許可処分等を争いたいのか（図Ⅲの第三者が申請者に対する許可処分の取消を求める場合）のいずれであるかについて検討することとなる。

(ア) **申請に対する処分を巡る訴訟**　Ⅰの申請に対する処分を巡る訴訟の場合、①行政庁が、申請に対して審査応答をしない場合には、不作為の違法確認訴訟（法3条5項）、申請を前提とした義務付け訴訟（法3条6項

Ⅰ　申請に対する処分を巡る訴訟　申請に対する処分　原告：申請者

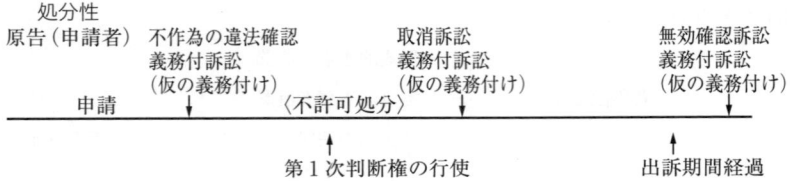

Ⅱ　不利益処分を巡る訴訟　原告：被処分者

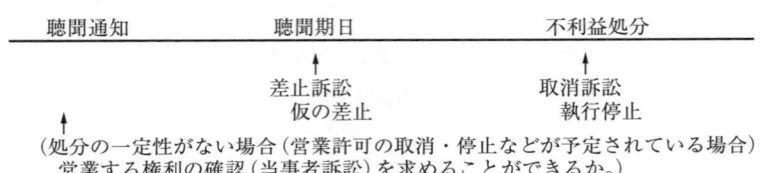

Ⅲ　第三者が申請者に対する許可処分等の取消を求める場合　原告：第三者

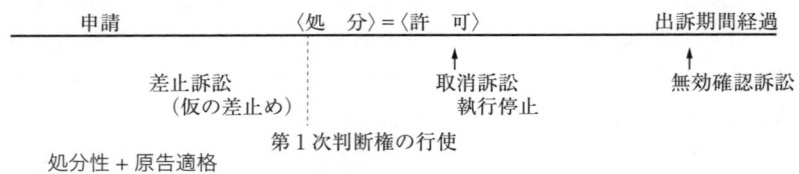

Ⅳ　上記以外の場合　当事者訴訟

2号)、②申請に対してこちらの申請に沿わない処分（不許可処分等）がされた場合には、この処分の取消訴訟（法3条2項）、③出訴期間が経過してしまった後に処分の効力を争う場合においては、原則的には無効確認訴訟（法3条4項）を提起することとなる。

　加えて、この各段階で、これらの訴訟提起と併せて申請を前提とする義務付けの訴え（法3条6項1号）の提起を検討することができる。また、仮の権利保護として、これらの訴訟に併せて適宜仮の義務付けを申し立てることが可能である。なお、この申請の段階においては、行政手続法第2章（申請に対する処分）、第4章（行政指導）等の規定により行政機関は規律されていることにも注意が必要である。

（イ）　**不利益処分を巡る訴訟**　　Ⅱの不利益処分を巡る訴訟の場合、①行政庁が、不利益処分をしようとしている前段階では、処分の差止めの訴え（法3条7項）を提起することとなり、仮の権利保護としてこれに併せて仮の義務付けを申し立てる（法37条の5）ことができる。②行政庁によって不利益処分がされた後には、この不利益処分の取消訴訟を提起することになり、仮の権利保護としてこれに併せて執行停止を申し立てる（法35条）ことができる。③出訴期間が経過してしまった後に処分の効力を争う場合においては、原則的には無効確認訴訟（法3条4項）を提起することとなる。

　不利益処分については、行政手続法3章（不利益処分）の規定により行政庁は規律されることとなる。

　　（ウ）　**第三者が申請者に対する許可処分等を争う場合**　　また、処分の名宛人以外の第三者が申請者に対する許可処分等を争う場合がⅢの類型となる。この類型では、原告が処分の名宛人以外の第三者であるため、原告適格（法9条）が認められるかが大きな問題になる。申請がされた後処分がなされる前までの段階では、申請者に対する許可処分等の差止訴訟、許可処分等がなされた後出訴期間が経過するまではこの許可処分等の取消訴訟、出訴期間の経過後は無効確認訴訟の提起を検討することとなる。

　また、仮の権利保護として差止訴訟に併せて仮の差止めの申立て、取消訴訟に併せて執行停止の申立てを検討する必要がある。

　　（エ）　**処分が観念できない場合等に提起すべき訴訟**　　また、処分が観念できない場合等に公法上の法律関係を争う場合には、当事者訴訟の提起を検討することとなる（法4条）。

　このような大まかな流れを頭に置いた上で、具体的事例でどのような訴訟を提起し、どのように権利救済を図るべきか、本編で検討していくこととする。

　（3）　**行政不服申立て**
　　（ア）　**行政不服申立てのメリットとデメリット**　　行政争訟のひとつとして、行政庁に対し、違法または不当な処分その他公権力の行使にあたる行為に関し、その行為の取消しその他の是正を求める制度として、行政不

服申立ての制度がある。

　行政不服申立ては、①対審制がとられ慎重な手続をふむため当事者双方に時間労力などの点で負担がかかる訴訟に比して、行政庁が職権で審理する点で当事者の負担が少なく、当事者の負担は少なくてすみ、迅速な救済をはかれる、②法を適用して行政活動が適法か、違法かを判断する訴訟手続と異なり、不服申立て手続きは行政の自己監督作用でもあることから裁量権行使の当・不当の問題も審査の対象となるというメリットがある、その反面、①略式の争訟にすぎず、権利救済の実益をあげられない、②行政庁側の自己統制のゆえに、第三者性が低く、国民の権利救済が十分にはなされないという点がデメリットとして指摘されている。

　　（イ）　**行政不服申立ての種類**　　行政不服審査法は、不服申立ての種類として次の三つを定めている（行政不服審査法3条）。

　　　(a)　**異議申立て**　　行政行為に不服がある場合に、その行為を行った行政庁（処分庁という）ないし行政庁が法令に基づき申請に基づいて相当期間内になんらかの行為をしなければならないのに行為をしないこと（不作為）に対して不服があるときに不作為庁に対してする不服申立てである。

　　　(b)　**審査請求**　　処分行政庁ないし不作為庁以外の行政庁に対してする不服申立てである。

　原則的には、上級行政庁（その処分について処分庁を指揮監督することのできる行政庁のこと）に対して請求することになるが、個別的な法律により請求先が第三者機関などと決められている場合もある（たとえば国税不服審査法は、国税不服審判所長に対して審査請求をすることを定めている）。

　　　(c)　**再審査請求**　　審査請求の裁決に不服がある者がさらに行う不服申立てで、原則として法律または条例に再審査請求ができる旨の定めがある場合にのみ許される（行政不服審査法8条1項、列挙主義）。

　　（ウ）　**不服申立て期間**　　不服申立ては、不服申立て期間（審査請求・異議申立については、処分があった日の翌日から起算して60日以内、再審査請求については裁決のあったことを知った日の翌日から起算して30日以内）にしなければならない（行政不服審査法14条・45条・53条・民法140条等）。また、処分のあった日

不服申立制度と行政事件訴訟との関係

	不 服 申 立	行政事件訴訟
判断機関	行政機関	司法裁判所
手　続	略式の争訟手続（行政不服審査法16条） ●書面審理主義・職権証拠調べ　請求による口頭審理	正式の争訟手続 ●対審・口頭弁論・公開弁論主義
効　果	行政行為としての効力（不可変更力） ●形成力・拘束力	判決としての効力 ●既判力・形成力・拘束力
執行停止	執行不停止の原則（行政不服審査法34条1項・48条） 〔例外〕同法34条4項・48条	執行不停止の原則（行政事件訴訟法25条1項） 〔例外〕同法25条2項
審査対象	合目的性・合法性	合法性の審査

の翌日から起算して1年を経過した後は、不服申立てをすることができない（同法14条3項・48条・56条、民法140条等）。なお、不服申立て期間が別に設けられている場合もあるので、注意が必要である。

　（エ）　行政不服申立て制度と行政事件訴訟との関係　　行政事件訴訟と行政不服申立てとが選択的に利用可能な場合には、救済制度としてどちらを利用するのが紛争解決に適しているかを①処分等を争う必要性が時間的に切迫しているか否か、②行政機関の態度や従前の経緯等から不服審査により判断が覆る可能性が高いのか等を考慮して、具体的な紛争ごとに適切に判断することが必要である。

　以下は、不服申立て制度と行政事件訴訟との関係の対比表である。

　（4）　国家賠償制度・損失補償制度　　上記の行政争訟制度が行政庁による処分の効力を直接争うのに比して、違法な行政活動により生じた損害を金銭的に償う制度が国家賠償法に基づく国家賠償制度である。また、適法な行政活動により生じた損失に対し、公平な負担の見地からこれを調整するために財産的補償を行うのが損失補償制度である。

　国家賠償制度については、後述⑦7で解説する。

4 行政事件訴訟を起こすための準備

　以上を前提に、実務家として、行政事件訴訟（主に取消訴訟）を提起するために、どのような準備をすべきか。行政事件訴訟を起こすための準備としては、法令調査の上まずどのような点が問題になり、訴訟の本案でどのような主張・立証が可能かを検討する必要がある。また、これと併せて行政事件訴訟で訴訟要件について当該事案で争点となりそうな点を検討し、これについてどのような主張をなすべきかの準備をすべきである。ともすれば、行政事件訴訟では、訴訟要件の争点に意識が集中しがちであるが、あくまでも本案での主張に主眼があることを忘れてはならない（この意味で、以下で訴訟要件の基本的な確認事項を除いては、本案での違法主張を先に説明する）。

1 問題となる行政機関の行政活動の検討

　(1) 処分性の検討　　行政事件訴訟法3条2項は、行政庁の処分その他公権力の行使に当たる行為の取消しを求める訴訟を「処分の取消しの訴え」と定義している。そこで、はじめに問題となる行政活動がいかなる内容か、行政処分であるかどうかを検討することが必要である。この際には、処分性の概念的考察のみならず、救済の必要性と救済の途があるかという機能的考察が必要となる。

　行政行為とは、①行政庁が、②法令に基づき（法律による行政の原理）、③一方的判断に基づく公権力の公使として（契約との違い）、④具体的事実に関して（行政立法との違い）、⑤国民に対してする（通達との違い）、⑥直接法的効果を生ぜしめる行為である。また、行政行為以外の行政庁の行為であっても、それが実質的に国民に生活を一方的に規律する行為であって、それに対し適切な救済手段がないものについても処分性が認められるのではないかを救済の可否という観点から帰納的に検討することも必要である。

2　本案の違法主張

本案の違法性の主張、即ち、処分の瑕疵となる違法事由はどこにあるかについて、以下の着眼点で検討することが有用である。

（1）　**実体的要件の違法**（個別法規の解釈）　　まずは、行政処分が、処分の根拠法規に定められている要件に適合しているかについて、具体的な事実に基づき検討することが必要である。場合によっては、そもそも処分の根拠となった法律が憲法に適合しているか、政令や条例等が法律に反しないか、処分の根拠法令そのものの適法性にまで踏み込んで検討する必要がある場合も存する。

（2）　**手続的要件の違法**（行政手続法・個別法規）　　また、不利益処分など、処分の前提として一定の手続を経ることを法令が要請しているような場合に、この手続きに瑕疵があったことを本案の違法事由として主張することが考えられる。典型的には、行政手続法に定める不利益処分の場合の手続法違反など、行政処分に至る経過を詳細に調査し、瑕疵が存しないかを検証する必要がある。

もっとも、そもそも手続的要件の瑕疵が処分の取消事由となるかという点については、諸説存するので、この点にも留意が必要である（→第2編項目5風営法事例を参照）。

（3）　**裁量権の逸脱、濫用**　　また、前述した法律による行政の原理のもとでは、行政庁が裁量権を逸脱、濫用した場合には違法と評価される（法30条）。たとえば、ささいな不正に対して不相当に苛酷な懲戒をしたり（比例原則違反）、特定人のみを不利益に扱う（平等原則違反）、処分をするのに本来考慮してはならない事実を考慮する（他事考慮）、などの場合には、裁量権の逸脱、濫用の主張をすることを検討することとなる。

3　訴訟要件の調査

また、行政事件訴訟では、本案審理の前提たる訴訟要件の存否が争われることは少なくない。以下、各要件について検討する。

（1）　**行政庁の確定**　　当該行政活動の主体はどこかを確定させる必要がある。行政庁とは、①行政主体の法律上の意思を決定し、②自己の名で

外部に表示する権限を有する機関である。どのような行政機関が行政庁に該当するかは、個々の法令が定めるところによる。これについては、処分の内容が記載されている書類を確認するほか、法令にあたり確認する必要もある。

（2）　原告適格　　次に、当該行政活動によって、誰の権利・利益が侵害されたかを検討する必要がある。処分の名宛て人以外の第三者が処分の効力を争う場合には、この者に原告適格（法9条）が認められるかが問題となる。原告適格は、当該処分の取消を求めることについて「法律上の利益」を有する者に認められる。平成17年の行政事件訴訟法の改正により、原告適格の判断においては当該処分の根拠となる法令の規定の文言のみによることなく、法律の趣旨・目的や処分において考慮されるべき利益の内容・性質などを考慮するものとされた（法9条2項）。

原告適格が争われるケースにおいては、上記法律上の解釈論はもちろんのこと、原告らが具体的にどのような利益を侵害されているかなどの事実を聞き取り、立証することが求められる。

（3）　狭義の訴えの利益の存否　　取消判決がなされた場合に、原告の救済が実現できるか、処分を取り消す必要性があるかという問題を狭義の訴えの利益という。

処分の効果が終了した場合には、原則的には訴えの利益は消滅することとなる。たとえば、開発許可は、開発行為を適法に行わせる効果を持ち、建築確認は、建築工事を適法に行わせる効果を有しているので、開発行為や建築工事が完了した後には処分の効力を争う必要性は原則的にはなくなるからである。

行政事件訴訟法9条1項かっこ書は、取消訴訟は、「処分又は裁決の効果が期間の経過その他の理由によりなくなった後においてもなお処分又は裁決の取消しによつて回復すべき法律上の利益を有する者」に限り提起することができると定め、訴えが提起できる場合を限定している。

狭義の訴えの利益が認められるかが争われるケースとしては、運転免許事例を参照されたい。

（4）　出訴期間の遵守　　取消訴訟は、処分又は裁決のあったことを知

った日の翌日から6か月（法14条1項・7条、民訴法95条1項、民法138条・140条）、処分又は裁決の日の翌日から1年（法14条2項・7条、民訴法95条1項、民法138条・140条）の間に提起する必要がある。この出訴期間を過ぎた場合、正当な理由が存しない限り、当該訴えは、不適法なものとして却下されることとなる（したがって、この場合は、当該処分の無効等確認訴訟の提起を検討することになる）。

　処分がされた場合には、取消訴訟等の提起に関する事項（被告、出訴期間等の情報提供）の教示制度が行政事件訴訟法46条で定められている。実務家としては、事件を受任した場合には、この記載を確認するほか、自身でも出訴期間を確認し、これを徒過しないように注意しなければならない。

　（5）被告の特定　　行政事件訴訟の被告は、処分をした行政庁の所属する国又は公共団体である（法11条）。被告についても前述した教示制度に基づき処分に際に行政庁から示されることとなるので、これを参照するとともに自身でも確認する必要がある。

　（6）どの裁判所に提起するか（管轄裁判所の確定）　　行政事件訴訟は、被告の普通裁判籍の所在地を管轄する裁判所又は処分をした行政庁の所在地を管轄する裁判所（法12条1項）に提起することとなる。また、国を被告とする抗告訴訟は、原告所在地を管轄する高等裁判所所在地の地方裁判所にも提起することができる（法12条4項）。行政事件訴訟は、地裁の本庁で審理されることとなり、支部は担当しない（裁判所法24条1号、法33条1項1号、地方裁判所及び家庭裁判所支部設置規則1条2項「地方裁判所の支部においては、上訴事件及び行政事件訴訟に係る事務を除いて、地方裁判所の権限に属する事務を取り扱う。」）。

5　取消訴訟の審理手続き

1　要件審理と本案審理

　裁判所は、取消訴訟が提起されると第一に訴訟要件を具備しているかを審査し（要件審理）、具備していると請求の当否に対する内容の審理（本案

審理）に入ることとなる。

2　審理の対象（訴訟物）

　取消訴訟の訴訟物は、処分の違法性一般であると考えられている。
　したがって、原告は、原則として当該処分の違法事由の一切を主張しうるし、他方、被告行政庁も、特別の事情のないかぎり、処分の効力を維持するための一切の法律上・事実上の主張が許されることとなる。

3　原告側の主張制限

　（1）　**自己の法律上の主張と関係ない違法の主張の制限**　　取消訴訟は、法律による行政の原理の要請から違法な行政処分を是正して、行政作用の法適合性を保障することを制度の内容としていることは疑いないが、取消訴訟が主観訴訟として定められている点からすれば第一次的には違法な処分により権利利益を侵害された国民の救済を図るものであることは明らかである。したがって、自己の法律上の利益と関係のない法規違反の主張が、現行の取消訴訟制度のもとでは許されない（法10条1項）。
　自己の法律上の利益と関係のない違法とは、行政庁の処分に存する違法のうち、原告の権利利益を保護する趣旨で設けられたものではない法規に違反した違法、たとえば第三者の利益保護のために設けられた規定で、原告自身の利益とは全く無関係な規定違反をいう。
　この主張は、主張自体失当として排斥されることとなる。これ以外に請求を基礎づける主張がない場合には請求は棄却されることとなる。
　（2）　**原処分主義**　　原処分主義とは、原処分の違法は、原処分の取消訴訟においてのみ主張することを許し、裁決取消しの訴えにおいてはこれを主張することを許さないとする制度であり、裁決取消訴訟における違法事由の主張の制限である（法10条2項）。行政事件訴訟においては、原則として原処分主義がとられているが、個別法で裁決主義がとられている場合がある（例・地方税法434条2項、公職選挙法203条2項）ので、個々の法令を調査する必要がある。
　したがって、原処分主義がとられている場合に、原処分の瑕疵を主張し

て争いたい場合には、裁決の取消訴訟ではなく、原処分の取消訴訟を提起しなければならないこととなるので、原処分、裁決などが複数存在する場合には注意が必要である。

4 　被告側の主張制限（処分理由の追加差し替え）

処分理由の追加差し替えとは、取消訴訟が提起された場合に、被告が、新たに処分理由となるべき事実を主張して処分の適法性を支持することができるか、という問題である。

前述したように取消訴訟の訴訟物は、処分の違法性一般であると考えれば、行政庁は、自由に処分理由を追加差し替えられるかのようにも思える。

しかしながら、処分に理由提示が求められている趣旨（行政庁に慎重に判断をさせる、処分の名宛て人の不服申立ての便宜）からすると、無限定に処分理由の追加差し替えを認めてはならないと解することができる。したがって、被告が当初の処分理由と別の処分理由を追加してきた場合には、処分の根拠法規がどのように定めているか、追加された処分理由について原告の手続き保障が害されないか等様々な観点からこのような追加差し替えは認められないと主張すべきであろう（この点については、第2編　項目5風営法事例を参照）。

5 　職権主義の加味

行政事件訴訟においても、通常の民事訴訟と同様弁論主義を基本としている。しかし、他方で、行政事件訴訟は、直接公共の利益と関係するので、民事訴訟のように当事者間で解決がはかれれば足りるとは言えない場合がある。そこで、行政事件訴訟法は、職権証拠調べ（法24条）、訴訟参加（同法22条・23条）などの職権主義の観点を加味している。

また、平成17年の行政事件訴訟法の改正により、審理の充実・促進をはかるべく釈明処分の特則（改正法23条の2）の規定が設けられ、裁判所が、釈明処分として、行政庁に対し、裁決の記録や処分の理由を明らかにするため資料の提出を求めることができることとなった。

6　証明責任

証明責任とは、訴訟で争われている事実の存否につき、裁判所がそのいずれとも心証を得られないときに、その事実を要件とする自己に有利な法律効果が認められないことになる一方当事者の不利益をいう。

行政事件訴訟における証明責任の分配については、諸説あるところであるが、国民の自由を制限し、あるいは義務を課する行政処分の要件事実については、行政庁側に、逆に国民側に労災保険の支給決定を求める場合のように受益をもたらす要件事実については、原告側にそれぞれ証明責任があると考えられる。しかし、当事者は証明責任の帰属の如何にかかわらず、立証活動を行うことになる。

7　取消訴訟の判決の効力

取消訴訟の判決の効力としては、以下のものがある。

（1）**既判力**　　判決が確定すると、訴訟当事者間で同一事項について再び紛争になったときに、当事者はこれに矛盾する主張をしてその判断を争うことが許されず、裁判所もその判断に矛盾抵触する判断をすることが許されなくなる効力である。

（2）**形成力**　　取消判決が確定すると、処分庁の取消を待つまでもなく、当該処分の効力は遡及的に消滅し、はじめから当該処分がなかったのと同一の状態をもたらす。この効力を形成力という。

（3）**対世効**　　取消判決は、第三者に対しても効力を有する（法32条）が、この効力を対世効という。

（4）**拘束力**　　取消判決は、その事件について、行政庁その他の関係行政庁を拘束する（法33条1項）。すなわち、行政庁に対し、取消判決の内容を尊重し、その判決の趣旨に従って行動すべきことを義務付ける効力を拘束力という。

6 仮の権利保護

　以上のように、行政事件訴訟で違法な処分の効力を争う場合には、処分がなされてから（もしくは、将来に処分がされるまでに）一定の時間が経過してしまうことが当然に想定される。このような場合に、本訴を提起するだけでは、権利救済がはかられない事態が生じかねない。実務家としては、本訴の提起と併せて、当然に仮の権利保護を検討すべきであって、どの段階で、どのような仮の権利保護が可能か、またその仮の権利保護の要件を押さえておくことが必要である。

1　申請に対する処分を巡る訴訟の場合

　上述した申請に対する処分を巡る訴訟でいえば、全ての段階で仮の義務付けの申立てを検討することとなる（法37条の5第1項）。

　仮の義務付けについては、①義務付けの訴えの提起があったこと、②その義務付けの訴えに係る処分又は裁決がされないことにより生じる償うことのできない損害を避けるために緊急の必要があること、③本案について理由があるとみえること、という積極的な要件とともに、④公共の福祉に重大な影響を及ぼすおそれがあるときには仮の義務付けをすることはできない、という消極的な要件が定められている。

　仮の義務付けは、本案の判決を待たずして原告が求める法的な効果を生じさせるものであるから、「償うことができない損害を避けるために緊急の必要がある」場合にのみ認められるとして執行停止より加重された要件が定められている。

2　不利益処分を巡る訴訟の場合

　行政事件訴訟法25条1項は、処分の取消しの訴えの提起は、処分の効力、処分の執行または手続の続行を妨げないとして、執行不停止の原則を定めている。また、将来に処分がなされる場合、その不利益処分の差止め

の訴えを提起しても、行政庁が不利益処分をしてはならないという法的な義務は生じない。したがって、差止めの訴えの本案判決がなされるまで、不利益処分の効果を排除（もしくは、不利益処分をさせない）ためには、仮の権利保護の検討をすべきである。

（1）**不利益処分がなされる前**　不利益処分がなされる前までは、仮の差止めの申立てを検討することとなる（法37条の5第2項）。仮の差止めは、①差止めの訴えの提起があった場合、②その差止めの訴えに係る処分又は裁決がされることにより生ずる償うことのできない損害を避けるために緊急の必要があること、③本案について理由があるとみえるときという積極的な要件と、④公共の福祉に重大な影響を及ぼすおそれがあるときは認められないという消極的な要件が定められている。この要件については、基本的に仮の義務付けの場合と同じように考えられる。

（2）不利益処分がなされた後は、その効力を排除するために、執行停止の申立てをすることとなる（法25条1項）。

執行停止の要件は、①取消の訴えが適法に提起されていること、②重大な損害を避けるため緊急の必要があること、③公共の福祉に重大な影響を及ぼすおそれがないこと、④本案について理由がないとみえるときでないこと、である。

執行停止の要件については、旧法では「処分、処分の執行又は手続の続行により生ずる回復の困難な損害を避けるために緊急の必要があるとき」とされていたが、平成17年の行政事件訴訟法の改正で「重大な損害」に要件が緩和され、その判断にあたっては損害の性質のみでなく、損害の回復の困難の程度、損害の性質及び程度、処分の内容、性質についても勘案するものとする解釈指針が定められた（法25条3項）。

7　国家賠償

国又は地方公共団体の違法行為に生じた損害を補う制度が国家賠償と言われる制度である。処分の効果そのものを争うのではなく、あくまでも生

じた損害を金銭で賠償する点が上述した行政争訟制度と大きく異なる。
1　国家賠償法1条の賠償責任の要件と効果
（1）要　件
　① **公権力の行使にあたる公務員の行為であること**　公権力の行使とは、民法の適用され難い本来的な権力的行政作用のみでなく、民法が適用される私経済的作用及び国家賠償法2条が適用される公の営造物の設置管理作用を除く非権力作用をいう。

　② **職務を行うについて損害を加えたこと**　職務を行うについてとは、職務行為そのものとしてなされている必要はないが、客観的に職務行為の外形をそなえていることが必要である。

　③ **公務員に故意または過失があること**
　④ **違法な加害行為があること**
　⑤ **加害行為により損害が発生すること**

（2）効　果　損害の金銭賠償である。

　なお、直接の加害者である公務員個人は、被害者に対して責任を負うことはないと解されているが、国又は公共団体が損害を賠償した場合において、その公務員に故意または重大な過失があったときは、国または公共団体は求償権を行使することができる（国家賠償法1条2項）。

2　国家賠償法2条の責任
（1）要　件
　① **道路、河川その他の公の営造物の設置又は管理に瑕疵があったこと**　ここでいう公の営造物とは、公の目的に供されている有体物をいう。また、設置又は管理の瑕疵とは、公の営造物が通常有すべき安全性を欠いていることをいう。瑕疵の発生が設置者・管理者の個別具体的な義務違反を問わないと解されている。なお、安全性の欠如の判断は、その営造物の用途、それに内在する危険、周囲の状況など諸般の事情を勘案して具体的に判断すべきであると解されている。

　② **①のために他人に損害を生じたこと**
（2）効　果　国または公共団体は、これを金銭で賠償する責めに任

ぜられる。
　（3）**費用負担者**　　国家賠償法においては、原則として当該公務員ないし営造物の帰属する国または地方公共団体が負担する。しかし、「公務員の選任監督」または「営造物の設置管理」にあたる者（事業管理者）と「公務員の給与その他の費用」または「営造物の設置管理の費用」（費用負担者）が異なるときは、被害者はそのいずれに対してでも、損害賠償を請求することができる。

3　民法の適用
　（1）　国または地方公共団体のいわゆる私経済的作用によって生じた損害の賠償については、民法の規定（民法44条・709条、715条等）が適用される。
　（2）　国家賠償法1条または同法2条に基づく損害賠償についても、民法の不法行為に関する規定が適用になる（国家賠償法4条）。

（宇佐見方宏・河口まり子）

(参考)

訴　状

(※1　法7条［以下、断りない限り省略］、民訴133条1項)

平成25年11月2日
(※2　法14条・46条、民訴規2条1項4号)

○○地方裁判所民事部　御中
(※3　法12条、裁判所法24条1項・33条1項1号、地方裁判所及び家庭裁判所支部設置規則1項2項、民訴規2条1項5号)

訴訟代理人
弁護士　山川　正義　印

〒○○○-○○○○　D県C市○○町○丁目○番地○号
(※　民訴113条2項1号、民訴規2条1項1号)

原告　鈴木　一郎
(※4　法113条2項1号、民訴規2条1項1号)

〒○○○-○○○○　東京都千代田区神田○○町○丁目○番地○号
(※　民訴規53条4項・2条1項1号)

(送達場所)　うさぎ法律事務所
電話 03（○○）○○○○　　FAX 03（○○）○○○○
(※　民訴規53条4項)　　　　　(※　民訴規53条4項)

　　　　　　上記代理人弁護士　　山川　　正義　（※　民訴規２条１項１号）

〒○○○－○○○○　　D県○○○○○○丁目○番地○号
　　　　　　　　　（※　民訴133条２項１号、民訴規２条１項１号）

　　　　　　　被　　　告　　D県　（※５）
　　　　　　（※　法11条、民訴133条２項１号、民訴規２条１項１号）

　　　　　　上記代表者　　D県知事　　富士　　龍介　（※６）

処分行政庁の表示　　D県知事　（※７　法11条４項）

開発許可処分取消請求事件　（※　民訴規２条１項２号）

訴訟物の価格　　金160万円　（※８　民訴８条・９条）

貼用印紙額　　金１万3000円　（※８　民訴費３条・４条８条参照）

第１　請求の趣旨　（※９　民訴133条２項号、民訴規53条１項）
１　D県知事が、A社に対して平成25年９月10日付でした開発許可処分を取り消す。
２　訴訟費用は被告の負担とする
との判決を求める。

第２　請求の原因　（※10　民訴133条２項２号、民訴規53条１項）
１　当事者
　A社は、D県C市○○町において、別紙目録記載のとおりの開発行為（以下、本件開発行為という。）を計画している建設会社である。原告は、本件開発行為区域の近隣（具体的に）に居住する者であり、本件開発行為の結果、次のとおりの損害を被るおそれが大きい。
２　原告適格を基礎付ける事情
　原告は、昭和25年から別紙目録記載の開発地域から50メートル離れた訴状記載の住所に居住している。……

3　D県知事に対する開発行為の許可申請

　A社は、D県知事に対し、平成25年7月1日、都市計画法29条1項に基づき開発行為の許可申請をした。

4　D県知事による開発許可

　D県知事は、平25年9月10日付けで、上記申請に対し、これを許可（以下、「本件開発許可」という。）した。←**《行政処分の存在》**

5　本件開発許可の違法

　しかし、以下のとおり、本件開発許可は違法である。以下詳述する。…………←**《違法事由の主張》**

6　よって、本件開発許可処分の取消を求める。

第3　関連事実　(※11　民訴規53条1項・2項)

　なお、原告は、A社による開発が開始されるに伴って、A社について調査したところ、以下のような事実があることが発覚した。……

以上

証　拠　方　法

甲1号証　開発許可証

附　属　書　類　(※19　民訴規2条1項3号)

1　訴状副本　　　　　　　　　　　1通　(※20　民訴規58条1項)
2　証拠説明書　　　　　　　　　　2通　(※21　民訴規137条1項)
3　甲号証各写し　　　　　　　　　1通　(※22　民訴規55条2項)
4　訴訟委任状　　　　　　　　　　1通　(※23　民訴規23条1項)

【行政事件訴訟の訴状作成にあたっての注意ポイント表】

	訴状（※）の指摘	条文	説明
1	表題	法7条（以下同様なので省略）、民訴133条1項	●表題の記載は、通常の民事事件と同様である。 ●訴え提起に際しては、審査請求前置主義（法8条）がとられていないかに注意が必要。
2	出訴期間の遵守	法14条・法46条、民訴規2条1項4号	●処分又は裁決があったことを知った日の翌日から6か月（法14条1項、民訴95条1項、民法138条・140条） ●処分又は裁決の日の翌日から1年（法14条2項、民訴95条1項、民法138条・140条）
3	管轄裁判所	法12条、民訴規2条1項5号	●被告の普通裁判所の所在地を管轄する裁判所又は処分をした行政庁の所在地を管轄する裁判所（法12条1項） ●国を被告とする抗告訴訟は、原告所在地を管轄する高等裁判所所在地の地方裁判所にも提起可能（法12条4項） ●地裁の本庁に管轄があり、支部は担当しない（裁判所法24条1項・33条1項1号、地方裁判所及び家庭裁判所支部設置規1条2項）。
4	原告適格	法9条、民訴133条2項1号、民訴規2条1項1号	●原告が、処分の名宛て人以外の第三者である場合には、処分又は裁決の取消しを求めるにつき法律上の利益を有することが必要（法9条1項）。 ●法律上の利益を有するかは、①根拠法令②法令の趣旨及び目的③当該処分において考慮されるべき利益の内容及び性質を考慮して判断される（法9条2項）。
5	被告適格	法11条、民訴133条2項1号、民訴規2条1項1号	●処分をした行政庁の所属する国又は公共団体（法11条1項） ●その他の場合については、法11条に定めるところによる。 ●被告等の教示制度（法46条）も参考にするとよい。
6	代表者	国の利害に関係のあ	●国が被告となる場合の代表者は、

24

		る訴訟についての法務大臣の権限等に関する法律1条、地方自治法147条	法務大臣である（左記1条）。 ●普通地方公共団体が被告になる場合の代表者は、普通地方公共団体の長である（地方自治法147条） ●特別区が被告となる場合の代表者は、特別区の長である（地方自治法283条1項・147条）。
7	処分行政庁の表示	法11条4項	●処分の取消しの訴えの場合は、当該処分をした行政庁（法11条4項1号） ●裁決の取消しの訴えの場合は、当該裁決をした行政庁（法11条4項2号）
8	訴訟物の価格と訴訟費用	民事訴訟法8条・9条、民事訴訟費用等に関する法律3条・4条・8条。	●訴訟の「目的の価格」についての考え方 ⅰ　財産上の請求の場合 　→算定可能・・・訴えで主張する利益の額（民訴8条1項、ex更正処分取消し） 　算定不能……140万円を超えるものとみなされる（民訴8Ⅱ、ex営業許可の取消し） ⅱ　非財産上の請求の場合 　……160万円とみなす（民事訴訟費用等に関する法律4条2項）。 ●印紙代 ・上記ⅰの算定可能の場合は、当該額を基準に計算する（民事訴訟費用等に関する法律別表第1） ・上記算定不能の場合、財産上の請求でない場合には印紙額は1万3000円となる。
9	請求の趣旨	民訴規133条2項2号、民訴規53条1項	取消を求める処分の特定と取消を求める範囲の明確化が必要である。
10	請求の原因	民訴法133条2項、民訴規53条1項	処分の違法性を主張する。
11	関連事実	民訴規53条1項・2項	処分に至る経緯など、特に必要が有る場合には記載する。

行政事件訴訟法の条文関係（以下の条文又は行政事件訴訟法の条文を指す。条文のみのものは直接適用、○（条文）は準用を示す）

訴えの種類	処分又は裁決の取消しの訴え	抗告訴訟 無効等確認の訴え	不作為の違法確認の訴え	義務付けの訴え	差止めの訴え	左記以外 当事者訴訟	争点訴訟
定義	3条2、3項	3条4項	3条5項	3条6項	3条7項	4条	45条
自由選択主義	8条		○(38条4項)				
原告適格	9条	36条	37条				
取消理由の制限	10条1項						
原処分主義	10条2項	○(38条2項)	○(38条4項)				
被告適格	11条	○(38条1項)	○(38条1項)	○(38条1項)	○(38条1項)	○(41条1項)	
管轄裁判所	12条	○(38条1項)	○(38条1項)	○(38条1項)	○(38条1項)	○(41条1項)	
関連請求にかかる移送	13条	○(38条1項)	○(38条1項)	○(38条1項)	○(38条1項)	○(41条2項)※	
出訴期間	14条					40条1項※	
被告を誤った場合の救済	15条	○(38条1項)※				○(40条2項)※	
併合請求	16～19条	○(38条2項)※				○(41条2項)※	
訴えの変更	20条	○(38条1項)	○(38条1項)	○(38条1項)	○(38条1項)		
第三者の訴訟参加	21条	○(38条1項)	○(38条1項)	○(38条1項)	○(38条1項)	○(41条1項)	※2 (45条1項)
行政庁の訴訟参加	22条	○(38条1項)	○(38条1項)	○(38条1項)	○(38条1項)	○(41条1項)	○(45条4項)※
釈明処分の特則	23条の2	○(38条2項)					
職権証拠調べ	24条	○(38条1項)	○(38条1項)	○(38条1項)	○(38条1項)	○(41条1項)	○(45条4項)※
執行停止	25・28・29条	○(38条3項)	○				
執行停止の取消	26条	○(38条3項)					
内閣総理大臣の意義	27条	○(38条3項)					
裁量処分の取り消し	30条						
事情判決	31条						
第三者効	32条1項	○(38条3項)					
拘束力	32条2項	○(38条1項)	○(38条1項)	○(38条1項)	○(38条1項)	○(41条1項)	○(45条4項)※
第三者再審の訴え	33条1項	○(38条1項)	○(38条1項)	○(38条1項)	○(38条1項)		
訴訟費用の裁判	33条2項	○(38条1項)	○(38条1項)	○(38条1項)	○(38条1項)		
義務付けの訴えの要件	34条			37条の2(非申請型) 37条の3(申請型)			
差し止めの訴えの要件	35条	○(38条1項)	○(38条1項)		37条の4		
仮の義務付け・仮の差し止め				37条の5第1項	37条の5第2項		
出訴の通知	44条	44条		44条	44条	39条	
仮処分の排除	46条						○(45条1項)

※一部の場合に適用ないし準用される。
※2 但し23条3項を除く。

第2編
事例編

1 建築基準法事例
——申請制度を巡る諸問題 1

　近隣に大きなマンション建築が計画されている。その計画はどうやら建物建築基準法の定める接道義務（43条）に違反しているらしい。近隣住民がこの建築計画を中止させるにはどうのような方策が考えられるであろうか。また、建築工事が完了してしまった場合は、救済手段はなくなってしまうのであろうか。

1　事案の概要

　平成21年7月6日鶯谷法律事務所に日暮里子、田端道夫が相談にやってきた。相談内容は次のとおりであった。
　私たちの自宅（東京都甲区乙町一丁目）は静かな住宅地にありますが、住宅地内で大手の不動産会社（池袋商事）によるマンション建築の計画が進んでいます。計画によると、13,000m^2の敷地に建築面積850m^2、延べ床面積6,000m^2、8階建て、高さ24m、79戸の建物が建つことになっています。突如このような大きなマンションが建つと私たちの住環境は破壊され、静かな生活を営むことができなくなってしまいます。私たちは、この計画に反対し、甲区の条例に基づきあっせんを求めましたが、池袋商事は事業計画は進めるとして、聞く耳を持ちませんでした。どうにかしてこの計画を取りやめさせることはできないでしょうか。

　相談を担当するのは、駒込一郎弁護士、巣鴨次郎弁護士、目白花子弁護士であった。

駒込弁護士　現在計画はどこまで進んでいますか。

日暮　敷地造成が終わっています。また、6月25日に民間の指定確認検査機関である株式会社大塚により建築確認がおりたと聞いています。

駒込弁護士　宅地造成のための開発許可を受け、開発行為は完了した。開発許可は争えないので、建築確認を争うことになるね。

巣鴨弁護士　でも宅地造成が終わり、建築確認されたということになると、池袋商事は建築工事に着工してしまうのではないですか。

田端　私たちもそれを心配しているのです。

駒込弁護士　二つの方途が考えられます。一つは、建築確認を争う方法、これは行政訴訟です。もう一つは、民事訴訟法・民事保全法により建築工事の差し止めを求める方法です。

田端　先生どちらでもよいのです。とにかく建築計画が実現しないようにしていただければ。

駒込弁護士　目白さん、どうだろうか。

目白弁護士　どちらの方法によるか、また、両方によるかは、違法であることの立証の難易にもよりますね。

駒込弁護士　まず、行政訴訟について検討してみましょう。建築予定地の用途地域は、どうなっていますか。

日暮　第一種住居地域で建ぺい率30％、容積率50％です。残念ながら、建ぺい率、容積率を初め、道路斜線、北側斜線、日影規制、高さ制限など建築基準法上の要件はすべて満たしていると、私たちの応援をしてくれている一級建築士が明言しています。

巣鴨弁護士　そうでしょうね。建築確認がおりているのだから。

目白弁護士　ところで、建築計画概要書をお持ちでしょうか。

田端　はい。持参しました。これがそうです。

目白弁護士　敷地は、幅員6ｍの道路（甲区道）に接道していることになっていますね。

田端　そうなっていますね。しかし、付近の道路は狭くてせいぜい4～5ｍの道幅しかありません。建築予定地はもともと大きなお屋敷があったのですが、相続税の支払いのために池袋商事に譲渡したと聞いています。そのお屋敷があったときも、4ｍくらいしかありませんでした。建

設予定地を削る形で道路を拡幅して、マンションに接する部分だけを6mに広げたのです。

目白弁護士　本当ですか。その敷地部分だけを広げたのですね。

巣鴨弁護士　それが問題となるのかな。だって、建築基準法42条1項によれば、「道路」とは、幅員4m以上のものをいうとされ、同法43条1項は「建築物の敷地は、道路に2m以上接しなければならない。」としているので、本件では問題はないはずです。

目白弁護士　そう単純にはいきません。東京都の建築安全条例には、「延べ面積が3000m^2を超え、かつ高さが15mを超える建築物の敷地は、幅員6m以上の道路に接しなければならない。」（4条2項）と定められているはずです。今回の計画は、これの僭脱といえませんか。

駒込弁護士　なるほど、よく気づいたね。でも、建築敷地の前は6mの幅員があるんだよね。それ故、建築基準関係規定に適合しているとして、確認されたのではないですか。

巣鴨弁護士　そうですよ。建築予定地の前の道幅は6mあるのでしょう。違法はないですよ。

目白弁護士　行政処分は一見しただけでは適法に見えるものです。私は、本件の建築確認は、東京都建築安全条例4条1項に違反するので、違法であると考えます。

駒込弁護士　その線で行けるかどうか検討して下さい。

日暮　でも着工されてしまったら、間に合わないのではないでしょうか。

目白弁護士　建築確認は、適法に建築行為を行うことができるという法的効果があります。建築確認が取り消されれば、適法に建築行為を行うことができなくなりますから、目的を達することができます。

駒込弁護士　それでは民事訴訟の方向を検討してみようか。

巣鴨弁護士　建築工事続行禁止の仮処分でしょうか。民事的救済では、皆さんのいかなる権利が侵害され、それが違法性を帯びているかということを検討しなければなりません。違法性については受忍限度を超えていることが必要です。

＜時系列表＞
平成21年5月1日　建築確認申請
平成21年6月25日　建築確認
　　　　7月6日　法律相談
　　　　7月12日　甲区建設審査会に審査請求・行政不服審査法に基づく執行停止の申立て
　　　　同日　　東京地方裁判所に建築工事着手禁止の仮処分申立て
　　　　7月20日　池袋商事建築工事に着手
平成22年1月20日　甲区建設審査会棄却裁決
　　　　1月25日　建築確認取消訴訟、同執行停止申立て
平成23年1月31日　マンション建築工事完工

2　建築確認の違法性

(1)　違法性の検討と事実確認

　目白弁護士は、建設予定地付近の道路の幅員が4mから5mであるところ、敷地の一部を削る形で6mの幅員にしていることが、本件計画建物を建築するには幅員6m以上の道路に接していなければならないとする東京都建築安全条例4条2項に違反するのではないか、と考えた。

　巣鴨・目白弁護士両弁護士は、早速甲区乙町一丁目の当該マンション建築予定地に赴いて近隣を歩いて廻った。その結果、道路の敷地に接する部分を除き、道路自体は幅員6mに達している部分が全く見当たらないことが分かった。

巣鴨弁護士　マンションの敷地部分の道路は確かに6mはありますよ。法的に違法とは言えないのではないかな。

目白弁護士　しかし、6mとなっているのはマンション敷地部分のみですよ。それ以外は6mに達していません。したがって、接道義務を果たしているとは言えないと思います。

巣鴨弁護士　そうかな。敷地部分のみでも6mあればよいのではないかな。

目白弁護士　そのように単純な問題でしょうか。建築基準法規が幅員6mを要求している趣旨を考えると敷地の部分のみ6mの幅員が確保されていればよいというものではないでしょう。

　このように、目白弁護士は、実質的には6m以上の幅員に接していないと判断し、自らの考えに自信を深めた。他方、巣鴨弁護士は、マンション建築予定地の前の道路部分の幅員を測ったところ6mに達しているので、なんら問題はないとの考えであり、意見に相違が見られた。

(2) 建築確認（基準法6条1項）とは

　巣鴨弁護士は、建築確認制度について調べてみた。条文によると建築基準法の定める建築物を建築するには、工事に着手する前に、その計画が建築基準関係規定に適合するものであることについて、確認の申請書を提出して建築主事の確認を受け、確認済証の交付を受けなければならない旨（建築基準法6条1項）、定められていることがわかった。[**解説1　建築確認**]

(3) 建築確認の対象

　巣鴨弁護士は、依頼者に対しても同僚に対しても建築確認という言葉をよく使っていたが、本当のところは全く理解していなかったといっても過言ではなかった。行政行為である建築確認の審査の対象は、「建築基準関係規定に適合しているか否かである。」といわれるが、何を意味するのかを考えたことがなかった。目白弁護士から、「難しいことを考えずに、まずは条文を素直に読むことが重要ですよ」といわれ、条文を読んでみることにした。建築基準法6条1項によると、建築基準関係規定とは、「建築基準法並びにこれに基づく命令及び条例の規定（以下「建築基準法令の規定」という）その他建築物の敷地、構造又は建築設備に関する法律並びにこれに基づく命令及び条例の規定で政令で定めるものをいう」とされている。ここにいう「政令」とは何か悩んだが、どうも「建築基準法施行令」では

ないかとあたりをつけた。そこで、建築基準法施行令を調べたところ9条に定められていることを知った。〔解説2　建築確認の対象〕

(4)　建築確認と裁量の余地

　続いて巣鴨弁護士は、建築確認に裁量の余地があるかを検討した。巣鴨弁護士は、一般に「行政処分」には「裁量」がつきものと認識していたからである。

　巣鴨弁護士は、目白弁護士の教えに従って、もう一度条文を読み返した。同法6条1項は、建築主事は、審査の結果、申請にかかる計画が建築基準関係規定に適合するものであると判断したときは、申請人に確認済証を交付しなければならない（6条1項）、とされていることから、裁量の余地はないように思われた。つまり建築基準関係規定に適合しているにも拘わらず確認しないことは許されないのであって、典型的な羈束行為であり、行政庁の裁量の入る余地はないのである。〔解説3　建築確認の裁量〕

(5)　指定確認検査機関

　巣鴨弁護士には、一つ理解できないことがあった。それは、甲区では建築主事が置かれているにもかかわらず、本件建築確認は民間の株式会社である株式会社大塚によりされていることであった。巣鴨弁護士は目白弁護士にどうしてなのか質問してみたいと思ったが、「こんなことも知らないのか」と思われるのが恥ずかしいので、条文を調べてみた。

●**建築基準法第6条の2**　前条第1項各号に掲げる建築物の計画（前条第3項各号のいずれかに該当するものを除く。）が建築基準関係規定に適合するものであることについて、第77条の18から第77条の21までの規定の定めるところにより国土交通大臣又は都道府県知事が指定した者の確認を受け、国土交通省令で定めるところにより確認済証の交付を受けたときは、当該確認は前条第1項の規定による確認と、当該確認済証は同項の確認済証とみなす。
②〜⑫　（略）

　この条文を踏まえると……

　㈱大塚は、建築基準法6条の2に基づき、建築確認や検査を行う機関として国土交通大臣から指定された民間の法人である。指定確認検査機関

は、平成11年5月施行の建築基準法改正により制度化されたものである。指定確認検査機関の指定にあたっては、建築確認を取り扱うことが出来る建築物の範囲や業務の対象地域が定められるが、指定業務範囲内では建築主事と同等の権限を持っている（建築基準法6条の2第1項）。したがって、この限りで㈱大塚は行政庁となる。〔**解説4**　建築行政の担い手〕

(6)　**本件建築確認は、東京都建築安全条例4条2項に反するか**

現地を見て、当該敷地の接する道路の幅員は6mあるといえないとの考えた目白弁護士であったが、建築基準法が敷地と道路との関係をどのように規定しているか、今一度調べることにした。その結果、次のことがわかった。

　㈠　**敷地と道路との関係**　建築基準法43条1項は、建築物の敷地は、道路に2m以上接しなければならない、と定めている。ここにいう「道路」とは、道路法にいう道路のほか建築基準法42条1項各号の一に該当する幅員4m以上のものをいう。

さらに、43条2項は、「地方公共団体は、特殊建築物、階数が三以上である建築物、政令（建築基準法施行規則）で定める窓その他の開口部を有しない居室を有する建築物又は延べ面積（括弧内省略）が千平方メートルを超える建築物の敷地が接しなければならない道路の幅員、その敷地が道路に接する部分の長さその他その敷地又は建築物と道路との関係についてこれらの建築物の用途又は規模の特殊性により、前項の規定によつては避難又は通行の安全の目的を充分に達し難いと認める場合においては、条例で、必要な制限を付加することができる。」としている。

「条例」によるさらなる制限があるかどうか調べなくてはならないが、ここにいう「条例」とは東京都建築安全条例であり、その4条2項に次のような規定があることに気づいた。

　㈡　**東京都建築安全条例4条2項**　東京都建築安全条例4条2項は、「延べ面積が3000m^{2}を超え、かつ高さが15mを超える建築物の敷地は、幅員6m以上の道路に接しなければならない」と定めている。

目白弁護士は、この規定の趣旨について考えた。この規定は、道路の安

全を確保することを目的とする建築基準法の定める接道義務（43条1項）を加重するものだが、なぜ加重しているのか、ということである。目白弁護士は、同条例4条2項の趣旨は、当該建物の規模に照らし、幅員4mの道路では、火災時等の非難、消火活動や緊急車両の円滑な進入の確保が難しく、それを確保するには最低6mが必要と考えられるという点にあると考えた。

　また、同項は、建築基準法43条2項に基づき、建築物の敷地及び建築物と道路との関係についての制限の附加をするものである（同条例1条）から、建築基準関係規定であることはいうまでもない。

　　(ウ)　**本件確認の違法性**　このように目白弁護士は、建築基準法6条1項、43条1項、2項、東京都建築安全条例4条2項を調べ、かつ、その趣旨を踏まえ、道路の安全性を担保するには、単に建築敷地部分の幅員6mであればよいというのではなく、火災時等の避難、消火活動や緊急車両の円滑な進入の確保されていなければならない、と考えた。現地調査の結果（道路の敷地に接する部分を除き、道路自体は幅員6mに達している部分が全く見当たらない）から、緊急の場合消火活動、避難に差し障りが生じることは避けられそうもない。これでは、同条例4条2項の趣旨を没却する。したがって、本件確認は同項に違反し違法である、との結論に達した。

　　(エ)　**鶯谷法律事務所内の打ち合わせ**

駒込弁護士　それでは日暮さん、田端さんの案件について方針を決定しましょう。

目白弁護士　建築予定地に行ってきました。建築予定建物の規模からして東京都建築安全条例で幅員6m以上の道路に接道しなければならないところ、確かに建築敷地については6mの幅員がありましたが、国道である青梅街道から建築予定地に繋がる道路の幅員は4mから5m程度であり、6mの幅員が確保されているとはいえません。したがって、本件建築確認は建築基準関係規定に適合しておらず違法であると考えます。

駒込弁護士　巣鴨さんはどうですか。

巣鴨弁護士　私は違法というのは難しいと考えています。それは、建築敷地は6mの幅員が確保されているからです。目白さんのいう都条例は、

敷地が「6m」の幅員の道路に接道していることを要求しているだけであって、敷地以外の部分の幅員は問題としていないのでしょうか。さらに、いろいろ書物を調べたのですが、本件のような場合に違法であるという決定的な文献は見当たりませんでした。裁判所は、行政庁の判断を尊重して違法とは判断しないのではないですか。

目白弁護士　文献云々はともかく、裁判所は行政庁の判断を尊重してしまう傾向があると言わざるを得ません。残念ですが。

　しかし、敷地の部分のみ幅員6mあれば足りるという見解には賛成できません。東京都建築安全条例4条2項が建築基準法の接道義務を加重している趣旨は、建築予定建物の規模に照らし、幅員4mの道路では、火災時等の非難、消火活動や緊急車両の円滑な進入の確保が難しく、それを確保するには最低6mが必要と考えたものと理解しています。そうすると、敷地部分のみ幅員を確保されていればよいという考えはおかしいです。

　本件は取消訴訟を提起する価値は十分にあると思います。

駒込弁護士　目白さんは、「事実関係を踏まえると、東京都建築安全条例4条2項を僭脱するものであって、建築確認は違法である。」と考えるのですね。〔**解説5**　接道義務〕

目白弁護士　そうです。

駒込弁護士　その方向で行けそうですね。ただし建築確認の取消は、審査請求前置主義が採られていますね。目白さん。審査請求と執行停止の準備をしてください。

巣鴨弁護士　民事的救済はどうしますか。考えないのですか。

駒込弁護士　改めて検討しましょう。

コラム

　現地に行こう

「百聞は一見に如かず」ということわざがある。「何度も聞くより、一度実際に自分の目で見る方がまさる」という意味であることは今更いうまでもない。私たち実務法曹に重要なのは、何よりも事実である。事実に基づか

ずに法理論を展開しても、何の意味もない。弁護士の中には、似たような裁判例を探し出し、その判決が述べる基準・規範に適合するよう事実を構成しようとする者がいる。しかし、どれとして同じ事件は存在しないのであって、「似たような事例」を探す意義はない。現場を知らないと、いくら当事者や関係者から事情を聞いても、事実を把握することができないことがある。現場に行き、自分の眼で確認することの意義は大きい。目白弁護士は、現地に赴くことにより、本件建築確認が違法との自信を持つことができた。建築敷地の部分のみ6mとされていることなど、現場に行かなければ確認できない。

3 建築確認の取消を求める法的手段

(1) 審査請求前置

主任の目白弁護士は、建築基準法を調べたところ、建築確認の取消し訴訟は、審査請求に対する建築審査会の裁決を経た後でなければ提起することができない（96条・94条1項）とされていた。

(2) 審査請求の申立て

目白弁護士弁護士は、平成21年7月12日指定確認検査機関である㈱大塚を相手方として地方自治法上の特別区たる甲区に設置されている甲区建築審査会に対し審査請求を申し立て［**解説6** 建築審査会に対する審査請求］、併せて行政不服審査法34条2項に基づき執行停止を申し立てた。処分の違法理由は後記のとおり。

建築基準法94条2項によれば、建築審査会は審査請求を受理した日から1月以内に裁決をしなければならないとされているところ、平成22年1月20日棄却する裁決がされた。

(3) 取消訴訟の提起

㋐ **訴訟提起と執行停止の申立て**　こうしているうちに、平成21年9月ころからマンション建築工事は着工され、工事は順調に進んでいる。棄却裁決を受けて、平成22年1月25日駒込弁護士らは建築確認の取消し訴訟と、執行停止（効力の停止）を申し立てた。

㋑ **出訴期間**　ところで、本件建築確認は平成21年6月25日になされており、原告の日暮、田端はその事実を知っていた。したがって、取消訴訟を提起した平成22年1月25日には行政事件訴訟法14条1項の出訴期間は経過している。巣鴨弁護士は、出訴期間が徒過しているからこの訴訟は不適法だと思い、目白弁護士に指摘したところ、同法14条2項に「処分又は裁決につき審査請求をすることができる場合において、審査請求があつたときは、処分又は裁決に係る取消訴訟の出訴期間は、その審査請求をした者については、これに対する裁決があつたことを知つた日から6箇月又は当該裁決の日から1年」とされているから、適法であるとの説明を受けた。［**解説7**　出訴期間］

㋒ **被告適格**　行政事件訴訟法11条1項によれば取消訴訟は、処分行政庁の属する国又は公共団体を被告とすることが原則である。しかし、本件建築確認をしたのは㈱大塚であり、同社が処分行政庁であるが、国又は公共団体に属してはいない。よって、同法11条2項により同社を被告として取消訴訟を提訴することになる。［**解説8**　被告適格］

(4) **原告適格**

① **問題の所在**　本件では、建築確認の名宛人ではない第三者（日暮・田端）が原告となって建築確認の取消訴訟を提起している。取消訴訟は違法な行政処分その他公権力の行使にあたる行為によって権利利益を侵害された者の救済を図るものである。したがって、取消訴訟を提起するには「権利利益を侵害された」ことが必要である。つまり「法律的な利益」がなくてはならない（行訴法9条1項）。これが原告適格の問題である。

② **建築基準法は、周辺住民の個人的利益を保護するものか**　周辺住民は、建築確認の当事者ではない。建築確認は、申請者に建築計画にしたが

って、建築をすることを認めるものに過ぎず、直接的には周辺住民の権利義務関係に影響が及ぶわけではない。そこで、周辺住民に建築確認の取消しを求める法律上の利益があるかどうかが問題となる。最判平成14年1月22日（民集56・1・46）は、建築基準法は、その周辺の建築物や居住者に被害が及ぶことを防止することを目的とし、周辺住民の生命、身体の安全等又は財産としての建築物を個別的利益として保護しているとして、原告適格を認めている。[**解説9**　原告適格]

(5) 処分の違法
　目白弁護士は、処分が違法であることの根拠として、次のとおり整理した。
　　① 本件建築確認は、東京都建築安全条例4条2項に反する。
　　② 同項は、延べ床面積が3,000m^2を超え、かつ、建築物の高さが15mを超える建築物の敷地は、幅員6m以上の道路に接しなければならないと規定している。これは、このような規模の建物については、火災時等の避難、消火活動や緊急車両の進入が阻害され甚大な被害が発生することが懸念されるので、避難、消火活動をつつがなく行うためにも緊急車両の円滑な進入が確保されていなければならないという趣旨である。
　　③ 本件建築予定建物は、延べ床面積6,000m^2、高さ24mであるから、同項の適用がある。
　　④ ㈱大塚は、本件建築予定建物が幅員6mの道路に接しているとし、同項に適合していると判断し、建築確認をした。
　　⑤ しかし、従前の敷地を削る形で当該建築予定地に接する部分のみ幅員6mを確保したものであり、その部分を除き、道路自体が幅員6mに達している部分が全く見当たらない（4mないし5mである）。
　　⑥ 実質的に6mが確保されていない現状では、火災時や災害時において、避難、消火活動や緊急車両の進入が阻害され甚大な被害が発生する蓋然性は高い。よって、同条例4条2項の要請する「火災時等の避難、消火活動や緊急車両の円滑な進入確保」が担保されているとは到底言えず、本件建築確認は同項に反し違法な処分である。

(6) 執行停止の申立て

㋐ **申立ての趣旨**　行訴法25条の定める執行停止には、処分の効力の停止、処分の執行の停止、手続続行の停止がある。執行停止を申し立てる際、申立の趣旨には、「効力の停止」、「執行の停止」、「手続続行の停止」の何を求めるものであるかを明確にする必要がある。建築確認処分には、処分の執行、手続の続行はあり得ないので、目白弁護士は、迷わず効力の停止の申立てをすることにした。申立ての趣旨は、「株式会社大塚が、株式会社池袋企画平成21年6月25日にした建築確認処分の効力を停止する」と記載した。

> **コラム**
> **効力の停止か、執行の停止か、手続の続行の停止か**
> 本項では、本案である取消訴訟の対象は建築確認であるから、執行、手続の続行はあり得ないので、効力の停止を求めることは明らかである。しかし、執行、手続の続行があるのかどうか、何を申し立てればよいか分からないことがないではない。執行停止は速やかに申し立てなければならないから、このような場合、実務的には、とりあえず「効力の停止」を申し立てておき、裁判所の対応を待つことも一つの方策である。

4 原処分主義

(1) 建築確認と棄却裁決

本件で、行政処分としては、建築確認と棄却裁決が存在する。つまり処分の取消しの訴えとその処分についての審査請求を棄却した裁決の取消しの訴えとを提起することが考えられる。どちらを提起するべきであろうか。

(2) 原処分主義

弁護士登録後6年を経過しているが、本格的な行政事件を扱った経験の

ない巣鴨弁護士は、時間的に裁決の方が後であるので、裁決の取消訴訟を提起して、その訴訟で建築確認の違法を主張すべきであり、建築確認の取消訴訟を提起したのは、間違っているのではないかと思われた。しかし、行政事件訴訟法の条文を調べたところ、「処分の取消しの訴えとその処分についての審査請求を棄却した裁決の取消しの訴えとを提起することができる場合には、裁決の取消しの訴えにおいては、処分の違法を理由として取消しを求めることができない（行訴法10条2項）」とされていることが判明した。つまり、原処分である建築確認の取消訴訟を提起することになることが分かった。[**解説10**　原処分主義]

(3)　原処分主義に違反した場合の救済

　原処分主義がとられている場合に、裁決取消の訴えを提起して、その手続で原処分の違法を主張することは許されない（行訴法10条2項）。したがって、裁決の取消しの訴えは、請求を棄却されることになる。

　ここで、当初巣鴨弁護士が考えたように、裁決の取消訴訟を提訴してしまった場合は、どうしたらよいか。裁決取消の訴えのみを提起した場合、原処分の取消訴訟の出訴期間内であれば、取消訴訟を提起すればよいが、出訴期間を徒過してしまった場合には打つ手がないのであろうか。このような場合でも決してあわてることはない。処分の取消しの訴えをその処分についての審査請求を棄却した裁決の取消しの訴えに併合して提起する場合には、処分の取消しの訴えは、裁決の取消しの訴えを提起した時に提起されたものとみなされるから（20条）、出訴期間の問題は生じないから原処分の取消訴訟を追加的に併合提起し、その後に裁決の取消訴訟を取り下げればよい。

5　狭義の訴えの利益

(1)　マンション建築工事の完成と問題の所在

　建築確認の取消訴訟が係属中の平成23年1月31日に当該マンション建築

工事は完了し、同日検査済証が㈱大塚から池袋商事に交付された（建築基準法7条の2。なお執行停止はされなかったとする）。

この場合、建築確認の取消訴訟の帰趨はどうなるか。

(2) 建築確認の法的効力

建築確認を受けないで建築工事に着手することはできず、仮に着手すると1年以下の懲役又は100万円以下の罰金に処せられる（99条1項1号）。よって建築確認は、建築工事を適法に行うことができるという法的効力を有していることになる。そして、建築工事が完了してしまった以上、建築確認の効力は存在しない。したがって、訴えの利益は失われ、訴えは訴訟要件を欠き不適法となり却下される、というのが、最高裁判所の判例（最判昭和59・10・26判決民集38・10・1169）であり、定説である。[**解説11** 協議の訴えの利益と建築確認の法的効力]

6 完成後の考えられる法的手段

(1) 建物の完成と訴えの利益の喪失

3で述べたように、建物が完成してしまうと、建築確認取消訴訟の訴えの利益はなくなる。巣鴨弁護士には、残念ながらもうなす術はないように思われた。しかし、原告の日暮と田端には納得できなかった。本件建築確認は違法であるのに、建物が完成したからと言って、訴えの利益がなくなり、違法な建築物がそのまま存在することは理解できないことである。何とかして下さいと懇願された。

コラム

法律家の常識は、世間の非常識か

違法な建築確認に基づき建築された建物も当然違法であって、存在が許されるはずがない。

それなのに、建築工事が完成したとの一事をもって、取消訴訟が不適法とされてしまい、その結果違法な建物が将来的に存在することになる。こ

れはおかしいし、許されてはならいはずである。これがおそらく世間の常識であろう。法律家の常識は、世間の常識とはかけ離れているのだろうか。

(2) 義務付け訴訟の可否

池袋商事のマンションは完成したが、同マンションは建築基準法、東京都建築安全条例の定める接道義務を満たしておらず、建築基準法令の規定に違反する建築物である。建築基準法9条1項は、「特定行政庁は、建築基準法令の規定に違反する建築物の建築主に対して、違反を是正する措置をとることを命じることができる」と定めている。目白弁護士は、この規定を根拠に違反是正措置命令を義務付けることはできないかと考えた。

建築基準法9条1項の違反是正措置命令を求める義務付け訴訟は、同命令が申請に基づくものではないので、非申請型の義務付け訴訟（行訴3条6項1号）である。本問では、原告日暮、田端に原告適格があるか（行訴37条の2第3項）、救済の必要性（損害の重大性、補充性。同1項）があるかどうかを検討しなければならない。[**解説12** 非申請型義務付け訴訟]

7 民事的救済の可否

駒込弁護士 それでは民事的救済の可能性があるかどうか検討しましょう。

巣鴨弁護士 私は、日照権侵害を理由とする建築工事差し止め訴訟とその保全事件を担当した経験があります。この線で行けると思います。まず民事保全法に基づいて、建築工事の続行禁止の仮処分を申し立てます。

駒込弁護士 それはそうでしょう。民事的救済で問題となるのは、原告のいかなる権利が侵害され、それが違法性を帯びているかということでしょう。田端さんたちのどのような権利が侵害されたのですか。

巣鴨弁護士　そうですね。日照が阻害されるとか、プライバシーが侵害されるとかいう事情があればよいのですが。これがないんですよね。接道義務違反の建築物である当該マンションが存在することにより、田端さんらの、どのような権利が侵害されるのかわからないのです。仮に、このマンションが存在しても、直接的には田端さんらの生活に影響を与えるようには思われないのです。

目白弁護士　「実質的に道路の幅員6ｍが確保されていない現状では、火災時や災害時において、避難、消火活動や緊急車両の進入が阻害され甚大な被害が発生する蓋然性は高い」ことを根拠として、生命身体の侵害の危険を主張していったらどうでしょうか。

駒込弁護士　なるほどね。でも本当にそういえるのでしょうか。仮に、生命身体の侵害の危険を根拠にすることができるとしても受忍限度を超えているといえるかという問題もありますね。よく考えてみたいと思います。

目白弁護士　そうですね。実際、建築関係の訴訟で、裁判所が受忍限度を超えていないと判断することも多いですからね。[**解説13**　民事訴訟としての差止訴訟]。

8　仮処分の排除

　鶯谷法律事務所では、目白弁護士が建築確認の取消訴訟と執行停止申立て事件を、主任として担当していたが、巣鴨弁護士が民事保全法に基づく建築工事の差止めを求める仮処分申立て事件を担当していた。

駒込弁護士　巣鴨さん。建築工事差し止めの仮処分の申立書、起案はまだですか。

巣鴨弁護士　すみません。いろいろ考えることがあって。

駒込弁護士　被保全権利と保全の必要性については、打合せ済みですよね。何を考えているのですか。

巣鴨弁護士 行政事件訴訟法44条は、民事保全法に基づく仮処分を排除していますね。建築確認の取消訴訟を提起しながら、民事保全法に基づく仮処分を申し立てることは許されないのではないですか。

駒込弁護士 建築確認取消訴訟と民事保全の仮処分は矛盾しませんよ。

［解説14　民事上の仮処分］

9 行政訴訟のルートか民事訴訟のルートか

(1) 訴訟手続の選択

建築を巡る法的紛争については、行政訴訟手続による解決と民事訴訟手続による解決とがあり得る。どちらの途を行くべきか、あるいは両者によるかは、事案の事実関係により、どちらが原告の権利救済を実現できるのか、より早期に解決することができるかなど総合的な判断による。原告代理人は、訴訟提起の段階で重要な判断を迫られる。

(2) 選択の判断要素

　(ア)　**行政処分の違法と民事の違法**　　行政処分は根拠法規に違反していれば当然違法であり、適合していれば適法である。これに対し、民事の場合は、権利を侵害しているだけでは違法とは評価されず、受忍限度を超える権利侵害が必要とされる。仮に建築確認は適法であったとしても、例えば当該建築物により日照を阻害され、それが受忍限度を超えると判断されれば違法と評価される。

行政処分の違法事由と民事の違法は峻別しなくてはならない。

　(イ)　**訴訟要件**

　　① **原告適格**　　処分の名宛人以外の第三者が取消訴訟を提起するためには、原告適格が問題とされる、民事訴訟では原告適格は問題とならない。

　　② **審査請求前置**　　建築確認の取消訴訟は、建築審査会の裁決を経る必要がある（建築基準法96条）が、民事訴訟ではこのような制限はない。

資料　建築計画概要書（第三面）
付近見取り図

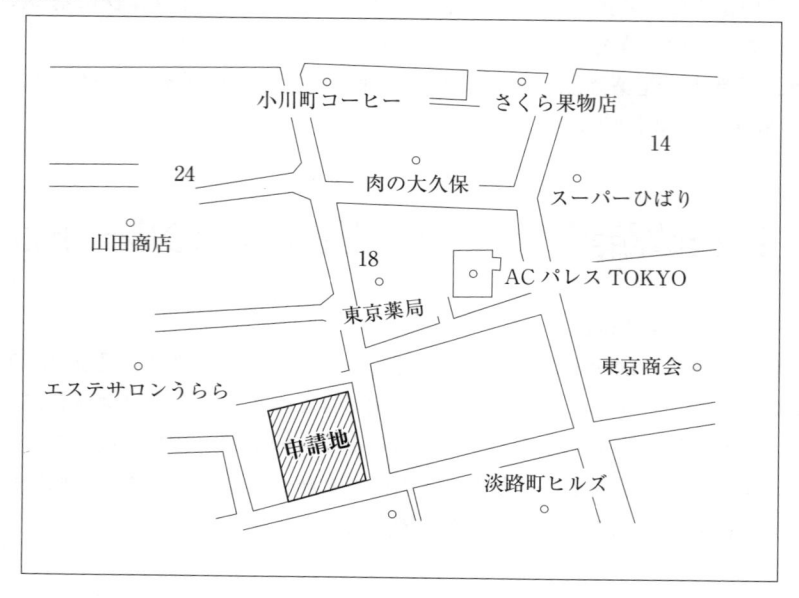

配置図

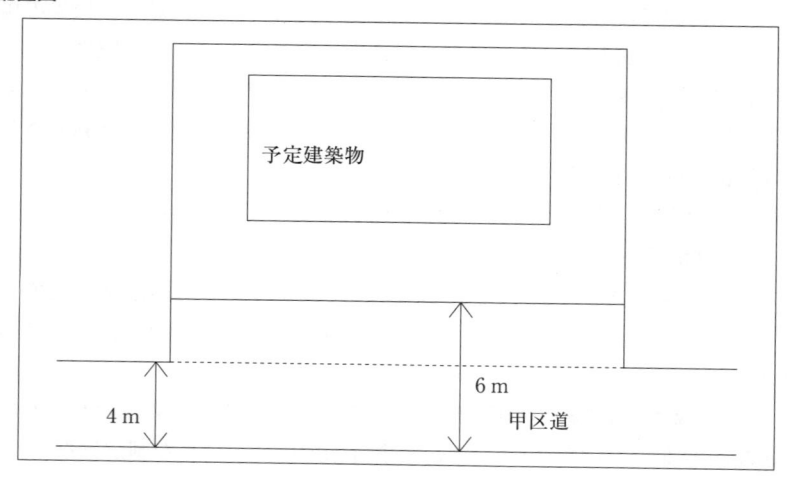

㈦　立証責任、難易

①　立証責任　　行政処分は、それが根拠法規に適合して適法であることを被告が立証しなければならない。これに対し、民事では、権利侵害の存在、受忍限度を超えていること、損害の額を原告が立証することが必要である。

②　立証の難易　　第三者が起こす建築確認の取消訴訟では、原告は資料を入手することが困難であり、訴訟活動には困難が多い。

【参照法令】
●建築基準法（抜粋）
（目的）
第１条　この法律は、建築物の敷地、構造、設備及び用途に関する最低の基準を定めて、国民の生命、健康及び財産の保護を図り、もつて公共の福祉の増進に資することを目的とする。
（用語の定義）
第２条　この法律において次の各号に掲げる用語の意義は、それぞれ当該各号に定めるところによる。
　一　建築物　土地に定着する工作物のうち、屋根及び柱若しくは壁を有するもの（これに類する構造のものを含む。）、これに附属する門若しくは塀、観覧のための工作物又は地下若しくは高架の工作物内に設ける事務所、店舗、興行場、倉庫その他これらに類する施設（鉄道及び軌道の線路敷地内の運転保安に関する施設並びに跨線橋、プラットホームの上家、貯蔵槽その他これらに類する施設を除く。）をいい、建築設備を含むものとする
　二～三十五　（略）
（建築物の建築等に関する申請及び確認）
第６条　建築主は、第１号から第３号までに掲げる建築物を建築しようとする場合（増築しようとする場合においては、建築物が増築後において第１号から第３号までに掲げる規模のものとなる場合を含む。）、これらの建築物の大規模の修繕若しくは大規模の模様替をしようとする場合又は第４号に掲げる建築物を建築しようとする場合においては、当該工事に着手する前に、その計画が建築基準関係規定（この法律並びにこれに基づく命令及び条例の規定（以下「建築基準法令の規定」という。）その他建築物の敷地、構造又は建築設備に関する法律並びにこれに基づく命令及び条例の規定で政令で定めるものをいう。以下同じ。）に適合するものであることについて、確認の申請書を提出して建築主事の確認を受け、確認済証の交付を受けなければならない。当該確認を受けた建築物の計画の変更（国土交通省令で定める軽微な変更を除く。）をして、第１号から第３号までに掲げる建築物を建築しようとする場合（増築しよう

とする場合においては、建築物が増築後において第1号から第3号までに掲げる規模のものとなる場合を含む。)、これらの建築物の大規模の修繕若しくは大規模の模様替をしようとする場合又は第4号に掲げる建築物を建築しようとする場合も、同様とする。
一　別表第一（い）欄に掲げる用途に供する特殊建築物で、その用途に供する部分の床面積の合計が100平方メートルを超えるもの
二　木造の建築物で3以上の階数を有し、又は延べ面積が500平方メートル、高さが13メートル若しくは軒の高さが9メートルを超えるもの
三　木造以外の建築物で2以上の階数を有し、又は延べ面積が200平方メートルを超えるもの
四　前三号に掲げる建築物を除くほか、都市計画区域若しくは準都市計画区域（いずれも都道府県知事が都道府県都市計画審議会の意見を聴いて指定する区域を除く。)若しくは景観法（平成16年法律第110号）第74条第1項の準景観地区（市町村長が指定する区域を除く。)内又は都道府県知事が関係市町村の意見を聴いてその区域の全部若しくは一部について指定する区域内における建築物
② 　前項の規定は、防火地域及び準防火地域外において建築物を増築し、改築し、又は移転しようとする場合で、その増築、改築又は移転に係る部分の床面積の合計が10平方メートル以内であるときについては、適用しない。
③ 　建築主事は、第1項の申請書が提出された場合において、その計画が次の各号のいずれかに該当するときは、当該申請書を受理することができない。
一　建築士法第3条第1項、第3条の2第1項、第3条の3第1項、第20条の2第1項若しくは第20条の3第1項の規定又は同法第3条の2第3項の規定に基づく条例の規定に違反するとき。
二　構造設計一級建築士以外の一級建築士が建築士法第20条の2第1項の建築物の構造設計を行つた場合において、当該建築物が構造関係規定に適合することを構造設計一級建築士が確認した構造設計によるものでないとき。
三　設備設計一級建築士以外の一級建築士が建築士法第20条の3第1項の建築物の設備設計を行つた場合において、当該建築物が設備関係規定に適合することを設備設計一級建築士が確認した設備設計によるものでないとき。
④ 　建築主事は、第1項の申請書を受理した場合においては、同項第1号から第3号までに係るものにあつてはその受理した日から35日以内に、同項第4号に係るものにあつてはその受理した日から7日以内に、申請に係る建築物の計画が建築基準関係規定に適合するかどうかを審査し、審査の結果に基づいて建築基準関係規定に適合することを確認したときは、当該申請者に確認済証を交付しなければならない。
⑤ 　建築主事は、前項の場合において、申請に係る建築物の計画が第20条第2号又は第3号に定める基準（同条第2号イ又は第3号イの政令で定める基準に従つた構造計算で、同条第2号イに規定する方法若しくはプログラムによるもの又は同条第3号イに規定するプログラムによるものによつて確かめられる安全性を有することに係る部分

に限る。次条第3項及び第18条第4項において同じ。）に適合するかどうかを審査するときは、都道府県知事の構造計算適合性判定（第20条第2号イ又は第3号イの構造計算が同条第2号に規定する方法若しくはプログラム又は同条第3号イに規定するプログラムにより適正に行われたものであるかどうかの判定をいう。以下同じ。）を求めなければならない。

⑥　都道府県知事は、当該都道府県に置かれた建築主事から前項の構造計算適合性判定を求められた場合においては、当該建築主事を当該構造計算適合性判定に関する事務に従事させてはならない。

⑦　都道府県知事は、特別な構造方法の建築物の計画について第五項の構造計算適合性判定を行うに当たつて必要があると認めるときは、当該構造方法に係る構造計算に関して専門的な識見を有する者の意見を聴くものとする。

⑧　都道府県知事は、第5項の構造計算適合性判定を求められた場合においては、当該構造計算適合性判定を求められた日から14日以内にその結果を記載した通知書を建築主事に交付しなければならない。

⑨　都道府県知事は、前項の場合（第20条第2号イの構造計算が同号イに規定する方法により適正に行われたものであるかどうかの判定を求められた場合その他国土交通省令で定める場合に限る。）において、同項の期間内に建築主事に同項の通知書を交付することができない合理的な理由があるときは、35日の範囲内において、同項の期間を延長することができる。この場合においては、その旨及びその延長する期間並びにその期間を延長する理由を記載した通知書を同項の期間内に建築主事に交付しなければならない。

⑩　第5項の構造計算適合性判定に要する費用は、当該構造計算適合性判定を求めた建築主事が置かれた都道府県又は市町村の負担とする。

⑪　建築主事は、第5項の構造計算適合性判定により当該建築物の構造計算が第20条第2号イに規定する方法若しくはプログラム又は同条第3号イに規定するプログラムにより適正に行われたものであると判定された場合（次条第8項及び第18条第10項において「適合判定がされた場合」という。）に限り、第1項の規定による確認をすることができる。

⑫　建築主事は、第4項の場合（申請に係る建築物の計画が第20条第2号に定める基準（同号イの政令で定める基準に従つた構造計算で同号イに規定する方法によるものによつて確かめられる安全性を有することに係る部分に限る。）に適合するかどうかを審査する場合その他国土交通省令で定める場合に限る。）において、同項の期間内に当該申請者に第1項の確認済証を交付することができない合理的な理由があるときは、35日の範囲内において、第四項の期間を延長することができる。この場合においては、その旨及びその延長する期間並びにその期間を延長する理由を記載した通知書を同項の期間内に当該申請者に交付しなければならない。

⑬　建築主事は、第4項の場合において、申請に係る建築物の計画が建築基準関係規定に適合しないことを認めたとき、又は申請書の記載によつては建築基準関係規定に適

合するかどうかを決定することができない正当な理由があるときは、その旨及びその理由を記載した通知書を同項の期間（前項の規定により第四項の期間を延長した場合にあつては、当該延長後の期間）内に当該申請者に交付しなければならない。
⑭　第１項の確認済証の交付を受けた後でなければ、同項の建築物の建築、大規模の修繕又は大規模の模様替の工事は、することができない。
⑮　第１項の規定による確認の申請書、同項の確認済証並びに第12項及び第13項の通知書の様式は、国土交通省令で定める。

（国土交通大臣等の指定を受けた者による確認）
第６条の２　前条第一項各号に掲げる建築物の計画（前条第３項各号のいずれかに該当するものを除く。）が建築基準関係規定に適合するものであることについて、第77条の18から第77条の21までの規定の定めるところにより国土交通大臣又は都道府県知事が指定した者の確認を受け、国土交通省令で定めるところにより確認済証の交付を受けたときは、当該確認は前条第１項の規定による確認と、当該確認済証は同項の確認済証とみなす。
②　前項の規定による指定は、２以上の都道府県の区域において同項の規定による確認の業務を行おうとする者を指定する場合にあつては国土交通大臣が、一の都道府県の区域において同項の規定による確認の業務を行おうとする者を指定する場合にあつては都道府県知事がするものとする。
③　第１項の規定による指定を受けた者は、同項の規定による確認の申請を受けた場合において、申請に係る建築物の計画が第20条第２号又は第３号に定める基準に適合するかどうかを審査するときは、都道府県知事の構造計算適合性判定を求めなければならない。
④　都道府県知事は、特別な構造方法の建築物の計画について前項の構造計算適合性判定を行うに当たつて必要があると認めるときは、当該構造方法に係る構造計算に関して専門的な識見を有する者の意見を聴くものとする。
⑤　都道府県知事は、第３項の構造計算適合性判定を求められた場合においては、当該構造計算適合性判定を求められた日から14日以内にその結果を記載した通知書を第１項の規定による指定を受けた者に交付しなければならない。
⑥　都道府県知事は、前項の場合（第20条第２号イの構造計算が同号イに規定する方法により適正に行われたものであるかどうかの判定を求められた場合その他国土交通省令で定める場合に限る。）において、同項の期間内に第１項の規定による指定を受けた者に前項の通知書を交付することができない合理的な理由があるときは、35日の範囲内において、同項の期間を延長することができる。この場合においては、その旨及びその延長する期間並びにその期間を延長する理由を記載した通知書を同項の期間内に第１項の規定による指定を受けた者に交付しなければならない。
⑦　第３項の構造計算適合性判定に要する費用は、当該構造計算適合性判定を求めた第１項の規定による指定を受けた者の負担とする。
⑧　第１項の規定による指定を受けた者は、第３項の構造計算適合性判定により適合判

定がされた場合に限り、第1項の規定による確認をすることができる。
⑨　第1項の規定による指定を受けた者は、同項の規定による確認の申請を受けた場合において、申請に係る建築物の計画が建築基準関係規定に適合しないことを認めたとき、又は申請の内容によつては建築基準関係規定に適合するかどうかを決定することができない正当な理由があるときは、国土交通省令で定めるところにより、その旨及びその理由を記載した通知書を当該申請者に交付しなければならない。
⑩　第1項の規定による指定を受けた者は、同項の確認済証又は前項の通知書の交付をしたときは、国土交通省令で定める期間内に、国土交通省令で定めるところにより、確認審査報告書を作成し、当該確認済証又は当該通知書の交付に係る建築物の計画に関する国土交通省令で定める書類を添えて、これを特定行政庁に提出しなければならない。
⑪　特定行政庁は、前項の規定による確認審査報告書の提出を受けた場合において、第一項の確認済証の交付を受けた建築物の計画が建築基準関係規定に適合しないと認めるときは、当該建築物の建築主及び当該確認済証を交付した同項の規定による指定を受けた者にその旨を通知しなければならない。この場合において、当該確認済証は、その効力を失う。
⑫　前項の場合において、特定行政庁は、必要に応じ、第9条第1項又は第10項の命令その他の措置を講ずるものとする。

（道路の定義）
第42条　この章の規定において「道路」とは、次の各号の一に該当する幅員4メートル（特定行政庁がその地方の気候若しくは風土の特殊性又は土地の状況により必要と認めて都道府県都市計画審議会の議を経て指定する区域内においては、6メートル。次項及び第3項において同じ。）以上のもの（地下におけるものを除く。）をいう。
一　道路法（昭和27年法律第180号）による道路
二　都市計画法、土地区画整理法（昭和29年法律第119号）、旧住宅地造成事業に関する法律（昭和39年法律第160号）、都市再開発法（昭和44年法律第38号）、新都市基盤整備法（昭和47年法律第86号）、大都市地域における住宅及び住宅地の供給の促進に関する特別措置法（昭和50年法律第67号）又は密集市街地整備法（第6章に限る。以下この項において同じ。）による道路
三　この章の規定が適用されるに至つた際現に存在する道
四　道路法、都市計画法、土地区画整理法、都市再開発法、新都市基盤整備法、大都市地域における住宅及び住宅地の供給の促進に関する特別措置法又は密集市街地整備法による新設又は変更の事業計画のある道路で、2年以内にその事業が執行される予定のものとして特定行政庁が指定したもの
五　土地を建築物の敷地として利用するため、道路法、都市計画法、土地区画整理法、都市再開発法、新都市基盤整備法、大都市地域における住宅及び住宅地の供給の促進に関する特別措置法又は密集市街地整備法によらないで築造する政令で定める基準に適合する道で、これを築造しようとする者が特定行政庁からその位置の指

定を受けたもの
②　この章の規定が適用されるに至つた際現に建築物が立ち並んでいる幅員4メートル未満の道で、特定行政庁の指定したものは、前項の規定にかかわらず、同項の道路とみなし、その中心線からの水平距離2メートル（前項の規定により指定された区域内においては、3メートル（特定行政庁が周囲の状況により避難及び通行の安全上支障がないと認める場合は、2メートル））。以下この項及び次項において同じ。）の線をその道路の境界線とみなす。ただし、当該道がその中心線からの水平距離2メートル未満でがけ地、川、線路敷地その他これらに類するものに沿う場合においては、当該がけ地等の道の側の境界線及びその境界線から道の側に水平距離4メートルの線をその道路の境界線とみなす。
③　特定行政庁は、土地の状況に因りやむを得ない場合においては、前項の規定にかかわらず、同項に規定する中心線からの水平距離については2メートル未満1.35メートル以上の範囲内において、同項に規定するがけ地等の境界線からの水平距離については4メートル未満2.7メートル以上の範囲内において、別にその水平距離を指定することができる。
④　第1項の区域内の幅員6メートル未満の道（第1号又は第2号に該当する道にあつては、幅員4メートル以上のものに限る。）で、特定行政庁が次の各号の一に該当すると認めて指定したものは、同項の規定にかかわらず、同項の道路とみなす。
　一　周囲の状況により避難及び通行の安全上支障がないと認められる道
　二　地区計画等に定められた道の配置及び規模又はその区域に即して築造される道
　三　第1項の区域が指定された際現に道路とされていた道
⑤　前項第3号に該当すると認めて特定行政庁が指定した幅員4メートル未満の道については、第2項の規定にかかわらず、第一項の区域が指定された際道路の境界線とみなされていた線をその道路の境界線とみなす。
⑥　特定行政庁は、第2項の規定により幅員1.8メートル未満の道を指定する場合又は第3項の規定により別に水平距離を指定する場合においては、あらかじめ、建築審査会の同意を得なければならない。

第2節　建築物又はその敷地と道路又は壁面線との関係等
（敷地等と道路との関係）
第43条　建築物の敷地は、道路（次に掲げるものを除く。第44条第1項を除き、以下同じ。）に2メートル以上接しなければならない。ただし、その敷地の周囲に広い空地を有する建築物その他の国土交通省令で定める基準に適合する建築物で、特定行政庁が交通上、安全上、防火上及び衛生上支障がないと認めて建築審査会の同意を得て許可したものについては、この限りでない。
　一　自動車のみの交通の用に供する道路
　二　高架の道路その他の道路であつて自動車の沿道への出入りができない構造のものとして政令で定める基準に該当するもの（第44条第1項第3号において「特定高架

道路等」という。）で、地区計画の区域（地区整備計画が定められている区域のうち都市計画法第12条の11の規定により建築物その他の工作物の敷地として併せて利用すべき区域として定められている区域に限る。同号において同じ。）内のもの
② 地方公共団体は、特殊建築物、階数が３以上である建築物、政令で定める窓その他の開口部を有しない居室を有する建築物又は延べ面積（同一敷地内に２以上の建築物がある場合においては、その延べ面積の合計。第４節、第７節及び別表第３において同じ。）が1000平方メートルを超える建築物の敷地が接しなければならない道路の幅員、その敷地が道路に接する部分の長さその他その敷地又は建築物と道路との関係についてこれらの建築物の用途又は規模の特殊性により、前項の規定によつては避難又は通行の安全の目的を充分に達し難いと認める場合においては、条例で、必要な制限を付加することができる。

● **建築基準法施行令**
（建築基準関係規定）
第９条　法第６条第１項（法第87条第１項、法第87条の２並びに法第88条第１項及び第２項において準用する場合を含む。）の政令で定める規定は、次に掲げる法律の規定並びにこれらの規定に基づく命令及び条例の規定で建築物の敷地、構造又は建築設備に係るものとする。
一　消防法（昭和23年法律第186号）第９条、第９条の２、第15条及び第17条
二　屋外広告物法（昭和24年法律第189号）第３条から第５条まで（広告物の表示及び広告物を掲出する物件の設置の禁止又は制限に係る部分に限る。）
三　港湾法（昭和25年法律第218号）第40条第１項
四　高圧ガス保安法（昭和26年法律第204号）第24条
五　ガス事業法（昭和29年法律第51号）第40条の４
六　駐車場法（昭和32年法律第106号）第20条
七　水道法（昭和32年法律第177号）第16条
八　下水道法（昭和23年法律第79号）第10条第１項及び第３項並びに第30条第１項
九　宅地造成等規制法（昭和36年法律第191号）第８条第１項及び第12条第１項
十　流通業務市街地の整備に関する法律（昭和41年法律第110号）第５条第１項
十一　液化石油ガスの保安の確保及び取引の適正化に関する法律（昭和42年法律第149号）第38条の２
十二　都市計画法（昭和43年法律第100号）第29条第１項及び第２項、第35条の２第１項、第41条第２項（同法第35条の２第４項において準用する場合を含む。）、第42条（同法第53条第２項において準用する場合を含む。）、第43条第１項並びに第53条第１項
十三　特定空港周辺航空機騒音対策特別措置法（昭和53年法律第26号）第５条第１項から第３項まで（同条第５項において準用する場合を含む。）
十四　自転車の安全利用の促進及び自転車等の駐車対策の総合的推進に関する法律

（昭和55年法律第87号）第 5 条第 4 項
十五　浄化槽法（昭和58年法律第43号）第 3 条の 2 第 1 項
十六　特定都市河川浸水被害対策法（平成15年法律第77号）第 8 条

●東京都建築安全条例（抜粋）
（建築物の敷地と道路との関係）
第 4 条　延べ面積（同一敷地内に 2 以上の建築物がある場合は、その延べ面積の合計とする。）が1000平方メートルを超える建築物の敷地は、その延べ面積に応じて、次の表に掲げる長さ以上道路に接しなければならない。

延べ面積	長さ
千平方メートルを超え、二千平方メートル以下のもの	六メートル
二千平方メートルを超え、三千平方メートル以下のもの	八メートル
三千平方メートルを超えるもの	十メートル

②　延べ面積が3000平方メートルを超え、かつ、建築物の高さが15メートルを超える建築物の敷地に対する前項の規定の適用については、同項中「道路」とあるのは、「幅員 6 メートル以上の道路」とする。
③　前 2 項の規定は、建築物の周囲の空地の状況その他土地及び周囲の状況により知事が安全上支障がないと認める場合においては、適用しない。

（宇佐見方宏）

解説編

[**解説 1**　建築確認]
(1) 建築基準法における建築確認の仕組み

　人は生まれながらにして自由であるという公理から出発すれば、「建築の自由」は、その派生物として導き出すことができる。しかし、建築の自由を無制限に認めると、危険な建築物が建築され、人の生命・身体・財産が脅かされる可能性がある。そこで、建築基準法は、「建築の自由」を基礎としつつも、「建築物の敷地、構造、設備及び用途に関する最低の基準を定めて、国民の生命、健康及び財産の保護を図り、もつて公共の福祉の増進に資すること」とした（建築基準法1条）。本事例で登場する建築確認の制度も、この目的を達成するための一つの重要な制度である。

　建築基準法によると、建築物を建築しようとする者は、あらかじめ建築主事等から建築確認を受けなければならない（建築基準法6条1項・6条の2第1項）。建築確認を受けることなく、建築物を建築すれば、特定行政庁による是正措置命令の対象になるし（建築基準法9条1項）、また、1年以下の懲役又は100万円以下の罰金に処せられる可能性がある（建築基準法99条1項1号）。そのため、建築主は、建築確認を求めて、建築主事等に申請をしなければならない。実際に申請が行われると、建築主事等が当該申請につき、建築基準関係規定（これについては**解説2**を参照）に適合しているか否かを審査し、建築確認をする・しないの判断を行うことになる。以上のような建築確認の制度は、建築基準関係規定に違反する建築物の出現を未然に防止することを目的としていると言えよう。なお、建築確認が付与されると、建築主は建築工事に着手することができるが、建築工事が完了しても、直ちに建築物を使用できるようになるわけではない。建築工事完了後、改めて建築物に関する完了検査を受け、建築物及びその敷地が建築基準関係規定に適合していることを認められて、初めて建築主は建築物を使用することができるようになる（建築基準法7条・7条の6第1項）。

(2) 建築確認の法的性格

　建築確認それ自体は講学上の行政行為であって、処分である。この点に異論はない。むしろ、従来、問題とされてきたのは、建築確認が講学上の準法律行為的行政行為としての「確認」に該当するのか、それとも法律行為的行政行為としての「許可」に該当するのかという点である。この問題の背景には、「講学上の「確認」に該当すれば、裁量が認められず、附款を付すことができない」、逆に「講学上の「許可」に該当すれば、裁量が認められ、附款を付すことができる」といった考え方があった（このような考え方には、田中二郎博士によって提唱された行政行為の分類論が大きく影響している（田中二郎『新版行政法 上巻（全訂第2版）』〔弘文堂・1974〕120頁以下）。そのため、当該問題を議論することは裁量の有無及び附款を付すことの可否を検討する上で実益があるものと考えられた。しかし、今日の支配的な見方によれば、裁量の有無は基本的に法の仕組みから個別に判断すべきであると考えられており、いかなる類型の行政行為に該当するかによって裁量の有無が決せられるのではない。同様のことは附款の可否についても、妥当する。そうすると、建築確認は「確認」か、それとも「許可」か、という問題を議論すること自体に実践的な意義はない、と言えよう。もっとも、なぜ「確認」と言えるのか、あるいはなぜ「許可」と言えるのかという観点から提示された建築基準法に関する各見解は、なぜ裁量を認めることができるのか、あるいは、なぜ裁量を認めることができないのかということを議論する際に参考になるから、その限りにおいて、建築確認の類型論をめぐって行われた従来の議論が全く無意味であったと評価するのは適切ではないであろう（建築確認の裁量については**解説3**を参照）。

［**解説2**　建築確認の対象］

　建築確認の申請が行われると、建築主事等は当該申請が建築基準関係規定に適合するか否かを審査する。ここで建築基準関係規定とは、建築基準法並びにこれに基づく命令及び条例の規定（建築基準法令規定）その他建築物の敷地、構造又は建築設備に関する法律並びにこれに基づく命令及び条例の規定で政令で定めるものをいう（建築基準法6条1項）。

かつては建築基準関係規定を政令で定めることとされていなかったので、具体的に、いかなる規定が建築基準関係規定と言えるか、問題となることが少なくなかった。しかし、平成10年の改正以降、建築基準法施行令9条に建築基準関係規定が具体的に示されることになったので、従前のような問題は生じなくなった。

　現行法によれば、建築主事等は、建築基準法令規定のほか、建築基準法施行令9条に列挙された規定に照らして、建築確認の申請を審査することになる。逆にいえば、建築主事等は、これらの規定以外の規定に建築確認の申請が適合しているか否かを審査しない。たとえば、建築主が真の土地所有者か否かということは建築基準関係規定の審査とは無関係であるから、建築主事等はそのような審査を行わない（したがって建築確認を受けたからといって、建築主が当該土地の所有権者であるということが公的に確定されるわけではない）。

[**解説3**　建築確認の裁量]

　従来、建築確認をめぐっては、「建築主事に建築確認の裁量が認められるか」という問題提起がされることが少なくなかった。しかし、一口に裁量といっても、さまざまな局面での裁量が考えられるのであって、それらを等閑視して裁量の有無を論じてみても、かえって議論が混乱するだけである。たとえば、建築確認の裁量があるといっても、（1）建築確認の要件が充足されているか否かの判断の局面において裁量があるということなのか、それとも、（2）建築確認の要件が充足されている場合に、建築確認をする・しないの判断の局面において裁量があるということなのか、それとも、（3）どのタイミングで建築確認をするのかについて時の裁量があるということなのか、必ずしもはっきりしない。そこで、建築確認の裁量をめぐっては、いかなる局面での裁量を議論の対象にするのかということをあらかじめ明瞭にしておく必要がある。以下では、上記（1）の裁量を要件裁量、上記（2）の裁量を効果裁量としてとらえ、裁量の有無を検討しておこう。

　なお、最高裁はかつて「建築主事が当該確認申請について行う確認処分

自体は基本的に裁量の余地のない確認的行為の性格を有する」と述べ、建築主事の「速やかに確認処分を行う義務」を導出したことがある（最判昭和60年7月16日）。

(1) 要件裁量

建築確認の申請が認められるための要件は、建築基準関係規定に適合していることである。その建築基準関係規定は多数存在しており、たとえば建築基準法33条の「安全上支障がない場合」のように、規定によっては不確定概念が用いられ、かつ、専門技術的な判断が求められるものもある（荒秀『建築基準法論（Ⅰ）』〔ぎょうせい・1974〕4頁、中西又三「行政行為と私権」『演習行政法（上）』〔青林書院新社・1979〕155頁）。他方で、建築基準関係規定の中には、不確定概念が用いられることなく、専門技術的な判断を必要としないものもある。そうすると、建築基準関係規定は多様であるから、要件裁量の有無については、個別の建築基準関係規定ごとに判断する必要があると言えそうである。ただし、近年、一部では専門技術的見地から要件裁量を承認する見方に対して強い批判が出されているから（宮田三郎「専門技術的裁量について」同『行政裁量とその統制密度（増補版）』〔信山社・2012〕341頁以下）、この見地を徹底すると、建築確認の要件裁量も認められないということになろう。

(2) 効果裁量

通説は、建築確認の効果裁量を否定する。したがって、建築基準関係規定に適合していると判断された場合には、建築確認の申請は認められなければならない。その理由として考えられるのは、①同法は「建築の自由」に配慮して「建築物の敷地、構造、設備及び用途に関する最低の基準」を定めるとしているのであるから（建築基準法1条）、明示された基準さえ充足されていれば、建築確認の申請は認められるべきであるといえること、②また、建築主事の資格者検定について定めている建築基準法の規定からすると（建築基準法5条）、同法は建築主事に技術的観点から建築基準関係規定適合性の判断ができる能力を求めているといえるが、行政的配慮を伴

う判断ができる能力を求めているとはいえないこと、③むしろ、同法の特定行政庁に関する規定（建築基準法9条・10条・11条など）を確認していくと、特定行政庁こそ、そのような行政的配慮を伴う判断ができる能力を持ち合わせているといえること、などを指摘できる。

　もっとも、このような見方に対しては、①建築基準法の目的は「国民の生命、健康及び財産の保護を図り、もつて公共の福祉の増進に資すること」にあるのだから（建築基準法1条）、むしろ、建築主事に行政的配慮の判断余地を認めることこそが同法の目的に適うし、②また、判例上、行政指導による建築確認の留保が一定の要件の下で容認されており、このことは建築主事にも行政的配慮を伴った判断をする能力があることを前提にするものであるから、建築確認に際しても、建築主事が行政的配慮を伴った判断をすることができるということを前提にしてよい、といったことなどを根拠に建築確認の効果裁量を肯定する見方もある。ただし、このような見方は、少数説に止まっている。

［解説4　建築行政の担い手］
　建築基準法は建築物の敷地、構造、設備及び用途に関する最低基準を定めているが、これらの基準が遵守されるようにするために、複数の行政機関に一定の権限をもたせている。以下では、建築基準法を理解する上で重要な建築行政の三つの担い手について、簡単に解説しておく。

(1)　**建築主事**
　建築主事は、建築確認や、完了検査などの権限を有している（建築基準法6条1項・7条1項）。建築主事は市町村長の指揮監督の下に置かれることもあるが、都道府県知事の指揮監督の下に置かれることもある（建築基準法4条）。いずれの場合も、地方公共団体の首長が建築主事を任命することになっているが、建築主事として任命されるためには建築基準適合判定資格者検定に合格し、国土交通大臣の登録を受けている必要がある（建築基準法4条6項・77条の58第1項）。この建築基準適合判定資格者検定は建築士の設計に係る建築物が建築基準関係規定に適合するかどうかを判定するた

めに必要となる知識及び経験をチェックするもので（建築基準法5条1項）、一級建築士試験に合格した者で、2年以上の実務経験を有する者でなければ、受けることができない（建築基準法5条3項）。当該検定の合格者数及び合格率は必ずしも一定しておらず、平成24年度の場合は、合格者数が264名で、合格率は25.6％となっている。

(2) 指定確認検査機関

　もっとも、建築確認の権限や完了検査の権限は、以上のような建築主事にのみ認められているわけではない。指定確認検査機関と呼ばれる機関にもまた認められている。この指定確認検査機関の制度は、行政の民間解放の流れの中で、平成10年の建築基準法改正によって導入された。これにより、民間の株式会社であっても、一定の要件を充足すれば、国土交通大臣または都道府県知事により指定され、建築確認等の業務を行うことができるようになった。建築主は、都道府県や市町村の行政機関としての建築主事に申請をしても、また、指定確認検査機関に申請をしても、どちらでもよい（建築基準法6条の2第1項）。指定確認検査機関が建築確認の申請を審査する場合、実際に確認検査を実施するのが確認検査員である。この確認検査員は、上述の建築基準適合判定資格検定に合格し、国土交通大臣の登録を受けた者の中から指定確認検査機関によって選任された者であるため（建築基準法77条の24・77条の58）、指定確認検査機関による建築確認も、建築主事による建築確認も同様に取り扱うことができる。

(3) 特定行政庁

　そのほか、建築基準法上、重要な権限を持たされている行政機関として特定行政庁がある。特定行政庁とは、基本的に「建築主事を置く市町村の区域については当該市町村の長をいい、その他の市町村の区域については都道府県知事をいう」（建築基準法2条35号）。特定行政庁が有する具体的な権限としては、違法建築物の所有者等に対する監督処分権限などがある。歴史的にみれば、もともと建築基準法上の建築行政の担い手は特定行政庁と考えられていたようであるが、GHQの示唆により、建築行政に関する

権限の分散が図られ、上述した建築主事の制度が生まれたと言われている。このような経緯からすると、建築主事は限定的に技術的な観点から建築行政にかかわるのみで、特定行政庁が建築行政に関する基幹的役割を果たすことが期待されていると言ってよい。このような事情から、特定行政庁に認められている裁量の幅が広いと説明されることもある。

[**解説5** 接道義務]

　法令の規制によって建築物の構造上の安全性が確保されていたとしても、ひとたび火災が発生すれば、住民の生命、身体及び財産は危険にさらされる。特に建築物の敷地へと通じる道幅が狭いと、消防車などの緊急車両が現場になかなか到着できず、消化活動が遅れたり、あるいは場合によっては消化活動ができなくなったりして、住民の生命・身体・財産が危険にさらされる。そこで、このような事態を回避するために、建築基準法は、原則として4m以上の幅員の道路に建築物の敷地の2m以上が接していなければならないとする接道義務を定めた（建築基準法42条1項・43条1項）。これによって、災害時の防災活動が容易になるほか、避難も容易になる。このような規制は、建築物の敷地に関する基準を設けて国民の生命、健康及び財産を保護しようとする建築基準法の目的（建築基準法1条）に合致すると言えよう。

　もっとも、いかなる建築物の敷地であっても、4m以上の幅員の道路に2m接してさえいれば、安全性が確保されるわけではない。たとえば、デパートのような大規模建築物の場合、ひとたび火災が発生すれば、多くの人間が一度に避難行動をとるため、道路の幅員が4mしか確保されていないと、スムーズに全員が避難できないおそれがある。そこで、建築基準法は、建築物の特性等に応じ、条例によって上述の接道義務を強化することができるとした（建築基準法43条2項）。これを受けて、たとえば東京都では「東京都建築安全条例」が定められている。言うまでもなく、当該条例は、建築基準法43条2項に基づいて制定された条例であるから、建築基準関係規定（建築基準法6条1項）に該当する。したがって、建築確認の際には、この条例に基づく接道義務が充足されているか否かが審査されることとな

り、仮に条例上の基準を満たしていないと判断されれば、建築確認はされないことになる。

　本件の場合、東京都建築安全条例 4 条 1 項の基準によれば、6 m の幅員の道路に敷地が接していることが求められるところ、実際には 6 m の幅員が確保されているのは敷地部分のみで、それ以外は 4 m の幅員しか確保されていないので、問題となる。この点、東京都では、東京都都市整備局市街地建築部長が特定行政庁に宛てた平成24年 6 月 1 日付けの「東京都建築安全条例の運用について（技術的助言）」と題する通知（23都市建企第1399号）があり、その中で、このような事案は東京都建築安全条例 4 条 1 項の要請を満たさないと明示されている。したがって、現在では、本件のような場合は、建築確認がされないであろうと思われる。仮に、本件と同様の事案において当該通知に違反して建築確認が行われたとしたら、当該通知は特定行政庁に向けて発せられたものであって、それ自体、法規ではないから、当該通知に違反したことを理由に建築確認が違法であるとは直ちには言えないであろう。もっとも、当該通知違反の事実を平等原則などの外部規範（法規）違反として捉えうる事情が認められれば、建築確認の違法性を導き出すことは可能である。

[**解説 6**　建築審査会に対する審査請求]

　処分に対して不服を有する者は、一般に、抗告訴訟によっても、また、行政不服申立てによっても救済を求めることができる。しかし、個別の法律に不服申立てを経た後でなければ取消訴訟を提起することができない旨の定めがあるときは、不服申立てをしてからでないと、取消訴訟を適法に提起できない（行訴法 8 条 1 項）。仮に不服申立てをしないで、取消訴訟を提起すると、当該取消訴訟は不適法な訴えとみなされ、却下される。

　建築基準法の場合、「処分の取消しの訴えは、当該処分についての審査請求に対する建築審査会の裁決を経た後でなければ、提起することができない」とされているので（建築基準法96条）、不服申立て前置主義が採用されていると言える。したがって、処分に対して不服を有する者は、まず審査請求をしなければならない。たとえ処分権限を有する者が私人であった

としても、このことにかわりはない。

　この場合、問題となるのは、どの行政機関に対して審査請求をするかということであるが、建築基準法では「審査請求に対する裁決についての議決を行わせる……ために、建築主事を置く市町村及び都道府県に、建築審査会を置く」とされている（建築基準法78条1項）。したがって、通常、建築基準法に関する審査請求は、市町村又は都道府県の建築審査会に対して行われなければならない。

　もっとも、本件は、甲区という地方自治法上の特別区の事案である。この点、法令上は、甲区のような特別区であっても、建築主事を置くことができ（建築基準法97条の3第1項）、建築主事が置かれた特別区では建築審査会が設置されることになっている（地方自治法施行令210条の17）。そのため、甲区の建築主事が行った建築確認に不服を有する者は、甲区の建築審査会に対して審査請求をしなければならない。

　ところが、本件の場合、甲区の建築主事が建築確認を行っているのではなく、指定確認検査機関が建築確認を行っている。このように指定確認検査機関が行った建築確認を争う場合であっても、建築基準法上、「当該処分……に係る建築物又は工作物について第6条第1項……の規定による確認をする権限を有する建築主事が置かれた市町村又は都道府県の建築審査会に対して審査請求をすることができる」とされている（建築基準法94条1項）。そうすると、本件の場合、甲区の事案であるから、市町村の建築審査会にかえて甲区建築審査会か、都の建築審査会に審査請求することができると言えそうであるが、都道府県の建築主事は建築主事を置いた市町村（特別区を含む）の区域外における建築物の建築確認に関する事務をつかさどることになっているので、建築主事を置いている甲区が問題となる本件では、都の建築審査会に審査請求をすることは適切ではない（建築基準法4条5項）。したがって、本件では、まず甲区建築審査会に対して審査請求をする必要があるということになる。

［解説7　出訴期間］

　処分が発せられた後、いつまででもこれを争うことができるとすると、

処分をめぐる法関係は安定しない。通常の私人の行為と異なり、処分の場合は、一定の公共性を有しており、処分が有効であることを前提にして数多くの法律関係が積み重ねられていくことが多い。そのため、かなり時間が経過した後に処分の効力が否定されると、社会的に大きな混乱が生じる。そこで、行政事件訴訟法は、このような事態を回避するため、処分の取消訴訟について出訴期間の制限を設けた。これによれば、一定の期間を徒過すると、取消訴訟を適法に提起することはできなくなる。

　問題となるのは、その期間である。この点、行政事件訴訟法が制定された当初は、原則として出訴期間は処分があったことを知った日から3ヶ月とされていた。しかし、これではあまりにも期間が短すぎ、裁判を受ける権利（憲法32条）の侵害になるのではないかとの疑義も提示されたため、平成16年の行訴法改正によって、出訴期間は6か月に延長された。したがって、現在では、原則として、取消訴訟は処分があったことを知った日から6か月までは適法に提起できるが、これを徒過すると、適法に取消訴訟を提起することができない（行訴法14条1項）。仮に、取消訴訟の出訴期間を徒過しても、なお処分を争いたいのであれば、出訴期間の制限がない無効等確認訴訟を提起すべきである（行訴法38条を参照）。

　ところで、処分の効力を否定するための手段は取消訴訟だけではない。行政不服申立ても考えられる。そのため、処分の効力を否定するために、取消訴訟ではなく、行政不服申立ての手段を選択した場合、当該不服申立ての審理に時間がかかり、処分があったことを知ってから6ヶ月を徒過してしまうことはありうる。このような場合に、取消訴訟を適法に提起できないとすれば、著しく不合理である。そこで、行訴法は、「審査請求があつたときは、処分又は裁決に係る取消訴訟は、その審査請求をした者については、これに対する裁決があつたことを知つた日から六箇月を経過したとき又は当該裁決の日から一年を経過したときは、提起することができない」とした（行訴法14条3項）。これによれば、本件の場合も、平成22年1月20日に裁決が出されているので、裁決があったことを知った日から6か月を経過していなければ、適法に取消訴訟を提起できると言えよう。

[解説8　被告適格]

　行政事件訴訟法が平成16年に改正されるまでは、取消訴訟の被告は、原則として処分を行った行政庁とされていた。このような法制度は、取消訴訟が処分という行為に着目した訴訟である以上、当該行為を行った者を被告とするのが適切である、という考え方に支えられていた。しかし、実際には、権限の委任や代理が行われているような場合など、誰が行政庁であるか判然としない事案があり、被告を誤って訴訟提起されることが少なくなかった。もっとも、行政事件訴訟法15条1項によれば、被告を誤っても、裁判所の許可を得て、被告を変更することが可能である。しかし、その要件は厳しく、「原告が故意又は重大な過失によらないで被告とすべき者を誤ったとき」とされていたため、実際に被告の変更が許可されることは実務上少なかったと指摘されている。そこで、立法者は、被告の誤りによって救済の途を閉ざすのは適切ではないとの立場から、平成16年の行訴法改正によって、原則として処分を行った行政庁の所属先となる行政主体を取消訴訟の被告とした（行訴法11条1項）。このような法制度の下では、誰を被告とするか決する際には、処分を行った行政庁が果たしてまたいかなる行政主体に所属しているか、見極めることが重要となる。この判断をする場合には、組織法の観点から、行政庁の所属先を見極めなければならない。このことは、同時に、処分庁の行った事務が誰に帰属するのかという観点から被告適格が決せられるのではない、ということを意味する。

　なお、本事例のように、処分を行った行政庁が行政主体に所属しないこともありうる。特に、近年、行政の私化現象に伴い、株式会社等の私人が処分権限を行使することができる事例が増えてきた。このような場合には、処分権限を有する行政庁が所属する「国または公共団体」が存在しないから、例外的に、行政庁を取消訴訟の被告とすることになる（行訴法11条2項）。したがって、指定確認検査機関として株式会社が処分権限を有している本事例では、当該株式会社が建築確認の取消訴訟の被告となる（これとは別に、指定確認検査機関が行った違法な建築確認によって被った損害の賠償を求める場合には、誰を被告にすべきか、検討する必要がある）。

[**解説9**　原告適格]

　処分の名宛人が原告となって取消訴訟を提起できることに異論はない。問題となるのは、処分の名宛人以外の第三者が原告となって取消訴訟を提起できるか、である。これを無制限に認めると、濫訴の弊害が生じうる。そこで、取消訴訟を適法に提起できる者の範囲を限定する必要が生じる。行政事件訴訟法9条1項は、「法律上の利益を有する者」のみ処分の取消訴訟を提起できると定め、一応、原告適格の範囲を限定しているが、「法律上の利益を有する者」とはいかなる者かということは、明らかにしていない。この点、判例によれば、法律上の利益を有する者とは「当該処分により自己の権利若しくは法律上保護された利益を侵害され、又は必然的に侵害されるおそれのある者」をいい、「当該処分を定めた行政法規が、不特定多数者の具体的利益を専ら一般的公益の中に吸収解消させるにとどめず、それが帰属する個々人の個別的利益としてもこれを保護すべきものとする趣旨を含むと解される場合には、このような利益もここにいう法律上保護された利益」に当たると解されている（最大判平成17・12・7民集59・10・2645）。この意味での法律上の利益が認められるか否かは、現在のところ、「①当該処分又は裁決の根拠となる法令の規定の文言のみによることなく、②当該法令の趣旨及び目的並びに③当該処分において考慮されるべき利益の内容及び性質を考慮」して判断するものとされている（行訴法9条2項）。とりわけ上記②の当該法令の趣旨及び目的を考慮するに当たっては、「当該法令と目的を共通にする関係法令があるときはその趣旨及び目的をも参酌する」ものとされ、上記③の当該利益の内容及び性質を考慮するに当たっては、「当該処分又は裁決がその根拠となる法令に違反してされた場合に害されることとなる利益の内容及び性質並びにこれが害される態様及び程度をも勘案する」ものとされている（行訴法9条2項）。このように現在では法律上の利益の有無を判断するための考慮事項が法定されているので、原告適格の有無の判断は、これらの考慮事項に照らして行うことになる。もっとも、行政事件訴訟法上、原告適格に関する判断枠組みが確立しているとしても、どのような法令条文から、どのような趣旨・目的を導き出せるのか、また、どのようにして関係法令の範囲を決するのか、

といった解釈上の問題は残っている。これらの問題は個別の事案ごとに検討していくほかないが、その際には救済範囲の拡大を意図して行訴法9条2項が設けられたということを忘れてはならないであろう（**8 保険医療事例・解説 5** 参照）。

　本事例の場合、処分の名宛人である建築主以外の者が建築確認の取消訴訟を提起しようとしているのであるから、原告適格の有無は問題となる。そこで、まず処分の根拠法規となる建築基準法6条の2第1項を確認すると、同条項は、建築物の計画が建築基準関係規定に適合するか否かを指定検査確認機関が審査する旨、定めていることがわかる。この建築基準関係規定には建築基準法上の各規定が含まれるが、それらの規定（具体的には、たとえば、大規模の建築物の主要構造部について定めた建築基準法21条、容積率について定めた52条、建築物の各部分の高さについて定めた56条、日影による中高層の建築物の高さの制限について定めた56条の2など）からすると、建築基準法6条の2第1項は、（イ）当該建築物並びにその居住者の生命又は身体の安全及び健康の保護を図り、（ロ）当該建築物及びその周辺の建築物における日照、通風及び採光等を良好に保つなど快適な居住環境を確保することができるようにするとともに、（ハ）地震及び火災等により当該建築物が倒壊し、又は炎上するなど万一の事態が生じた場合に、その周辺の建築物やその居住者に重大な被害が及ぶことのないようにする趣旨を有していると解釈することができる。そして、以上のような建築基準法6条の2第1項の趣旨や、建築基準法1条が「建築物の敷地、構造、設備及び用途に関する最低の基準を定めて、国民の生命、健康及び財産の保護」を図ることなどを目的としていること（同法1条）も考えあわせると、同法6条の2第1項は、同項による確認に係る建築物並びにその居住者の生命又は身体の安全及び健康を保護し、その建築等が居住環境の整備改善に資するようにするとともに、当該建築物の火災等が原因で直接的な被害が及ぶことが想定される周辺の一定範囲の地域に存する他の建築物について、その居住者の生命又は身体の安全及び財産としてのその建築物並びに当該建築物により日照を阻害される周辺の他の建築物に居住する者の健康を個々人の個別的利益としても保護すべきものとする趣旨を含むと言える。そうすると、建築確認

に係る建築物の倒壊、炎上等により直接的な被害を受けることが予想される範囲の地域に存する建築物に居住し、又はこれを所有する者等は、当該建築確認の取消しを求めるにつき法律上の利益を有する者として、その取消しの訴えにおける原告適格を有すると解することができる。このことに鑑みれば、本事例では、取消訴訟を提起しようとしている者が、原告適格を有すると判断される余地はないわけではないであろう（ただし、本事例では、原告適格の有無を判断するための十分な事実が与えられていないので、原告適格を有するとまで断言することはできない）。

［**解説10**　原処分主義］

　処分の取消しを求める場合、一般には、取消訴訟による方法と、行政不服申立てによる方法が考えられる。行政事件訴訟法は、原則として、どちらの方法を利用してもよい旨、規定しているので（行訴法8条1項）、処分に不服を有する者は、自己の選択によって争訟手段を決定すればよい。そこで、仮に処分に不服を有する者が不服申立ての手段を利用することを決め、審査請求をしたとしよう（行政不服審査法が審査請求中心主義を採用していることから、行政不服申立てをする場合は、通常、審査請求によることになる）。この場合、審査庁による審査の結果、請求を棄却する旨の裁決がされると、依然として請求人の処分に対する不服は解消されていないので、次の法的手段として、取消訴訟を提起することが考えられる。この場合の取消訴訟は、もともとの処分（これを原処分と呼ぶ）の取消訴訟であることも考えられるが、裁決の取消訴訟であることも考えられる。原告は、いずれの訴訟であっても適法に提起することはできるが、裁決の取消訴訟の場合には、本案上の主張は制限される。すなわち、このように「処分の取消しの訴えとその処分についての審査請求を棄却した裁決の取消しの訴えとを提起することができる場合には、裁決の取消しの訴えにおいては、処分の違法を理由として取消しを求めることができない」（行訴法10条2項）。この行政事件訴訟法の条項は、原処分の違法は原処分の取消訴訟の中でのみ主張することを求めており、「原処分主義」を採用した条項と言える。

　本事例の場合、仮に裁決の取消訴訟を適法に提起できたとしても、行訴

法10条2項により、原処分である建築確認の違法を裁決の取消訴訟の中で主張することはできない。その結果、建築確認の違法性を争おうとするのであれば、裁決の取消訴訟ではなく、建築確認の取消訴訟を提起するのが適切であるということになる。

[**解説11** 狭義の訴えの利益と建築確認の法的効力]

　原告が取消訴訟を提起して、勝訴判決を得たとしても、そのことによって原告の権利利益が現実に救済されないのであれば、当該訴訟は法的に意味がない。このような場合には、狭義の訴えの利益がないとして、訴え自体が不適法とされ、却下される（3運転免許更新事例・**解説2**参照）。

　それでは本件のように、建築主に建築確認が出されたのち、周辺住民が当該建築確認の取消しを求めて出訴していたところ、判決が出される前に、建築工事が完了してしまった場合、狭義の訴えの利益は消滅したことになるのであろうか。この問題を正面から扱ったのが、最判昭和59年10月26日（民集38・10・1169）である。同判決によれば、建築基準法の仕組みからすると、「建築確認は、建築基準法6条1項の建築物の建築等の工事が着手される前に、当該建築物の計画が建築関係規定に適合していることを公権的に判断する行為であって、それを受けなければ右工事をすることができないという法的効果が付与され」ているに過ぎないから、工事完了後には建築確認の取消しを求める訴えの利益は失われるとしている。この点、建築確認が取り消されれば、当該建築物について完了済証が交付されることはなくなるはずであるし（建築基準法7条5項）、建築確認を得ていない建築物は特定行政庁による違反是正命令の対象になるはずであるとして（建築基準法9条）、狭義の訴えの利益を肯定することも可能であるようにみえる。しかし、このような見方に対して同判決は、「工事が完了した後における建築主事等の検査は、当該建築物及びその敷地が建築関係規定に適合しているかどうかを基準とし、同じく特定行政庁の違反是正命令は、当該建築物及びその敷地が建築基準法並びにこれに基づく命令及び条例の規定に適合しているかどうかを基準とし、いずれも当該建築物及びその敷地が建築確認に係る計画どおりのものであるかどうかを基準とするものでな

い上、違反是正命令を発するかどうかは、特定行政庁の裁量にゆだねられているから、建築確認の存在は、検査済証の交付を拒否し又は違反是正命令を発する上において法的障害となるものではなく、また、たとえ建築確認が違法であるとして判決で取り消されたとしても、検査済証の交付を拒否し又は違反是正命令を発すべき法的拘束力が生ずるものではない」と述べ、建築確認の取消しを求める狭義の訴えの利益を否定している。このような見方は、実務上、既に確立した見方と言ってよく、学説上も広く受け入れられていると言ってよい。

　もっとも、判例の立場に対して全く批判がないわけではない。すなわち、上記判例に批判的な論者によれば、建築確認を争う場合には審査請求前置主義が採用されているので（建築基準法96条）、建築確認を争おうとする者は、まず建築審査会に対して審査請求をする必要があるが、審査に時間がかかり、必ずしも迅速に裁決を得られるわけではなく、訴訟提起までに時間がかかってしまう（建築基準法94条2項によれば、裁決は審査請求が受理されてから1か月以内に出されることになっているが、同条項は訓示規定と解され、実際には1か月で裁決が出ることはほぼない。その実際上の理由として、処分庁が訴えの利益を消滅させるために、審査請求における弁明書の提出を遅らせる可能性を否定できないほか、審査会の委員は非常勤であるため、委員の都合がつきにくく、あるいは、申立人の弁護士の都合がつかないことにより、頻繁に審査会を開催できるわけではないといった事情がある）。また、訴訟提起がされてからも、口頭弁論に時間がかかるので、結審するまでに建築工事が完了してしまうということは十分考えられる。このような事態に対応するために、執行停止の制度が存在するのであるが、実際には要件が厳格であるために、有効に機能しない。これらのことを踏まえると、判例の立場では実質的な権利救済が困難になる、というのである（荒秀『建築基準法論（Ⅱ）』〔ぎょうせい・1988〕101、267頁以下）。建築審査会の実務を熟知した者による、傾聴に価する批判といえよう。

［解説12　非申請型義務付け訴訟］
　訴訟を通じて行政庁の一定の処分を求めていく場合には、義務付け訴訟が有益である。注意を要するのは、義務付け訴訟で裁判所が勝訴判決（＝

義務付け判決）を出したとしても、そのことによって原告が求めていた法状況が生まれる（＝処分が行われたことになる）わけではないという点である。すなわち、義務付け判決は、裁判所が行政庁に対して処分権限の行使を命じるに止まる。したがって、行政庁が、義務付け判決の後、改めて処分を行うことによって、初めて原告が求めていた法状況が生まれることになる。

　この義務付け訴訟には、非申請型の義務付け訴訟（行訴法3条6項1号）と申請型の義務付け訴訟（行訴法3条6項2号）がある。前者は申請の仕組みを前提にしない処分の義務付けを求める場合に利用する訴訟であり、後者は申請の仕組みを前提にした処分の義務付けを求める場合に利用する訴訟である。両者の使い分けを判断する際には、実際に原告が処分の申請をしたか否かではなく、対象となる処分が法律上申請を前提にして行われることになっているか否かという点に着目して判断しなければならない。このような観点からすると、本事例で問題となっている建築基準法上の違反是正措置命令は、国民・住民からの申請があって初めて発することができる処分ではなく、特定行政庁が公益の管理者として自らの判断で（すなわち国民・住民からの申請がなくても）発することができる処分であるから、申請を前提にしない処分といえる。したがって、そのような処分の義務付けを求めて出訴するのであれば、非申請型義務付け訴訟を利用することになる。そこで、以下、非申請型義務付け訴訟の訴訟要件について確認しておくことにしよう。

　行政事件訴訟法は、非申請型義務付け訴訟の独自の訴訟要件として、重大な損害、補充性、原告適格の各要件を定めている（行訴法37条の2第1項・3項。これ以外の訴訟要件については、取消訴訟の規定が一定程度準用されることになっている。行訴法38条参照）。

(1)　重大な損害

　行政事件訴訟法37条の2第1項は「一定の処分がされないことにより重大な損害を生ずるおそれ」があることを非申請型義務付け訴訟の訴訟要件として求めている。また、同条第2項は、「裁判所は、前項に規定する重

大な損害を生ずるか否かを判断するに当たっては、損害の回復の困難の程度を考慮するものとし、損害の性質及び程度並びに処分の内容及び性質をも勘案するものとする」と定め、重大な損害の有無を判断する場合の考慮事項について定めている。

　本事例の場合、これらの考慮事項に照らして「重大な損害を生じるおそれ」があったといえるであろうか。たとえば本件原告は、良好な住環境が破壊されることをもって「重大な損害を生ずるおそれ」がある、と主張することが考えられるが、そのような住環境に関する利益への侵害は生命・身体・財産への侵害と比較すると、一般には「重大な損害を生じるおそれ」を認定されにくい。もっとも、違法な建築物で大規模火災が発生したときに、消防車などの緊急車両が通行できず、火災の範囲が拡大するおそれがあり、原告所有の住居もこれによって焼失するおそれがあるということであれば、原告の生命・身体・財産といった高次の利益を問題にすることができ、「重大な損害を生じるおそれ」を認定されやすくなる。実際に、このような主張が認められるか否かは、たとえば原告の居住地が違法建築物と、どのような位置関係にあるかといったことなどが影響しよう。

(2)　補充性

　行政事件訴訟法37条の2第1項は、損害を避けるため他に適当な方法がないときに限り、非申請型義務付け訴訟を提起できるとしている。これを通常、補充性の要件という。たとえば、税額の減額を目的にして更正処分の非申請型義務付け訴訟を提起しても、国税通則法には更正の請求の制度が存在し（国税通則法23条）、他に適当な方法があるといえるから、補充性の要件により、当該訴えは却下される。このように、個別法の中で特別に損害を避けるための手段が法定されている場合には、他に適当な方法があるといえる。他方で、損害を避けるために民事訴訟や当事者訴訟が可能であるからといって、他に適当な方法があるということにはならない。このように解釈しないと、著しく非申請型義務付け訴訟の利用範囲を狭めることになり、不当な結果を招くことになる、と考えられるからである。

　このことを前提にすれば、本件の場合、たとえ周辺住民が建築主を相手

に民事訴訟を提起することが可能であるとしても、そのこと故に非申請型義務付け訴訟が却下されることはないと言えよう。

(3) 原告適格

行政事件訴訟法37条の2第3項は「法律上の利益を有する者」が非申請型義務付け訴訟の原告適格を有する旨、定めている。そして同条4項は、非申請型義務付け訴訟の場合も、法律上の利益の有無を判断する場合には、取消訴訟の原告適格を判断する際の考慮事項について定めた行訴法9条2項を準用することとしている。そのため、取消訴訟における原告適格論が、非申請型義務付け訴訟の原告適格論にも、基本的には妥当する（取消訴訟における原告適格については、**解説9**を参照）。

もっとも、本事例では、建築基準法6条の2第1項の処分（建築確認）ではなく、同法9条の処分（違反是正措置命令）が問題となっている。そのため、根拠法規が異なるので、前述した建築確認の取消訴訟における原告適格の場合とは、議論の仕方が異なりうる。しかし、両者ともに、建築基準法令に照らした処分権限の行使を定めているので、原告適格を根拠付ける際に引き合いに出される建築基準法の規定が多くの部分で共通するであろう。そうすると、結局のところ、議論の仕方はそれほどかわらないと言えよう。

[**解説13** 民事訴訟としての差止訴訟]

民事上の請求としての差止請求の場合、損害賠償請求とは異なり、明文の根拠規定が存在しない。そのため、どのように差止請求を法的に構成すべきか、問題となる。この点、従来は、物権的請求権説、人格権説、不法行為説、環境権説などが説かれてきた。もっとも、いずれの立場にたっても、差止請求が認められるためには、受忍限度を超えた違法性が必要であると解されている。この違法性は損害賠償の際に求められる違法性よりも高度の違法性であると一般に理解されている。その理由は、差止請求が認められると、事業活動や社会的に有用な活動が停止させられ、相手方あるいは社会に及ぼす影響が大きいということに求められている（違法性段階

説)。実際に、そのような違法性が認められるか否かは、さまざまな事項を考慮して決することとされ、具体的には、①被害の程度と種類（被害の重大性）、②加害行為の内容と程度、③法令違反の有無、④加害者による損害回避措置の有無、⑤加害者の主観的態様（害意の有無）、⑥加害者と被害者の先住関係、⑦地域性、⑧特約（協定）違反の有無、⑨加害者の特性・素質、⑩環境アセスメント等の手続の瑕疵の有無といった要素が総合的に考慮されることになる。このうち、①の要素が、従来の裁判例では最も重視されてきたと言ってよい。

　本件の場合、弁護士の会話の中で原告の日常生活に直接的な被害がないというコメントがある。このことは、差止め請求を否定することに寄与する要素といえる。他方で、生命、身体に対する侵害のおそれを観念した場合、そのこと自体は差止め請求を肯定することに寄与するであろうが、それだけで差止め請求が肯定されるわけではなく、上述した諸要素などを総合的に考慮して最終的に差止めの可否が決せられることになる。

　なお、建築工事それ自体は事実行為であって、処分性は認められない。そのため、取消訴訟の排他的管轄が及ばず、建築工事の差止めを民事訴訟の形態で求めることに問題はない。もっとも、建築工事に先行して建築確認という処分が存在しているため、民事訴訟による差止請求が認められると、実質的に建築確認の効力を否定するのと同様のこととなり、公定力との関係で問題が生じるとも言えそうである。しかし、建築確認は建築主事等が建築主に対して適法に工事に着工できることを許すものであって、建築主と周辺住民との関係で建築工事の差止めが行われても、そのことが建築確認の効力それ自体に影響を及ぼすことはないとみることができる。そうであれば、建築工事を民事訴訟によって差止めることが公定力によって阻害されることはない、と言えよう。

[**解説14**　民事上の仮処分]
　一般に民事訴訟としての差止訴訟が考えられる場合、同時に、仮の救済手段として民事保全法に基づく仮の救済手段も考えられる。それでは本件のように、建築確認を得た上で建築工事に取り掛かろうとしている場合、

民事保全法に基づいて建築工事禁止の仮処分を申し立てることに問題はないであろうか（民事保全法23条・24条）。

この点、行政事件訴訟法44条との抵触が問題になる可能性がある。同条は、特段、本案訴訟の訴訟形態を明示していないので、本案訴訟として提起する訴訟が民事訴訟の場合であっても、「行政庁の処分その他公権力の行使に当たる行為」について仮処分は制限される。このような規定が設けられたのは、仮処分の制度が私人間における私法上の権利の保全を目的とした制度であるため、行政庁が行う処分その他公権力の行使に当たる行為には馴染まないと判断されたからである。

もっとも、本件では建築工事が仮処分の対象とされており、それ自体は単なる事実行為であるから、同条の「行政庁の処分その他公権力の行使に当たる行為」には該当しない。そのため、同条によっても、建築工事禁止の仮処分は排除されないと言えそうである。ただし、本件の場合、建築工事に先行して建築確認という処分が存在する。そのため、建築工事禁止の仮処分を認めると、実質的には建築確認について仮処分をしたのと同様のことになり、行訴法44条に照らして、問題があるとも言えそうである。しかし、上述したように、本案訴訟としての民事上の差止め訴訟が許容されるのに、民事保全法に基づく仮処分が認められないというのは、法の整合的な解釈とはいえない。また、仮処分によって建築工事が阻止されることになったとしても、建築確認の効力それ自体が否定されるわけではない。このように考えると、建築工事禁止の仮処分を求めることに問題はないと言えよう。このことは、建築確認の取消訴訟を同時に提起する場合であっても同様に妥当する。

なお、仮処分の申立ては、行訴法の執行停止の申立てと異なり、本案訴訟が提起されていなければ認められないというものではない（民事保全法37条参照）。

（土田伸也）

2 廃掃法事例
――申請制度を巡る諸問題2

　行政法規では、私人の権利を制限しておいて、一定の要件のもとでその制限を解除する「許可制」がとられている場面がよく見られる。このような許可制度において、申請から許可に至るプロセスで実務上まま起こりうる問題（申請関係書類の受け取り拒否、審査の遅滞等）に対してどのような手段を講じ、どのように争うことができるかを考えてみよう。

1 事案の概要

　平成21年1月20日、名伊留（ないる）法律事務所に、甲県で産業廃棄物処理業を営む業者㈱天竜が、相談に訪れた。㈱天竜は、甲県乙地区で産業廃棄物処理施設の設置を計画しているが、乙地区の住民の反対を受けて、手続きが進まないということであった。㈱天竜は、平成21年7月からの操業を目指し、平成20年12月25日に、廃棄物の処理及び清掃に関する法律（以下「廃掃法」という）15条1項に基づき産業廃棄物処理施設の設置許可申請書を甲県の丙保健所に提出した（以下「廃掃法15条1項申請」という）。ところが丙保健所担当者は、㈱天竜に対して、様々な書類の提出を要求することを繰り返し、申請書に受理印も押してくれないということである。
　また、㈱天竜が産業廃棄物処理施設の設置を計画している乙地区は、都市計画区域内（無指定）であったため、㈱天竜は、平成20年5月27日、建築基準法51条ただし書に基づく用途変更許可申請（以下「建築基準法51条ただし書申請」といい、廃掃法15条1項申請と併せて「本件申請」という）を行った。しかしながら、51条ただし書申請については、産業廃棄物処理施設の設置許可申請の目処が立たないことを理由に審査されないまま現在に至ってい

るとのことであった（建築基準法51条ただし書に基づく許可を行う権限を持っているのは特定行政庁であるが、建築基準法2条35号によれば、「建築主事を置く市町村の区域については当該市町村の長をいい、その他の市町村の区域については都道府県知事をいう」と定められており、本件では都道府県知事である）。

　7月の操業を目指す㈱天竜から上記のような相談を受けた名伊留法律事務所のベテラン弁護士長江　宏及び新人弁護士信濃雅子は、今後の対応として、どのような手段や手続きをとるべきか。

［解説1］　権限の委任、行政訴訟の被告適格、地方公共団体の事務］
［解説2］　申請と届出］
［解説3］　受理、申請の審査開始義務］
［解説4］　都市計画法及び建築基準法による規制の仕組み］

2　方針の検討

　長江弁護士は、上記の相談を受けて、信濃弁護士に、今後の方針を検討させた。新人弁護士信濃は、聞き慣れない法律や専門用語にとまどいながらも、方針の検討をはじめた。

(1)　法令調査など

　信濃弁護士は、まず、今回の廃掃法15条1項申請の根拠となる廃掃法及び同施行令、同施行規則の調査をすることとした。また、甲県が独自に定める条例や指導要綱が存しないかも調査するように長江弁護士からアドバイスを受けたので、甲県の条例や指導要綱［解説5　要綱とは何か］についてもインターネットで調査し、甲県のホームページ上で公開されているものを入手することができた。また、都道府県によっては廃棄物処理に関するしおりや手引きを公開しているところもあり、当該手引きなども参考にして法令調査を進めた。

　廃掃法及び同法施行令、同法施行規則には、許可の要件、必要書類、廃棄物の定義など必要な基礎知識が記載されていた。また、甲県の条例及び

指導要綱には、産業廃棄物の処理施設の種類によって、許可申請の前に行うべき手続が定められていることがわかった。

参照条文として、廃掃法2条、同法15条、同法施行令7条、同法施行規則11条、同11条の2、甲県廃棄物の処理の適正化に関する条例（以下「甲県条例」という）、同条例施行規則、甲県廃棄物処理施設の設置及び維持管理に関する指導要綱（以下「甲県要綱」として次に記載）などを参照のこと。

【参照法令】
●廃棄物の処理及び清掃に関する法律
（産業廃棄物処理施設）
第15条　産業廃棄物処理施設（廃プラスチック類処理施設、産業廃棄物の最終処分場その他の産業廃棄物の処理施設で政令で定めるものをいう。以下同じ。）を設置しようとする者は、当該産業廃棄物処理施設を設置しようとする地を管轄する都道府県知事の許可を受けなければならない。
②　前項の許可を受けようとする者は、環境省令で定めるところにより、次に掲げる事項を記載した申請書を提出しなければならない。
（略）
（許可の基準等）
第15条の2　都道府県知事は、前条第1項の許可の申請が次の各号のいずれにも適合していると認めるときでなければ、同項の許可をしてはならない。
一　その産業廃棄物処理施設の設置に関する計画が環境省令で定める技術上の基準に適合していること。
二　その産業廃棄物処理施設の設置に関する計画及び維持管理に関する計画が当該産業廃棄物処理施設に係る周辺地域の生活環境の保全及び環境省令で定める周辺の施設について適正な配慮がなされたものであること。
三　申請者の能力がその産業廃棄物処理施設の設置に関する計画及び維持管理に関する計画に従つて当該産業廃棄物処理施設の設置及び維持管理を的確に、かつ、継続して行うに足りるものとして環境省令で定める基準に適合するものであること。
四　申請者が第14条第5項第2号イからへまでのいずれにも該当しないこと。
②　（略）

●甲県条例（抜粋）
第1章　総則
（目的）
第1条　この条例は、産業廃棄物の適正な処理の促進に関し、県、事業者、土地所有者等及び県民の責務を明らかにするとともに、産業廃棄物の処理に関する規制その他必

要な事項を定めることにより、産業廃棄物の処理の適正化等を図り、もって県民の生活環境の保全に資することを目的とする。
(定義)
第2条　この条例において、次の各号に掲げる用語の意義は、それぞれ当該各号に定めるところによる。
　一　(略)
②　前項に定めるもののほか、この条例において使用する用語は、法において使用する用語の例による。
(説明会の開催等)
第14条　県の区域内において産業廃棄物処理施設等の設置又は構造若しくは規模の変更(以下「産業廃棄物処理施設等の設置等」という。)をしようとする者(以下「施設設置予定者」という。)は、当該産業廃棄物処理施設等の設置等に関する計画の概要を決定したときは、速やかに、当該計画の概要について、当該産業廃棄物処理施設等の周辺地域の住民その他規則で定める者(以下「地域住民等」という。)に対し、説明会の開催その他規則で定める方法により説明を行わなければならない。ただし、国又は地方公共団体が産業廃棄物処理施設等の設置等をする場合その他規則で定める場合は、この限りでない。(略)
②　施設設置予定者は、当該産業廃棄物処理施設等の設置等に係る法第15条第1項又は法第15条の2の6第1項の許可の申請(中略)の前に、地域住民等に対し、当該申請等に係る産業廃棄物処理施設等の構造、処理能力、周辺地域の生活環境に及ぼす影響その他必要な事項について、説明会の開催その他規則で定める方法により説明を行わなければならない。ただし、国又は地方公共団体が産業廃棄物処理施設等の設置等をする場合その他規則で定める場合は、この限りでない。

●甲県要綱(抜粋)
(目的)
第1条　この要綱は、事業者、産業廃棄物処理業者及び産業廃棄物再生利用業者(以下「事業者等」という。)が産業廃棄物処理施設の設置及び維持管理を行う場合に、県が事業者等に対し、公害防止、災害防止等のために必要な指導、助言及び監督を行うことにより、生活環境の保全及び産業廃棄物の適正処理の推進を図ることを目的とする。
(定義)
第2条　この要綱において、次の各号に掲げる用語の意義は、それぞれ当該各号に定めるところによる。
　一　産業廃棄物の処理　産業廃棄物の収集、運搬、中間処理(最終処分以外の処分をいう。以下同じ。)、埋立処分及び再生利用をいう。
　二　事業者　産業廃棄物を排出する事業者をいう。
　(略)
(立地計画の概要に関する説明会の開催等)

第7条 事業者等は、次に掲げる産業廃棄物処理施設の設置等を計画しようとする場合には、地域住民等に対し、条例第14条第1項の規定により説明を行わなければならない。
　一　中間処理施設（令第7条第3号、第5号、第8号及び第11号の2から第13号の2までに掲げる施設に限る。）及び最終処分場
　二　事業者に係る中間処理施設（前号に掲げる施設を除く。次号において同じ。）であって、当該事業者が事業活動を営んでいる場所以外の場所に設置し、又は設置しようとするもの
② 事業者等は、前項の規定による説明の対象となる地域住民等の範囲に関し関係市町村長と協議しなければならない。
③ （略）
（立地計画概要書の提出）
第8条 事業者等は、次に掲げる産業廃棄物処理施設の設置等を行う場合には、前条第1項の説明を行った後に、立地計画概要書（様式第1号）を、当該産業廃棄物処理施設の設置の場所を管轄する保健所長を経由の上知事に提出しなければならない。
　中間処理施設（令第7条第3号、第5号、第8号及び第11号の2から第13号の2までに掲げる施設に限る。）及び最終処分場
② 事業者等は、次に掲げる産業廃棄物処理施設の設置等を行う場合には、前条第1項の説明を行った後に、立地計画概要書を、当該産業廃棄物処理施設の設置の場所を管轄する保健所長に提出しなければならない。
　一　（略）
（施設計画等に関する説明会の開催等）
第13条 事業者等は、第一種施設の設置等に係る生活環境影響調査を実施しようとするときは、別に定めるところにより、あらかじめ次に掲げる事項を公告し、施設計画及び生活環境影響調査の実施計画（以下「施設計画等」という。）を当該公告の日から2週間公衆の縦覧に供するとともに、当該縦覧が行われている期間中に、地域住民等に対し、条例第14条第2項の規定により説明を行わなければならない。
　一　事業者等の氏名又は名称及び住所並びに法人にあっては、その代表者の氏名
　二　産業廃棄物処理施設の設置の場所
（略）
③ 事業者等は、第二種施設（法第15条第1項又は第15条の2の5第1項の許可を受けて設置されるものに限る。以下この章において同じ。）に関する生活環境影響調査を実施しようとするときは、あらかじめ、地域住民等に対し、条例第14条第2項の規定により説明を行わなければならない。
（略）
⑥ 事業者等は、第1項又は第3項の規定による説明を行った後に、当該説明に関し地域住民等から出された意見及びそれに対する回答、対応内容等（第2項の規定により提出された意見書がある場合は、その写し及びそれに対する事業者等の対応方針を含

む。）を記載した説明会等実施報告書（様式第４号）を第一種施設にあっては保健所長を経由して知事に、第二種施設にあっては保健所長に提出しなければならない。
（略）
（施設計画等協議書の提出）
第14条　事業者等は、前条第１項又は第３項の規定による説明を行った後に、施設計画等協議書（様式第３号）を第一種施設にあっては保健所長を経由の上知事に、第二種施設にあっては保健所長に提出し、協議しなければならない。
（施設計画等への反映）
第19条　事業者等は、前条の規定による知事又は保健所長の意見（以下この条において「知事等の意見」という。）に十分配慮して生活環境影響調査を実施するとともに、当該知事等の意見を施設計画に反映させなければならない。
（略）

● **建築基準法**
（卸売市場等の用途に供する特殊建築物の位置）
第51条　都市計画区域内においては、卸売市場、火葬場又はと畜場、汚物処理場、ごみ焼却場その他政令で定める処理施設の用途に供する建築物は、都市計画においてその敷地の位置が決定しているものでなければ、新築し、又は増築してはならない。ただし、特定行政庁が都道府県都市計画審議会（その敷地の位置を都市計画に定めるべき者が市町村であり、かつ、その敷地が所在する市町村に市町村都市計画審議会が置かれている場合にあつては、当該市町村都市計画審議会）の議を経てその敷地の位置が都市計画上支障がないと認めて許可した場合又は政令で定める規模の範囲内において新築し、若しくは増築する場合においては、この限りでない。

(2)　時系列の整理

　信濃弁護士の調査では、産業廃棄物処理施設の設置には、条例及び要綱により、様々な事前手続が定められていることがわかったので、信濃弁護士は、㈱天竜がどのような手続を行ってきたのか、その法的な根拠等とともに時系列でまとめることとした。

＜信濃弁護士作成時系列表＞
平成20年３月10日　㈱天竜、立地計画の概要の説明会（甲県条例14条１項、甲県要綱７条１項）
　同年４月20日　㈱天竜、立地計画概要書の提出（甲県要綱８条２項）
　同年10月10日　㈱天竜、本件計画施設の構造・処理能力等の説明会（甲県条

	例14条2項、甲県要綱13条3項）実施
同年11月15日	㈱天竜、説明会等実施報告書提出（甲県要綱13条6項）
同年12月24日	㈱天竜、施設計画等協議書提出（甲県要綱14条1項）
同年12月25日	㈱天竜、丙保健所長に廃掃法15条1項に基づく産業廃棄物処理施設設置許可申請書の提出（廃掃法15条1項）
同年12月26日	㈱天竜、甲県（建築宅地課）に建築基準法51条ただし書に基づく新築の許可申請書の提出（建築基準法51条ただし書）
平成21年1月21日	㈱天竜、名伊留法律事務所にて相談

その他特記事項

○　㈱天竜は、施設計画等協議書に対する保健所長意見を施設の設置等の計画及び生活環境影響調査の実施方法へ反映するとの甲県要綱19条1項の手続きは未了である。

○　廃棄物処理施設を稼働させるために必要なその他の許可は取得済みであることを許可証や通知等で確認した。

(3)　事実関係の補充確認

　信濃弁護士は、時系列表を作成する中で、事実が不明な点があることに気づき、依頼者に確認をとった。特に、申請時のやりとりや提出後の経緯については、今後の方針を決める上で重要だとの長江弁護士からのアドバイスを受け、日時、提出主体、提出書類、提出先、提出の際のやりとりなどを改めて確認した。また、後の訴訟に備えて、㈱天竜の担当者に対して甲県の担当者が行った行政指導の経緯につきなるべく詳細にまとめておくように依頼した。

　この段階で、長江弁護士から信濃弁護士に質問があった。「今回は、前に平成20年12月25日に、産業廃棄物処理施設の設置許可申請書を甲県の丙保健所長に提出したとのことであるが、提出先は、処分行政庁である甲県知事ではないのか」信濃弁護士は、即答できなかったことから、更に調査をしたところ、甲県条例で、申請書類は、丙保健所に提出すべきことが定められており、丙保健所は甲県における経由機関［**解説6**　経由機関とは何か］であり、問題はないことがわかった。

(4) 方針の検討

　信濃弁護士が、長江弁護士に上記法令調査の結果及び時系列表に基づき事実関係を報告し、㈱天竜の意向である平成21年7月からの操業を可能にするためには、廃掃法15条1項に基づく許可及び建築基準法51条ただし書に基づく用途変更の許可を取得することが必要であることを確認した。

　(ア) **抗議の申し入れ**　そこで、長江弁護士は、信濃弁護士とともに甲県の廃棄物対策課（廃掃法に基づく許可の担当課）及び建築宅地課（建築基準法に基づく許可の担当課）に抗議に行くことにした。平成21年2月10日、㈱天竜の担当者とともに甲県の廃棄物対策課を訪れた長江弁護士と信濃弁護士に対して、甲県の担当者は、今は審査できないと繰り返すばかりで、審査の目処は立たないままであった。また、建築宅地課の担当者は、廃掃法15条1項に基づく許可の目途が立たない限り、建築基準法51条に基づく許可の審査は進められない旨繰り返した。そこで、長江弁護士は、廃掃法15条1項に基づく許可と建築基準法51条の許可は別個の許可であるから、別々に審査を行ってほしい旨伝えた。長江弁護士は、事務所に戻った後、信濃弁護士に対し、当日のやりとりを報告書の形で証拠化しておくように指示した。

　(イ) **抗議書の作成**　平成21年2月20日になっても、一向に甲県知事が処分を行う気配がないので、甲県知事に抗議を申し入れることとした。長江弁護士は、信濃弁護士に甲県への通知文の起案を作成するように指示したが、起案の際に特に重点的に気をつけるべき点以下の点を指摘した。

　　(a) **名宛人及び送付先**　本件においては、処分行政庁は、甲県知事となる（廃掃法15条1項）ので、審査をして処分をすべきことを申し入れるべき相手方は、甲県知事となる。もっとも、審査は実質的には、経由機関である丙保健所で行っているとのことであり、丙保健所に対しても通知書を送付する必要がある。この点について長江弁護士は、甲県知事宛に送ったもののコピーを丙保健所宛に送付して、迅速に審査をするよう申し入れるように指示した。

　　(b) **根拠条文の明記**　本件のように、行政庁が、申請に対して処分をしない場合には、行政手続法、行政手続条例に定める各条項を根拠に

申し入れをおこなうことになる。信濃弁護士は、申請が到達したら遅滞なく審査を開始すべきこと（行手法7条）、不必要な行政指導[**解説7**　行政指導とは何か]には従わないこと、行政指導をする場合は書面で行うこと、建築基準法51条ただし書については、加えて行政庁は、申請の処理をするに当たり他の行政庁において同一の申請者からされた関連する申請が審査中であることをもって自らすべき許可等をするかにつき審査又は判断を殊更に遅延させるようなことをしてはならない（行手法11条参照）[**解説8**　行政手続法11条　複数の行政庁が関与する処分についての関係行政庁の対応]等の主張を記載した書面を作成した。

　ここで、長江弁護士から信濃弁護士への指摘があった。「信濃先生、本件では、廃掃法15条１項許可申請についての抗議の申し入れと、建築基準法51条ただし書申請についての抗議の申入れの根拠法は全て行政手続法でよいのでしょうか」。信濃弁護士は、全て行政手続法の条文を引用していたが、改めて確認すると間違いがあることに気づいた。信濃弁護士はその内容を長江弁護士に報告した。「長江先生、行政手続法３条は、行政手続法の適用除外を定めており、地方公共団体の機関が行う行政指導は、同条３項に該当することとなるので、根拠条文は、甲県の行政手続条例になります」。長江弁護士はこれに対して更に、「その通りだね。ところで、本件各申請にかかる処分は、行政手続法３条３項に該当する「地方公共団体の機関がする処分」に該当しないのでしょうか」と質問した。「はい、それについては、本件各処分の根拠がそれぞれ廃掃法、建築基準法となり同項かっこ書の「その根拠となる規程が条例または規則に置かれているものに限る」に該当しないので、同項の「地方公共団体の機関がする処分」には該当しません」と信濃弁護士が回答したところ、長江弁護士から「そうですね。これからは、根拠条文をよく確認するように」との注意があった。
[**解説9**　行政手続法、行政手続条例いずれが適用になるか]
[**advanced 1**　手続的規律の判別]

3 不作為の違法確認訴訟の提起

　長江弁護士及び信濃弁護士は、上記のような手段を講じたが、平成21年3月になっても甲県知事から何等の応答がなかったことから、訴訟提起を考えることとした。長江弁護士は、信濃弁護士に、どのような訴訟を提起すべきか検討し、訴状を起案するように指示した。

(1) 訴訟形式の検討・訴訟形式の選択

　信濃弁護士は、㈱天竜が提起することができる訴訟として、①不作為の違法確認訴訟（行訴法3条5項）、②申請満足型義務付訴訟（行訴法3条6項2号）、③国家賠償請求（国家賠償法1条1項）が考えられることを調査した（行政訴訟の訴訟形式の整理については、本書、冒頭解説参照）。長江弁護士に報告したところ、長江弁護士から、「信濃先生、産業廃棄物処理施設の稼働という㈱天竜の目的にとって最も有用な訴訟は何でしょうか」との質問があった。信濃弁護士は、「はい、①と②だと思います。③は許可とは別の許可が遅れたことによって生じた損害の賠償が認められるか否かの問題だからです」と回答した。「確かに③については、そうだね。国家賠償訴訟が併合されたら（行訴法13条1号参照）審理が遅延するからね。それはそうとして、②について考えてほしいんだけど、②の本案での訴訟要件及び本案要件は何でしょうか」。「はい、行訴法37条の3によれば、訴訟要件及び本案要件は、（ⅰ）行政庁の不作為状態（行訴法37条の3第1項1号）、（ⅱ）申請者による法令に基づく申請（同条第2項）、（ⅲ）不作為の違法確認の訴えの併合提起（同条3項1号）、（ⅳ）行政庁がその処分若しくは裁決をすべきであることがその処分の根拠法令から明らかであること等（同条5項）です」。長江弁護士「そうですね、（ⅰ）から（ⅲ）はともかくとして、（ⅳ）の要件の主張立証は、廃掃法の各許可要件に照らして本件廃掃法15条1項に基づく申請が要件を満たしていることを主張立証することになりますね、これはかなり骨が折れる作業です。一方、不作為の違法確認訴訟

であれば、申請が行政庁に到達して、相当期間が経過したことを主張すれば、相手方が相当期間の経過に正当な理由があることを主張立証することになりますから、義務付訴訟より主張立証の負担が少ない手段といえます。迅速性を重視して、ひとまず、①不作為の違法確認訴訟を提起すべきでしょうね。それに、信濃先生は、弁護士になりたてでわからないでしょうが、不作為の違法確認訴訟を提起すると、実質的に裁判所を通じて処分をする方向での釈明などがなされることになって、義務付訴訟を提起するまでもなく、処分がなされる場合が多いんですよ」信濃弁護士「なるほど、やはり本を読んでいるだけじゃわからないことも多いのですね」信濃弁護士は、ベテランの長江弁護士の指示に従って、まず①の訴状起案に取りかかった。

コラム

不作為の違法確認訴訟の有用性

不作為の違法確認訴訟を提起すると、裁判手続の中で、事実上処分をするために必要な書類の確認、処分の目処などが裁判所を通じて確認されることとなる。したがって、事実上、処分の促進にかなりの効果を発揮することとなり、義務付訴訟を提起するまでもなく処分がなされることが多い（ただし、不作為の違法確認訴訟には拘束力の規定が準用されるが——行政事件訴訟法38条——、不作為の違法確認訴訟における拘束力により義務付けられるのはなんらかの処分をすることであり、申請を認容することではない）。義務付訴訟における主張立証の負担を考えれば、不作為の違法確認訴訟は、許可取得のためにかなりの有効な手段であるといえる。

(2) 訴状の起案

(ア) **訴訟条件及び訴状の記載事項**　信濃弁護士は、本件に特に関係するものとして、以下の点につき特に検討をした（訴状の一般的な記載事項については、本書冒頭解説参照）。

(a) **被告適格、処分行政庁の表示**　本件では、いずれも処分行政庁である甲県知事の所属する公共団体である甲県が被告になることを確認した。なお、行政事件訴訟法11条が、同法38条1項で不作為の違法確認訴訟

にも準用されていることに注意が必要である。そして、処分行政庁（行訴法11条4項1号・同法38条1項）を甲県知事川山太郎と記載した（行訴法12条1項、民訴法4条2号）。

　　(b) **事物管轄**　　本件では、被告である甲県の普通裁判籍の所在地を管轄する甲地方裁判所が管轄を有することを確認した（行訴法12条1項、民訴法4条2号）。

　　(c) **請求の趣旨**　　抗告訴訟の請求の趣旨は、不服の対象とする公権力の行使（本件では不行使）を処分等の成立の日時、処分名またはその内容などによって特定した上で、それについて求める裁判の内容（取消し、本件では不作為状態の違法の確認など）を簡潔に記載する方法によるのが一般的である。

　本件では、廃掃法15条1項ただし申請にかかる請求については、

① 　原告が平成20年12月25日にした、廃棄物の処理及び清掃に関する法律15条1項に基づく産業廃棄物処理施設設置許可申請について、甲県知事が何らの処分をしないことが違法であることを確認する。

② 　訴訟費用は被告の負担とする。

との判決を求める。

　建築基準法51条ただし書申請にかかる請求については、

① 　原告が平成20年7月25日にした、建築基準法51条ただし書に基づく用途変更許可申請について、甲県知事が何らの処分をしないことが違法であることを確認する。

② 　訴訟費用は被告の負担とする。

との判決を求める。

という記載とした。

(**注**　なお、請求の趣旨の記載方法はこれだけが全てではないことに注意されたい)

　　(d) **訴額の算定**　　民事訴訟や行政訴訟において裁判所に納めなければならない手数料などの負担などの基準となる額を「訴額」といい、その算定方法については、民事訴訟費用に関する法律に定めがある。同法の4条は、訴訟の目的の価格につき規定しており、同条1項で、訴訟の価格は、訴えで主張する経済的利益によって定まるとされている。

本件の場合には、訴えで主張するのは、「行政庁が、申請に対して何もしないことの違法を確認してくれ」ということで、これを単純に財産上いくらの利益を主張するという風には計算できない。同法は、そのような場合につき、4条2項後段で、訴訟の目的の価額を算定することが極めて困難なものについては、訴額は160万円とみなす旨定めている。

　信濃弁護士は、この条文に従って、訴額を160万円と算定した。この報告を聞いた長江弁護士は、「本件ではそれでいいでしょうね。もっとも、不作為の違法状態を排除することによって具体的な予防利益が考えられるような場合には、算定は可能であるとの考え方もあるし、そもそも非財産上の損害とする考え方もありますよ。色んな考え方を知っておくことは実務家として重要だから、また調べておいてください。」とのアドバイスを行った。

　　（e）**訴訟物の個数**　　長江弁護士から、信濃弁護士へ、廃掃法15条1項に基づく申請にかかる不作為の違法確認訴訟の訴訟物の個数について、以下のような質問があった。長江弁護士「廃掃法15条1項に基づく申請書は、何通あるんでしょうか」信濃弁護士「廃掃法15条1項に基づく申請書は、4通あります。廃掃法施行令第2条第2号に掲げる廃棄物又はがれき類の破砕施設であって、一日当たりの処理能力が5トンを超えるもの（1通）、同施行令7条7号廃プラスチック類の破砕施設であって、一日当たりの処理能力が5トンを超えるもの（3通）です」、「そうですね、そうすると、申請は4個になって訴訟物は4個になるのではないですか」信濃弁護士は、回答に困ってしまい、再調査することにした。そして、実務上機械が4個の場合であっても、申請としては1個として扱われる場合が多いことがわかった。もっとも、法令上、申請は4個になるようにも思われ、信濃弁護士は頭を悩ませた。しかし、結果として、四つの機械についての審査が一体としてなされているものと考え、訴訟物は一つの申請に関する不作為の違法の確認であるから、1個であると結論づけることとした。[advanced 2　訴訟物、処分の範囲]

　　(ｲ)　**本案要件**

　　　（a）**「法令に基づく申請」の到達**　　不作為の違法確認訴訟が認めら

れるためには、法令に基づく申請権を有する必要がある［**解説10** 不作為の違法確認訴訟］。本件においては、㈱天竜は、廃掃法15条1項に基づいて申請をしており、申請権の存在については、問題ないと考えられる。また、㈱天竜の担当者が、甲県の経由機関である丙保健所に申請書を提出した日（平成20年12月24日）を申請到達時とした。他方建築基準法51条ただし書にかかる申請については、甲県の建築宅地課へ申請書を提出した日（平成20年12月25日）を申請到達時とした。

　ここで、また、長江弁護士から信濃弁護士に質問があった。

長江弁護士　信濃先生、㈱天竜は、丙保健所ないし甲県担当者から申請書に受理印をもらっていないということですが、この点は訴訟において問題にならないでしょうか。

信濃弁護士　その点については気になっていたのですでに調べていました。行政手続法では、「受理」という概念は否定されていますので、申請として一応の体裁を整えた書類を担当機関に到達させることで、申請の到達の要件は満たされ、行政庁は審査義務を負うことになります。

長江弁護士　信濃先生も少しは行政法を勉強したようですね。受理印はもらっておけば到達時の立証が容易にはなりますが、実体上何ら問題となるものではないのですね。この点理解していない人もいるので、気をつけないといけません。信濃先生が今後申請を出しに行って、受理印を押さない等と窓口で言われても、気にすることはありません、申請書類を置いて帰ってくればよいのです。［**解説3**］参照。

　　　(b) 相当期間の経過　　相当期間とは、行政庁が、当該行政行為を行うに「通常必要とする期間」であり（南博方・高橋滋編『条解行政事件訴訟法（第3版補正版）』〔弘文堂・2009〕85頁以下参照）、口頭弁論終結時を基準として判断するというのが一般的な考え方である。本件では、訴訟提起が、平成20年3月20日であり、すでに申請書提出から3か月近くを経過していることとなる。長江弁護士は、信濃弁護士の報告を聞いて、「3か月を経過しているというだけでは主張として弱いですね。信濃先生、甲県知事が客観的に処分を行うに必要な期間の目安の根拠になる条文が、行政手続法にあるのではないですか」。信濃弁護士は、調査不足

を指摘され、落ち込みながらも調査して、長江弁護士に報告した。「長江先生、行政手続法6条に標準処理期間の定めがあり、行政庁は、申請が事務所に到達してから当該処分をするまでに通常要すべき標準的な期間を定める努力義務を負っています。この標準期間が甲県知事の不作為が違法か否かのひとつの目安になると思います。そこで、㈱天竜担当者に、甲県の標準処理期間の定めにつき書類を閲覧してもらったのですが、本件各申請については、事案によって処理期間が異なるという理由から、標準処理期間は定められていなかったようです」。長江弁護士はこの報告を聞いて、「信濃先生、それでは、他の都道府県についてはどうなっているのかを調査してみてはどうかな、訴状の段階で書くかはともかくとして一応の目安のようなものが示せた方がいいと思うよ」と指示した。信濃弁護士は、各都道府県のホームページや担当課に電話をかけ、標準処理期間を調査した。東京都は、窓口カルテとして、標準処理期間をホームページ上で公開していることがわかり、ホームページ上では公開していないが、電話での問い合わせに応じてくれる県もあり、甲県のように標準処理期間を定めていない県もあった。長江弁護士は、調査の結果をまとめて準備書面の作成に備え準備した。ここで、長江弁護士から「信濃先生、よく調べてくれました。しかし、これはあくまでも標準処理期間なので、この期間を経過しているからといってただちに違法になるわけではないことに注意が必要だね」との指摘があった。

　㈦　**証拠書類**　　基本的には申請関係書類を提出することとした。

（河口まり子）

解説編

[**解説 1** 権限の委任、行政訴訟の被告適格、地方公共団体の事務]

都道府県、政令市、特別区などが保健所を設置する（地域保健法 5 条）。そして、都道府県、政令市、特別区などの長はその権限を保健所長に委任できる（地域保健法 9 条）。多くの地方公共団体の場合、規則で飲食店の営業許可の権限を保健所長に委任している（権限の委任）。許可証をみると、保健所（所長）が行うようになっているのはそのためである。

なお、本件では、保健所長は産業廃棄物処理業の許可権限を委任されているわけではない（単なる経由機関である。[**解説 6**] 参照）。行政事件訴訟法は、抗告訴訟は、行政機関ではなくて、行政機関が所属する行政主体が被告となるのを原則としているので（行訴法14条 1 項。1 建築基準法事例 [**解説 8**] 参照）、本件で抗告訴訟を提起するならば、産業廃棄物処理業の許可権限を有している都道府県知事が所属する都道府県ということになる。ただし、訴状には、処分をした行政庁などを記載しなければならない（行訴法11条 4 項）。当事者訴訟や民事訴訟を提起する場合には、いうまでもなく、民事訴訟の原則に従い、法人である都道府県が被告となる。

なお、食品衛生法52条によれば、飲食店の営業許可は、都道府県知事が許可を行う。飲食店の営業許可は都道府県の行政として行われているのだろうか。実は、飲食店の営業許可は、地方自治法2000年改正前は、国からの機関委任事務とされていた。つまり、国の事務を都道府県知事が行っていたという構成である。しかし、現在、地方公共団体の行う事務は、自治事務と法定受託事務のみとされており、いずれも地方公共団体の事務である（地方公共団体の事務については、12国家賠償法事例 [**解説 4**] 参照）。

[**解説 2** 申請と届出]

申請とは、行政手続法によれば次のように定義される。

第 2 条 3 号
法令に基づき、行政庁の許可、認可、免許その他の自己に対し何らかの利益を付与する

処分（以下「許認可等」という。）を求める行為であって，当該行為に対して行政庁が諾否の応答をすべきこととされているものをいう。

　（国民が求めることが一般的な前提だが）行政の行為によって、何らかの権利や利益が国民にもたらされる場合、この行為を許認可と呼んでよいであろう。行政の行為によって、国民が本来持っている自由が回復される場合には、当該行為を「許可」とよび、当該行為によって、国民に特別の権利や地位が与えられる場合、当該行為を「特許」とよび、性質の異なる行為であるとされてきたが、自由が回復されるのか、それとも、特別の権利や地位が与えられるのかということは、主張を展開するに必要な場合に援用すればよい。ここでは、上記に述べた意味での「許認可」を押さえておけばよい。
　さて、ここでは、「申請」の意味を、それと混同されがちな「届出」と対比して説明しておこう。
　行政手続法による届出の定義は次のようなものである。

第2条7号
行政庁に対し一定の事項を通知する行為（申請に該当するものを除く。）であって、法令により直接に当該通知が義務付けられているもの（自己の期待する一定の法律上の効果を発生させるためには当該通知をすべきこととされているものを含む。）をいう。

　申請も届出もどちらも役所に対して「国民が一定の事項の通知をする行為」（行手法2条7号）である。平たく言えば、一種の情報提供行為ともいえる。色々な申請書や届には、住所・氏名・生年月日・提出の日付といったことや、申請であれば、自らの申請が要件を充たすことを情報をもって述べるであろう。申請と届出の違いはどこにあるか。
　よく考えてみると、申請と届出には大きな違いがある。つまり、申請はしたい人だけがすればよく、したくない人はする必要はない。ところが、届の提出（届出）は一定の条件に該当する人は義務付けられている。この点がまず大きな違いである（ただ、少し毛色の変わった届出がある。届出をする

と利益がもたらされる場合には、その利益（「自己の期待する一定の法律上の効果」）が欲しければやはり届出は義務となるのであるが（行手法2条7号カッコ内）、利益が欲しくない人は届出の義務はないのである（時間外労働を労働者にさせたいときには届出が必要だが（労働基準法36条）、これがその例である）。行手法はこの場合も「義務付けられている」場合に含めている）。もっと大きな違いは次の点にある。届出は、行政庁に対し一定の事項の通知をするだけで、行政からの応答は予定されていない。ところが、申請の場合は、国民からの問いかけに答える義務（＝諾否の応答義務）が行政の側にある。「申請」と「届出」を分ける決定的なポイントは諾否の応答義務の有無である（応答義務の有無は条文に明記されていないから、法解釈で決定することになる）。すなわち、申請の場合には申請に対する諾否の応答義務が行政にはあるのである。

[**解説3** 受理、申請の審査開始義務]

　他人の行為を適法なものとして受けとる行為を「受理」と言い、申請を適法なものとして受け取る行為（申請書を適法——形式が整っており、添付書類もある——なものとして受け取ること）も受理と理解される。これだけならば特に問題はないが、これまで、申請を受理しないと、行政は申請の内容の審査に入らないという取り扱いが普通に行われていた。そして、あってはならないことだが、申請が形式的にみて適法であっても、別の理由から申請を受理せず、審査を開始しないということが行われることがあった。こうした取り扱いを問題視した行政手続法は、申請の到達→遅滞なき審査の開始義務（「受理」概念の否定）という立場を明確にとった（個別法が受理を定めることは可能。その場合には、「受理」を定めている個別の規定の解釈によって決定される。原則的には「申請の到達」と解するべきであろう）。

　行政手続法7条は以下のように定める。つまり、申請の形式上の要件を満たしていようがいまいが審査は開始しなくてはならない。

（申請に対する審査、応答）
第7条　行政庁は、申請がその事務所に到達したときは遅滞なく当該申請の審査を開始しなければなら（略）ない。

こうした定めを設けた趣旨について総務省の解説は次のように説明している。

「個々の申請が、国民の申請権の具体的行使である点にかんがみれば、申請が権限ある機関の事務所（窓口）に到達したにもかかわらず、申請を『受け付けない』、『受理しない』等の取扱いをし、その間に申請の取り下げや、申請内容の変更を求める行政指導を行ったり、処理を遅延させる等の事態は排除さるべきものである」（行政管理研究センター・逐条解説行政手続法〔18年改訂版〕〔ぎょうせい・2006〕146頁）。

したがって、申請の形式上の要件を満たしていない場合の処理方法は次のようになる。

（申請に対する審査、応答）
第7条　行政庁は、（略）申請書の記載事項に不備がないこと、申請書に必要な書類が添付されていること、申請をすることができる期間内にされたものであることその他の法令に定められた申請の形式上の要件に適合しない申請については、速やかに、（略）「申請者」（略））に対し相当の期間を定めて当該申請の補正を求め、又は当該申請により求められた許認可等を拒否しなければならない。

「受理しない」と言っても、標準処理期間（行手法6条）が自動的に走り出し、そして、標準処理期間が経過してかなり時間が経ったにもかかわらず何らの応答もない状態は、行政不服審査法と行政事件訴訟法上の違法な不作為となる（行訴法3条5項、行政不服審査法7条）。2004年改正後の行訴法の下では、不作為の違法確認の訴えのみならず、「義務付け訴訟」も法定された。

[**解説4**　都市計画法及び建築基準法による規制の仕組み]
個別法上の用語について基礎的な知識をすべて持っていることは不可能である。実務家としては、以下に述べることをごく大まかに知っていて、必要に応じて法律を参照して、概念を正確につかめれば充分だろう。以下、本件事案に必要な限りで簡単に解説しておこう。
都道府県は「市又は人口、就業者数その他の事項が政令で定める要件に

該当する町村の中心の市街地を含み、かつ、自然的及び社会的条件並びに人口、土地利用、交通量その他国土交通省令で定める事項に関する現況及び推移を勘案して、一体の都市として総合的に整備し、開発し、及び保全する必要がある区域」を都市計画区域として定めることができる（都市計画法5条）。都市計画区域については、都市計画に定められる第一種低層住居専用地域や商業地域などの土地の用途を指定する用途地域というものを定めることができる（同法8条1項1号）。用途地域ごとに、建設できる建築物に制約があり、建蔽率、容積率等にも違いがあるが（建築基準法48条・52条・53条等）、本件事例では用途地域の指定はなされていないようである（土地の用途は都市計画法で定めるが、当該土地に建設できる建築物についての制約等は建築基準法で定めていることに注意したい）。指定がなされていない場合でも、卸売市場、火葬場又はと畜場、汚物処理場、ごみ焼却場などは、建築が原則的に禁止されている（建築基準法51条）。本件廃棄物処理場は「ごみ焼却場」にあたるので、建設が原則禁止となるが、建築基準法51条は但し書きで例外的に許可が与えられる場合について規定している。本件ではこの例外許可が求められていることになる。

[解説5　要綱とは何か]

　地方公共団体において、要綱と名づけられたルールがよく存在する。見た目は条例や法律のような体裁になっている。これはどういうものか。法治主義の約束として、法律や条例に根拠がなければ、国民に権利や利益を与えたり、国民に義務を課したり、国民から権利や利益を奪うことはできないことになっている。だから、見た目は条例や法律のような体裁になっていても、問題となる要綱が法律や条例に基づくものでなければ、そこに書いてあることを国民が守らなければならないわけではない。

　もちろん、「要綱」という名称が付されるルールは様々で、その法的性格を一律に論じることはできないが、少なくとも法律や条例に基づく要綱でなければ、法規としての性格を有しない（要綱は普通一般的・抽象的内容を持っており、そうした場合、当該要綱は講学上の行政規則ということになる）。したがって、行政庁が法規としての性格をもたない要綱に基づき国民に対し一

定の作為・不作為を求めたとしても、当該行為によって国民が義務を負うことはない。つまり、法律や条例に基づかない本件要綱に基づいて行われる行政庁の行為は事実上の行為であって、行政指導としての性格を有する。

なお、行政手続法は行政指導指針というものを定めている。

第2条8号
　命令等　内閣又は行政機関が定める次に掲げるものをいう。
　　イ～ロ　（略）
　　ニ　行政指導指針（同一の行政目的を実現するため一定の条件に該当する複数の者に対し行政指導をしようとするときにこれらの行政指導に共通してその内容となるべき事項をいう。以下同じ。）

要綱は、この行政指導指針の典型例の一つとして想定されている。そして行政手続法はこの行政指導指針について次の規定を置いている。

（複数の者を対象とする行政指導）
第36条　同一の行政目的を実現するため一定の条件に該当する複数の者に対し行政指導をしようとするときは、行政機関は、あらかじめ、事案に応じ、行政指導指針を定め、かつ、行政上特別の支障がない限り、これを公表しなければならない。

各地方公共団体の行政手続条例の中にも同趣旨の規律があるが（地方公共団体の機関がする行政指導については、同法の適用除外となっている。行手法3条3項。解説9参照）、したがって、行政手続条例の中で行政指導指針に関し行政手続法（行手法36条）と同趣旨の規律が置かれている場合には、当該要綱は公表されなければならない。

［解説6　経由機関とは何か］
　丙保健所のように、申請や届出等を行う際に、法令上それらの行為の相手方とされている機関に対してではなく、申請等を中間の機関に対して行うことになっている場合、この行政機関を一般に「経由機関」と呼ぶ。それでは、丙保健所に申請書を提出することによって信濃弁護士の申請は、

「行政庁」「の事務所に到達し」たことになるのであろうか（行手法6条・7条）。申請の到達（申請の存在と言ってもよいだろう）によって、行政庁（本件では知事）の審査・応答義務が発生するので、検討する必要がある。

この点、経由機関に申請等がなされた場合には本来の機関に申請等がなされたとみなす旨の法令の規定があれば、問題は生じないが（たとえば所得税法198条参照）、ここで検討するのはこうした明文の規定がない場合である。次の二つの立場が考えられる。本件の申請が建築主事の事務所に到達していないと解する立場（否定説）と到達したと解する立場（肯定説）である。本件において、否定説に立った場合、信濃弁護士の申請の存在を否定することになり、都道府県知事の審査・応答義務は発生していないとみることになるが、肯定説に立った場合、信濃弁護士の申請の存在を肯定することになり、都道府県知事の審査・応答義務は発生したみることになる。

この点、本件では経由機関が条例という外部規範で定められており、経由機関であることは国民に対抗できることで、行政庁の事務所でない経由機関に申請が提出されただけでは、まだ都道府県知事の審査応答義務は発生していないと言われるおそれはある。しかし、都道府県知事は経由機関である保健所長に対して指揮監督権を持っているのであるから、経由機関に申請が提出されたことにより、申請は行政庁の事務所に到達したとみるべきで、都道府県知事の審査応答義務が発生する、あるいは、提出先はともかく、適法に申請を行ったのであるから、行政庁の事務所に到達していないことによる負担を申請者に負わせるのは適当ではないとして、申請は行政庁の事務所に到達したとみるべきで、都道府県知事の審査応答義務が発生すると主張できよう。

[**解説7** 行政指導とは何か]
行政手続法は次のように定義する。

第2条6号
行政指導　行政機関がその任務又は所掌事務の範囲内において一定の行政目的を実現するため特定の者に一定の作為又は不作為を求める指導、勧告、助言その他の行為であっ

て処分に該当しないものをいう。

　要点は、いうまでもなく、行政指導は一種のお願いであって、国民は行政指導に従わなくてはならないわけではないことにある。

　行政指導に関する行政手続法の規律を説明しよう（地方公共団体の行政手続条例もほぼ同様の内容である。行政手続条例と行政手続法の何れが適用になるかは［**解説9**］参照）。
　ここでは、本件事例の解説に必要な部分のみ解説する。
　抗議書の中で、不必要な行政指導には従わないと書いているし、行政指導を書面でするように求めている。前者の主張のよりどころとなるのは、行政手続法の次の条項である。

（申請に関連する行政指導）
第33条　申請の取下げ又は内容の変更を求める行政指導にあっては、行政指導に携わる者は、申請者が当該行政指導に従う意思がない旨を表明したにもかかわらず当該行政指導を継続すること等により当該申請者の権利の行使を妨げるようなことをしてはならない。

　申請の取り下げや申請の内容の変更を求める指導は許容される。重要なポイントは、相手方がその指導に従う意思がないことを明言した場合には、行政指導を継続したりして、相手方の権利を侵害してはならないことにある。したがって、行政指導に従う意思がもはやない場合には、明確にその旨を表明しなければならない。ただし、一般になされている解釈に拠れば、最判昭和60年7月16日（民集39・5・989）の趣旨からして、相手方の行政指導に対する不服従が社会通念上正義の観念に反するといえるような特段の事情がある場合に行政指導を継続することは妨げられないといわれている。
　地方公共団体の行政手続条例においては、明確に行政指導の実効性の確保のための定めをもっているものがある。例えば、「真摯かつ明確に」行政指導に従わない意思を表明した場合には、行政指導を継続できないと定

める条例がある（仙台市行政手続条例29条など）。また、申請者が行政指導に従わないことにより公の利益に著しい障害を生ずるおそれがある場合には、行政指導を継続することを妨げないと、規定する条例がある（神奈川県行政手続条例31条2項など）。行政手続法に関する最高裁判所昭和60年判決を踏まえた上記解釈は、結局のところ、行政手続法がこれらの条例と同様の内容を定めていると解するに等しい。

地方公共団体の機関が行う行政指導については行政手続法は適用にならず（[解説9]参照）、行政手続条例があればそれが適用になるから、行政手続条例の内容には注意しなければならない。

行政指導を書面ですることを求める行政手続法の根拠は次の条項である（行政手続条例の場合にも同様の規定があるのが通例である）。

（行政指導の方式）
第35条　行政指導に携わる者は、その相手方に対して、当該行政指導の趣旨及び内容並びに責任者を明確に示さなければならない。
②　行政指導が口頭でされた場合において、その相手方から前項に規定する事項を記載した書面の交付を求められたときは、当該行政指導に携わる者は、行政上特別の支障がない限り、これを交付しなければならない。
③　前項の規定は、次に掲げる行政指導については、適用しない。
　一　相手方に対しその場において完了する行為を求めるもの
　二　既に文書（前項の書面を含む。）又は電磁的記録（電子的方式、磁気的方式その他人の知覚によっては認識することができない方式で作られる記録であって、電子計算機による情報処理の用に供されるものをいう。）によりその相手方に通知されている事項と同一の内容を求めるもの

行政指導に携わるものは、その相手方に対して、行政指導の趣旨及び内容並びに責任者を明確に示さなくてはならい（第1項）。しかし、この条項は書面にすることを求めてはいない。口頭であっても、明確に行政指導の趣旨及び内容並びに責任者を示せばよい。しかし、第2項で、行政上特別の支障がない限り、書面交付請求権を認めている（書面交付義務のない場合は、35条3項に記してあるとおりである）。

行政指導の内容とは、行政指導により、相手方に求められている具体

な作為又は不作為を意味しており、行政指導の趣旨とは、当該事案における具体的な行政目的と、その目的と求められる作為又は不作為との関連性（行政指導の理由）を指している。

「責任者」とは、行政指導を行うことを実質的に決定した者を意味しており、責任者は、実際に相手方に行政指導を行う者、組織として事案を検討するに際して関与した者とともに、「行政指導に携わる者」に含まれる。

どうしても内容に納得がいかない行政指導をされた場合には、この条項をよりどころとして文書の交付を求めるとよい（上記のように、行政手続条例にも同様の定めがある）。

[**解説8** 行政手続法11条 複数の行政庁が関与する処分についての関係行政庁の対応]

私人がある事業を行う際に、複数の行政庁に同じ事業関連の申請をしなくてはならない場合、あるいは一つの申請を複数の行政庁が審査し処分する場合がある。このような場合に、ある行政庁が別の行政庁の審査の結論をみてから事案を処理したり、別の行政庁の動向をみて審査を行ったりして、処分が遅れることがあった。行政手続法11条は、このような事態の発生を防止し関係行政庁の相互連絡等による審査の促進を図ることを目的としている。

（複数の行政庁が関与する処分）
第11条　行政庁は、申請の処理をするに当たり、他の行政庁において同一の申請者からされた関連する申請が審査中であることをもって自らすべき許認可等をするかどうかについての審査又は判断を殊更に遅延させるようなことをしてはならない。
②　一の申請又は同一の申請者からされた相互に関連する複数の申請に対する処分について複数の行政庁が関与する場合においては、当該複数の行政庁は、必要に応じ、相互に連絡をとり、当該申請者からの説明の聴取を共同して行う等により審査の促進に努めるものとする。

「同一の申請者からされた関連する申請」の例としては、ゴルフ場建設に関して、農地法の転用許可（4条）、都市計画法の開発許可（29条）、自然

環境保全法の許可（25条4項）、砂利採取計画の認可（砂利採取法16条）などがある。

他の行政庁の動向配慮回避義務を定めた1項は、「殊更」という言葉を用いているが、これは、日常用語の意味（「わざと」「わざわざ」「故意に」）とは異なり、「合理的な理由なく」との意味だと解されている（行政手続法34条の「殊更に」は日常用語の意味に解するものとされている）。

複数行政庁の協同を定めた、2項に言う、「一つの申請……について複数の行政庁が関与する場合」とは、道路運送法47条の免許申請（運輸大臣、国土交通大臣）のようなものが当たる。「関与」には協議も含まれるから、道路法32条5項の許可の際の協議（道路管理者、警察署長）、独占禁止法11条の許可の際の協議（公正取引委員会、内閣総理大臣）もこれにあたる。

本件では、建築基準法51条に基づく許可を行う行政庁は都道府県知事であり、産業廃棄物処理施設の許可を行う行政庁も都道府県知事である。したがって、同じ行政庁に複数の申請がなされているケースであり、明確には11条の規律対象とはなっていない。しかし、別の行政庁に別の関連する申請が行われた際に、他の行政庁の動向を配慮して申請をことさら遅らせる事態が生じがちで、そうした場合を特に取り出して11条は規律しているのであるから、同じ行政庁に複数の申請がなされているケースで、処理の遅延が行われてはならないのは当然である。同じ行政庁内のことであるから、他の行政庁の動向配慮回避（11条1項）も、協同（11条2項）という事態も規定するまでもないことである。

[**解説9**　行政手続法、行政手続条例いずれが適用になるか]

これについては、行政手続法3条3項が定めている。それによれば、手続の対象によって二つの基準を定めている。

①　処分や届出についてはそれらの根拠規定に着目して適用を決めている。すなわち、法律や法律に基づく命令（告示を含む）に根拠を有する処分や届出は、行政手続法を適用し、他方、条例や執行機関の規則（規程を含む）に根拠を有する処分や届出は、行政手続法は不適用とされている。国の法令に根拠があるということは、その処分や届出について国法が関心を

持つということである。

② 行政指導、命令等を定める行為については、それらを行う機関によって適用を決めている。すなわち、国の機関が行う行政指導、国の機関が命令等を定める行為には行政手続法を適用し、他方、地方公共団体の機関が行う行政指導、地方公共団体の機関が命令等を定める行為には行政手続法を適用しない（ただし、現在までところ、命令等を定める行為については規定を持っていない行政手続条例が多いと思われる）。

行政手続法が適用にならない地方公共団体の行政活動については、多くの場合、各地方公共団体の行政手続条例があり（行政手続法46条の要請に応じて定めている）、行政手続法とほぼ同様の定めになっている。

一般的に、行政の活動についてどんな手続的規律がおよぶかについてどのように判断するか？　これは別に述べる［advanced 2 参照］。

［**解説10**　不作為の違法確認訴訟］
不作為の違法確認訴訟は「行政庁が法令に基づく申請に対し、相当の期間内になんらかの処分又は裁決をすべきであるにかかわらず、これをしないことについての違法の確認を求める訴訟」（行訴法3条5項）である。

たとえば、営業許可の申請をしたが、いつまでたっても返事がない、というような場合に、何等の返事もしないのは違法であることの確認を求める訴訟である。

不作為の違法確認訴訟は、法令上の申請権を有する者の救済の訴訟であるから、法令に基づく申請権の有無は訴訟要件（反対説あり）である。「法令に基づく申請」とは明文で認められている場合に限らず、法令の解釈上申請権が認められればよいとされている。処分又は裁決を申請した者に限り提起できる（不作為の違法確認訴訟の原告適格。行訴法37条）。たとえ申請が不適法であっても不作為の違法確認訴訟は提起できる。このときも行政庁は応答義務がある（不適法であり、申請を拒否するという決定をする義務がある）。したがって、不適法な申請だから、却下せずに放置するということはできない。

勝訴要件の中心は「相当の期間の経過」であり、不作為の違法判断の基

準時は判決時である（事実審の口頭弁論終結時）。

　実際の訴訟では、原告側が、相当の期間が経過したと主張するのが通例だろうが、原告側がこの点について主張・立証責任を負うわけではない（原告は、申請が行政庁の事務所に到達したことのみ主張・立証すればよい）。相当の期間が経過したかどうかは法律判断であるが、行政庁が処分をしたと主張するのであれば処分をしたということ、また、相当の期間が経過したが特段の事情（正当な理由）があることについては、行政庁側が主張・立証責任を負うと解される。

　裁判所が、法律判断である「相当の期間の経過」の有無を判断する際には、標準処理期間が大きな手かがりとなる。しかし、標準処理期間を定めることは努力義務であるから、それが定められていない事もある。その場合には、裁判所が「相当の期間の経過」の有無を判断するのは容易ではない場合があろう。その際には、被告たる国や地方公共団体におけるこれまでの実績や、他の地方公共団体における標準処理期間の定めや実績を調べて裁判所の判断の資料として提供することが有効であろう。

[advanced 1　手続的規律の判別]

　行政機関の行為を手続的見地から検討する場合、まずは適用法規を確定する必要がある。検討の進めたかは、適用対象に関する一般法の規律を検討し、一般法からもれるところ、あるいは、一般法に対する関係で特別の定めの存在を検討するということであろう。具体的な手順としては、現在の制定法を前提にすると、以下の①〜④のように検討するのが適切であろう。

　行政手続法及び一般的な行政手続条例は処分、行政指導、届出に関する手続、命令等を定める行為を対象にして手続規律を定めているため、個別の事案において問題となる行政の行為がこれらの行為のいずれかに該当するか、検討する。②これらの行為のいずれにも該当しないのであれば（たとえば計画策定行為や契約締結行為など）、個別法で手続的規律があるかどうかを確認し、そのような規律があれば、当該規律に照らして事案を分析する（たとえば、都市計画法には都市計画を策定するための手続が定められている）。③逆

に、上記の行為のいずれかに該当するのであれば、原則的に一般法である行政手続法あるいは行政手続条例の適用がある。この行政手続法と行政手続条例の適用関係については行政手続法3条3項が定めている（正確に言うと、同項は行政手続法の適用除外を規定しているのみであるが、適用除外された部分については、一般に各地方公共団体が行政手続条例を定めているので、適用除外されている場合には行政手続条例が適用になるのが普通である。ただし、現在までところ、命令等を定める行為については規定を持っていない行政手続条例が多いと思われる）。行政手続法3条3項によれば、（ア）処分や届出については、行政活動の根拠規定によって行政手続法が適用されるか行政手続条例が適用されるかが決まる。すなわち、法律や法律に基づく命令（告示を含む）に根拠を有する処分や届出については、行政手続法を適用するものの、条例や執行機関の規則（規程を含む）に根拠を有する処分や届出については、行政手続法を適用しない。これに対し、（イ）行政指導及び命令等を定める行為については、行政を行う機関によって適用法規が決まる。つまり、国の機関が行う行政指導、国の機関が命令等を定める行為には行政手続法を適用すが、地方公共団体の機関が行う行政指導、地方公共団体の機関が命令等を定める行為には行政手続法を適用しないのである（この点については［**解説9**］ですでに解説している）。以上の基準に基づき、個別の事案において問題となっている行為に、行政手続法が適用されるか、行政手続条例が適用されるかを、決定する。④ ①〜③の検討によって行政手続法または行政手続条例が適用されると判断できる場合であっても、行政手続法、行政手続条例それ自身または個別法で（たとえば、行政手続法3条1項、2項、同4条は、行政手続法自体が適用除外を規定している。行政手続条例にも同様の規定がある。これらの定めは大変重要で、考え方の順序としては、こられの規定による適用除外をまず検討して、①から③までを検討するという手順でも構わないであろう）、行政手続法・行政手続条例の規律が適用除外とされていたり、個別の法律や条例で特別の手続規定が設けられていることがあるかどうか確認する（ただし、これを見つけるのは大変ではある）。

　特別な適用除外として、行政手続法によって手続をとらないこととされている場合もある（行手法13条2項・39条4項）。

適用除外ではないが、行政手続法・行政手続条例の各手続が適用になるかどうかは、適用対象行為に当たらなければならない。たとえば、ある行為について不利益処分の手続が適用になるには不利益処分の定義に当たらなければならない（行手法2条4号を読むと、不利益処分から除外されている行為があることがわかる）。この点は、ある行政の行為についてどんな手続が適用になるか検討する際の前提として注意しなければならない。

［advanced 2　訴訟物、処分の範囲］
　民事訴訟法学をベースにしている行政（訴訟）法学においても、訴訟物概念は使用されているが、その機能は大きなものとはされていない。すなわち、当事者訴訟、機関訴訟、民衆訴訟の訴訟物については、それぞれの訴訟類型に応じて、民事訴訟法の訴訟物に関する議論が妥当し、機関訴訟、民衆訴訟のうち、抗告訴訟的なものについては、抗告訴訟の訴訟物を論ずればよい。抗告訴訟の訴訟物としては、不作為の違法確認訴訟および無効等確認訴訟については、確認訴訟の訴訟物論で整理することができる。義務付け訴訟については、給付訴訟説と形成訴訟説が対立しているが、この点については、実際の解釈論的帰結に連動しない議論となっている。これまで、特別な考察が必要であると理解されてきたのは、取消訴訟の訴訟物であるが、これについても、「通常の民事訴訟の場合には、原告の設定する請求が訴訟物となって裁判の対象となるから、この範囲をどうみるかは訴訟のアイデンティティを見極めるのにきわめて重要な意味をもつのに対し、取消訴訟の場合には、特定の行政処分の取消を求めてその違法性が争われるのであるから、取消しの対象となる処分の同一性を論ずることには意味があるが、取消訴訟の訴訟物が何かは、民事訴訟における訴訟物論に匹敵するほどの重要性をもつといえるかは疑わしい。」（原田尚彦『行政法要論（全訂第7版〔補訂第2版〕）』〔学陽書房・2012〕408頁）とされてきた。
　このように、行政訴訟における訴訟物の観念の役割はそれほど大きなものが期待されていいないといってよい状況にある。しかしながら、過大な評価は慎むべきであるが、依然として、訴訟物が、審理と判断の対象、二

重起訴があるかどうか、訴えの併合とみるべきか、などの局面で一定の役割を果たすことは認められている。

　本件で提起する不作為の違法確認訴訟の訴訟物が不作為の違法であることは明瞭である。しかし、言うまでもないことであるが、この不作為の違法は「処分」の違法である。処分の範囲が変わることによって、当然訴訟物の範囲も変わる。本文で申請の個数を問題にしたが（本文では、申請の個数について本文のように解したが、形式的に申請書ごとに申請があると構成することも不可能ではないであろう）、なぜ個数を問題にするかといえば、一般には処分ごとに、訴訟物が決定されると理解するからである（当然、申請は「処分」を求める）。不作為の違法確認訴訟も、ある「処分」についての不作為の違法が問題とされる。処分ごとに訴訟物は別のものとなる。このように考えると、本件で処分はなされていないのであるが、本件の不作為の違法確認訴訟の訴訟物も、申請で求める処分ごとに（一般には、主体、名宛人、内容、日時で特定されたものを処分と考える）、言い換えれば、申請ごとに考えることになる。

　そして、申請の個数をどう考えるかは、処分の不作為の違法確認訴訟の訴訟物の範囲を決定し、①審理と判断の対象、②二重起訴があるかどうか、③訴えの併合とみるべきか、④訴えの変更を認めるかどうかについて直接の指針を提供し、⑤既判力の客観的範囲を一義的に確定する、⑥訴え取り下げの場合の再訴の禁止の範囲を画す、点において明らかに一定の回答を出す。

　本件で、申請の個数をどう考えるか、言い換えれば処分の個数をどう考えるか。この点は、制定法の定めと、実際の申請処理のあり方等を考慮に入れた、事件の同一性をどのように考えるかできまるのではないか。制定法は、施設ごとに申請を行うことを想定しているように見える。しかし、現実の申請の処理は、複数の施設についての申請を同時に処理している。また、周辺環境に対する影響は個々の施設ごとに判断するのは適切ではなくて、複数の施設が一体となった処理施設として判断するのが適切でもある。そうすると、制定法の予定しているところとは異なるが、個別の施設ごとの申請は、それら自体が独立の申請ではなくて、複数の施設が一体と

なった処理施設全体にかる申請の一部をなすと考えるのが適切ではないか。

（大貫裕之）

3 道路交通法事例
——更新制度を巡る諸問題

　運転免許証の更新手続を考える。道路交通法は、同法違反の際の刑事事件として考えられることがしばしばであるが、同法では、免許証の交付・更新といった行政行為も規定している。本問では、免許証の更新を題材として、なされた行政行為に対して、どのように救済を求めていくかを考えることとする。

1 事案の概要

　望は、平成2年に第1種普通自動車運転免許を取得した。
　その後、平成12年10月28日に横断歩道がなく、交通整理が行われていない丁字型交差点付近で児玉の運転する自転車と接触事故を起こし、児玉は治療期間15日未満の傷害を負った。A県公安委員会は、望に対して、道路交通法70条の安全運転義務違反であるとして、累積点数4点を付した。
　望は、平成14年4月17日、A県公安委員会に対して、免許証の有効期間の更新の申請をしたところ、A県公安委員会は、当時の道路交通法92条の2第1項所定の「優良運転者以外の者」に該当するとして、望に対して、その平成17年の誕生日である平成17年4月20日までとする免許証の有効期間の更新をした。
　その後、平成17年3月12日に望は、A県交通安全協会連合会を通じて、A県公安委員会から、更新後の有効期間を3年とする旨の「運転免許証更新のお知らせ」(以下「更新連絡通知」という)を受領した。更新連絡通知には、**資料1**のような記載がされていた。

資料1　免許更新のお知らせの内容

更新手続ができる期間	誕生日の1か月前から5月20日まで
更新手続ができる場所	免許センター
更新後の免許証の色	ブルー
有効年	3年
講習種別	違反講習
免許証番号	
最新の違反	平成12年10月28日　安全運転義務
手数料	3850円
内訳　　更新手数料	2150円
講習手数料	1700円

　望は、平成17年5月17日、A県公安委員会に対して運転免許更新申請書及び運転免許証更新申請書別紙を提出して運転免許の更新を申請した。

　A県公安委員会は、望の更新前の免許証の有効期間満了日の直前の誕生日より40日前の日前5年間の望の累積違反点数が4点であることから望が道路交通法で定める「違反運転者等」に該当するとして、望の更新後の運転免許証の有効期間を平成20年2月20日までとする免許証を交付して、有効期間の更新をした。望は、違反運転者等の区分に応じた講習を受け、3850円を支払った。

　しかし、望は、自分が「一般運転者」としての5年間の更新ではなく、「違反運転者等」として3年間の更新しかできなかったことに納得ができず、平成17年5月に浅間弁護士に相談した。

＜時系列表＞

昭和63年	運転免許証取得
平成12年10月28日	自転車と接触事故 （安全運転義務違反　累積点数4点　なお、刑事事件としては、不起訴処分）
平成14年4月17日	免許証更新（平成13年改正前「優良運転者以外」）

平成14年6月1日　平成13年改正道路交通法施行
平成17年3月12日　更新連絡書
平成17年5月17日　免許証更新
　　　　　　　　→「違法運転者等」として更新

2 事情聴取

自動車運転免許証の区分について

浅間弁護士　今日は、望さんの案件についての処理方針の確認をしたいと思います。まず、道路交通法における免許の更新期間について、報告して下さい。

早手弁護士　道路交通法が平成5年に改正されるまでは、運転免許証の更新後の有効期間は、一律に更新前の有効期間が満了した後の、その者の3回目の誕生日が経過するまでの期間（3年）とされていました。それが、平成5年の道路交通法の改正で資料（**資料2**）にありますように免許証の更新を受ける者を①優良運転者と、②優良運転者以外の者に分け、さらに②優良運転者については、年齢で分けました。70歳未満、70歳、71歳以上に分かれています。望さんのような70歳未満の人に関しては、優良運転者であれば、満了日の後のその者の5回目の誕生日が経過するまでの期間（5年）となり、優良運転者以外ということであれば、満了日等の後のその者の3回目の誕生日が経過するまでの期間（3年）とされたのです。

【参照法令】　平成13年改正前の道路交通法等
●道路交通法
第92条の2　第1種免許及び第2種免許にかかる免許証（第107条第2項の規定により交付された免許証を除く。以下この項において同じ。）の有効期間は、次の表の上欄に掲げる区分ごとに、それぞれ、同表の中欄に掲げる年齢に応じ、同表の下欄に定める日が経過するまでの期間とする。

免許証の交付又は更新を受けた者の区分	更新日等における年齢	有効期間の末日
優良運転者	70歳未満	満了日等の後のその者の5回目の誕生日
	70歳	満了日等の後のその者の4回目の誕生日
	71歳以上	満了日等の後のその者の3回目の誕生日
優良運転者以外の者		満了日等の後のその者の3回目の誕生日

備考
一　この表に掲げる用語の意義は、次に定めるとおりとする。
　1　更新日等　第101条4項の規定により更新された免許証にあっては当該更新された日、第101条の2第3項の規定により更新された免許証にあっては同条第2項の規定による適性検査を受けた日、その他の免許証にあっては当該免許証にかかる適性試験を受けた日
　2　優良運転者　更新日等までに継続して免許（仮免許を除く。）を受けている期間が5年以上である者であって、自動車等の運転に関するこの法律及びこの法律に基づく命令の規定並びにこの法律の規定に基づく処分並びに重大違反唆し等及び道路外致死傷に係る法律の規定の遵守の状況が優良な者として政令で定める基準に適合するもの
　3　満了日等　第101条第4項の規定により更新された免許証にあっては更新前の免許証の有効期間が満了した日、第101条の2第3項の規定により更新された免許証にあっては同条第2項の規定による適性検査を受けた日、その他の免許証にあっては当該免許証に係る適性試験を受けた日
二　更新日等がその者の誕生日である場合におけるこの表の適用については、同表中「更新日等」とあるのは、「更新日等の前日」とする。
三　その者の誕生日が2月29日である場合におけるこの表の適用については、その者のうるう年以外の年における誕生日は2月28日であるものとみなす。

早手弁護士　さらに、平成13年の道路交通法の改正で免許証の更新を受ける者は、①優良運転者、②一般運転者、③違反運転者等の3分類に分けられたのです。それが、現行法の93条の2です。なお、平成13年に改正された道路交通法は、平成14年6月1日から施行されたので望さんが前に行った平成14年4月の更新でも改正前の道路交通法が適用されたのです。

浅間弁護士　望さんは、平成12年10月の接触事故で安全運転義務（70条）違反で119条１項９号に基づく処分を受けていますが、それはどのような処分だったのですか？

望　傷害事故で15日未満ということでしたので累積点数４点ということでした。

早手弁護士　それは、平成14年に改正される前の道路交通法施行令33条の２第１項と同施行令別表第１の１で定める「違反行為に付する基礎点数」として安全運転義務違反による基礎点数の２点と同施行令別表第１の２「違反行為に付する付加点数（交通事故の場合）」における傷害事故のうち治療期間が15日未満であるものとしての付加点数２点の合計４点とされたものです。

望　私は、平成14年４月の免許更新の際に「優良運転者以外の者」として、３年の免許更新をしました。それは、先にお話しましたように平成12年10月の自転車との接触事故による安全運転義務違反に基づく累積点数４点があるため、優良運転者とはならないからです。

早手弁護士　今回は、道路交通法92条の２第１項の分類における「違反運転者等」とされたわけですね。つまり、施行令33条の７で更新前の免許証の有効期間満了の日の直前の誕生日より40日前の日前５年間に違反行為があったために違反運転者等とされたのですね。

望　そうなんです。前回の更新で、累積点数から「優良運転者以外の者」とされたのに今回（平成17年）また、累積点数４点ということで今度は「違反運転者」として３年の免許証しか交付されないということにはとても納得ができません。しかも違反者講習まで受けなければならなくなりました。

浅間弁護士　望さんとしては、平成17年の更新時に５年間の免許証が交付されなかったことが問題なのであり、５年間の免許証を交付させる方法を検討する必要がありそうだ。

浅間弁護士　望さん、あなたは、平成17年の更新のとき、更新期間を５年として免許の更新を申請したのですか。

望　公安委員会にある運転免許証更新申請書には、更新後の有効期間を記

入する欄自体がなかったので申請書には記載していません。ですが、私としては、当然5年間として申請しているつもりでした。

浅間弁護士　あなたが、平成17年に免許証の交付を受けたときに公安委員会から3年の免許証を交付することについて、理由の説明はありましたか？

望　いいえ、交通安全協会連合会からの更新のお知らせに「最新の違反　平成12年10月28日　安全運転義務」と記載されていただけです。

　私は刑事事件については、不起訴処分とされました。そして、前の更新では自分が交通事故をしたことに伴って、「優良運転者」の5年の有効期間での免許証を受けることができませんでした。なのになぜ、今回もまた4年前の事故のためにまた「違反運転者」として扱われなければならないのかが納得ができません。

3 訴訟要件についての打ち合わせ

浅間弁護士　さて、望さんの件だけどどう進めていこうか。まず、何を争ったらよいのだろうか。

早手弁護士　望さんとしては、有効期間5年間の運転免許証ではなく、3年間の運転免許証の更新しかされなかったのですから更新自体を争うところではないでしょうか。

浅間弁護士　どういう処分を争っていくのだろうか。

早手弁護士　やはり、5年の免許証の申請をしたとみて、3年の免許証の更新をされたことが5年の免許証の更新を拒否されたと見るべきではないでしょうか。

浅間弁護士　前提として、今回の望さんは、「違反運転者等」として免許更新がされたわけだけど、他の運転者とどう違うのか整理してもらえるかい？

早手弁護士　まず、更新後の期間が違います。望さんのような70歳未満の人の場合、「優良運転者」や「一般運転者」とされると満了日等の後の

その者の5回目の誕生日から起算して1月を経過する日（5年間）とされますが、「違反運転者等」とされると満了日等の後のその者の3回目の誕生日から起算して1月を経過する日（3年間）とされるのです。

浅間弁護士　他には違いがあるのかい？

早手弁護士　更新申請の際に扱いが違います。更新料や講習の内容です。まず、道路交通法施行令43条では、更新手数料と講習手数料の合計額が優良運転者では2850円、一般運転者では3200円、違反運転者等は3850円となります。次に講習内容が違います。道路交通法施行規則38条では、優良運転者では、①道路交通の現状及び交通事故の実態、②運転者の資質の向上に関すること、③自動車等の安全な運転に必要な知識の講習を30分行うのですが、一般運転者ではさらに、④自動車等の運転に必要な適性に関する講習も受けることになり1時間の講習となります。さらに違反運転者等では、2時間の講習となります。

浅間弁護士　この違いをどう行政処分性の主張として根拠付けていくかだね。[**解説1**　処分性]

早手弁護士　単純に免許証の更新ということだけで認めることができるのではないですか。

浅間弁護士　としたら、訴えの利益はどうなのだろうか。[**解説2**　訴えの利益]

浅間弁護士　取消訴訟だけで十分だろうか。

早手弁護士　ああ、そうですね。義務付けの訴えも考えられると思います。

浅間弁護士　どのような義務付けの訴えになるのだろうか。

早手弁護士　5年の有効期間の免許証の更新申請をしているのだと理解すれば、申請型義務付けの訴えになるかと思います。

4　違法性の主張についての打合せ

浅間弁護士　本件では、違法性をどう主張していこうか。早手先生、どう

考えますか。

早手弁護士 違法性の主張の方法としては、実体面での違法事由の主張をするか、手続面での違法を主張するかということになるかと思います。

浅間弁護士 よく行政法をわかっているね。当然のことかもしれないけど違法というのは手続違法もあるんだ。本件ではどうしようか。

早手弁護士 本件での望さんの場合、業務上過失や安全運転義務違反については、最終的に争っていません。ここを争うというのは、望さんの意図ではないようです。むしろ、同じことのために不利益を二度うけることに納得がいかないのではないかと思います。

浅間弁護士 それを主張できる方法はあるのかい。

早手弁護士 道路交通法を見ても、直接この点を意識したものはありませんでした。やるとしても信義則違反などの一般論しかないのではないでしょうか。

浅間弁護士 いきなり一般論でやるというのはいくらなんでも難しくないか。では、先生が話していた手続面では争えないかな。

早手弁護士 行政手続法ですね。

浅間弁護士 今回の行政行為はどの行為に当たるのかい。

早手弁護士 本件の更新は、申請に対してなされるものでしょうから申請に対する処分にあたるかと思います。

浅間弁護士 では何か指摘できる点はないかな。

早手弁護士 以前の打合せメモを見ますと、自分が「違反運転者」とされることについての理由が説明されておらず、納得できないということですのでその点でいけないでしょうか。

[**解説3** 理由の提示]

[**解説4** 行政処分に手続違反があった場合、それが当該処分の取消までもたらすのか]

浅間弁護士 また、君の立てた方針だと義務付け訴訟も提起することになっているけど、義務付け訴訟の本案主張はどう主張するかな。取消訴訟と同じでよいのだろうか。

早手弁護士 今回の義務付け訴訟は、行訴法3条6項2号の義務付け訴訟なので一定の処分を求める申請がなされたことに対して、本来なすべき

処分をしなかったといえることが必要です。

浅間弁護士 ということは不作為の違法を主張することになるのかな。

コラム

行政手続法の適用関係に注意

　行政手続法の適用を考えた場合、「申請に対する処分」（5条〜11条）なのか、「不利益処分」なのかを意識することが意外と重要である。同法をはじめてみるときは、理解できたつもりであっても、実際に起案すると間違えることが多い。理由提示といっても、申請に対し拒否する処分をする場合（8条）と不利益処分をする場合（14条）では適用条文が異なる。また、申請を拒否される場合は申請者にとって不利益な処分ではあるが、同法は「不利益処分」とはしておらず、申請を拒否する処分としていることに注意すべきである。特に同法2条の定義規定をよく読むことをお勧めする。

【参照法令】　道路交通法等関係法令

●道路交通法（昭和35年6月25日法律第105号）（抜粋）

（目的）

第1条　この法律は、道路における危険を防止し、その他の交通の安全と円滑を図り、及び道路の交通に起因する障害の防止に資することを目的とする。

（免許証の交付）

第92条　免許は、運転免許証（以下「免許証」という。）を交付して行なう。この場合において、同一人に対し、日を同じくして第1種免許又は第2種免許のうち二以上の種類の免許を与えるときは、一の種類の免許に係る免許証に他の種類の免許に係る免許証に係る免許証に他の種類の免許に係る事項を記載して、当該種類の免許に係る免許証の交付に代えるものとする。

②　免許を厳に受けている者に対し、当該免許の種類と異なる種類の免許を与えるときは、その異なる種類の免許に係る免許証にその者が現に受けている免許に係る事項を記載して、その者が現に有する免許証と引き換えに交付するものとする。

（免許の有効期間）

第92条の2　第1種免許及び第2種免許にかかる免許証（第107条第2項の規定により交付された免許証を除く。以下この項において同じ。）の有効期間は、次の表の上欄に掲げる区分ごとに、それぞれ、同表の中欄に掲げる年齢に応じ、同表の下欄に定める日が経過するまでの期間とする。

免許証の交付又は更新を受けた者の区分	更新日等における年齢	有効期間の末日
優良運転者及び一般運転者	70歳未満	満了日等の後のその者の5回目の誕生日から起算して1月を経過する日
	70歳	満了日等の後のその者の4回目の誕生日から起算して1月を経過する日
	71歳以上	満了日等の後のその者の3回目の誕生日から起算して1月を経過する日
違反運転者等		満了日等の後のその者の3回目の誕生日から起算して1月を経過する日

備考
  一　この表に掲げる用語の意義は、次に定めるとおりとする。
    1　更新日等　第101条第5項の規定により更新された免許証にあっては当該更新された日、第101条の2第3項の規定により更新された免許証にあっては同条第2項の規定による適性検査を受けた日、海外旅行、災害その他政令で定めるやむをえない理由のため第101条第1項の免許証の有効期間の更新を受けることができなかった者（その免許がその結果第105条の規定により効力を失った日から起算して6月を経過していないものに限る。）に対して第92条の第1項の規定により交付された免許証にあっては当該効力を失った免許に係る免許証の有効期間の末日、その他の免許証にあっては当該免許証にかかる適性試験を受けた日
    2　優良運転者　更新日等までに継続して免許（仮免許を除く。）を受けている期間が5年以上である者であって、自動車等の運転に関するこの法律及びこの法律に基づく命令の規定並びにこの法律の規定に基づく処分並びに重大違反唆し等及び道路外致死傷に係る法律の規定の遵守の状況が優良な者として政令で定める基準に適合するもの
    3　一般運転者　優良運転者又は違反運転者等以外の者
    4　違反運転者等　更新日等までに継続して免許（仮免許を除く。）を受けている期間が五年以上である者であって自動車等の運転に関するこの法律及びこの法律に基づく命令の規定並びにこの法律の規定に基づく処分並びに重大違反唆し等及び道路外致死傷に係る法律の規定の遵守の状況が不良な者として政令で定める基準に該当するもの又は当該期間が五年未満であるもの
    5　満了日等　第101条第5項の規定により更新された免許証にあっては更新前の免許証の有効期間が満了した日、第101条の2第3項の規定により更新された免許証にあっては同条第2項の規定による適性検査を受けた日、その他の免

許証にあっては当該免許証に係る適性試験を受けた日
　二　更新日等がその者の誕生日である場合におけるこの表の適用については、同表中「更新日等」とあるのは、「更新日等の前日」とする。
　三　更新日等が有効期間の末日の直前のその者の誕生日の翌日から当該有効期間の末日までの間である場合におけるこの表の適用については、同表中「更新日等」とあるのは、「更新日等の直前のその者の誕生日の前日」とする。
　四～五　（略）

（免許証の更新及び定期検査）
第101条　免許証の有効期間の更新（以下「免許証の更新」という。）を受けようとする者は、当該免許証の有効期間が満了する日の直前のその者の誕生日の１月前から当該免許証の有効期間が満了する日までの間（以下「更新期間」という。）に、その者の住所地を管轄する公安委員会に内閣府令で定める様式の更新申請書を提出しなければならない。
②　前項の規定により免許証の更新を受けようとする者の誕生日が２月29日である場合における同項の規定の適用については、その者のうるう年以外の年における誕生日は２月28日であるものとみなす。
③　公安委員会は、免許を現に受けている者に対し、更新期間その他免許証の更新の申請に係る事務の円滑な実施を図るため必要な事項（その者が更新を受ける日において優良運転者（第91条の規定により免許に条件が付されている者のうち内閣府令で定めるもの及び第92条の２第１項の表の備考四の規定を受けて優良運転者となるものを除く。）に該当することとなる場合には、その旨を含む。）に記載した書面を送付するものとする。
④　第１項の規定による更新申請書の提出があったときは、当該公安委員会は、その者について、速やかに自動車等の運転について必要な適性検査（以下「適正検査」という。）を行わなければならない。
⑤　前項の規定による適性検査の結果又は第101条の２の２第３項に規定する書面の内容（同条第５項の規定による適性検査を行った場合には、当該書面の内容及び当該適正検査の結果）から判断して、当該免許証の更新を受けようとする者が自動車等を運転することが支障がないと認めたときは、当該公安委員会は、当該免許証の更新をしなければならない。
⑥　前各項に定めるもののほか、免許証の更新の申請及び適性検査について必要な事項は政令で定める。
（更新の申請の特例）
第101条の２の２　免許証の更新を受けようとする者のうち当該更新を受ける日において優良運転者に該当するもの（第101条第３項の規定により当該更新を受ける日において優良運転者に該当することとなる旨を記載した書面の送付を受けた者に限る。）は、当該免許証の有効期間が満了する日の直前のその者の誕生日までに免許証の更新の申請をする場合には、同条第１項の規定による更新申請書の提出を、その者の

住所地を管轄する公安委員会以外の公安委員会（以下この条及び次条において「経由地公安委員会」という。）を経由して行うことができる。
② 前項の規定により更新申請書を受理した経由地公安委員会は、その者について、速やかに適性検査を行わなければならない。
③ 経由地公安委員会は、前項の規定による適性検査の結果を記載した書面を、第1項の規定により受理した更新申請書とともに、その者の住所地を管轄する公安委員会に送付しなければならない。この場合において、その者の住所地を管轄する公安委員会は、第101条第4項の規定による適性検査を行わないものとする。
④ 経由地公安委員会は、当該免許証の更新を受けようとする者が次条第1項の規定により経由地公安委員会が行う第108条の2第1項第11号に掲げる講習を受けたときは、その旨をその者の住所地を管轄する公安委員会に通知するものとする。
⑤ 第3項の規定による書面の送付を受けた公安委員会は、当該書面の内容のみによつては当該免許証の更新を受けようとする者が自動車等を運転することが支障がないかどうかを判断できないときは、その者について適性検査を行うものとする。この場合において、当該公安委員会は、その者に適性検査を受けるべき旨を通知しなければならない。

（更新を受けようとする者の義務）

第101条の3　免許証の更新を受けようとする者は、その者の住所地を管轄する公安委員会（前条第1項の場合にあつては、その者の住所地を管轄する公安委員会又は経由地公安委員会。次条第1項において同じ。）が行う第108条の2第1項第11号に掲げる講習を受けなければならない。ただし、更新期間が満了する日（第101条の2第1項の規定による免許証の更新の申請をしようとする者にあつては、当該申請をする日。次条第1項及び第108条の2第1項第12号において同じ。）前三月以内に第108条の2第1項第12号に掲げる講習を受けた者その他の同項第11号に掲げる講習を受ける必要がないものとして政令で定める者は、この限りでない。

② 公安委員会は、第101条第4項若しくは第101条の2第2項の規定による適性検査の結果又は前条第3項に規定する書面の内容（同条第五項の規定による適性検査を行つた場合には、当該書面の内容及び当該適性検査の結果）から判断して自動車等を運転することが支障がないと認めた者（前項ただし書の政令で定める者を除く。）が第108条の2第1項第11号に掲げる講習を受けていないときは、第101条第5項又は第101条の2第3項の規定にかかわらず、その者に対し、免許証の更新をしないことができる。

（免許関係事務の委託）

第108条　公安委員会は、政令で定めるところにより、この章に規定する免許に関する事務（免許の拒否及び保留、免許の条件の付与及び変更、運転免許試験及び適性検査の結果の判定並びに免許の取消し及び効力の停止に係る事務その他の政令で定める事務を除く。次項において「免許関係事務」という。）の全部又は一部を内閣府令で定める法人に委託することができる。

②　（略）
（講習）
第108条の2　公安委員会は、内閣府令で定めるところにより、次に掲げる講習を行うものとする。
　一〜十　（略）
　十一　免許証の更新を受けようとする者又は特定失効者に対する第92条の2第1項の表の上欄に規定する優良運転者、一般運転者又は違反運転者等の区分に応じた講習
　十二・十三　（略）
②　公安委員会は、前項各号に掲げるもののほか、車両の運転に関する技能及び知識の向上を図るため車両の運転者に対する講習を行うように努めなければならない。
③④　（略）
（免許等に関する手数料）
第112条　都道府県は、第6章（第104条の4第6項を除く。）及び第6章の2の規定により公安委員会が行うものとされている事務に係る手数料の徴収については、次の各号に掲げる者から、それぞれ当該各号に定める手数料の種別ごとに政令で定める区分に応じて、物件費及び施設費に対応する部分として政令で定める額に人件費に対応する部分として政令で定める額を標準とする額を加えた額を徴収することを標準として条例を定めなければならない。
　一〜四　（略）
　五　第101条第1項又は第101条の2第1項の規定による免許証の更新を受けようとする者　免許証更新手数料
　五の二　第101条の2の2第1項の規定により免許証の更新の申請をしようとする者　経由手数料
　五の三〜十一　（略）
　十二　第108条の2第1項各号に掲げる講習を受けようとする者　講習手数料
　十三　（略）

（辻本雄一）

解説編

[**解説1** 処分性]

(1) 基本的な考え方

　取消訴訟（ひいては抗告訴訟）は、私人の権利利益の保護を目的とする訴訟（主観訴訟）であって、法律上の争訟（裁判所法3条1項）の一類型であるから、出訴しうる者もそのような訴訟の位置づけに照らして、それを利用するだけの正当な利益を有していなければならない。これが「（広義の）訴えの利益」とよばれるものであるが、具体的には、①処分性（行訴法3条2項）、②原告適格（行訴法9条1項）、③（狭義の）訴えの利益（同）の3つの訴訟要件がこれに当たる。

　行訴法3条2項にいう「行政庁の処分」について、判例は、「公権力の主体たる国または公共団体が行う行為のうち、その行為によって、直接国民の権利義務を形成しまたはその範囲を確定することが法律上認められているもの」をいうとしており（リーディングケースとして、最判昭和39・10・29民集18・8・1809）、これがいわば処分性判断についての「従来の公式」とされてきたものである。この公式は、学説上、①外部性、②直接性、③公権力性、④法的効果といった要素からなると説かれているが、具体的なケースにおいて、一定の行為がそもそも処分性を有するか否か、必ずしも明らかではない場合も生ずる。そしてそれは、場合によっては、具体的な請求の立て方にも影響を及ぼすことになる。

　本件で問題となった、運転免許証の有効期間の更新については、まず、免許証の更新を受けようとする者は、所定の更新期間に、更新申請書を提出しなければならないとされている（道路交通法101条1項）。そして平成13年の道路交通法改正後は、①優良運転者、②一般運転者、③違反運転者の3つに分類されることとなったが、優良運転者及び一般運転者については、有効期間が原則として5年間であるのに対して、違反運転者については3年間と差がつけられている（同法92条の2第1項）。

（2） 違反運転者の場合

　以上のように、違反運転者として免許証の更新を受けた場合、有効期間が3年間となるという、優良運転者及び一般運転者に比して不利な取扱いがなされることになる。この場合、申請者は優良運転者又は一般運転者として5年間の有効期間を望んだとしても、違反運転者として3年間の有効期間しか受けることができなかったことになるわけである。もっとも申請者は、法令上、免許証の更新を申請するにとどまり、「優良運転者として更新を受けることを申請する」といった形で運転者区分を指定して申請するわけではないから（道路交通法101条1項）、そこに何らかの申請拒否処分の存在を観念することができるかが問題となる。

　この点について、これを肯定する考え方としては、次のような考え方が挙げられる。すなわち、平成13年改正後の道路交通法92条の2第1項の趣旨や、更新申請者が、更新後の有効期間について通常、5年間を望むであろうという意思の内容に鑑みれば、《有効期間を5年とする更新を求める申請権》が認められていると解される。そして有効期間を3年とする更新処分は、2年分について拒否処分を行うものと考えるわけである（千葉地判平成17・4・26裁判所HP）。

　これに対して否定する考え方は、《有効期間を5年とする更新を求める申請権》なるものは存在せず、あくまで《免許証の更新を求める申請権》が存在するにとどまると解する。したがって、有効期間を3年間とする更新処分もまた、あくまで申請を認める処分であり、仮に申請者が、優良運転者ないし一般運転者に該当するにもかかわらず、違反運転者として免許証の更新がなされた場合、それは処分の内容を誤ったにとどまり、申請拒否処分には当たらないということになる（前掲・千葉地判の控訴審である東京高判平成17・12・26裁判所HP）。

　どちらの立場も、優良運転者及び一般運転者について、一定の法的地位ないし法的利益の存在を認めているが、違反運転者としてなされる免許証更新処分の法的性質については、以上のようにこれをあくまで申請を認める処分の一態様とみるか、一部申請拒否処分とみるかをめぐって見解の違いがあるわけである。そしてそのことは、［**解説3**］で問題となる理由の

提示など行政手続法上の取扱いの違いにもかかわってくる。

（3） 優良運転者にならなかった場合

これに対して、自分は優良運転者に当たると考える申請者が、一般運転者として免許証の更新を受けた場合は、若干構成は異なる。というのも、二つの区分とも、免許証の有効期間は5年間で、その点において差異はないからである。差異があるのは、「優良運転者」として免許証が更新されるか否かという点である。この点が問題となったのが、最判平成21年2月27日（民集63・2・299以下、本項において「平成21年最判」という）であるが、この事件で原告は、「○○県公安委員会が原告に対して平成○○年○月○付けでした運転免許証有効期間更新処分のうち、原告を一般運転者とする部分を取り消す」という請求を行っている。

これについて第1審判決（横浜地判平成17・12・21民集63・2・326）は、優良運転者としての免許証更新と一般運転者としての免許証更新との間には法的効果に差異があり、原告の請求の趣旨は、そのような差異に相当する部分、すなわち「運転者区分の認定ないし確認」の部分につき原告の申請を拒絶したものとして、その取消しを求めるものであると解する。その上で、かかる認定ないし確認は、申請者の権利義務に影響を及ぼすものではない、として処分性を否定した。

これに対して、控訴審判決（東京高判平成18・6・28民集63・2・351）は、優良運転者と一般運転者とでは、更新される免許証の有効期間の点ではいずれも5年間であることに変わりがないが、優良運転者については、「交付される免許証にその旨が記載されること、更新申請書の提出先について住所地以外の公安委員会を経由して行うことができること、講習手数料が一般運転者よりも低くなること、講習時間も短縮される」といった優遇的措置を受けられることをもって一つの「法的地位」として認め、原告の申請が、優良運転者としての免許証更新を求めたものであることを前提に、一般運転者としての免許証更新の処分性（一部拒否処分）を肯定した。

結局、上告審判決は、単純に「免許証の更新処分」を一つの処分として捉え、「免許証を有する者の申請に応じて、免許証の有効期間を更新する

ことにより、免許の効力を時間的に延長し、適法に自動車等の運転をすることができる地位をその名あて人に保有させる効果を生じさせるもの」とした。すなわち、控訴審と上告審とでは、何をもって処分とみるかが異なるわけである。そしてそのことは、次にみる狭義の訴えの利益に関係する。

[**解説2** 訴えの利益]
（1） 基本的な考え方

行訴法9条1項によれば、取消訴訟は、「当該処分……の取消しを求めるにつき法律上の利益を有する者……に限り提起することができる」としている。この規定は、原告適格のように処分の根拠法規が保護しているか否かという定型的に判断できるもののほか（処分性と原告適格については、理論的にいえば、訴えの提起の時点で確定しているはずの事項と考えることができよう）、①処分の取消しが何らかの権利や法的地位の回復につながるものであるか否か、あるいは②逆に訴えの提起後の事情の変化によって、もともと存在していた訴えの利益が消滅するか否かが問題となる。すなわち、これらが「狭義の訴えの利益」の問題である。

（2） 違反運転者の場合

解説1で述べたように、違反運転者の場合、有効期間3年の免許証更新処分を申請を認める処分とみるか拒否する処分とみるかという立場の違いはあるが、いずれにしても申請者は、優良運転者又は一般運転者として免許証更新を受ける法的地位を侵害されたことになるので、その点で取消しを求めるにつき法律上の利益を有することになる。

（3） 優良運転者にならなかった場合

平成21年最判は、「優良運転者」という法律上の地位を、免許証更新処分の本来の効果とは区別された付随的なものと捉えつつも、そのような法律上の地位の回復をもって、訴えの利益とみたのである（かかる訴えの利益については、これを（処分の名宛人の）原告適格の問題と捉えることも可能であるが、

いずれにしてもこれは理論的な区別の問題にとどまる)。

　[解説1]でみたように、運転免許証更新処分の処分性をめぐっては、「運転区分の認定ないし確認」の部分にかかわる要素をどのように位置づけるかが問題となる。平成21年最判の控訴審判決は、まさに運転区分に基づき一定の優遇措置を受けられることをもって一つの「法的地位」としてみて、処分の効果そのものとして捉えたわけである。これに対して、上告審判決は、かかる優遇措置を「免許証の更新処分がされるまでの手続上の要件のみに関わる事項であり、同更新処分がその名あて人にもたらした法律上の地位」ではないとした。すなわち、免許証の更新処分の効果そのものは、「免許の効力を時間的に延長し、適法に自動車等の運転をすることができる地位」を生じさせる点に求められるのである。このような理解は、自動車運転免許が、自動車運転を一般的に禁止し、申請を行い「免許」を受けた者のみに運転の自由を回復するものである、という講学上の「許可」であるとの理解に沿ったものといえるであろう。

　もっとも同判決は、「優良運転者」の地位を単なる事実上の措置とはみず、それ自体「法律上の地位」としている。つまり、上述のように、運転免許処分そのものの効果ではない、いわば付随的なものとして、一つの法的地位として位置づけたわけである。

[**解説3**　理由の提示]

　行政手続法は、行政庁が申請拒否処分をする場合には申請者に対して、不利益処分をする場合にはその名宛人に対して、それぞれ理由の提示をしなければならないと定めている（行手法8条1項・14条)。このような理由の提示（理由付記）の趣旨は、行政庁の判断の慎重・合理性を担保して恣意を抑制するとともに、不服申立ての便宜を与えることが挙げられている。

　申請に対する処分でも理由の提示が要求されるのは、申請拒否処分の場合に限られる。しかし、[**解説1**]でみたように、違反運転者としてなされる運転免許証更新処分については、これをあくまで申請を認める処分と解するか、あるいは申請拒否処分と解するかについては、議論の余地がある。

そしてもし前者のように申請を認める処分と解した場合、申請拒否処分ではないということで、行手法上の理由の提示は、そもそも不要ということになる。

　これに対して、後者のように申請拒否処分と解した場合、行手法8条の規定が適用される。ただし、同条ただし書は、「ただし、法令に定められた許認可等の要件又は公にされた審査基準が数量的指標その他の客観的指標により明確に定められている場合であって、当該申請がこれらに適合しないことが申請書の記載又は添付書類その他の申請の内容から明らかであるときは、申請者の求めがあったときにこれを示せば足りる」としている。このような場合は、申請者の求めがあったときに限り、理由の提示をすればよいということになる。そして本件における違反運転者としてなされる運転免許証更新処分が、このような行手法8条ただし書に該当するか否かが問題となる。

　さらに理由の提示については、その程度が問題となる。この点について、判例は、「一般に、法律が行政処分に理由を付記すべきものとしている場合に、どの程度の記載をなすべきかは、処分の性質と理由付記を命じた各法律の規定の趣旨・目的に照らしてこれを決定すべきである」としている（最判昭和60・1・22民集39・1・1〔旅券発給拒否処分〕、不利益処分における理由の提示（行手法14条1項）に関する近時の判例として、最判平成23・6・7民集65・4・2081〔一級建築士懲戒処分〕がある）。そして本件のような申請拒否処分については、例えば、旅券法に基づく一般旅券発給拒否処分について、理由付記は、「拒否事由の有無についての外務大臣の判断の慎重と公正妥当を担保してその恣意を抑制するとともに、拒否の理由を申請者に知らせることによって、その不服申立てに便宜を与える趣旨に出たものというべき」としたうえで、「このような理由付記制度の趣旨にかんがみれば、一般旅券発給拒否通知書に付記すべき理由としては、いかなる事実関係に基づきいかなる法規を適用して一般旅券の発給が拒否されたかを、申請者においてその記載自体から了知しうるものでなければならず、単に発給拒否の根拠規定を示すだけでは、それによって当該規定の適用の基礎となった事実関係をも当然知りうるような場合を別として、旅券法の要求する理由

付記として十分でないといわなければならない」としている（前掲・最判昭和60・1・22）。

[**解説4**　行政処分に手続違反があった場合、それが当該処分の取消までもたらすのか]

　申請拒否処分が取消訴訟おいて取り消された場合、法的状態は、申請がなされた時点に戻ることになる。したがって、申請者は改めて申請をする必要はなく、行政庁は、取消判決の拘束力により、「判決の趣旨」を踏まえて改めて申請に対する処分を行わなければならない（行訴法33条2項・3項）。

　そしてここにいう「判決の趣旨」とは、判決理由中に示された違法事由についての判断（判決主文が導き出されるのに必要な事実認定及び法律判断）であると解されるが（最判平成4・4・28民集46・4・245）、具体的には処分要件などの実体的な違法事由に関わるものと、処分手続に関わるものがある（ちなみに、行訴法33条3項は、さしあたりそのことを前提としている）。

　そしてここでは、処分が違法であることが、必ずしも、その処分が取り消されることに直結するものではないことに留意する必要がある。すなわち、申請に対する処分において処分を取り消すということは、これを手続的にみれば、当該申請について再度処分をやり直すということを意味する。したがって、処分要件など処分に実体的な違法がある場合は、事情判決（行訴法31条）の場合など取消の制限が及ぶ場合を除き、原則として取消されることになる。しかし、手続的な違法については、それが直ちに違法事由になるか否かについては議論の余地がある。というのも、再度の処分において、手続を繰り返しても、同じ結論にしか至らない場合には、取り消す（すなわち再処分を求める）意味がないのではないか、という問題が生ずるからである。（これとは別に、不利益処分についても、手続的瑕疵の効果の問題がありうるが、ここでは、申請拒否処分の場合を念頭に解説を進める）。

　この点については、例えば、個人タクシー事件に関する最高裁判決（最判昭和46・10・28民集25・7・1037）も、「これらの点に関する事実を聴聞し、被上告人〔＝申請者〕にこれに対する主張と証拠提出の機会を与えその結

果をしんしゃくしたとすれば、上告人〔＝処分行政庁である陸運局長〕がさきにした判断と異なる判断に到達する可能性がなかったとはいえないであろうから、右のような審査手続は……かしあるものというべく、したがって、この手続によってされた本件却下処分は違法たるを免れない」としている。このように、手続的瑕疵が取消原因（ひいては処分のやり直し）に当たるか否かの判断にあたって、結果に対する影響可能性を斟酌することは、一般的に承認されているが、他方で、これをあまり広く認めると、手続を軽視する風潮を助長しかねないという危惧も残る（とりわけこの点は、行政手続法が制定され、行政手続の重要性が強調されるに至った今日、重要なことといえよう）。そこで一つの考え方としては、手続的瑕疵を、①訓示規定の違反あるいは軽微な瑕疵にとどまるもの、②制度の根幹にかかわる手続の違反で、その瑕疵を許したのでは制度自体の信用信頼をゆるがせにすることになるもの、③以上の①と②の中間的なもの、という三つのカテゴリーに分けて、①の瑕疵は取消原因とするには値しないものの、②の瑕疵については結果のいかんにかかわらず取消原因（このような場合は、取消原因にとどまらず、重大明白な瑕疵として無効原因とされることもあろう）、③の瑕疵は結果に影響を及ぼす場合に限り取消原因とする、という目安が考えられる（群馬中央バス事件（最判昭和50・5・29民集20・5・662）に関する最高裁調査官解説である『最高裁判所判例解説民事篇・昭和50年度』255頁以下）。ただし、処分の中でも裁量処分の場合は、法令の枠の中で行政機関に判断の余地が委ねられているわけであるから、軽々に結果に影響を及ぼさないとは断じられないであろう。したがって、結果への影響可能性を理由とした取消原因の制限的解釈には慎重さが要求される（これは、要件における事実の認定と、効果における処分内容の選択の双方についていえる）。

　ただし、手続的瑕疵の中でも、理由の提示（理由付記）の不備については、上述のような結果への影響可能性という基準は当てはまらない。この点については、［**解説3**］を参照。

（神橋一彦）

4 学校教育法事例
——就学校指定を巡る諸問題

全国的な少子化傾向の中、地域の公立学校の統廃合が行われることがしばしばある。統廃合に際しては、学校設置条例の改正及び新小学校への通学校指定という形で行われる。学校統廃合によって、当該学校に通学する児童だけでなく、保護者や通学地域の住民といった利害関係者が考えられるが、どのようにして、争うことができるか。

1 事案の概要

甲市では、甲市立小学校設置条例（昭和39年制定）に基づいて、平成15年4月の段階で甲市の中心地である四谷地区にそれぞれ「一川小学校」、「二村小学校」、「三山小学校」と3小学校を設置していた。

甲市教育委員会は、平成15年12月21日、四谷地区内の3小学校を平成17年度で全て廃止し、新たに西宮小学校を新設するという内容の「四谷地区小学校通学区域再編成基本方針」（以下「基本方針」という）を決定し、打ち出した。基本方針では、

「全国的に少子化傾向による児童生徒数の減少が起こっている中で甲市においても四谷地区での児童数の減少が顕著である。そのような状況の中で小学校の小規模化による教育水準の低下を防止し、将来にわたって適切で安定した教育水準を維持していくためには、学区再編成をし、1校あたりの児童数を増加させる必要がある」

と述べられていた。四谷地区の小学校児童数は、昭和50年には3000人であったのが、平成14年度では600人と減少していることによる。そして、新設小学校（西宮小学校）は、既存の小学校施設のうち、校地・施設規模、位

置等を考慮して決めることとされた。具体的に西宮小学校の使用施設として、「二村小学校」とすることとされた。

　甲市教育委員会は、基本方針に基づき、平成16年2月から8月にかけて、四谷地区の各小学校のPTA、地区住民に対して説明会を開いた。しかし、一川地区では、反対が強く、説明会を開くことすらできない状況であった。その後、一川地区では、平成16年10月から12月にかけて、懇談会や説明会が開かれたが、PTAや地区住民からは、一川小学校と二村小学校で本当に子供たちの発育にとってよい教育環境なのかを検討してもらった上で新設校としての使用校舎を決めてもらいたいとの要望が出された。

　その後も平成17年1月から3月にかけて、5回にわたる教育懇談会を開いた。

　しかし、平成17年7月に従前の基本方針通りの方針での再編成を進めることを確認し、同年11月16日の会議で条例制定の決議を行った。そして、甲市長は、上記決議を受け、平成17年12月21日に、四谷地区の3小学校を平成18年3月末日で全て廃止し、新たに西宮小学校を新設する内容の条例案を甲市議会に提出した。甲市議会は、同月25日に条例案を可決し、甲市長は、同月28日付で公布した（以下「廃校条例」という）。

【参照法令】
●甲市立学校設置条例
第1条　本市に、学校教育法第1条の規定により甲市立学校として小学校及び中学校を設置する。
第2条　甲市立学校の名称及び位置は、別表第1及び別表第2に掲げるとおりとする。
別表第1　小学校

名称	位置
甲市立一川小学校	甲市一川町1番地
甲市立二村小学校	甲市二村町一丁目3100番地
甲市立三山小学校	甲市三山三丁目26番地

甲市立小学校の通学区域に関する規則
甲市立小学校の通学区域は、次の通りとする。
西宮小学校　一川町一丁目、一川町二丁目、一川町三丁目、二村町一丁目、二村町二丁目、三山

その後、甲教育委員会は、平成18年1月29日付で児童の保護者である加東太郎氏、松長一郎氏宛に児童の平成18年4月1日以降の就学すべき小学校を西宮小学校とする旨の指定をした。

資料1　加東太郎宛の就学校指定通知書

```
        世帯主
        甲市一川町3丁目26番地

               加 東 太 郎    様

              甲市教育委員会
        ─────────────────

           就 学 校 指 定 通 知 書

    平成18年4月1日からの通学校を下記の通り、指定します。

   児童氏名    加東二郎
   指定学校名   甲市立西宮小学校

  保護者様
   通学区域再編成により、平成18年4月1日から新しい通学区域がスタートします。
   ついては、お子さんの通学校を上記の通り指定します。

                          平成18年1月29日
                          甲市教育委員会
```

2　事情聴取──平成18年2月8日

相談者　加東太郎（保護者）
　　　　松長一郎（保護者）
　　　　山口与太郎（地域住民代表）
　　　　永池花子（地域住民、5歳児と3歳児の母）
弁護士　山田弁護士
　　　　福元弁護士

加東　私は、甲市一川町に住んでいます。私どもの子供たちは、四谷地区内にある甲市立一川小学校に長男が5年生、長女が1年生として通学しています。なお、私も昭和63年に一川小学校を卒業しています。

　甲市は、平成17年12月に甲市議会の議決を経て、甲市立小学校設置条例の一部を改正する条例を制定し、公布しました。この改正条例では、一川小学校を含む四谷地区内にある3小学校を平成17年度で廃止し、西宮小学校を新設する内容になっています。

山田弁護士　4月からのお子様の小学校は決まったのでしょうか？

加東　私の子供たちは、甲市教育委員会から1月29日付で4月から就学すべき小学校を西宮小学校と指定する旨の就学通知書を受けました。

福元弁護士　西宮小学校と一川小学校で環境はどう変わるのでしょうか？

加東　一川小学校は、校舎の耐震工事や改修工事をしたばかりです。対して、今度の西宮小学校つまり二村小学校は、昭和40年代に校舎を立てた後、改修はされていません。とすれば、明らかに一川小学校の方が、安全性は高く、教育環境としてもよいです。また、西宮小学校のある二村町は、甲市の中心地なので車の交通量も多く、また旧市街でもあるので歩道の整備なども十分ではありません。子供たちは、一川小学校では通学距離は、平均1km程度でしたが、明らかに4倍以上になりました。

福元弁護士　お子様をためしに通学させてみましたか？

松長　私の家は、西宮小学校からは2.5kmのところにあります。実際に歩いて通学させて見ましたが、歩いて20分以上かかります。しかも通学路は、市内の幹線道路でありながら歩道の整備がされておらず、朝には市役所・病院などに向かう車で渋滞するので危険の高い道です。

加東　西宮小学校は、私どもの家から4kmのところにあり、1年生の長女が歩いて通学することはできません。

福元弁護士　貴方以外に同じような通学環境の方はいますか？

加東　近所には、長女と同級生の子供が2人います。

山田弁護士　甲市教育委員会からは何らかの配慮はなかったのですか？通学バス等の配慮はないのでしょうか？

加東　ありません。しかも新しい小学校が市内の中心地なので自動車など

の通行量が多く、排気ガスなどの影響が心配なほか、危険であることも心配です。対策も危険箇所に朝に交通指導員を配置する以外には、なされる予定がありません。

福元弁護士 学校における学習環境はどうでしょうか？

加東 一川小学校は、5年前に校舎の改修工事が済んだばかりで耐震性をクリアしているほか障害を持った児童でも学校生活で不便がないようにバリアフリー措置があちこちでとられています。実際に小学校児童に両足に障害を持った子供がいて、車椅子での学校生活をしていましたが、生活をする上での不便はなくまた先生方や子供たちの協力もあって学校生活を満喫できていました。西宮小学校は、新設となっていますが、従来の3小学校の中の二村小学校が選ばれただけでこの校舎は昭和40年代に建てられた後、改修工事は行っておらず、耐震構造上も長期休暇中に数年間かけての耐震工事が必要となっています。

山田弁護士 施設における問題はわかりましたがほかにありませんか？

永池 一川小学校は、私どものような地域住民と密接でして、各種の訪問授業を行ったり、老人会の協力で毎月数人が各クラスに行き、仲良し給食というのをやっていました。地域と学校で協力して、子供たちの成長を見守ってきたのです。西宮小学校は、大人数ですので今までのような地域との密接な協力ができるとも思えません。

山口 私たちも一川小学校でさまざまな活動を行ってきましたし、学校で英語・パソコンといったことを学んでいました。これは、近くの通いやすい小学校へ通っていたからできたものですが、西宮小学校となると4km近くあり、特に老人が通うことなど到底できません。

福元弁護士 条例制定および新小学校就学までの手続きを教えてください。時系列表にまとめてありますが、地域の皆さんや保護者への説明はどうだったのでしょうか？

＜時系列表＞

昭和39年	A市立小学校設置条例で3小学校を設置
平成15年12月21日	四谷地区小学校通学区域再編成基本方針
平成16年1月～9月	検討委員会
平成16年2月～8月、10月～12月	地区説明会
平成17年1月～3月	教育懇談会
平成17年7月	教育委員会、再編成方針を確認
平成17年11月16日	教育委員会、条例制定決議
平成17年12月21日	市長、条例案提出
平成17年12月25日	市議会、条例案可決
平成17年12月28日	市長、条例公付
平成18年1月29日	教育委員会、新就学校指定通知
平成18年3月31日	廃校

山口　私は、ここにいる加東氏、松長氏、永池氏をはじめとする地域住民の人たちや一川小学校PTA役員などと「一川小学校を守る会」を結成しました。確かに、平成16年2月から8月にかけて、各地区でPTAや地区住民に対する説明会は開かれたようですが、一川地区では、説明会が開かれておりません。その後、平成16年10月から12月にかけて開かれた教育懇談会で私どもは、子供たちへの教育環境がどう変わるのかや変化への配慮としてどのようなことがなされるのかを検討してもらいたいとの要望を教育委員会に出しました。しかし、教育委員会からは、「ご理解ください」という言葉だけしか出されませんでした。また、教育長からは「決めたことはもう後戻りできない」という説明がされるだけで一向に私たちが聞きたい内容についての説明はされませんでした。結局は、強行的に進められたという感じです。

加東　私は、自分も一川小学校で6年間育ってきて、思い入れが強いですし、子供たちを一川小学校を廃止して、これから毎日、送り迎えを誰かに頼むなどしなければ、子供たちを西宮小学校へ通わせることはできません。山田先生、福元先生、どうにかならないでしょうか？

3 方針の決定——相談日当日

山田弁護士 加藤さんらの依頼の件ですが。福元さんはどのように考えますか。

福元弁護士 難しいですね。加藤さんらの依頼を実現するためには条例の制定が違法とでも言わなくてはなりませんが、これはだめですよ。条例なので処分性がないとしてすぐに却下されてしまうでしょうから、あきらめてもらうしかないのではありませんか。

山田弁護士 相談に来ているのにすぐにそう決めつけるべきではないです。何とかよい方法を考えてあげるのが法律家としてすべきことなのではないですか。とはいえ、君はなぜそう考えたのかい？

福元弁護士 本件で争う対象として考えられるのは、条例の制定、新通学校の指定があります。条例の制定といっても地方自治法によると議会の議決、市長による公布、施行といった手続がありますが、どこを争えばよいのでしょうか。そもそも条例制定は、法規範の定立でしかなく、取消訴訟を提起しても処分性が認められないと思います。だから条例制定について取消訴訟を提起するのは、ナンセンスだと思います。取消訴訟を提起するのだとすれば、通学校指定処分に対して行うしかないですし、取消訴訟以外の方法を考えるべきだと思います。

山田弁護士 条例だと本当にすべて処分性がないとされてしまうのだろうか。裁判例などはどうなっているのだろう。調べてみてくれないか。また、処分行政庁がどこになるのかも意識しなければならないね。

福元弁護士 分かりました。調べて見ます。

［**解説1** 条例の処分性］

　福元弁護士は、山田弁護士の指示に従い、裁判例を調べてみたところ、保育所の廃止に関しては、特定の保育所で保育を受ける権利があり、特定の保育所を廃止する条例制定行為に、処分性を認めていた（最判平成21・

11・26民集63・9・2124)。これに対し、小学校については、通学可能な範囲にある小学校で教育を受けさせる権利はあるが、特定の小学校で教育を受けさせる権利まではないという理由で処分性を否定していた(東京高判平成8・11・27判時1594・19)。

　福元弁護士は、裁判例に従っても事情さえ満たせば、小学校の廃校条例も処分性が認められるのはないかと考えた。しかし、そもそも「処分性」という訴訟要件の判断をするために、「通学可能な小学校があるかどうか」といういわば実質的な事実関係を判断するのはおかしいのではないかと考えた。

4　他の訴訟の可能性──方法選択

　その後、福元弁護士は、山田弁護士に、調査結果を報告した。

福元弁護士　処分性が一元的に否定されるわけではないと思います。ただ、処分性が否定されて訴えが却下されては意味がないので、他の訴訟で争うことも考えるべきではないでしょうか。
山田弁護士　法律家としては当然考えるべきことだね。では、どのような訴訟を考えているの。
福元弁護士　民事訴訟としての確認訴訟ということになるのではないでしょうか。
山田弁護士　それで、どのような請求の趣旨を立てるんだい。
福元弁護士　廃校条例の違法を確認する、といったものでしょうか。
山田弁護士　なるほど、違法確認訴訟で争うというのかい。ところで、君は民事訴訟というけれど、これは公法上の法律関係を争うものではないのかな。
福元弁護士　あ、そうでした。平成16年改正で広く認められるようになった当事者訴訟でした。
山田弁護士　それと確認訴訟として、請求の趣旨は、君の立てた「廃校条

例が違法であることの確認を求める」でよいのかな。

福元弁護士 元の一川小学校で就学することの権利の確認でしょうか。

山田弁護士 そういうことも考えられるね。確認訴訟は、取消訴訟と違って確認対象がこれと決まったものでもないので、裁判所がどれかを確認してくれればよいのだから複数の請求の趣旨を立てておくのも一つの考え方だと思うよ。

福元弁護士 そうすると違法確認訴訟と権利の確認訴訟ですか。なるほど勉強になります。

山田弁護士 取消訴訟は提起しなくてよいのだろうか。

福元弁護士 当事者訴訟で同じ目的を達成できるのですからわざわざ却下されるかもしれない取消訴訟を提起する必要はないのではないでしょうか。

山田弁護士 僕は必ずしもそう考えないよ。福元さんも処分性が認められる可能性があると考えているのだろう。取消訴訟も考えて下さい。

福元弁護士 分かりました。

[解説2　訴訟形式の選択]

コラム

実質的判断を受けるために

　実務では、訴訟要件判断だけで却下されてしまう危険がある場合には、実質的判断を受けるために何らかの措置をとることが代理人としては必要である。代理人として検討するのは、①当事者訴訟の提起、②国家賠償請求訴訟の提起である。まさに、この問題である。代理人として考えるのは、取消訴訟、当事者訴訟とどちらかに限定的に絞るのではなく、取消訴訟を提起しつつも予備的に当事者訴訟を提起すべきである。

　そして、当事者訴訟は、取消訴訟におけるのと異なり、請求の趣旨が決めにくいことが多い。代理人としては、請求の趣旨が微妙と思われるときは、数個の請求の趣旨を立てつつ、裁判所の判断に委ねることもある。

コラム

同一機会での審理を受けるために

訴訟提起時に問題となるのが訴えの併合である。併合については、前述のように併合要件（関連請求であること）が必要となる。ただし、併合要件を満たさないとしても、弁論の併合等で同一機会に審理されることが多い。当事者としても判断が分かれなければよいのであるから同じ裁判所で判断されればよい。
　併合要件の点で厳密に争われることは少ないし、併合要件が明らかに問題がある場合でも同一裁判所での審理を受けるために別訴の場合でも同一部に継続させてもらうように上申書を出すこともしばしばである。

[解説3　請求の客観的併合]

5　訴えの利益──就学校指定処分

　福元弁護士は、就学校指定処分について調べた。裁判例（前掲東京高裁判決）では、就学校指定が取り消されたとしても既に廃止条例の施行により元の小学校が廃止されてしまった以上、教育委員会が元の小学校への就学指定をし、指定以前の原状に回復することが困難だから訴えの利益がないと判断されていた。山田弁護士に対してもその旨報告した。

福元弁護士　裁判例を調べましたが、廃止条例が施行されてしまうと訴えの利益は否定されるようです（東京高判平成8・11・27判時1594・19）。

山田弁護士　なるほどね。廃止されてしまったから原状回復できず、訴えの利益なしか。しかし事例は違うけれど似たようなケースがあるね。たとえば、土地改良事業についての最高裁判例（平成4年1月24日）では、確か一連の処分について、原状回復が困難であるとしてもそれは行政事件訴訟法31条の適用が問題となるに過ぎず、訴えの利益を消滅させるものではないと判断していたけれど同じように考えることはできないのだろうか。

福元弁護士　仮に訴えの利益をクリアしたとしても、違法性はどのように主張したらよいのでしょうか。どうしても、廃止条例自体の違法性を

主張せざるを得ないと思いますが。
山田弁護士 違法性の承継の理論などを使ってみてはどうか。
福元弁護士 違法性の承継ですか……教科書で読んだことはありますが、この事案でその理論が使えるか、検討して主張することとします。
［解説4　違法性の承継］

6 原告適格

　本件では、現在の保護者、将来の保護者となる可能性がある人、地域住民が相談に来ている。福元弁護士は、当事者となりうる人たちのそれぞれの利益状況を整理してみた。

加東　保護者、自らも卒業生、現在長男4年生、長女1年生。通学距離4km。

松長　保護者、長男6年生。通学距離2.5km。

山口　地域住民。自治会役員。

永池　地域住民。現在、5歳の長男と3歳の長女がいる。

一川小学校を守る会　加東、松長、山口、永池らが参加。一川小PTAと一川地区自治会で構成。会員数75名

　福元弁護士の整理によると保護者については、子供を小学校で教育を受けさせる権利があるのでそれをもとに構成すべきだが、①処分性の裁判例でも出てきた「通学可能な範囲」かどうかのメルクマール、②小学校という性質上、通学するのは6年間であるため、6年生の保護者については、児童が卒業してしまうと訴えの利益がなくなるのではないかとの疑問があるとともに永池のような5歳の子供を抱える保護者の保護者の場合には、来年には小学生となるので近々小学生になるという意味で利害は在学生の保護者同様にあるのではないかとの疑問がある。

　地域住民については、小学校で行われる義務教育そのものを受けているのではないが、地域活動の拠点として小学校を利用したり、一川地区が地

域で毎日の通学時の見回りや学校でのボランティアでの授業（工作教室や仕事体験教室など）を通じて、子供たちの教育をしていたこと、そして住民自体も小学校を用いて英語教室、パソコン教室などの教育や各種活動を行ってきたことからすると独自の適格が認められてもよいし、仮にそうでなくても行訴法9条2項を用いれば、適格を認めることができるのではないか。とまとめた。

コラム

団体訴訟の議論

環境破壊、文化財毀損、消費者被害といったような場面では、民間公益活動を行う各種団体が重要な役割を果たしている。このような場面では各個人の権利侵害の観点では、被害自体がないか、少数希薄であったりするため、利益保護が不十分となりがちである。裁判例では、「自然環境」「文化財保護」「消費者利益」といった観点から原告適格を認められない傾向である。

この不十分な場面での保護を図るために議論されてきているのが団体訴訟の議論である。

コラム

原告の選択

原告の選択。本事案で問題となるのは、「児童の教育を受ける権利」である。とすると原告適格を有するのは、児童（子供）であり、保護者は親権者として法定代理人となるべきである。

しかるに、本件では、保護者自身を原告とした。「教育を受けさせる権利」という構成で保護者の利益とした。本件では、就学校指定通知書が資料のように保護者宛にきていたこともある。

なお、保育所関連の事件では、原告は児童となっている。

ただし、現実には、本事案のような場合での原告選択で被告が争うこともなく、裁判所も選択の誤りを問題とすることはほとんどない。

［**解説5**　原告適格を有する者］。

7 違法性の主張

　山田弁護士は、福元弁護士と協議した。

山田弁護士　さて、どう違法性の主張を構成しましょうか？
福元弁護士　公立小学校で地方自治法244条の「公の施設」でその廃止については特に規定もないので裁量の範囲の問題になるのではないでしょうか。それを実体面、手続面から問題がないかを見ていくことになるのでは……。
山田弁護士　今回の廃校処分の目的について、教育委員会はどう説明しているのかい。
福元弁護士　基本方針で定めた「人口減少に伴う児童数が減少している中で小規模校を中規模校にすることで教育効果をあげていくため」のものだとしています。
山田弁護士　本当に甲市四谷地区での児童数は減少しているのかい。
福元弁護士　確かに四谷地区全体では、減少しているようですが、一川地区では、近年マンションが建設されたこともあって、1学年最低30名は確保できており、平成15年から見ると児童数減少はとまっており、むしろ今後は若干ですが増加傾向だそうです。
山田弁護士　小規模校・中規模校とあるけどどういう意味だい。
福元弁護士　小規模というのは、全校生徒で100人から200人規模の小学校です。1学年1クラス程度になるかと思います。中規模というのは、全校生徒400人程度で1学年あたり複数クラスになりますね。
山田弁護士　従前の一川小学校がいわゆる「小規模校」で新小学校の西宮小学校が「中規模校」ということになるのだね。どちらの教育効果が優れているかとなると見解が分かれてきそうだな。
福元弁護士　①小規模校が教師と生徒の顔が分かり合える関係になり、行き届いた指導が可能になるという見解と、②大人数のほうが多くの生徒

と接することができてよい教育効果があがるという見解があります。
従来の一川小学校は、1クラス30人程度でしたが、子供たちと教員が仲良くやっていたようです。親としても学年を問わず先生方が子供たちのことを覚えてくれていて、みてくれているので安心して通学させることができたといっています。また、山口さん・永池さんのような保護者ではない地域住民の人たちも子供たちの通学をサポートしたり、見守ってあげるようにしていたようです。

山田弁護士 教育効果については、教育委員会としては十分検証できていたのかい。

福元弁護士 教育委員会としては、学識者で構成される「検討委員会」で検討していたとしますが、学識者といっても教育を十分に知っている方々ではなく、地域代表といった性格かもしれません。検討委員会議事録を取り寄せてもらいましたが、最初から「中規模」ありきで教育効果の検討などがされた痕跡はありません。また、元委員であった人からの聴き取りでは、委員会自体は事務局の形で関与していた教育委員会作成資料を元に承認していただけのようです。加東さんたち保護者の皆さんが問題としてきた「子供たちへの教育効果」についての有識者（学者）による教育学的検証はなされていないようです。

コラム

情報公開制度の重要性

　市役所等が所持している文書等は、ホームページ等で調べることにより入手することもできる。しかし、当然全部公開されていない資料もある。例えば市議会の議事録などは多くの自治体ではホームページに公開されるが、詳細な議事経過までが掲載されていないこともある。また、そもそもいつ開かれたかわからない議事録を特定することは難しい。このような場合には、議事の経過を知るには情報公開制度を用いることになる。

　情報公開制度を利用する場合には、当該自治体の情報公開担当部署などに行って、直接担当部署の職員に相談しながら探し、リストアップする。または、「……に関する資料一切」として請求する。意外とそうすること

で当初想定していない資料の存在が分かることもある。
　また、「存在しない」として非公開の対応をされることもある。しかし、そのような場合でも不存在を理由として非開示決定をもらうことも重要である。このような決定をもらっておくことで、もし資料隠し等をしていた場合に、後日言い訳をさせなくするためである。
　本件の基になった事案でも議事録の公開請求をしたが、回答は「メモしかなく公文書としてのものはない」と開示を拒んでいた。しかし非開示決定までしてもらいたい旨も伝えたうえで公開請求をしたところ、議事資料が公開された。

山田弁護士　あえて統廃合する必要までもなかったといえるのかどうかだね。あとは条例制定までの経過はどうだったのかい。
福元弁護士　教育委員会の地区説明会・教育懇談会はあったようですが、担当者は「ご理解ください」と述べるだけで廃校は規定路線であることを譲らなかったようです。そして、保護者・住民らから再三出されている「ア．なぜ統廃合なのか。イ．子供たちの教育環境が本当によくなるのか。ウ．地域への影響」というような質問への回答をしてこなかったようです。一川地区住民、保護者の理解賛同は得られないままに「説明会は開催した」ということだけで進められてしまったようです。
山田弁護士　今回の廃校、新通学校指定でどう環境は変わるのかい。
福元弁護士　小学校校舎自体の環境も悪化しますし、通学環境も悪くなりますね。
山田弁護士　では、裁量の審査基準としてはどのようなものがあるかな。実体的審査と判断過程審査があるようだが……。
福元弁護士　私の調べたところでは、公の施設の廃止と裁量権の逸脱濫用の問題に思えます。
［解説6　公の施設の廃止と裁量権の逸脱濫用］
山田弁護士　では、どのように裁量部分の主張をしようか。
福元弁護士　目的を捉えて、「目的違反」といえないでしょうか。
山田弁護士　何か違反といえるような目的があるのかい。

福元弁護士 たとえば、教育目的とは無関係な支出軽減、地元の土建業者などの利益を図るためというものがあればよいのですが。

山田弁護士 言うのは簡単だけどそういえるだけの根拠がないといけないよ。

福元弁護士 教育学的観点からの子供への効果が検討されていないことを主張するのはどうでしょうか。あとは、仮に目的がよいとしても他に負担影響の少ない方法がなかったかの視点はいかがでしょうか。

【参照法令】
●教育基本法（抜粋）

第1条 教育は、人格の完成を目指し、平和で民主的な国家及び社会の形成者として必要な資質を備えた心身ともに健康な国民の育成を期して行われなければならない。

第3条 国民1人1人が、自己の人格を磨き、豊かな人生を送ることができるよう、その生涯にわたって、あらゆる機会に、あらゆる場所において学習することができ、その成果を適切に生かすことのできる社会の実現が図られなければならない。

第4条 すべて国民は、ひとしく、その能力に応じた教育を受ける機会を与えられなければならず、人種、信条、性別、社会的身分、経済的地位又は門地によって、教育上差別されない。

（2項、3項省略）

第5条 国民は、その保護する子に、別に法律で定めるところにより、普通教育を受けさせる義務を負う。

② 義務教育として行われる普通教育は、各個人の有する能力を伸ばしつつ社会において自立的に生きる基礎を培い、また、国家及び社会の形成者として必要とされる基本的な資質を養うことを目的として行われるものとする。

③ 国及び地方公共団体は、義務教育の機会を保障し、その水準を確保するため、適切な役割分担及び相互の協力の下、その実施に責任を負う。

④ 国又は地方公共団体の設置する学校における義務教育については、授業料を徴収しない。

第10条 父母その他の保護者は、子の教育について第一義的責任を有するものであって、生活のために必要な習慣を身に付けさせるとともに、自立心を育成し、心身の調和のとれた発達を図るよう努めるものとする。

② 国及び地方公共団体は、家庭教育の自主性を尊重しつつ、保護者に対する学習の機会及び情報の提供その他の家庭教育を支援するために必要な施策を講ずるよう努めなければならない。

第12条 個人の要望や社会の要請にこたえ、社会において行われる教育は、国及び地方公共団体によって奨励されなければならない。

② 国及び地方公共団体は、図書館、博物館、公民館その他の社会教育施設の設置、学

校の施設の利用、学習の機会及び情報の提供その他の適当な方法によって社会教育の振興に努めなければならない。
第13条　学校、家庭及び地域住民その他の関係者は、教育におけるそれぞれの役割と責任を自覚するとともに、相互の連携及び協力に努めるものとする。

●学校教育法（抜粋）
第29条　小学校は、心身の発達に応じて、義務教育として行われる普通教育のうち基礎的なものを施すことを目的とする。
第30条　小学校における教育は、前条に規定する目的を実現するために必要な程度において第21条各号に掲げる目標を達成するよう行われるものとする。
②　前項の場合においては、生涯にわたり学習する基盤が培われるよう、基礎的な知識及び技能を習得させるとともに、これらを活用して課題を解決するために必要な思考力、判断力、表現力その他の能力をはぐくみ、主体的に学習に取り組む態度を養うことに、特に意を用いなければならない。
第31条　小学校においては、前条第１項の規定による目標の達成に資するよう、教育指導を行うに当たり、児童の体験的な学習活動、特にボランティア活動など社会奉仕体験活動、自然体験活動その他の体験活動の充実に努めるものとする。この場合において、社会教育関係団体その他の関係団体及び関係機関との連携に十分配慮しなければならない。
第32条　小学校の修業年限は、６年とする。
第38条　市町村は、その区域内にある学齢児童を就学させるに必要な小学校を設置しなければならない。
第42条　小学校は、文部科学大臣の定めるところにより当該小学校の教育活動その他の学校運営の状況について評価を行い、その結果に基づき学校運営の改善を図るため必要な措置を講ずることにより、その教育水準の向上に努めなければならない。
第43条　小学校は、当該小学校に関する保護者及び地域住民その他の関係者の理解を深めるとともに、これらの者との連携及び協力の推進に資するため、当該小学校の教育活動その他の学校運営の状況に関する情報を積極的に提供するものとする。

●社会教育法（抜粋）
第１条　この法律は、教育基本法（平成18年法律第120号）の精神に則り、社会教育に関する国及び地方公共団体の任務を明らかにすることを目的とする。
第２条　この法律で「社会教育」とは、学校教育法（昭和22年法律第26号）に基き、学校の教育課程として行われる教育活動を除き、主として青少年及び成人に対して行われる組織的な教育活動（体育及びレクリエーションの活動を含む。）をいう。
第３条　国及び地方公共団体は、この法律及び他の法令の定めるところにより、社会教育の奨励に必要な施設の設置及び運営、集会の開催、資料の作製、頒布その他の方法により、すべての国民があらゆる機会、あらゆる場所を利用して、自ら実際生活

に即する文化的教養を高め得るような環境を醸成するように努めなければならない。
② 国及び地方公共団体は、前項の任務を行うに当たっては、国民の学習に対する多様な需要を踏まえ、これに適切に対応するために必要な学習の機会の提供及びその奨励を行うことにより、生涯学習の振興に寄与することとなるよう努めるものとする。
③ 国及び地方公共団体は、第1項の任務を行うに当たっては、社会教育が学校教育及び家庭教育との密接な関連性を有することにかんがみ、学校教育との連携の確保に努め、及び家庭教育の向上に資することとなるよう必要な配慮をするとともに、学校、家庭及び地域住民その他の関係者相互間の連携及び協力の促進に資することとなるよう努めるものとする。
第4条 前条第1項の任務を達成するために、国は、この法律及び他の法令の定めるところにより、地方公共団体に対し、予算の範囲内において、財政的援助並びに物資の提供及びそのあっせんを行う。
第5条 市（特別区を含む。以下同じ。）町村の教育委員会は、社会教育に関し、当該地方の必要に応じ、予算の範囲内において、次の事務を行う。
一 社会教育に必要な援助を行うこと。
二～四 （略）
五 所管に属する学校の行う社会教育のための講座の開設及びその奨励に関すること。
六 講座の開設及び討論会、講習会、講演会、展示会その他の集会の開催並びにこれらの奨励に関すること。
七 家庭教育に関する学習の機会を提供するための講座の開設及び集会の開催ならびに家庭教育に関する情報の提供並びにこれらの奨励に関すること。
八 職業教育及び産業に関する科学技術指導のための集会の開催並びにその奨励に関すること。
九 生活の科学化の指導のための集会の開催及びその奨励に関すること。
十 情報化の進展に対応して情報の収集及び利用を円滑かつ適正に行うために必要な知識又は技能に関する学習の機会を提供するための講座の開設及び集会の開催並びにこれらの奨励に関すること。
十一 運動会、競技会その他体育指導のための集会の開催及びその奨励に関すること。
十二 音楽、演劇、美術その他芸術の発表会等の開催及びその奨励に関すること。
十三 主として学齢児童及び学齢生徒（それぞれ学校教育法第18条に規定する学齢児童及び学齢生徒をいう。）に対し、学校の授業の終了後又は休業日において学校、社会教育施設その他適切な施設を利用して行う学習その他の活動の機会を提供する事業の実施並びにその奨励に関すること。
十四 青少年に対しボランティア活動など社会奉仕体験活動、自然体験活動その他の体験活動の機会を提供する事業の実施及びその奨励に関すること。
十五 社会教育における学習の機会を利用して行った学習の成果を活用して学校、社会教育施設その他地域において行う教育活動その他の活動の機会を提供する事業の実施及びその奨励に関すること。

十六　社会教育に関する情報の収集、整理及び提供に関すること。
十七　視聴覚教育、体育及びレクリエーションに必要な設備、器材及び資料の提供に関すること。
十八　情報の交換及び調査研究に関すること。
十九　その他第三条第一項の任務を達成するために必要な事務

第43条　社会教育のためにする国立学校（学校教育法第2条第2項に規定する国立学校をいう。以下同じ。）又は公立学校（同項に規定する公立学校をいう。以下同じ。）の施設の利用に関しては、この章の定めるところによる。

第44条　学校（国立学校又は公立学校をいう。以下この章において同じ。）の管理機関は、学校教育上支障がないと認める限り、その管理する学校の施設を社会教育のために利用に供するように努めなければならない。

②　前項において「学校の管理機関」とは、≪中略≫大学及び高等専門学校以外の学校にあつては設置者である地方公共団体に設置されている教育委員会をいう。

第48条　文部科学大臣は国立学校に対し、地方公共団体の長は当該地方公共団体が設置する大学又は当該地方公共団体が設立する公立大学法人が設置する大学若しくは高等専門学校に対し、地方公共団体に設置されている教育委員会は当該地方公共団体が設置する大学以外の公立学校に対し、その教育組織及び学校の施設の状況に応じ、文化講座、専門講座、夏期講座、社会学級講座等学校施設の利用による社会教育のための講座の開設を求めることができる。（2項省略）

③　社会学級講座は、成人の一般的教養に関し、小学校又は中学校において開設する。

④　第1項の規定する講座を担当する講師の報酬その他必要な経費は、予算の範囲内において、国又は地方公共団体が負担する。

●学校教育法施行令
（入学期日等の通知、学校の指定）

第5条　市町村の教育委員会は、就学予定者（法第17条第1項又は第2項の規定により、翌学年の初めから小学校、中学校、中等教育学校又は特別支援学校に就学させるべき者をいう。以下同じ。）で次に掲げる者について、その保護者に対し、翌学年の初めから二月前までに、小学校又は中学校の入学期日を通知しなければならない。

一　就学予定者のうち、視覚障害者、聴覚障害者、知的障害者、肢体不自由者又は病弱者（身体虚弱者を含む。）で、その障害が、第22条の3の表に規定する程度のもの（以下「視覚障害者等」という。）以外の者

二　視覚障害者等のうち、市町村の教育委員会が、その者の障害の状態に照らして、当該市町村の設置する小学校又は中学校において適切な教育を受けることができる特別の事情があると認める者（以下「認定就学者」という。）

②　市町村の教育委員会は、当該市町村の設置する小学校又は中学校（法第71条の規定により高等学校における教育と一貫した教育を施すもの（以下「併設型中学校」という。）を除く。以下この項、次条第7号、第6条の3、第6条の4、第7条、第

8条、第11条の2、第12条第3項及び第12条の2において同じ。）が二校以上ある場合においては、前項の通知において当該就学予定者の就学すべき小学校又は中学校を指定しなければならない。
③　前二項の規定は、第9条第1項の届出のあつた就学予定者については、適用しない。
第6条　前条の規定は、次に掲げる者について準用する。この場合において、同条第1項中「翌学年の初めから2月前までに」とあるのは、「速やかに」と読み替えるものとする。
　一　就学予定者で前条第1項に規定する通知の期限の翌日以後に当該市町村の教育委員会が作成した学齢簿に新たに記載されたもの又は学齢児童若しくは学齢生徒でその住所地の変更により当該学齢簿に新たに記載されたもの（視覚障害者等（認定就学者を除く。）及び当該市町村の設置する小学校又は中学校に在学する者を除く。）
　二　次条第2項の通知を受けた学齢児童又は学齢生徒
　三　第6条の3第2項の通知を受けた学齢児童又は学齢生徒のうち認定就学者の認定をしたもの
　四　第10条の通知を受けた学齢児童又は学齢生徒
　五　第12条第1項の通知を受けた学齢児童又は学齢生徒のうち認定就学者の認定をしたもの（同条第3項の通知に係る学齢児童及び学齢生徒を除く。）
　六　第12条の2第1項の通知を受けた学齢児童又は学齢生徒のうち認定就学者の認定をしたもの（同条第3項の通知に係る学齢児童及び学齢生徒を除く。）
　七　小学校又は中学校の新設、廃止等によりその就学させるべき小学校又は中学校を変更する必要を生じた児童生徒等

8　差止訴訟（可能性・要件）

　本件では、実際に廃止条例が制定・施行され、新小学校への就学指定処分がなされた後の相談であった。一般には、小学校廃校への反対運動は、条例が制定される前段階で行われるものである。差止訴訟などでの対応はできないものか？
　条例制定の処分性に関しては、前述の問題があるとしても新小学校への就学校指定処分に関しては、処分性が認められるのであるから差止訴訟という対応ができるのではないか。
［解説7　「重大な損害」の有無］

コラム

印紙の問題

　学校統廃合や保育所廃止などの問題では、利害が共通するものが多く、原告となるものが多数想定される。その場合に特に問題となるのが印紙である。元になった事件では、1006人であった。一つの廃校処分を争うという観点からすると算定不能でかつ利益が共通とも思われるが、実務では、各当事者ごとに印紙を決めるという取り扱いがとられることが多い（参考判例として、最判平成12・10・13判時1731・3）。

　このような場合には、各利益代表を選出の上（納付者目録を提出）、その原告の人数分だけの印紙を納めることになる。前記例でも裁判所から補正命令で不足分印紙の納入を命ぜられたことに対し、20名の原告を選出し納めた。納めなかった残りの原告については、訴状却下された。

（辻本雄一）

解説編

[**解説1** 条例の処分性]

　本件の事例で本案前に問題となるのは、既存の3小学校を廃止して新たな一つの小学校を新設する内容の「廃止条例」に不服を有する者のうち、誰が、いつ、適法に訴えを提起できるのか、である。本来、訴訟形式の別は、些末な問題である。主権者である国民と行政との間で当然予想される争訟のルートをあらかじめ整備している国家が、国民主権を原則とする国家というものであろう。しかしながら、日本では、かねて原告の側における訴訟形式の選択が行政訴訟の実務における一つの悩ましい争点だったのである。本件でも訴訟形式の別が原告の訴訟代理人によって最初に問われている。

　処分性を有する行政活動が何かの現況については、一般的には、いわゆる「昭和39年定式」が存在することと、それにもかかわらず最高裁が、この定式を厳密な意味での処分性の有無の判断枠組みとしていないこととを確認すれば十分であろう。これを換言すれば、講学上の行政行為ではない行政活動が抗告訴訟の対象となるという解釈は、いくつかの事件においてであれ、判例上許容されているのである［3 運転免許更新事例・**解説1**参照］。

　条例の処分性の有無については、最高裁は、本件と類似の事件であった最判平成14年4月25日（判例地方自治229・52）において、区立小学校14校を全て廃止して新たに区立小学校8校を設置する内容の条例について、これが抗告訴訟の対象となる処分に当たらないとした原審の判断を是認した。しかし、この事件における原審は、およそ条例たるものの全てが抗告訴訟の対象となる処分ではない、とは判示していなかった。また、この事件では、児童が新たに就学校として指定を受けた小学校が、廃止された小学校から直線距離にして800mしか離れていないという事実関係において、当該条例の処分性が否定されていたのである。むしろ、この事件で最高裁は、「社会生活上通学可能な範囲内に設置する小学校」において保護者がその子どもに「普通教育を受けさせる権利ないし法的利益」を有すると判示していたのであって、ごく一般的に述べれば、この判例を前提として

も、この権利利益を侵害する内容の条例は、違法の評価を受けるべきものである。保護者のこの権利利益が、保護者が立たされることとなった個別具体的事情において、条例によって直接変動を受ける場合には、（どの訴訟形式であれ）公立小学校の廃止条例の違法性を争うことができなければ、この権利利益は侵害されたまま放置されることとなる。このような帰結を生ずる解釈が、憲法26条1項により、誰であれ教育を受ける権利を保障しなければならない憲法のもとにある国家において可能な解釈とは、到底思えない。

既存の公立小学校が廃止されるとともに、「社会生活上通学」不可能な範囲に新たに公立小学校が設置されるような事例を想定するのであれば、このような場合に、公立小学校の廃止条例の処分性が肯定されうる可能性があると、いえる（だからといって抗告訴訟でなければならないことはない）。

上記のように、裁判実務では、条例の処分性の有無は、条例という行為の法形式のみに即してこれが判断されていたというよりも、むしろ保護法益の主体と内容、そして具体の事件においてその保護法益が条例の制定によって直接に変動を受けるものであるのか否か、つまり、最高裁なりの、条例の処分性を肯定して救済すべき保護法益が何か、が実質的な争点であったといってよい。最高裁が初めて条例の処分性を肯定した最判平成21年11月26日（民集63・9・2124）は、「児童及びその保護者」が「当該保育所における保育を受けることを期待し得る法的地位」を有すると判示しており、「権利ないし法的利益」に至らなくとも特定の施設についての「法的地位」の主体と内容とが構成されれば、条例による「法的地位」の直接的変動の有無つまり条例の処分性の有無、という論理も構築されることとなる。

たしかに、地方議会が制定する条例を「行政処分」と解することには、その語感からして、違和感がある。しかし、たとえば、既存の小学校において教育を受ける権利があることの確認訴訟などの権利義務関係訴訟ではなく、地方議会による条例制定から長による条例の公布までの過程における何らかの手続的瑕疵を包含する行為の違法性を直截的に主張したい原告にとって、地方議会による条例の制定行為ならば当事者訴訟、長による条

例の公布行為ならば抗告訴訟というような訴訟形式の一方選択を強いられることは、精神的苦痛以外の何物でもないであろう。しかも、行政事件訴訟法は、かつてのように行政庁ではなく処分をした行政庁が所属する国または公共団体が被告となる法制度であるから、どちらの訴訟形式であれ被告は同一（本件の場合、甲市）である。

　条例の制定から公布までの過程のどこかに違法性があることを原告が主張立証できるのか否かは本案の問題であって、条例制定行為についての抗告訴訟を選択した原告の訴えを、条例を行政処分であると解することの違和感や議会を処分行政庁と解することの違和感のみで拒否し、却下することは、国民の裁判を受ける権利を重視するのであれば、最終的にはとりえない解釈であろう。しかし、だからといって、このことは、原告が条例の違法性を争う場合には、必ず抗告訴訟を選択しなければならないということでは決してない。

[**解説2**　訴訟形式の選択]

　最高裁が、「昭和39年定式」を厳守しているのであれば別であるが、[**解説1**]のように処分性が拡大している現況においては、行政行為についての訴訟形式の一方選択の強制（「昭和39年定式」における「通常の民事訴訟の方法によることなく、特別の規定によるべきこととした」の部分）は、少なくとも理論的見地からすれば、かつてよりも緩和していなければならない。判例を前提としても、行政行為ではない「処分」の場合には、「昭和39年定式」の後半部分も維持されなくなり、両訴訟形式を平行して提起するという可能性が、理論的には、ないわけではない。しかも、行政機関間の通知に後続する行政処分が存在するような事例であれば、非権力的行政活動の違法性を争点とする当事者訴訟と行政処分の違法性を争点とする抗告訴訟との関係が、当事者訴訟と後続する行政処分の差止訴訟との同一性の有無などといった問題として、問われるが、しかし、本件の場合にはこのような複雑な問題はない。したがって、本件のような、廃止条例の違法性を争点とする訴訟の提起において、訴訟形式が抗告訴訟または当事者訴訟のどちらであるのかという問題は、実はそれほど重要な問題ではない。

権力性を有する抗告訴訟とくに取消訴訟（制度）に背を向けて、この法制度の対象行為を極小化すべく「昭和39年定式」を維持すべきであるという考え方からすると、抗告訴訟の対象を限定して、なるべく当事者訴訟の対象を拡大すべきという考え方が導かれる。しかし、上記の定式が最高裁においてすら厳密には維持されていない事実に注目すると、定式が前提としていたような従来の抗告訴訟制度の否定から出発して、しかしこのもとにとどまることで、新たな抗告訴訟制度（ひいては当事者訴訟を包含する行政訴訟制度）を展望するという考え方も、理論的には成り立つ。

冷戦終結後の時代区分において、いわゆる世界市場の開拓が従来の法律的構造の土台を切り崩したこの時代区分において、今後、訴訟形式の峻別を内容とする強固な行政訴訟制度が維持され、あるいは若干形を変えて再び構築されてくるのか、それとも構築を脱する法実践が繰り返されることで、そのなかから次の階梯への発展が現れてくるのかが、理論的には注目されている。

[解説3　請求の客観的併合]

行政事件訴訟法は、13条により、取消訴訟と処分に関連する損害賠償請求ほかの「関連請求」に係る訴訟とが各別の裁判所に係属する場合における関連請求に係る訴訟の移送に関する規定を設け、また16条1項により、取消訴訟に関連請求に係る訴えを併合することができるという請求の客観的併合の規定を設けている。[コラム]にあるように、弁論の併合が裁判所の職権で行われるのに対して、取消訴訟と関連請求に係る訴訟との併合は、原告の提起により行われる。原告の訴訟に関わる負担を軽減し、裁判所の判断の矛盾抵触を回避することが期待できるので、請求の客観的併合が認められている。

取消訴訟と併合することができるのは、関連請求に係る訴訟だけである。もしも関連請求に係る訴訟として提起された訴訟が関連請求の要件を満たさない場合には、これは、独立の訴えとして独自の訴訟要件が備わっていれば、適法な訴えとして扱われるべきである。また、取消訴訟が不適法である場合にも、関連請求に係る訴訟は、独立の訴えとして独自の訴訟

要件が備わっていれば、適法な訴えとして扱われるべきである。

[**解説4** 違法性の承継]

　学校教育法施行令5条2項によれば、就学予定者のうち一定の者について、市町村の教育委員会は、当該市町村の設置する小学校が「二校以上ある場合」においては、就学予定者の就学すべき小学校を「指定しなければならない」。本条の規定は、複数の小学校が新たな一校に統合された本件の場合に準用される（同6条7号）。就学校の「指定」の法律の根拠の有無、「指定」の処分性の有無は、本件において問われていない。「指定」が処分であるとしても、新たな小学校への就学校指定処分の取消しによっては、廃止された小学校の原状回復義務が発生しないので、就学校指定ではなく廃止条例の違法性を争点とする何らかの訴えが提起されることになるであろう。

　違法性の承継の肯定を前提とする就学校指定処分の取消訴訟という構成は、廃止条例の違法性を争う訴訟としては時間的に遅い時点での取消訴訟である。そうすると、このようにして遅い時点での、廃止条例の違法性を争う就学校指定処分取消訴訟の提起が、（廃止条例が処分であるとすると、この処分の）取消訴訟の出訴期間制限に抵触するものではないのか否かの疑問が生ずる。違法性の承継を最高裁が初めて肯定したと考えられている最判平成21年12月17日（民集63・10・2631）は、違法性の承継が肯定されるための二つの論拠を判示した。その第一は、複数行為が同一目的を有しており一体性を有していることであり、その第二は、後行行為の段階まで争訟の提起をしないとの判断が不合理ではない（正確には、「あながち不合理であるともいえない」）ことである。本件でも、訴訟代理人には、これらのハードルをクリアすること（たとえば、先例では小学校を廃止する条例の処分性が否定されていたので、後行行為の段階まで訴えを提起しなかった、などの理由がありうるのかもしれない）が課題となる。

　なお、児童が小学校を卒業すると、保護者が小学校において児童に教育を受けさせる権利の救済が不可能となるので、このような保護者の訴えの利益は消滅する。遅い時点での訴訟は、一般には原告にとって不利となる

と考えられる［5 風営法事例・**解説8**参照］。

[**解説5**　原告適格を有する者]
　公の施設である小学校の、施設の利用関係という観点からすると、第一に、施設の日常的な利用者である児童の権利利益が最も保護されるべきであり、第二に、児童の保護者も、自宅から遠距離の場合には自家用車での送迎が必要となるなどの不利益を日常的に被ると考えられる。第三に、児童やその保護者以外の住民は、小学校の施設を利用してボランティアの諸活動をすることができなくなることの具体的な支障が何かが問題となる。たとえば、小学校以外の公民館などの他の公の施設が付近に存在していてこれを住民が利用できるのであれば、小学校が廃止されたとしても公の施設の利用は可能であると考えられる。
　小学校の教育内容に着目すると、学校教育法30条2項は、「生涯にわたり学習する基盤が培われる」ための「主体的に学習に取り組む態度を養うことに、特に意を用いなければならない」と規定している。小学校の統廃合によって、教育担当者をはじめとする教育環境が変わり、このことにより児童の主体的な学習意欲が阻害されることとなれば、当該児童およびその保護者は、深刻な、時間の経過により回復不可能な損害を受けることとなる。
　判例は、いずれも条例の処分性の有無においてであったが、前述した平成14年最判において、「社会生活上通学可能な範囲内に設置する小学校」において保護者がその子どもに「普通教育を受けさせる権利ないし法的利益」を有すると判示しており、児童本人の保護法益の有無については判示しなかった。これに対して保育所の廃止の事件では、前述した平成21年最判が、「児童及びその保護者」が「当該保育所における保育を受けることを期待し得る法的地位」を有すると判示していた。本件の場合、施設のみならず教育内容に最も利害関係を有する主体であることからしても、また保育所の廃止の事件を参照してみても、教育権を有する保護者のみならず学習権を有する児童も、小学校廃止についての抗告訴訟を適法に提起できる原告適格を有すると考えるのが自然である。さもなければ、教育と児童

福祉との違いを強調することは、親の教育権を肯定する一方で児童を教育の客体に置くこととなるが、このような解釈が、日本国憲法26条1項や児童の権利に関する条約の枠の内側でとりうるものであるのかが問われる。

なお、原告適格一般に関する判例の枠組みは、裁判所が、関係法令の趣旨および目的を参酌しつつ基本的に処分の根拠法令のなかに公益ではなく個別的利益として保護される利益が何かを探して、この利益侵害の態様および程度を勘案する、というものである。児童およびその保護者以外の住民については、学校教育法および社会教育法の諸規定との関連づけという法解釈操作の問題の前段階として、既存の小学校が廃止されることにより、実際にどのような内容および性質を有する利益が侵害されるのかの被害実態を主張できるのか否かが問われるであろう（1建築基準法事例　**解説9**参照）。

[**解説6**　公の施設の廃止と裁量権の逸脱濫用]

一般的には、第一に、公の施設の廃止は裁量権が認められる行為であるのか否か、第二に、裁判所による裁量審査がどのような方式であるのか、が論点である。これについて考える際には、先例（諸判決）が存在するという意味で、保育所廃止について抗告訴訟および国家賠償請求訴訟が提起された諸事件が参考に値する。これらの裁判例の大まかな傾向は、①保育所の廃止の裁量権を肯定するとともに、②廃止のいわば実体的な適法性とは別に引継ぎが不十分な場合には、これが違法事由となる、というものである。たとえば、大東市の事件では、保育所の廃止は適法であるが、保育の引継ぎに関する信義則上の義務違反があるとの理由で損害賠償請求が認容された（大阪高判平成18・4・20判例地方自治282・55）。なお、保育の引継ぎとは別に、高石市の事件では、特定の児童および保護者に著しく過重な負担を課し、保育を受けることを事実上不可能なものとする場合には裁量権の範囲を逸脱すると一般的に判示されたが、本件では保育所の廃止が適法であると判示された（大阪高判平成18・1・20判例地方自治283・35）。

上記の諸判決を参照すると、同じ公の施設である小学校の廃止にも、一般には、裁量権が認められることとなるのであろう。しかし、児童が新た

な小学校に就学することとなり、この環境変化によって児童における心身の不安が惹起されうる可能性が十分にあることからすれば、十分な引継ぎが行われたのか否か、つまり以前の小学校の廃止から新たな小学校での就学までの間に、児童の不安を防止するための諸措置が講じられたのか否かが、原告が主張する個別的具体的な権利利益侵害に即して、裁判所においては審理されなければならないといえよう。なお、学校教育法30条2項は、小学校教育が「生涯にわたり学習する基盤が培われる」ための教育でなければならないと規定している。一般的には、小学校の統廃合は、一校あたりの児童の最適な数や教育施策のあり方、財政状況等の諸般の事情を総合考慮して、市によって判断されるべきであるとしても、小学校の統廃合によって実際に児童の学習基盤が失われることは、教育基本法の趣旨からして絶対に許容されないことである。心身の健康が侵害されて、児童本人にとって事実上通学が不可能となる事態を招くおそれの有無が考慮されなかったような小学校の廃止は、裁量権の逸脱濫用があるもの、といえよう。

[**解説7**　「重大な損害」の有無]

　まず、日本における法解釈以前の問題を確認することとしよう。他国たとえばアメリカの救済方法（remedies）では、原告のrightful positionの維持回復が、救済の目的であると考えられている（たとえば、現時点で代表的なケースブックの一つである、DOUGLAS LAYCOCK, MODERN AMERICAN REMEDIES: CASES AND MATERIALS 14-15, 265 (4th ed., 2010)）。本件のような事例の場合には、児童の一生を左右する児童期の経験の重要性が肯定されると、児童のrightful positionの維持回復は、塡補的損害賠償ではなくインジャンクションによってしか図ることができないといえよう。あとはいつの時点で訴えを提起できるのかの問題だけである。

　ひるがえって、日本における本件の場合、新たな就学校の「指定」の時点で争っていては遅く、廃止条例の条例案が議会に提出された時点で廃止される小学校が明らかになるのであるから、廃止条例の制定の差止めを求める訴訟を提起すればよいであろう。この論点についても、保育所の廃止

に関する事件が参考に値する。保育所の廃止条例の制定の仮の差止めが求められた事件で、神戸地決平成19年2月27日賃金と社会保障1442号57頁は、引継ぎ計画に問題があり、申立人らの保育所選択に関する法的利益を侵害するとして、保育所を廃止する条例の仮の差止めを求める申立てを認容した。

　本件の小学校の廃止の場合でも、新たな小学校への就学が児童本人の心身に影響を及ぼして、当該児童の発達を妨げるような学校教育法の趣旨に反する事態が生ずることとなれば、[解説6]で述べたように、廃止条例は違法であると解されなければならない。そして、児童期の心身の発達が当該児童のその後の成長と連続しており、この意味で児童期における損害は金銭による填補が不可能な性格を有するものであるから、このような事態が予測されるような場合は、行訴法37条の4第1項の一定の処分がなされることにより「重大な損害を生ずるおそれがある」場合であるといえる。国家賠償請求のみが認容されるとすれば、児童期における時間が、金銭で代替されてしまうことになる。このような帰結を招く解釈が、この間の行政訴訟制度改革のキーワードであった「実効」的な権利利益救済において可能な解釈であるのか否かが、問われる。

　　　　　　　　　　　　　　　　　　　　　　　　（稲葉一将）

5 風営法事例
——不利益処分を巡る諸問題

　風俗営業者が、一定の犯罪により罰金刑以上に処せられたときは、都道府県知事は風俗営業の許可を「取り消すことができる」とされている（風営法8条）。原告は、風俗営業である「ぱちんこ屋」の他に飲食店を経営しているが、飲食店において不法滞在の外国人を雇用したとして不正就労助長罪により罰金刑に処せられた。甲県公安委員会では、原告の風俗営業許可を取り消すとしているが、この当否および手続きはどうか。

1 事案の概要

「先生大変です」
　ある朝、谷塚又三弁護士がその法律事務所に出所すると、南郷力丸から緊迫した声で電話が入った。南郷力丸のいうことには、公安委員会からぱちんこ屋「パラダイス」の営業許可を取り消すという聴聞通知書（**資料1**）が来たという。「どういうことでしょうか」という南郷力丸に谷塚弁護士は「何のことでしょうか。焼肉店「東京」の不法就労問題は罰金刑で解決したのだから、ぱちんこ屋の営業には問題はないはずですよ」と言い、ともかくその通知書というものを持って事務所に来所するよう話して電話を切った。
　谷塚弁護士は、同僚の草加花子弁護士に「おかしいよ。焼肉店の不法就労問題は罰金刑が確定したことで解決していて、何で関係のないぱちんこ屋の営業許可が取り消されるのかな。そんなはずはないですよね」と問いかけると、草加弁護士は、「聴聞通知書には『不利益処分の原因となる事実』が記載されているはずです。それを見れば何が理由か分かりますよ」

と答えた。
　谷塚弁護士は、南郷が来所するまでに、問題点を整理することにした。同弁護士の知っている経緯は次のとおりである。
　株式会社南郷商事は、甲県乙市内に本店を置き、本店所在地に所有するビルの1階および2階部分においての甲県公安委員会の風俗営業許可を受けてぱちんこ屋「パラダイス」を、3階および4階において飲食店「東京」(焼肉店)を営み、南郷力丸は同社の代表取締役として、同社の事業全般を統括掌理していた。
　ところで、南郷商事が経営する焼肉店「東京」では、在留期間を経過して不法に残留する外国籍の男性2名を同店の従業員として雇い、給料を支払っていた。そこで、不法在留者を報酬を受ける活動に従事させ、同社の事業活動に関して不法就労活動をさせた(出入国管理及び難民認定法73条の2第1項違反)として、平成19年2月5日乙簡易裁判所から、㈱南郷商事および南郷力丸がそれぞれ罰金30万円の略式命令を受け、同年2月19日その刑が確定した。
　谷塚弁護士は、風俗営業の仕組みについて調べることにした。
　風俗営業であるぱちんこ屋(風営法2条1項7号)を営むためには、都道府県公安委員会から許可を受けなければならない(同法3条1項)。同法4条は許可基準を定め、許可申請者が不法就労助長罪で1年未満の懲役もしくは罰金の刑に処せられ、その執行を終わりまたは執行を受けることがなくなった日から起算して5年を経過しない者であるときは許可をしてはならない旨、規定している(1項2号ル)。
　他方、同法8条は、許可の取消しに関する規定である。すなわち、同項2号は、公安委員会は、3条1項の許可を受けた者について、同法4条1項各号に掲げる者のいずれかに該当している場合には、許可を取り消すことができると定めている。

(営業の許可)
第3条　風俗営業を営もうとする者は、風俗営業の種別(前条第1項各号に規定する風俗営業の種別をいう。以下同じ。)に応じて、営業所ごとに、当該営業所の所在地を管轄する都道府県公安委員会(以下「公安委員会」という。)の許可を受けなければ

ならない。
② 公安委員会は、善良の風俗若しくは清浄な風俗環境を害する行為又は少年の健全な育成に障害を及ぼす行為を防止するため必要があると認めるときは、その必要の限度において、前項の許可に条件を付し、及びこれを変更することができる。

(許可の基準)
第4条 公安委員会は、前条第1項の許可を受けようとする者が次の各号のいずれかに該当するときは、許可をしてはならない。
一 成年被後見人若しくは被保佐人又は破産者で復権を得ないもの
二 1年以上の懲役若しくは禁錮の刑に処せられ、又は次に掲げる罪を犯して1年未満の懲役若しくは罰金の刑に処せられ、その執行を終わり、又は執行を受けることがなくなつた日から起算して5年を経過しない者
(中略)
ル 出入国管理及び難民認定法(昭和26年政令第319号)第73条の2第1項の罪
(略)

(許可の取消し)
第8条 公安委員会は、第3条第1項の許可を受けた者(第7条第1項、第7条の2第1項又は前条第1項の承認を受けた者を含む。第11条において同じ。)について、次の各号に掲げるいずれかの事実が判明したときは、その許可を取り消すことができる。
一 偽りその他不正の手段により当該許可又は承認を受けたこと。
二 第4条第1項各号に掲げる者のいずれかに該当していること。
三 正当な事由がないのに、当該許可を受けてから6月以内に営業を開始せず、又は引き続き6月以上営業を休止し、現に営業を営んでいないこと。
四 3月以上所在不明であること。

　谷塚弁護士は、ここに至って、南郷商事に風俗営業許可の取消［解説1　許可の取消］が問題となることに気づいたのであった。つまり、南郷商事は、風営法3条1項の許可を受けてぱちんこ屋「パラダイス」を経営していたが、同じく経営する焼肉店でオーバーステイの外国人を雇用したことにより不正就労助長罪で罰金刑に処せられ確定した。よって、風営法8条2号に該当し、営業許可の取消の問題が生ずるのである。［解説2　風営法8条2号に定める営業許可の取消の性質について］

＜時系列表＞
平成14年4月1日　㈱南郷商事　ぱちんこ屋「パラダイス」営業許可

平成18年3月10日	㈱南郷商事　焼肉店「東京」開店
4月20日	焼肉店「東京」不法就労の外国籍2名を雇傭
10月10日	甲県警察乙警察署不法就労助長罪で摘発
10月31日	㈱南郷商事、同代表取締役南郷力丸、乙地方検察庁に送致される。
平成19年2月5日	乙区検察庁副検事、㈱南郷商事と南郷力丸を略式起訴 乙簡易裁判所、それぞれ罰金30万円の略式命令
2月19日	罰金刑確定
2月20日	甲県公安委員会、㈱南郷商事に聴聞通知
3月9日	聴聞期日（公安委員全員出席）
同日	甲県公安委員会、ぱちんこ屋「パラダイス」の営業許可取消決定
3月10日	甲県公安委員会、㈱南郷商事に処分通知（3月20日付で営業許可を取り消す）
3月11日	主宰者聴聞調書、聴聞報告書を作成
3月12日	㈱南郷商事、営業許可取消処分取消訴訟提起、執行停止の申立て

　同日午後南郷が持参した聴聞通知書等は**資料1**のとおりであった。
　これを読んだ谷塚弁護士は、公安委員会がいっているのだから仕様がないな。これを争ってみてもみっともないだけだなと思い、「南郷さん、風営法で許可取消事由になっています。残念ながらあなたにとって良いお話にはなりそうもないですね」と話した。
　これに対し、南郷は、「先生、『東京』は赤字続きなのですが、『パラダイス』は当社の売上の9割を稼ぐドル箱です。パラダイスの営業許可が取り消されては当社は倒産を免れません。何とかしてくださいよ。お願いですから」と懇願した。谷塚弁護士は、無理なものは無理だと思いながらも、南郷が懇願するので、行政事件に詳しい草加花子弁護士に同意を求めようと、同弁護士に聴聞通知書を見せた。
　草加弁護士は、「争うべきですね。ぱちんこ屋の営業許可を取り消されると南郷さんの会社は潰れてしまうのでしょう」と一言答えた。谷塚弁護

資料1　聴聞通知書

(表)

聴 聞 通 知 書

平成19年2月20日

株式会社南郷商事　様

甲県公安委員会　印

　あなたに対する下記の事実を原因とする不利益処分に係る風俗営業等の規制及び業務の適正化等に関する法律（以下「風営法」という。）第8条1項に基づき、行政手続法第13条1項1号の規定による聴聞を下記のとおり行いますので通知します。

記

聴聞の件名		風俗営業所「パラダイス」に対する風俗営業の不利益処分に関する件
予定される不利益処分の内容		風俗営業許可の取消し
根拠となる法令の条項		風俗営業等の規制及び業務の適正化等に関する法律第8条第2号
不利益処分の原因となる事実		別紙記載のとおり
聴聞の期日		平成19年3月9日 午後2時00分
聴聞の場所		甲県警察本部2階聴聞室
聴聞に関する事務を所掌する組織	名称	甲県公安委員会
	所在地	甲県乙市丸の内一丁目1番1号　甲県警察本部内

備考1　あなたは聴聞の期日に出頭して意見を述べ、及び証拠類又は証拠物（以下「証拠書類等」）を提出し、又は聴聞の期日への出頭に代えて陳述書及び証拠書類等を提出することができます。
　　2　あなたは聴聞が終結する時まで間、当該不利益処分の原因となる事実を証する資料の閲覧を求めることができる。
　　3　その他聴聞に際しての留意事項は裏面のとおりです。

(裏)

聴 聞 に 際 し て の 留 意 事 項

　あなたが聴聞に出頭しない場合には、あなたに代わって代理人を聴聞の期日に出頭させ意見を述べ、及び証拠書類等を提出することができますので、代理人の氏名、住所、聴聞の件及び当事者又は参加人との関係を記載した代理人選任届出書に当該代理人に聴聞に関する一切の手続をすることを委任する旨を明示した書面を併せて行政庁に提出してください。
　聴聞の期日において補佐人とともに出頭しようとする場合には、補佐人の氏名、住所、聴聞の件名、あなたとの関係及び補佐する事項を記載した補佐人出頭許可申請書を聴聞の期日の4日前までに主宰者に提出して許可を受けてください。
　聴聞の期日において聴聞の期日に係る事案について専門的知識を有する者その他適当と認める者に対し、参考人として聴聞の期日に出頭を求める場合には、その者の氏名、住所、聴聞の件名及び陳述の要旨を記載した参考人出頭申出書を、聴聞の期日4日前までに主宰者に提出してください。
　あなたが病気その他のやむを得ない理由がある場合には、行政庁に対し、変更申出書により、聴聞の期日又は場所の変更を申し出ることができます。
　あなた又はあなたの代理人が聴聞の期日に出頭する場合には、この通知書を持参してください。

聴聞の主宰者	甲県公安委員会　　鳥居耀蔵 連絡先
聴聞の公開の有無	あり

> （別紙）
>
> 不利益処分の原因となる事実
> 　当事者は出入国管理及び難民認定法第73条の2第1項第1号に定める不法就労助長の違反をし、平成18年10月31日、乙地方検察庁への当事者および代表取締役が事件送致され、平成19年2月5日乙簡易裁判所において当事者、代表者ともにそれぞれ罰金30万円の刑の言い渡しを受け、それが確定したことにより風俗営業等の規制及び業務の適性化等に関する法律第4条第1項第2号及び同項第9号（許可の人的欠格事由）に該当する。
> 　このことは、同法第8条第2号に規定する風俗営業の許可の取消し事由に該当するものである。

士は無理なものを争えと言われたって……、と内心不満であったが、会社が潰れてしまうということから、争ってみるかと思い直した。
　谷塚弁護士は、南郷商事のためにどのような手段や対応をとるべきか。

2　聴聞手続

(1)　法令調査

　㋐　**不法就労・不法就労助長罪について**　　谷塚弁護士が、不法就労・不法就労助長罪について調査したところ、次のことがわかった。
　出入国管理及び難民認定法は、本邦に入国し、または本邦から出国するすべての人の出入国の公正な管理を図るとともに、難民の認定手続を整備することを目的とする（同法1条）法律である。同法73条の2第1項は、不法就労外国人を雇用等することにより、不法就労活動を助長する者を処罰（3年以下の懲役もしくは300万円以下の罰金、またはこれの併科）の対象としている。

不法就労とは、在留資格をもって在留資格をもって在留する者が行う19条1項の規定に違反する資格外活動または不法入国者（70条1項1号）、不法上陸者（同条1項2号）もしくは不法残留者（同条1項3号等）が行う報酬その他の収入を伴う活動である。不法就労助長罪（同法73条の2第1項）は、不法就労外国人を雇用等することにより不法就労活動を助長する者を処罰の対象として規定したものであり、その趣旨については「不法就労外国人の存在は、我が国の出入国管理秩序の根幹を乱すのみならず、社会・経済秩序への悪影響、外国人労働者に対する差別待遇等の人権問題など種々の深刻な問題を発生させるおそれがあることから、その増加に歯止めをかけるとともにその根絶に向けて厳格な対応をとる必要がある。そのためには、不法就労外国人自体を取り締まることはもとより必要であるが、同時に、不法就労外国人の入国を誘引助長している雇用主、あっせん業者等の関係者も併せて取り締まるのでなければ、その実効は期しがたい。このような観点から、本条は、外国人の不法就労を助長する雇用、あっせん等の行為を独立の罪として規定し、重く処罰することとしたものである」（坂中英則＝斎藤利男著『出入国管理及び難民認定法逐条解説（改訂第3版）』〔日本加除出版・2007〕890頁）。

　　㈦　**聴聞手続について**　　谷塚弁護士は、聴聞がどのようなものかについて全く知識がなかった。そこで、草加弁護士に、何か簡単なhow toものはないか聞いたが、書物を読む前に、法律の条文を調べた方がよいとアドバイスされた。

　谷塚弁護士は、行政手続法を調べたところ、許可を取り消すような不利益処分（2条4項）をするためには、聴聞手続を執らなければならないと定められていることがわかった（13条1項1号）［**解説3**　行政手続法と不利益処分の手続き］［**解説4**　聴聞手続］。そして、本件では1項の適用除外を定める同条2項各号には該当しないことも確認した。また、風営法41条（聴聞の特例）、41条の2（行政手続法の適用除外）を調べたところ、これらの規定には該当しなかった。

　次に、谷塚弁護士は、聴聞通知書に「1　あなたは聴聞の期日に出頭して意見を述べ、及び証拠書類又は証拠物（以下、「証拠書類」等）を提出し、

又は聴聞期日への出頭に代えて陳述書及び証拠書類等を提出することができます。2　あなたは、聴聞が終結するまでの間、当該不利益処分の原因となる事実を証する資料の閲覧を求めることができる。」と記載されていることに着目した。その法的根拠がどこにあるか行政手続法を調べたところ、同法15条2項に根拠があり、さらに、18条、21条の規定があることもわかった。

　次に、谷塚弁護士は、行政手続法の規定と「甲県公安委員会が行う聴聞及び弁明の機会の付与に関する規則」を調べ、聴聞手続の流れ、仕組を研究した

(2)　方針の検討

　聴聞の仕組みはわかったが、谷塚弁護士には「聴聞」に対し、どう対応したらよいか全くわからなかった。そこでまた、草加弁護士に助言を求めることにした。草加弁護士は、処分理由と処分基準は何ですかと聞いてきた。谷塚弁護士は、処分理由は、「㈱南郷商事と南郷孝一が、不法就労助長罪で罰金刑に処せられ、それが確定したことが風営法8条2号に規定する風俗営業の許可の取消し事由に該当する」とされていると説明した。すると草加弁護士は、「許可取消を定める風営法8条はどのように規定しているか」「その処分基準は何か」が問題となりそうだと応えた。［解説5　処分基準］

　風営法8条本文は「公安委員会は、第3条第1項の許可を受けた者（第7条第1項、第7条の2第1項又は前条第1項の承認を受けた者を含む。第11条において同じ。）について、次の各号に掲げるいずれかの事実が判明したときは、その許可を取り消すことができる」とし、同条2号は、「4条1項各号に掲げる者のいずれかに該当していること。」とされている。4条1項は、「公安委員会は、前条第1項の許可を受けようとする者が次の各号のいずれかに該当するときは、許可をしてはならない。

二　一年以上の懲役若しくは禁錮の刑に処せられ、又は次に掲げる罪を犯して一年未満の懲役若しくは罰金の刑に処せられ、その執行を終わり、又は執行を受けることがなくなつた日から起算して五年を経過しない者

（略）
ル　出入国管理及び難民認定法（昭和二十六年政令第三百十九号）第七十三条の二第一項の罪」
と定めている。

　営業許可を受けている㈱南郷商事が不法就労助長罪で罰金刑に処せられ、それが確定したという事実は、4条1項2号、9号の許可についての人的欠格事由に該当し、この事実は8条2号に該当することが分かる。しかし、同項本文は「取り消すことができる」と規定しており、公安委員会に裁量を認める規定となっている。

　この点の処分基準（行政手続法12条）はどうなっているかを調べると、甲県公安委員会の策定している処分基準は次のとおりであった。

(3)　処分基準
甲県公安委員会の定める処分基準は次のとおりであった。

ア　風営法第8条第2号による取消しの意義

　　風営法第8条第2号による取消しは、風営法第4条第1項が風俗営業者の欠格事項を定め、これに該当する者に対しては、許可を「してはならない」と規定しているのに対応して、許可を受けた後に欠格事項に該当するに至った者や欠格事項に該当していたことが許可を受けた後に判明した者に対して当該許可を取り消すこととし、同項と一体となって、欠格事由該当者を風俗営業者から排除しようとするもの。

イ　風営法第8条の処分基準の内容

　　風営法第8条各号に該当する場合、以下のように欠格要件に該当するが、速やかに是正、回復等することができ、かつ、現に是正、回復しようとしている場合等で悪意がない又はごく軽微な場合を除き、風俗営業の許可を取り消すこととする。

　　法人の役員が法第8条第1号から第4号までのいずれかに該当することとなった場合で、事実判明後、法人が速やかにその者の解任手続きをすすめているようなとき。

この処分基準によれば、法人と取締役が不法就労罪で罰金刑が確定したという本件では、「速やかに是正、回復等することができ、かつ、現に是正、回復しようとしている場合等」に該当しないので取消処分以外にあり得ないことになりそうである。

　谷塚弁護士には、処分基準に合致してしまう以上「救われない」と思われた。そこで、草加弁護士に「無理だね」と話しかけたところ、草加弁護士は、「何をいうのですか。南郷さんの立場に立ったら、ダメでは済まされないでしょう」とキッパリと言った。谷塚弁護士は、若い同僚の草加弁護士の言に腹が立ったが、それでも「何とか争うことができるのではないか」考えることにした。

　谷塚弁護士は、風営法では「取り消すことができる」と「判断の余地＝裁量」を認めているのに、「処分基準」では、「取消」以外にない扱いをするのは問題ではないか、と思い至った。

　そこで、この点を主眼点にして、意見陳述をすることとした。

　内容は、「第1に、処分基準は、風営法が裁量をみとめているのに、それを否定するもので処分基準とは言えないこと［advanced 1　処分基準の違法性の争い方］。第2に法人とその取締役が不法就労助長罪で罰金刑が確定したが、風俗営業のぱちんこ屋で犯罪を犯したものではないこと、営業許可が取り消されると会社が潰れてしまい、従業員が路頭に迷うこと、よって取消は裁量権の濫用となり違法であること」とすることとした。

コラム

聴聞はお白州か

　草加花子弁護士は、ある不利益処分（営業許可取消）の聴聞手続について受任した。草加弁護士が、行政手続法に基づく不利益処分についての文書の閲覧（行手法18条）をするため、処分庁に出向いた。応対に出た職員は「弁護士が何しにきたのか」と訝しんだ。草加弁護士は、不利益処分を争うので、文書の閲覧をするためにやってきたというと、その職員は「争ったって無駄だからやめた方がよい」、「聴聞手続を経て結論が変わることはない」、「そもそも聴聞は、法律違反を犯したものに、違反の事実を認識させるためのお白洲であって、争うなどもってのほかである」と真顔で言

い放ったという。唖然とした草加弁護士は、聴聞手続について懇切丁寧に説明したが、当該職員は全く理解しようとせず、「弁護士は法律を知らないから困ったものだ」とまで言い出す始末であった。これは実話である。公務員にこのような意識があることは残念である。

　いうまでもなく、聴聞とは、行政庁が、国民の権利利益を侵害する不利益処分を行う場合、その処分の要件事実について被処分者に有利な主張や立証を尽くさせ、行政庁の予断、偏見により誤った処分がなされることを予防するため重要な手続である。

(4) 聴聞期日

　株式会社南郷商事に対する聴聞は、平成19年3月9日午後2時から、甲県公安委員会鳥居耀蔵委員長が主宰し、公安委員全員と南郷商事代表者南郷力丸と補佐人（谷塚弁護士）の2名が出席して行われた。

　その際、行政庁（甲県警察本部生活安全部参事官小栗忠順）は、南郷らに対し、「聴聞理由」、「適用法条」、「事実認定」および「処分意見」記載のとおりの説明を行った。

　処分意見によると、「風営法8条の取消しは、「取り消すことができる」と裁量権のある規定となっているが、相手の事情等を考慮しても、特に本件のような許可の欠格事項に該当する場合には、「許可をしてはならない者」に至ったのであるから、風俗営業者から排除するべきものであり、欠格事由該当者を取り消さないことは、これから許可を受けようとする者が欠格事項に該当する場合には絶対に許可を受けられないことと比較すると著しく均衡を失することとなり、風俗行政秩序の維持に重大な影響を及ぼすこととなるので、本件は当事者の主張するように取消しを免除することは認められないことから、取消しをすべきものである」。

　これは、いわば比較考量論というべきものであって、前記「処分基準」とは異にしていた。これに対し、㈱南郷商事代表者南郷力丸および補佐人谷塚弁護士は、入管法違反の事実関係を認めた上で、不法在留外国人が就労していた場所は本件風俗営業所とは別の飲食店であること、不法就労助長罪で罰金刑に処せられたことは十分に認識し反省していること、南郷商

事の負債が多額であり、営業許可の取消しとなれば50人余の従業員が路頭に迷うことになること、従業員には何ら落ち度がないので寛大な処分を願うことなどを述べた。

こうして、聴聞期日は、同日午後3時終了した。

> **コラム**
>
> **補佐人の立場としてどうか？**
>
> 　谷塚弁護士は、専ら情状について発言している。聴聞は、その処分の要件事実について被処分者に有利な主張や立証を尽くさせ、行政庁に慎重な判断をさせることを目的としているのであるから主張できるものはすべて主張したほうがよい。谷塚弁護士は、裁量基準に問題があることに気づいていたのだからこの点も主張すべきであった。またその裁量基準の問題点、事実関係についての見解を質問することを考えてよいのではなかったか。せっかく、問題点を認識していたにもかかわらず、情状に終始したことは残念である。

(5) 公安委員会の開催

平成19年3月9日午後3時に聴聞が終了した後、直ちに甲県公安委員会が開催され（公安委員全員出席）。公安委員会では、「風俗営業法8条による許可の取消は、風俗営業許可を与えておくことが妥当性を欠くに至った場合に許可を取り消すことを定めたもので、同条各号に掲げるいずれかの事実が判明したときは、必然的に行うべきものとして規定されたものである。したがって、当事者法人南郷商事および代表取締役南郷力丸にかかる不法就労助長罪の刑の確定（罰金30万円）がこの許可取消事由に該当する」と判断し、ぱちんこ屋「パラダイス」の営業許可を平成19年3月20日をもって取り消すことを決定した。3月10日その旨の通知書（風俗営業等行政処分決定通知書）を㈱南郷商事代表者の南郷力丸に交付した。

なお、行政手続法の定める聴聞報告書、聴聞調書が作成されたのは同年3月11日であった（これは、聴聞報告書に基づき処分を行うことを定める行手法26条違反にあたる）。

資料2　聴聞聴書・聴聞報告書

聴　聞　調　書

平成19年3月11日
主宰者の職名及び氏名
公安委員会
委員長　鳥　居　耀　蔵

聴聞の件名	風俗営業所（7号ぱちんこ屋）「パラダイス」に対する不利益処分（営業許可の取消し）に関する件
聴聞の期日	平成19年3月9日
聴聞の場所	甲県警察本部2階聴聞室
当事者の住所及び氏名（代理人・補佐人の住所及び氏名）	当事者 住　所　　　（略） 氏　名　　　南郷力丸 補佐人 住　所　　　（略） 氏　名　　　谷塚又三
参加人の住所及び氏名（代理人・補佐人の住所及び氏名）	該当なし
参考人の住所及び氏名	該当なし
聴聞の期日に出頭しなかった当事者（代理人）の住所及び氏名並びに出頭しなかったことにつき正当な理由があるかどうかの旨	該当なし
説明を行った行政庁の職員の職名及び氏名	甲県警察本部生活安全部 参事官　小栗忠順
行政庁の職員の説明要旨	別紙1「聴聞理由」及び「適用法条」、 別紙2「事実認定」、「処分意見」のとおり
当事者・参加人代理人・補佐人・参考人の陳述の要旨	当事者 ○今回の違反事実について 　焼き肉店「東京」を平成17年3月にオープンするにあたり、知人の紹介により、外国人2名を雇ったことは相違ない。 ○判決結果について 　平成19年1月の下旬ころ、乙簡易裁判所において、法人及び個人ともに罰金30万円の処分を受けた。 　今回の違反については厳粛に受け止め深く反省している。寛大な処分をお願いしたい。

	補佐人
	○会社は平成15年4月にぱちんこ屋の許可を受けて営業をしているが開業にあたって多額の借金をしている。
	○今回、入国法違反（不法就労助長罪）で処分されたことについては十分に反省している。
	○焼き肉屋の業務はきついので、なり手がいない現状であり、知人を介して外国人2名を紹介してもらったものである。
	○会社の従業員は50名いるが、ぱちんこ屋は40名、他の10名は焼き肉屋である。
	○売り上げをみても全体の92%はぱちんこ屋の売上げであり、もし取消し処分となれ赤字決算となってしまう。
	○従来許可を取得してから3年間前歴もなく営業してきたので、寛大な処分をお願いしたい。
その他参考となるべき事項	○聴聞時間　午後2時00分〜午後2時45分 ○傍聴人　0名

（別紙1）

聴　聞　理　由

　当事者法人株式会社南郷商事は、本県乙市に本店を置き、風俗営業の許可を受けぱちんこ屋「パラダイス」を経営しているものであります。

　当事者は同社が経営する焼き肉店「東京」において、不法在留外国人2名を従業員として雇用していた出入国管理及び難民認定法第73条の2第1項第1号に定める不法就労助長の違反で、平成18年10月31日乙地方検察庁へ法人および代表取締役が事件送致され、平成19年2月5日乙簡易裁判所において略式命令を受けて同年2月19日法人、代表者ともにそれぞれ罰金30万円の刑が確定したことにより、風俗営業等の規制及び業務の適性化等に関する法律第4条第1項第2号及び同項第9号の「許可の人的欠格事由」に該当することとなったものであります。

このことは、同法第8条第2項に規定する風俗営業の許可の取消し事由に該当するため、同営業所に係る風俗営業の許可の取消を行うものであります。

　　　　　　　　　適　用　法　条
1　本件の適用法条は、風俗営業等の規制及び業務の適性化等に関する法律第8条第2号であります。
　同規定では、
公安委員会は、同法第3条第1項の風俗営業の許可を受けたものについて、「同法第4条第1項各号に掲げる者のいずれかに該当していること」の事実が判明したときは、その許可を取り消すことができる。と規定しております。
　なお、同法第4条第1項の人格欠格事由において
　第2号では
　出入国管理及び難民認定法第73条の2第1項の規定に違反して1年未満の懲役若しくは罰金の刑に処せられ、その執行を終わり、又は執行を受けることがなくなった日から起算して5年を経過しない者
　第9号では
　法人で役員のうちに只今申しあげた第2号等に該当する者があるものと規定しております。

　　　　　　　　　　（別紙2）

　　　　　　　　　事　実　認　定
　当事者法人株式会社南郷商事は、出入国管理及び難民認定法第73条の2第1項第1号に定める不法就労助長の違反をし、平成18年8月6日、法人及び代表取締役が甲地方検察庁へ事件送致され、平成19年2月5日に乙簡易裁判所から略式命令の言い渡しを受け、平成19年2月

19日に法人、代表者ともにそれぞれ罰金30万円の刑が確定した事実をもって認定したものであります。

処　分　意　見

　風俗営業等の規制及び業務の適性化等に関する法律第8条による許可の取消は、風俗営業の許可を与えておくことが妥当性を欠くに至った場合に許可を取消すことを定めたもので、同条各号に掲げるいずれかの事実が判明したときは、必然的に行うべきものとして規定されたものであります。

　従って、当事者法人株式会社南郷商事及び代表取締役南郷力丸に係る不法就労助長罪の刑の確定（罰金30万円）がこの許可の取消し事由に該当することからぱちんこ屋「パラダイス」の「風俗営業の取消し」とするものであります。

聴　聞　報　告　書

平成19年3月11日
主宰者の職名及び氏名
甲県公安委員会
委員長　鳥　居　耀　蔵

　聴聞通知書（平成19年2月15日付け甲生企第19－20号）に係る聴聞を終結したのでその結果を報告します。

聴聞の件名	風俗営業所ぱちんこ屋「パラダイス」に対する風俗営業の不利益処分に関する件
意見	本件は風営法第8条第2号により、営業許可の取消しが相当と認める。
聴聞に係る事案に対する当事者及び参加人の主張	今回の違反事実である入管法違反（不法就労助長罪）で処分されたことについては間違いないことであり十分に反省している。 　当社の売り上げをみても全体の92％は、ぱちんこ屋の売上げであり、もし取消し処分となれば倒産してしまい50人の従業員とその家族は路頭に迷ってしまうことになるが、従業員に何ら落度はなく、これまで同種行政処分歴もないので、どうか寛大の処分をお願いしたい。

理由	風営法第8条の取消しは、「取り消すことができる」と裁量権のある規定となっており、当事者は事実を認めて寛大な処分を要求しているが、相手の事情等を考慮しても、特に本件のような許可の欠格事由に該当にする場合には、「許可をしてならない者」に至ったのであるから、風俗営業者から排除すべきものであり欠格事由該当者を取り消さないことは、これから許可を受けようとする者が欠格事項に該当する場合には絶対に許可を受けられないことと比較すると著しく均衡を失することとなり、風俗行政秩序の維持に重大な影響を及ぼすこととなるので、本件は当事者が主張するように取消しを免除することは認められないことから、取消しをすべきものである。

3 営業許可取消処分を事前に差し止める方策

(1) 谷塚弁護士の悩み

聴聞から戻った谷塚弁護士は、公安委員会が営業許可を取り消すことは必然であると思われた。それを阻止することができないか考えた。谷塚弁護士の知識では、営業許可を取消された後、その取消訴訟を提起し、そして執行停止を申し立てることしか考えつかなかった。しかし、それでは遅いのではないか。仮に執行停止申立が認められるとしても執行停止が命じられるまでの間の営業を停止しなければならなくなる。その損害は大である。困ったものと思われた。

そこで、草加弁護士に相談したところ、「仮の差止め」はどうか、とのサジェスチョンを受けた。［解説6　差止訴訟と仮の差止め］

(2) 仮の差止めと差止訴訟の検討

谷塚弁護士は、行政事件訴訟法37条の4、37条の5第2項を読んだところ、仮の差止めの要件として、①差止訴訟の提起があった場合、②償うことのできない損害を避けるため緊急必要があること、③公共の福祉に重

大な影響を及ぼすおそれがないことが、要件となっていることが分かった。

そして、差止訴訟の訴訟要件［**解説7**　差止訴訟の訴訟要件について］は、①処分性（行訴法3条7項）、②処分の蓋然性（同3条7項）、③原告適格（同37条の4第3項）、④救済の必要性（同37の4第1項）つまり損害の重大性と補充性の要件を充足していることが必要であることがわかった。

谷塚弁護士が、これらの要件を検討したところ、「償うことができない損害」と、「緊急の必要性」が重要な問題となるのではないかと思われた。この点については、ぱちんこ屋パラダイスの営業許可が取り消されると株式会社南郷商事は、その売り上げの92％は、ぱちんこ屋の売上げであることから、倒産は免れない、その結果50人の従業員とその家族が路頭に迷うことになるといえることから、償うことができない損害と緊急の必要性の要件は充たしていると判断された。

そこで、谷塚弁護士は、差止訴訟を提起し、仮の差止めの申立てをすることにした。

(3)　仮の差止めを申し立てる時期

谷塚弁護士は、聴聞期日終了後、差止訴訟と仮の差止めを検討しているが、実はどの時期で申し立てるべきか悩んだ。行政事件訴訟法3条7項にいう「これがされようとしている場合」の意味についてである。この要件は、「処分の蓋然性」といわれるが、どのような段階においてこの要件を満たすといえるか悩んだのであった。聴聞通知がなくとも風営法の裁量基準によれば許可の取消しが予想されることから、この要件を満たすとするのか、聴聞通知の後か、あるいは、聴聞期日の後でなければならないか。

草加弁護士は、遅くとも聴聞期日が終了した後は、「処分の蓋然性」があるといえるのではないかと考えている。

コラム

救済手段とそのタイミング

　営業許可の取消が問題となる場合の救済方法として、営業許可取消処分の取消訴訟と取消処分の執行停止の申し立てをすることは、誰でも思いつくであろう。しかし、執行停止の申立ては本案の営業許可取消処分の提起を要件としており（行訴法25条2項）かつ口頭弁論を経るかまたはあらかじめ当事者の意見をきかなければ決定できないことされている（同条5項）。そのため、申立てをしても直ちに執行停止が命じられることは事実上あり得ない。執行停止が命じられるまでは、営業許可取消処分は効力を有するからその間営業を停止せざるを得ない。その結果、被る損害は甚大である。そこで、事前に取消処分がされないよう差し止めることが必要がある。差止訴訟と仮の差止めの活用を検討すべきである。

　問題は、何時の時点で申し立てるかということである。仮の差止めを申し立てるには、「処分の蓋然性」（行訴3条7項）が必要であるが、どの段階においてこの要件を満たすといえるかである。申立ては早ければ早いほうがよいのであるが、聴聞通知を受けない時点でも処分基準によれば許可の取消が予想されるとして申し立てることはどうであろうか、聴聞通知が到達した後か、それとも聴聞期日が終了した後か、悩むところである。

　本件の草加花子弁護士は、行政庁の不利益処分をする意思が明らかになという意味で、聴聞通知が到達することが必要ではないかという見解である。そして、実際に申し立てるのは、聴聞終了後がよいと考えている。聴聞期日に行政庁の職員に対し質問をしてその回答を待つことによって処分理由を正確に把握することができるからである。もっとも、聴聞手続が理念どおり機能すればであるが（コラム「聴聞はお白洲か」を参照されたい）。検討していただきたい。

資料3　行政処分決定書・風俗営業等行政処分決定通知書

公安委員長　　　　鳥居　印	公安委員会　　A　　印	公安委員会　　B　　印
本件許可取消しとする。		平成19年3月9日

風　俗　営　業　　性風俗関連特殊営業　　深夜酒類提供飲食店営業	行　政　処　分　決　定　書		

聴聞期日	聴聞場所	当事者	執行
平成19年3月9日	県警察本部　2階聴聞室	出席	平成　年　月　日

当事者	氏名又は名称・年齢	略		
	本　籍	略		
	住　所	略		
	法人の場合の代表者	略		
	同上住所	略		
	管理者の氏名・年齢	略		
	管理者の住所	略		
	事務所の所在地	略		
	営業の種別	7号（ぱちんこ屋）	営業所の名称	
	許可年月日	平成14年4月1日	許可番号	風第1234号
営業所の構造設備等	建物の構造	略		
	建物内の営業所位置	略		
	客室数	略		
	客室の床面積	略		
	照明設備	略		
	音響設備	略		
	防音設備	略		
経験年数	5年11月			
従業員数	50人			
行政処分歴	法人・代表者ともになし			
前科・前歴	法人・代表者ともになし			
その他	刑事処分結果　平成19年2月19日法人罰金30万円確定　平成19年2月19日代表者罰金30万円確定　聴聞理由…別紙1のとおり（略）　適用法条…別紙1のとおり（略）　事実認定…別紙2のとおり（略）　処分意見…別紙2のとおり（略）　　16,17頁参照			

```
                                              生企第      号
            風俗営業等行政処分決定通知書
風俗営業者
  株式会社　南郷商事　　　様

あなたに対する風俗営業等の規制及び業務の適性化等に関する法律
（昭和23年法律第122号）に基づく行政処分は各記のとおり決定したの
で通知します。
                        記
1　行政処分の内容
  (1)　行政処分の区分
    営業許可の取消し
  (2)　取消しの日
       平成19年3月20日
2　根拠となる法令の条項
  風俗営業等の規制及び業務の適性化等に関する法律第8条第2号
平成19年3月10日
                                      甲県公安委員会
```

4 営業許可取消処分がなされた場合の対応

(1) 営業許可取消処分の取消訴訟の提起

　残念ながら、谷塚弁護士が、差止訴訟の提起と仮の差止めを申し立てる前の平成19年3月10日、ぱちんこ屋「パラダイス」の営業許可を平成19年3月20日をもって取消す旨の風俗営業等行政処分決定通知書が㈱南郷商事代表者の南郷力丸に交付された。
　そこで、谷塚弁護士は、平成19年3月12日営業許可取消処分の取消訴訟

を提起し、あわせて執行停止の申立てをした。

(2) 営業許可取消処分の違法性
　谷塚弁護士は、風俗営業等行政処分決定通知書と聴聞期日に提出された書類を検討した結果、営業許可取消処分には次のような問題があると思われた。
㋐　手続に関する瑕疵の存否
　聴聞手続は、行政手続法に則って行われたか。
・本件では、聴聞調書、聴聞報告書の作成の前に処分が決定されている（行政手続法26条違反）。
・根拠条文を記載したのみの理由附記は十分か（行手法14条）。
㋑　実体面での瑕疵の存否
・本件処分は、処分基準によっていない。
　公安委員会は、「不法就労罪助長罪で罰金刑が確定したことは、営業許可の欠格事由である（風営法4条）。本件でも㈱南郷商事、南郷力丸は許可の欠格事由に該当にすし、『許可をしてはならない者』に至ったのであるから、風俗営業者から排除すべきものであり欠格事由該当者を取り消さないことは、これから許可を受けようとする者が欠格事項に該当する場合には絶対に許可を受けられないことと比較すると著しく均衡を失することとなり、風俗行政秩序の維持に重大な影響を及ぼすこととなる。」と判断したものであって、公表されている処分基準によっていない。

・（公表された）処分基準の妥当性
　また、谷塚弁護士は、前記の甲県公安委員会の定めた本件処分基準によった場合どうなるかを検討した。谷塚弁護士には次のような問題があると思われた。
①　本件では、㈱南郷商事は、不法就労助長罪（出入国管理及び難民認定法第73条の2第1項第1号）で罰金刑が確定しているから、風営法8条2号、4条2項ルに該当し、許可の取消事由となる。罰金刑に処せられたことを、「是正、回復等をすること」は考えられない。よって、本件処分基準

による以上、許可の取消以外あり得ないことになるのではないか。つまり、風営法8条は「取り消すことができる。」と裁量権を認めているのにもかかわらず、本件処分基準では裁量の余地がないことになり違法ではないか（裁量の限界を超えている）。

② 南郷商事の違反行為に比べて、営業許可の取消は重すぎないか。

不法就労助長罪で罰金刑が確定したが、（a）風俗営業のぱちんこ屋で犯罪を犯したものではない、（b）雇傭当時違法就労であることを知らなかった。（c）原告代表者は、暴力団関係者ではない、このような事実から、当該違反は悪質ではなく軽微なものである。他方、営業許可が取り消されると会社が倒産してしまい、従業員が路頭に迷うことになる。本件処分は、この事実を全く斟酌していない。取消処分は重すぎて比例原則に反する。

(3) 谷塚弁護士が作成した訴状と執行停止申立書の骨子
(ア) 訴状

第1　本件の処分行政庁は甲県公安委員会である。甲県公安委員会は、甲県知事の所轄のもとに置かれている（警察法38条1項、地方自治法180条の9）。したがって、被告は甲県となる（行訴法11条1項1号）。ただし、公安委員会が甲県を代表する（警察法80条）。

> **コラム**
> **被告県を知事が代表しない場合**
> 　県が被告となる場合、知事が代表する（地方自治法147条）。ただし、警察法80条のように個別法で知事以外の者が、代表するものとされていることがあるので注意すべきである。他に土地収用法58条の2、地方税法434条の2などがある。
> 　なお、地方公共団体の議会の議員及び長の選挙の効力に関する訴訟については、都道府県の選挙管理委員会が被告となる（公職選挙法203条1項）。

第2　請求の趣旨

甲県公安委員会が、原告に対して平成19年3月10日にした「ぱちんこ屋パラダイスの営業許可を取り消すとの処分を取り消す。

第3　請求の原因
　1　処分の存在
　甲県公安委員会は、原告に対して平成19年3月20日をもって、ぱちんこ屋「パラダイス」の営業許可を取り消す旨の処分（以下、本件処分という。）をした。
　2　本件処分の違法
　本件処分には、①行政手続法違反、②裁量権の濫用の違法があるので、取消を免れない。
　3　行政手続法違反
　(1)　行政手続法26条は、聴聞を経て不利益処分をするときは、聴聞調書の内容と聴聞報告書に記載された主宰者の意見を十分に参酌するものと定めているところ、本件で聴聞調書、聴聞報告書が作成されたのは、平成19年3月23日である。しかるに、本件処分は同年3月6日に決定されているのであるから、聴聞調書の内容と聴聞報告書に記載された主宰者の意見を十分に参酌していないことは明らかで、行政手続法26条に違反する。
　(2)　行政手続法14条は、不利益処分の理由を示さなくてはならないと定めているところ、本件処分通知書には、根拠となる法令の条項として「風俗営業等の規制及び業務の適性化等に関する法律第8条第2号」と記載されているだけであり、理由の記載に不備がある
　4　実体的違法（裁量権の濫用）
　(1)　風営法8条は、裁量の余地を認めているところ、本件処分基準によれば、法人が不法就労罪で罰金刑が確定したという事案のもとでは、「速やかに是正、回復等することができ、かつ、現に是正、回復しようとしている場合等」に該当しないので取消処分以外にあり得ないことになりそうである。処分基準では、許可の取消以外あり得ないことになる。この処分基準は風営法8条に違反する。
　(2)　不法在留外国人が就労していた場所は本件ぱちんこ屋「パラダイス」とは別の飲食店（風俗営業所ではない。）であり、不法就労助長罪で罰金刑に処せられたことは十分に認識し反省していること、南郷商事には、多額の負債があり、営業許可の取消しとなれば50人余の従業員が路頭に迷う

ことになるが、従業員には何ら落ち度がない。よって、営業許可取消は重すぎる（比例原則違反）。

（3）仮に本件処分基準に合理性があるとしても本件取消処分は、本件処分基準によってなされたものではない。行政庁が処分基準を定めた以上、行政庁はその基準に拘束されるのであって、その基準によらないでした処分は裁量権の濫用となり違法である。

（4）許可申請の場合の欠格事由（風営法4条1項）とのバランスで行ったものであるが、「許可を申請し、取得する」場合と「許可を取消す」場合とでは、利益状況が異なり、同一に考えるのはおかしい。この裁量権行使は違法である。

(イ) **執行停止**

第1　申立ての趣旨

　甲県公安委員会が、原告に対して平成19年3月15日にしたぱちんこ屋「パラダイス」の営業許可取消処分は、その効力を停止する。

第2　申立ての原因

　1　（処分の存在、違法性は訴状と同様）

　2　本案訴訟の係属

　3　重大な損害を避けるため緊急の必要性

　申立人には、多額の負債がある上、その売り上げの92％は、ぱちんこ屋「パラダイス」の売上げである。したがって、ぱちんこ屋「パラダイス」の営業許可が取り消されると倒産は免れない、その結果50人の従業員とその家族が路頭に迷うことになり、一日も早く営業を再開しなければならない。まして、不法在留外国人が就労していた場所は本件ぱちんこ屋「パラダイス」とは別の飲食店（風俗営業所ではない。）であり、従業員には何ら落ち度がない。よって、償うことができない損害と緊急の必要性の要件は充たしている。

5 手続的違法性

(1) 乙地方裁判所で受付

㈱南郷商事の提起した営業許可処分取消訴訟と執行停止申立は、乙地方裁判所民事第1部に係属した。主任は大岡忠相裁判官であった。まず、執行停止の申立について、本案訴訟が提起されているので、形式的要件は満たされていることを確認した。

次に、「重大な損害を避けるために緊急の必要性があるかどうか」、「本案について理由がないとみえるとき」といえるか、を検討することになる。

裁判所は、平成19年3月24日午前10時に意見を開くことを決定し、当事者双方に通知した。

(2) 甲県公安委員会代理人らの検討

取消訴訟の提起と執行停止の申立を受け甲県の指定代理人である遠山警視は、一件書類を調査した結果、手続上の問題点としては、①行政手続法が定める理由の記載に不備がある、②聴聞報告書と聴聞調書が作成されていない状態で処分が決定されたことは、行政手続法26条に違反するのではないか、と考えた。そこで、代理人間で検討した。しかし、聴聞期日は全公安委員が出席の上で開かれており、当事者である南郷商事の主張も十分斟酌した上で決定された処分であるから、形式的には行政手続法14条、26条に抵触しても、実質的には違法ではない、と主張しよう。裁判所も理解してくれるはずだとの結論に達した。

> **コラム**
> **この時点で公安委員会が処分を取り消すことは考えられないか。**
> 本件営業許可取消処分に上記①②の行政手続法違反があり、甲県指定代理人も認識している。このような場合、甲県公安委員会が自ら違法であることを認めて当該処分を取消すことは可能であり、そうすることが望まし

いというべきであろう。しかし、本件では争うことにした。これは何故か。一つには行政手続法違反はあるが、実質的には違法ではなく（公安委員全員が聴聞に立会しており、かつ南郷商事の言い分も聴いている）、当然に当該処分が違法とされるわけではないという考えによるものと思われる。ところで、この理論的な問題はともかく、行政側の代理人も務めることのある草加弁護士の経験によれば、同弁護士が「どう見てもこれは違法と評価される。」と思っても、裁判所が「適法」と判断して救ってくれることがままあるというのである。これは行政訴訟を原告側で担当する弁護士が体験しているところであろう。司法裁判所は中立であるべきで、行政側に偏ってはいけない。裁判所が行政側に慮って行政側を救うことが、行政庁として自発的に取消すことに消極的になる理由の一つである。その結果、違法な行政活動が跋扈することにもなりかねない。

(3) 執行停止命令

3月24日の意見聴取では、申立人は申立書の内容のとおり主張し、相手方の甲県指定代理人遠山警視は、「営業許可処分の取消処分は適法」と主張した。大岡裁判官は、双方の主張と提出された疎明資料を検討したところ、行政手続法が定める理由の提示に不備があるのではないか、処分決定が3月9日の聴聞期日と同日に決定されていること、聴聞報告書と聴聞調書の作成日が3月23日となっていることから、行政手続法26条に違反するのではないか、と考えた。したがって、当該処分には手続の上で違法があると判断した。

また、その他の要件については、営業許可が取り消されれば、南郷商事は倒産のやむなきに至ることが伺われ、「重大な損害を避けるため緊急の必要」があると認められると考えられた。

民事第1部の合議で、大岡裁判官は、上記のとおりの理由で執行停止をすべきであると述べた。他の裁判官も同意見であったことから、同年3月25日執行停止命令を出した。

(4) 本案訴訟の審理

本案の営業許可処分取消訴訟の審理では、①行政手続法違反として、

(a)理由付記として十分か、(b)聴聞調書の内容、聴聞報告書に記載された主宰者の意見を参酌しないでした処分が違法か、との点、②実体的違法として、(a)処分基準は風営法8条に反しないか、(b)仮に反しないとして、処分基準によらないでした処分は適法か、(c)裁量権の濫用があるかが争点とされた。[advanced 2　手続的瑕疵と実体的瑕疵の区分]

(5)　裁判所の心証　行政手続法26条違反

乙地裁民事1部の3人の裁判官は、合議の結果、やはり当該処分は行政手続法26条に違反するとの心証を形成し、処分の実体的違法について判断するまでもなく、本件取消処分には、行政手続法に違反した違法があるとして、平成19年10月30日本件取消処分を取り消す旨の判決を言い渡した。[解説8　行政手続法違反の効果（手続的瑕疵の効果）]。

> **コラム**
>
> **判決が、理由提示に触れなかったのはなぜか。**
>
> 本件処分決定通知書には、処分理由として「風営法8条2号」と条文が記載されているだけである。この記載だけでは行政手続法14条の求める、理由附記として不十分であるとの誹りを免れない。したがって、本件処分は違法というべきであろう。しかし、裁判所は、行政手続法26条違反が明白であるので、同法14条違反に言及しなくとも、取消判決をすることができるからである。
>
> ところで、手続違反、特に「理由提示」については、仮に不十分であっても、「当事者が、不利益処分の理由を知っていた。あるいは知ることができた。」として、違法ではない、とする傾向がある。

(6)　再度の取消処分の可否

甲県公安委員会では、聴聞調書、聴聞報告書を参酌しないでした不利益処分の違法性は否定できないと考え、控訴することを断念した。

しかし、甲県公安委員会としては、不法就労助長罪で有罪判決が確定したものについて、その営業許可を取り消さないことは問題である。そこで、甲県公安委員会はぱちんこ屋「パラダイス」の風俗営業許可を再度取

消したいと考えている。

　甲県指定代理人遠山景元警視は、処分が判決で取り消されてしまった以上、一時不再理の原則により再度の取消はできないのではないかとの疑問を持っている。［**解説9**　取消判決の効力］

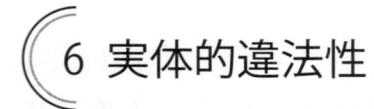

6 実体的違法性

(1)　処分の違法

　乙地方裁判所は上述のとおり、行政手続法違反を理由にして本件処分を取り消したが、仮に行政手続法違反がないとすると、本件処分取消訴訟はどうなるであろうか。［**解説10**　裁量権限行使の違法性－裁量権の逸脱濫用］

(2)　原告の主張

　谷塚弁護士は、本件取消訴訟で違法性について、次のとおり主張している。

　①　風営法8条は、裁量の余地を認めているところ、本件処分基準によれば、法人が不法就労罪で罰金刑が確定したという事案のもとでは、「速やかに是正、回復等することができ、かつ、現に是正、回復しようとしている場合等」に該当しないので取消処分以外にあり得ないことになりそうである。処分基準では、許可の取消以外あり得ないことになる。この処分基準は風営法8条に違反する。

　②　本件取消処分は、本件処分基準によってなされたものではない。行政庁が処分基準を定めた以上、行政庁はその基準に拘束されるのであって、その基準によらないでした処分は違法である。

　③　許可申請の場合の欠格事由（風営法4条1項）とのバランスで行ったものであるが、「許可を申請し、取得する」場合と「許可を取消す」場合とでは、利益状況が異なり、同一に考えるのはおかしい。この裁量は違法である。

　④　不法労助長罪で罰金刑が確定したが、（a）風俗営業のぱちんこ屋で

犯罪を犯したものではない、(b) 雇傭当時違法就労であることを知らなかった。(c) 原告代表者は、暴力団関係者ではない、このような事実から、当該違反は悪質ではなく軽微なものである。他方、営業許可が取り消されると会社が倒産してしまい、従業員が路頭に迷うことになる。本件処分は、この事実を全く斟酌していない。取消処分は重すぎて比例原則に反する。

(3) 被告の主張

被告指定代理人は、本件処分が適法であることについて次のように主張する。

① 不法就労助長罪は、我が国の入管行政の根本を揺るがすことにもなりかねないもので、決して軽微な犯罪ではない。経営者が不法就労助長罪で罰金刑が確定した場合、本件処分基準によれば必ず営業許可処分を取り消すことになるが、我が国の公安秩序を維持するためには、入管行政を適正に執行しなければならず、不法就労助長罪という犯罪を犯した者については、厳正に対処しなければならない。

② 本件処分基準は、あくまでも内部の基準であり、これによらないで処分をしても必ずしも違法ではない。実際、本件では本件基準によっても許可は取消されることになり、なんら違法はない。[advanced 3 処分基準にしたがわない処分の効力について]

③ 原告は、これから許可を受ける場合と取り消される場合とで、利益状況が違うというが、風営法4条1項の許可欠格者であるにも係わらず、営業を継続できることの方が、秩序維持の観点から問題である。

(宇佐見方宏)

解説編

[**解説1** 許可の取消]

　本事例は、風営法8条に定める「許可の取消」が、その争いの契機となっている。

　行政処分が行われた後に、行政庁が職権により当該処分の効力を失わせ、それによる法的関係を解消することがある。行政処分が当初から違法または不当であった場合に、そのことを理由として処分の効力を失わせることを「取消」という。処分の時点では瑕疵は認められなかったが、その後の事情の変化により処分の効力を維持させることが不適当と認められる場合に、処分の効力を失わせることを「撤回」という。取消と撤回の一つの相違は、それらの行為の効果である。取消しがなされると、取消の効力は当初に遡り、法的関係は当初から存在しなかったことになる。他方、撤回の場合には、法的関係は将来に向かって消滅するのみであり、その効果は遡及しない。

　本事案において、南郷商事に対して行われた営業許可の取消は、風俗営業の許可処分の後に生じた事情（後発的事業）を理由として行われている。したがって、この取消は、理論上の「撤回」に該当するものであったと考えられる。

[**解説2**　風営法8条2号に定める営業許可の取消の性質について]

　行政処分の撤回が、どのような場合に許されるか、その撤回が必要的か裁量的かについては、それぞれの法令の規定、趣旨、目的に従って判断されるべきであると解されている。風営法8条2号に定める許可の取消（撤回）についても、これが必要的なものか裁量的なものかについては争いがある。この点につき、東京高判平成11年3月31日（判時1689・51）は、風営法8条の法文が「取り消すことができる」と規定していること等を理由として、同条同号に定める許可の取消（撤回）を裁量的なものと解している。

　なお、本件においては、裁量処分であるにもかかわらず、処分庁が、裁量がないもの（羈束的なもの）がごとき処分基準を設定していることの違法

性が、一つの争点とされているようである（「2 聴聞手続 (3) 処分手続」、「4 営業許可処分がなされた場合の対応 (2) 営業許可取消処分の違法性」等に示された、谷塚弁護士の考え等を参照）。この点に関連して、上記東京高裁判決は、「法が行政庁の側に処分の裁量の余地を認めているのに行政庁の側が……裁量の余地がないものとして法を解釈し、当該処分をしたという場合においても、当該処分が客観的にみて法が予定した裁量の範囲内と認められる限り……当該裁量権の有無に関する法解釈自体は、直ちに処分の違法をもたらす事由とはならないというべきである」としている。

[**解説3** 行政手続法と不利益処分の手続]

谷塚弁護士が調べた行政手続法とは、日本における行政手続についての一般法として制定されたものである（平成5年法律第88号）。行政手続法は、行政庁の行う事前行政手続のうち、行政処分、行政指導、届出、命令等の策定に関わる事前手続について規定している。

行政手続法は、行政処分を「行政庁の処分その他公権力の行使に当たる行為」（行手法2条2号）と定義した上で、規律の対象として、「申請に対する処分」と「不利益処分」とを規定している。申請に対する処分とは、法令上の申請権に基づく申請を受けて行政庁が行う「許可、認可、免許、その他の自己に対し何らかの利益を付与する処分」（行手法2条3号）である。不利益処分とは、法令に基づき行政庁が行う「特定の者を名あて人として、直接に、これに義務を課し、又はその権利を制限する処分」（行手法2条4号）である。

本事案における営業許可取消処分は、後者の不利益処分に該当するものである。行政手続法は、不利益処分について、処分基準の設定（行手法12条、**解説5**参照）、聴聞（行手法13条及び15条以下、**解説4**参照）、弁明の機会の付与（行手法29条以下）、理由の提示（行手法14条）の各手続を定めている（理由提示にかかる手続的瑕疵と処分の効果の問題については、**解説8**参照）。

[**解説4** 聴聞手続]

行政手続法は、不利益処分について、聴聞と弁明の機会の付与という2

種類の意見聴取手続を用意している。聴聞手続がとられるか、弁明手続がとられるかは、処分の不利益の程度の大きさにより選択されるものと整理されており、弁明手続は、不利益性の少ない処分について行われる、略式の手続（書面による意見陳述手続）として規定されている。聴聞手続（口頭での意見陳述手続）がとられるのは、①許認可等を取り消す処分（本件の場合にはこれに該当する）、②名宛人の資格又は地位を直接に剥奪する処分、③法人につき、役員の解任、従業員の解任、会員の除名を命じる不利益処分、である（行手法13条1項1号）。

聴聞手続は、行政庁による通知、主宰者による聴聞、行政庁による処分、という手続によって進行する。主宰者による聴聞は、原則として口頭でやりとりされる（口頭審理主義）。聴聞の審理が終わると、主宰者には、聴聞調書と報告書の作成が義務付けられる（24条）。報告書には、当事者の主張に理由があるかについての主宰者の見解が記載される。行政庁が不利益処分を決定する場合には、この聴聞調書の内容と報告書に記載された主宰者の意見とを「十分に参酌」しなければならないと規定されている（26条）。「十分に参酌」とは、主宰者による事実認定に従った判断をすべきことであるとされ、行政庁は、聴聞手続において取り上げられていない事実に基づいて不利益処分をすることはできないと解されている。

[解説5　処分基準]

行政庁には、不利益処分の判断に必要な処分基準を定める努力義務が課せられている。処分基準は、各処分の性質に照らしてできる限り具体的に設定するものとされ、かつ、これを公にしておくよう努めなければならない（12条）。処分基準の設定は、努力義務とされている点において、審査基準とは異なっている。

不利益処分について裁量が認められる場合、この処分基準は裁量基準に、裁量が認められない場合には解釈基準に、各々該当するものと考えられている（本件における、風営法8条2号に定める営業許可の取消は裁量処分であると解されており（**解説2**参照）、したがって、ここで問題となる処分基準とは裁量基準と考えられる）。裁量基準（である処分基準）の設定の意義は、基準をあらか

じめ定めることで、基準に即した行政活動が行われ、恣意的な行政権限の行使が排除されることにある。なお、行政法学においては、裁量基準及び解釈基準は、どちらも行政規則（行政立法のうち、法規範性を有する法規命令をのぞいたもの）にあたると整理されている。

［advanced 1　処分基準そのものの違法性の争い方］
　処分基準の違法性は、多くの場合、「不利益処分の違法を主張する場合に、その理由として、設定された処分基準自体が違法であると主張する」なかで問題となるものと考えられる（もっとも、裁量処分については、行政庁が定めた裁量権行使の準則に違背して行われたとしても、処分に裁量権の逸脱・濫用が認められない限り、原則として当不当の問題が生じるにすぎない、と考えられている。［advanced 3］及びマクリーン事件最高裁判決を参照）。
　それでは、処分の違法性とは切り離した形で、裁判上、処分基準そのものの違法性（のみ）を主張する方法はあり得るであろうか。処分基準は、処分性の認められない行為（行政立法）に属するものと考えられるため、処分基準を直接の対象とする抗告訴訟（違法な処分基準の取消訴訟等）の提起は（例外的な場合を除いて）認められないものと考えられる。
　それでは、違法な処分基準の確認の訴え（行訴法 4 条、当事者訴訟）は提起し得るであろうか。平成16年の行政事件訴訟法の改正時に、当事者訴訟（行訴法 4 条）の当事者訴訟の規定に、「公法上の法律関係に関する確認の訴え」という言葉が追加された。これは、立法者からの、当事者訴訟活用のメッセージと受け取られている。行訴法改正後、処分性の認められない行政の行為（行政指導や行政立法など）の違法ないし無効について、実質的当事者訴訟（公法上の法律関係の確認の訴え）の活用可能性についての議論が登場している。
　実質的当事者訴訟としての確認訴訟の訴訟要件は、「確認の利益」が認められることである。この確認の利益は、一般に、①即時確定の利益（紛争の成熟性）、②確認対象選択の適切性、③確認訴訟という方法選択の適切性（補充性）、という三つの要件を満たすことと説明されている。行政上の法律関係において、（規範性のある）法令が直接に原告らの権利・法的地位

を侵害していると解釈される場合には、個別の処分を待たずとも、既に紛争の成熟性の要件が満たされていると判断される（確認の利益が肯定される）ことはあり得よう。もっとも、処分基準については、法形式上は規範性を有さない行政規則（の一つ）と解されており（**解説5**参照）、行政規則の内部性に関する従来の最高裁判例（墓埋法通達事件判決（最判昭和43・12・24民集22・13・3147）等）の考え方からすると、処分基準自体がそれのみで直接に原告らの権利・法的地位を侵害していると主張し得るかについては疑問が残る。確認訴訟として構成するためには、原告らの権利・法的地位が侵害されていることの（公法上の法律関係の）確認を主張する際に、その前提として、存在する処分基準の違法性を主張するという方式になろう。

[**解説6**　差止訴訟と仮の差止め]

　平成16年行政事件訴訟法改正により、差止め訴訟と仮の差止めが法定された。差止訴訟とは、「行政庁が一定の処分又は裁決をすべきでないにかかわらずこれがされようとしている場合において、行政庁がその処分又は裁決をしてはならない旨を命ずることを求める訴訟」（行訴法3条7項）である。差止訴訟については、差止めを求める処分の特定性が問題とされている。裁判所が請求を特定して判断することが可能な程度までは請求が特定されている必要があると解されているが、将来の処分の内容を厳密に特定することの困難さを勘案しながら、個別事案に応じた柔軟な解釈も必要となるといわれている。

　差止訴訟の仮の救済として用意されているのが、仮の差止めである（行訴法37条の5第2項）。差止訴訟は、処分がなされると重大な損害を生じるおそれがある場合に用いられるものであるが（**解説7**参照）、このような場合には、仮の差止めを求めておく必要性も高いと考えられる。仮の差止めについては、手続要件として「差止めの訴えの提起」があること、積極要件として「処分……がされることにより生ずる償うことのできない損害を避けるため緊急の必要」があること、消極要件として「公共の福祉に重大な影響を及ぼすおそれがあるとき」にはすることができない、と定められている。「償うことができない損害」という要件については、およそ金銭

賠償が可能なものはすべて除外するということではなく、社会通念上、金銭賠償のみで救済することが不相当と認められるような場合も含めて考えるべきであるとの主張がある。

[解説7　差止訴訟の訴訟要件について]
　差止訴訟の訴訟要件は、行訴法37条の４に定められている。第一に、差止訴訟が提起できるのは、行政庁が一定の処分をしてはならない旨を命ずることを求めるにつき法律上の利益を有する者に限られる。第二に、差止訴訟は、「一定の処分……がされることにより重大な損害を生ずるおそれがある場合」（重大性の要件、積極要件）であることを必要とし、「損害を避けるため他に適当な方法があるとき」はこの限りではない（補充性の要件、消極要件）、と規定されている。
　重大性の要件は、差止訴訟が裁判所による事前救済であることから必要とされる要件であり、その判断にあたっては「損害の回復の困難の程度を考慮するものとし、損害の性質及び程度並びに処分……の内容及び性質をも勘案する」ものとされている。したがって、重大性の要件が満たされるためには、処分が行われてから後の処分取消訴訟（及び執行停止）では救済することができない「重大な損害を生ずるおそれ」が存在することを主張しなければならない。
　一方、補充性の要件は、消極要件として規定されている。これは、差止訴訟の場合、重大性の要件が満たされれば差止訴訟による救済の必要性が認められると考えられるため（例外的なものであるから消極要件として規定された）、と説明されている。
　なお、行訴法３条７項は、差止訴訟の定義として、一定の処分が「されようとしている場合」と規定している。この規定により、一定の処分の蓋然性があることが差止訴訟の訴訟要件の一つであると考えられている。

[advanced 2　手続的瑕疵と実体的瑕疵の区分]
　谷塚弁護士は、営業許可取消処分の違法性を主張するにあたって、手続に関する瑕疵の存否と実体面での瑕疵の存否、という側面から検討し、そ

の上で、本件処分には①行政手続法違反（手続的瑕疵－ア・行政手続法14条違反、イ・行政手続法26条違反）、②裁量権の濫用（実体的瑕疵－ウ・営業許可取消が重すぎること（比例原則違反）、エ・処分基準が風営法8条に違反すること、オ・本件取消処分は本件処分基準によってなされたものではないこと、カ・「許可を申請し、取得する」場合と「許可を取消す」場合を同一に考えるのはおかしいこと（裁量権限行使の違法））、の各違法があると、主張を構成している（本文（3）（ア）第3（請求の原因）を参照。なお、上記のうち、理由エと理由オとは相互に背反する主張となっているようにも思われる）。

　処分基準の設定（努力義務）、そして処分基準に従って不利益処分を行うことは、行政手続法上の要請である（**解説**3参照）。このことからすると、処分基準の違法、処分基準に従わなかったことの違法（上記においては、実体的瑕疵のエ・オとされている理由）は、手続的瑕疵に分類される可能性もあると思われる（手続的瑕疵の効果の議論については、**解説**8を参照）。

[**解説**8　行政手続法違反の効果（手続的瑕疵の効果）]
（3　道路交通法事例　**解説**4も参照）

　行政処分に法律に定める行政手続を履践しなかった違法（行政手続法違反等）があった場合に、このような手続的瑕疵は、当然にその処分の無効事由ないし取消事由となるのであろうか。行政法学において、この問題は「手続的瑕疵の効果」として議論されている。

　手続的瑕疵の効果をどうみるかについては、①行政手続の意義を重視するか、②行政処分の実体的適法性を重視するか、のどちらの見解をとるかにより結論がわかれる。①によれば、公正な手続があってはじめて適法な行政処分がなりたつとされ、手続的瑕疵は直ちに処分の取消事由・無効事由となることとなる。②によれば、正しい手続をやり直しても事案について内容的に同じ結果が想定される場合には、手続的瑕疵は治癒される（手続の瑕疵は直ちに処分の法的効力に影響を及ぼすものではない）とされる。近時の最高裁判決については、手続的瑕疵の法的効果につき、行政手続の法的意義の重さを評価し、ある種の手続の瑕疵は直ちに処分の違法を導くと考えているのではないかと解されている。また、学説においては、行政手続法

施行後、行政庁の作為義務として法定された手続（告知・聴聞、理由提示、審査基準の設定等）に瑕疵があれば、原則として処分の違法事由を構成すると解釈すべきとする主張もある。

行政手続法の定める不利益処分の理由付記（理由の提示）については、行政手続法に理由提示の規定がおかれた趣旨に鑑み、「いかなる事実関係に基づきいかなる法規を適用して当該処分がされたかを、名あて人においてその記載自体から了知し得るものでなければなら」ない、と解されている。裁判例においては、理由提示（行手法14条1項）の程度が十分ではないこと（手続的瑕疵）を理由として、処分を違法として取り消した事案がある（最判平成23・6・7民集65・4・2081）。また、本事案の一つのベースになっていると考えられる盛岡地判平成18年2月24日（判例地方自治295・82：原告が経営する焼肉レストランにおいて、不法残留の外国人を従業員としていたことを理由に公安委員会から風営法8条2号所定の許可取消事由があるとして営業許可の取消処分が行われた事案）も、依拠した処分基準や主要な根拠事実等の裁量判断に関する記載を一切欠く処分について、理由の提示を欠き違法であると判断している（同判決において、被告側は、聴聞手続の存在に触れ、「処分理由は聴聞と相俟って、相手方との相対的関係において判然としていれば十分である」と主張していたが、この主張は排斥されている）。

[**解説9** 取消判決の効力]
取消訴訟の取消判決には、形成力、拘束力、既判力があると解されている。

取消判決（請求認容判決）が確定すると、行政庁が改めて行為しなくとも、処分の効力は成立時に遡って消滅する。この、処分を形成的に消滅させる力を、形成力という。行訴法32条1項は、取消判決の効力が第三者に及ぶことを規定しているが（第三者効）、これは、取消判決に形成力が存在することを前提としているものとされる。ある処分について取消判決が出された場合には、原告以外の第三者も、その処分が遡及的に失効していることを前提にしなければならず、その処分が有効に存在していることを主張することはできない。

取消判決の形成力によって処分が遡及的に消滅すると、処分が行われる前の法律関係が回復することになる。この場合、もし、行政庁が前回と同じ内容の処分を再度行うとすると、取消判決の意義は失われてしまう。そこで、行訴法は、行政庁が取消判決の趣旨に従って行動することを要求するため、処分の取消判決は、処分庁及び関係行政庁を拘束すると定めている（33条1項、拘束力）。この拘束力により、行政庁は、同一事情、同一理由、同一手続、同一理由により同一内容の処分を行うことは許されないと解されている（反復禁止効）。反復禁止効は、取消判決の主文及び主文と一体となった理由中の判断に及ぶ（最判平成4・4・28民集46・4・245）とされており、同一事情であっても、裁判所が判決理由中で認定したのとは別の理由や異なる手続を経れば、同一内容の処分を行うことを妨げないと解されている。

　さて、本件においては、原告への不利益処分が手続的違法を理由に取り消されている。取消判決の効力とのかかわりでいうと、判決の形成力により、処分は遡って消滅しており、原告以外の第三者も、その処分が遡及的に失効していることを前提にしなければならず、その処分が有効に存在していることを主張することはできない。処分庁、関係行政庁には拘束力が発生しており、同一事情、同一理由、同一手続、同一理由により同一内容の処分を行うことは許されない。翻っていえば、異なる（適法な）手続を経た場合、また、別の事情や別の処分理由が生じた場合には、改めて許可取消処分が行われる可能性は否定できないといえる。

　取消判決が確定すると、訴訟物について既判力が生じる（民訴法114条）。取消訴訟の訴訟物は行政処分の違法性一般と解されているので、取消判決があると、行政庁は同一事情下において、当該処分の適法性を改めて主張することはできなくなる。したがって、本件についても（別の処分理由を挙げたとしても）、処分庁から、同一処分の適法性を主張することは、既判力に反し認められないこととなる。

[**解説10**　裁量権限行使の違法性――裁量権の逸脱濫用]
　行政庁が行う裁量処分については、裁量権の逸脱・濫用があった場合に

限り、裁判所が当該処分を取り消すことができると定められている（行訴法30条。なお、裁量処分であるにもかかわらず、処分庁が、裁量がないもの（羈束的なもの）として処分を行った場合の違法性の問題については、**解説2**に引用した東京高裁判決を参照）。

学説においては、裁量判断の結果行われた処分（処分の実体的な内容）につき、どのような場合に違法（裁量権の逸脱・濫用があったといえるか）について裁判例等の議論を類型化し、判断基準を具体化する努力がなされている（裁量審査の基準論）。学説上整理されている裁量審査の基準としては、（a）事実誤認、（b）目的違反・動機違反、（c）信義則違反、（d）平等原則違反、（e）比例原則違反、等がある。谷塚弁護士が主張する違法事由（⑥実体的違法性（2）原告の主張）のうち、④は比例原則違反の主張にあたるものと考えられる。

裁量審査の手法の一つとして、処分にいたる行政庁の判断形成過程に着目し、その合理性の有無という観点から裁量審査を行う方法（判断過程審査）がある。判断過程審査とは、裁判所が、行政庁が一定の意思決定に到達するまでの判断の一連の過程が、適正かつ公正に進行したか否かを審査するものである。このように、判断過程審査は、行政庁の判断過程に着目しつつ、判断が適正な過程を経て行われたかという観点から処分の実体的合理性を判断しようとする審査方法であり、学説上は、不利益処分について、告知・聴聞や理由付記が適正に行われたか否かといった、個々の手続の履行の状態を審査する手続的司法審査とは異なるものと整理されている。谷塚弁護士が主張する違法事由（⑥実体的違法性（2）原告の主張）のうち、①（違法な処分基準の設定）、②（処分基準によらない処分）は、法定の手続（行政手続法に定める手続）を適法に履践したか否かを審査する、手続的司法審査において議論にあがる争点ではないかと思われる。

［advanced 3　処分基準にしたがわない処分の効力について］

「違法と考えられる処分基準にしたがって行われた処分の違法性の問題をどのように考えるか」（advanced 2に書いた、谷塚弁護士の主張のうち、②裁量権の濫用（実体的瑕疵－エ・処分基準が風営法8条に違反すること）と、「設定され

た処分基準にしたがわない処分の効力をどう考えるべきか」（同オ・本件取消処分は本件処分基準によってなされたものではないこと）とは、一応、異なる問題と整理し得よう（前者、違法な処分基準の問題については、advanced 1 を参照）。

それでは（後者の）処分基準にしたがわない処分の効力をどう考えるべきであろうか。本件で問題となっている処分基準は、裁量処分の判断基準——裁量基準である。裁量基準とは、裁量権限行使の合理化・適正化を目的として策定されるものといえる。

裁量基準とは行政の内部基準であり、行政内部においては、拘束力を有する——裁量基準を設定した以上、当該基準にのっとった事案処理が要請される（裁量基準は特段の理由がないかぎり行政庁を拘束する）、という考え方が示されている（行政の自己拘束論）。もっとも、処分の「裁量性」からすると、行政庁は裁量基準に常に拘束される（一度定めた裁量基準からの逸脱が一切許されない）ということにすると、かえって、行政庁に裁量を認めて個別の事案に応じた柔軟な判断を可能とした法律の本来の趣旨にそぐわない状態にもなりかねない。学説においては、事案の特質に照らして合理的な理由があれば、あらかじめ定められた基準と異なる個別判断は許容されると考えられている。すなわち、裁量基準に必ずしも従わない処分があったとしても、そのことのみを理由として直ちに当該処分が違法と評価されるわけではない、ということになる。

この点にかかわり、最高裁も、「行政庁がその裁量に任された事項について裁量権行使の準則を定めることがあつても、このような準則は、本来、行政庁の処分の妥当性を確保するためのものなのであるから、処分が右準則に違背して行われたとしても、原則として当不当の問題を生ずるにとどまり、当然に違法となるものではない。処分が違法となるのは、それが法の認める裁量権の範囲をこえ又はその濫用があつた場合に限られる」と述べている（マクリーン事件最高裁判決。最大判昭和53・10・4民集32・7・1223）。被告の主張（6実質的違法性（3）被告の主張の②）において述べられているのも、このような議論をふまえて行われたものと推測される。

(野口貴公美)

6　出入国管理法事例
——退去強制を巡る諸問題

　適法な在留資格を有しないという違法状態にあることを理由に退去強制令書を発布されてしまったが、それでもなお日本で生活し続けたいという願望を有する外国人は多い。実際に、生活の実態が日本にあり、外国に戻ると生活できないというケースも多々ある。今回は、適法に入国したものの在留資格を更新しなかったため、いわゆるオーバーステイという違法な状態となってしまった件について検討する。

1　事案の概要

　平成20年3月初旬、首藤法律事務所に、行政書士の紹介で、相談者熱川太郎が訪れた。婚約者である外国籍のマリア・リサールさんが同年2月8日にオーバーステイの容疑で逮捕され、現在、東京入国管理局に収容されているので、何とかマリアさんが日本に留まり、一緒に生活できるようにする方法はないかとの相談内容である。熱川さんとベテラン弁護士首藤、新人弁護士若井のやりとりは以下の通りである。

熱川　私は、平成19年7月に、馴染みのアジア料理店に、友人と一緒に来ていたフィリピン国籍の女性であるマリアを紹介され、それ以降、マリアと交際を重ね、平成20年1月に、結婚するとの約束をしました。そこで、私は、平成20年1月半ばには、国際結婚のための手続き、資料の取り寄せを行政書士にお願いしていました。その矢先、平成20年2月8日に、マリアは、オーバーステイを理由に逮捕され、東京入国管理局に収容されてしまいました。私は、彼女のことをとても愛しています。なん

とか彼女が釈放され、日本で一緒に生活することはできないでしょうか。

首藤弁護士 オーバーステイという違法な滞在ということになりますが、あなたは、マリアさんがオーバーステイを理由に逮捕されてしまうかもしれないということはわかっていたのですか。

熱川 いいえ。恥ずかしい話ですが、婚約をして、今回逮捕されて初めて、マリアがオーバーステイの状態にあることを知りました。後日、彼女に話を聞いたところ、自分は違法状態にあるので、本当は結婚できないかもしれないという恐怖感からこのことを相談できなかったと打ち明けられました。しかし、私のマリアと結婚したいという気持ちに変わりはありません。このことはマリアも同じです。

首藤弁護士 マリアさんはオーバーステイ状態にあるということですが、いつ、どのような在留資格で入国したのですか。

熱川 はい、彼女は、平成16年3月に、就労資格の中の「興行」の在留資格で入国しました（**資料1 外国人の在留資格一覧**）。

首藤弁護士 マリアさんは、在留期間経過後、更新をせずにオーバーステイ状態となってしまっていたのですか。

熱川 そうです。しかし、彼女は片言の日本語は話せますし、外国人パブで働いていたことはありますが、売春などはしたこともなく、同郷の友人の子供のベビーシッターをしたり、工場で働いたり、日本社会の中で真面目に生活をしてきました。平成21年1月に私と婚約をしてからは、とりあえず私の家で同居をしていました。私たちは、新しい生活を始めるために家のリフォームもすることにしていたところです。

首藤弁護士 マリアさんが、平成21年2月8日に逮捕されてから、その後、どうなりましたか。

熱川 2月27日に、口頭審理というものを受けましたが、同じ日のうちに、認定に誤りなしとの判定を受けてしまいました。

　更に、マリアは、判定に対して、異議の申出を行いましたが、同年3月3日に、異議の申出に理由がないとの裁決を受け、同日、退去強制令書が発布されてしまいました。

若井弁護士　そうですか、そうすると、退去強制対象者に該当するとの認定に異議があるとして口頭審理の請求をし、特別審理官の口頭審理の判定でも認定に誤りがないと判定され、それに対する異議にも理由がないと裁決されてしまい、すでに退去強制令書は発布されてしまっているということですね。［解説1　入管法の退去強制手続とは］

首藤弁護士　仮に、熱川さんがマリアさんの出身国に行き、マリアさんと一緒に生活することは考えられませんか。

熱川　もちろん、マリアと一緒に生活するために何でもしたいという意欲はあります。しかし、私は、60歳を過ぎています。日本でも新たな仕事を探すことは難しい状況で、今から言語も文化も異なるマリアの出身国で仕事をすることはもちろん、生活をすること自体、現実的に極めて困難です。それに、マリア自身も貧困に喘ぎ、頼れる親族もいないからこそ働くために来日したという経緯があります。自国に戻ったとしても仕事を得られる見込みは全くありません。

　私たちは一緒に日本で生活したいのです。

首藤弁護士　真摯に結婚したいという気持ちでおられること、熱川さんもマリアさんも日本でないと一緒に生活することは難しいという事情はわかりました。マリアさんの身体拘束を解き、一緒に生活を始める方法を検討してみましょう。

　ただ、婚姻状態がなく、オーバーステイの期間が約4年にも及ぶ本件で、マリアさんの身体拘束が解かれ、日本で生活することは容易なことではありません。

　オーバーステイであっても結婚することはできるので、結婚の手続きはそのまま進めてください。それから、証拠として使うために、渉外結婚の手続きを依頼していたことを示す資料、マリアさんと交際していた様子を示す写真や書簡、新居の賃貸借契約書、リフォームの契約書はしっかり保存しておいてください。

熱川　わかりました。

首藤弁護士　また、一刻も早くマリアさんの身体拘束を解くために、執行停止の方法が本筋ではありますが、念のために仮放免の申請をします

か。

熱川 はい、仮放免の申請についてもよろしくお願いします。［解説2　仮放免とは］

コラム

全件収容主義に対抗する！

国は、法は、退去強制事由に該当すると思料されるものについては、全件収容して退去強制手続を進めるという全件収容主義を採用していると主張している。

しかし、刑事事件においてすら、逮捕・勾留をするには、罪証隠滅のおそれや逃亡のおそれなど、逮捕・勾留をする必要性が必要とされている。そうだとすると、入管業務に関しても収容の必要性も当然要件になるはずである。現に、東京地方裁判所1969年（昭和44年）9月20日決定（判時569・25）、及び、東京地方裁判所2001年（平成13年）11月6日決定（判例集未登載）において、容疑者の人身の自由の観点から容疑者が退去強制事由に該当するだけでは足りず、収容を必要とする合理的理由の認められない場合又はその理由が消滅するに至ったと認められる場合においては、収容又は収容の継続は違法とされている（移民政策学会編『移民政策研究』創刊号参照）。

強制収容自体の違法性についてまで争うことはあまりされていないようであるが、この点についても争う余地はあるため、「これは！」という事例に出会った場合は、仮の差止めや執行停止の申立ての中で争うことを検討されたい。

コラム

申請取次ぎ弁護士!?

そもそも弁護士は、入管業務についても、弁護士という資格をもって、代理することができるはずである。

しかし、規則で、入国管理局への「申請」を代理するためには法務省の承認を受け、入国管理局に届け出をしなければならないとされている。

届出が必要だというのはおかしな話ではあるが、いざ依頼者のために入国管理局へ申請というときに、余計なことで、入国管理局ともめても時間と労力の無駄と割り切り、弁護士会を通じて、入国管理局への申請の代理

をできるようにしておくことをお勧めする。この手続に一応1か月半ほどの期間を要するため、早めに手続きをしておいた方がよいであろう。

2 方法の検討

首藤弁護士 若井先生、今後の対応として、どのような手段や手続きを採るべきか検討してみましょう。
若井弁護士 はい。まず法令調査をし、事案を時系列にまとめてみます。

(1) 法令調査等

【参照法令】
●出入国管理及び難民認定法（抜粋）
（退去強制）
第24条 次の各号のいずれかに該当する外国人については、次章に規定する手続により、本邦からの退去を強制することができる。
　　一～二の二　（略）
　　二の三　第22条の4第6項（第61条の2の8第2項において準用する場合を含む。）の規定により期間の指定を受けた者で、当該期間を経過して本邦に残留するもの
　　三～十　（略）
（違反調査）
第27条　入国警備官は、第24条各号の一に該当すると思料する外国人があるときは、当該外国人（以下「容疑者」という。）につき違反調査をすることができる。
（収容）
第39条　入国警備官は、容疑者が第24条各号の一に該当すると疑うに足りる相当の理由があるときは、収容令書により、その者を収容することができる。
②　（略）
（入国審査官の審査）
第45条　入国審査官は、前条の規定により容疑者の引渡しを受けたときは、容疑者が退去強制対象者（第24条各号のいずれかに該当し、かつ、出国命令対象者に該当しない外国人をいう。以下同じ。）に該当するかどうかを速やかに審査しなければならない。
②　（略）
（審査後の手続）
第47条①～②　（略）

③　入国審査官は、審査の結果、容疑者が退去強制対象者に該当すると認定したときは、速やかに理由を付した書面をもつて、主任審査官及びその者にその旨を知らせなければならない。
④　前項の通知をする場合には、入国審査官は、当該容疑者に対し、第48条の規定による口頭審理の請求をすることができる旨を知らせなければならない。
⑤　（略）
（口頭審理）
第48条　前条第3項の通知を受けた容疑者は、同項の認定に異議があるときは、その通知を受けた日から3日以内に、口頭をもつて、特別審理官に対し口頭審理の請求をすることができる。
②～⑦　（略）
⑧　特別審理官は、口頭審理の結果、前条第3項の認定が誤りがないと判定したときは、速やかに主任審査官及び当該容疑者にその旨を知らせるとともに、当該容疑者に対し、第49条の規定により異議を申し出ることができる旨を知らせなければならない。
⑨　（略）
（異議の申し出）
第49条　前条第8項の通知を受けた容疑者は、同項の判定に異議があるときは、その通知を受けた日から3日以内に、法務省令で定める手続により、不服の事由を記載した書面を主任審査官に提出して、法務大臣に対し異議を申し出ることができる。
②　（略）
③　法務大臣は、第1項の規定による異議の申出を受理したときは、異議の申出が理由があるかどうかを裁決して、その結果を主任審査官に通知しなければならない。
④～⑤　（略）
⑥　主任審査官は、法務大臣から異議の申出が理由がないと裁決した旨の通知を受けたときは、速やかに当該容疑者に対し、その旨を知らせるとともに、第51条の規定による退去強制令書を発付しなければならない。
（法務大臣の裁決の特例）
第50条　法務大臣は、前条第3項の裁決に当たつて、異議の申出が理由がないと認める場合でも、当該容疑者が次の各号のいずれかに該当するときは、その者の在留を特別に許可することができる。
一　永住許可を受けているとき。
二　かつて日本国民として本邦に本籍を有したことがあるとき。
三　人身取引等により他人の支配下に置かれて本邦に在留するものであるとき。
四　その他法務大臣が特別に在留を許可すべき事情があると認めるとき。
②～④　（略）
（退去強制令書の執行）
第52条　退去強制令書は、入国警備官が執行するものとする。
②～⑥　（略）

●行政事件訴訟法
(執行停止)
第25条　処分の取消しの訴えの提起は、処分の効力、処分の執行又は手続の続行を妨げない。
②　処分の取消しの訴えの提起があつた場合において、処分、処分の執行又は手続の続行により生ずる重大な損害を避けるため緊急の必要があるときは、裁判所は、申立てにより、決定をもつて、処分の効力、処分の執行又は手続の続行の全部又は一部の停止(以下「執行停止」という。)をすることができる。ただし、処分の効力の停止は、処分の執行又は手続の続行の停止によつて目的を達することができる場合には、することができない。

＜**時系列表**（主語はマリアさん）＞

平成18年3月	在留資格「興行」で入国。 しばらくフィリピンパブで働いていた。
平成18年10月	在留許可期間が経過したもののそのまま在留。 フィリピンパブを辞め、同郷の友人とルームシェアをし、工場で働いたり、友人の子どものベビーシッターなどをして生活していた。
平成21年7月	熱川さんと出会い、間もなく、交際を始める。
平成22年1月	熱川さんと婚約。間もなく、熱川さんの自宅で同居生活を始める。熱川さんが行政書士に依頼し、国際結婚のための書類を取り寄せるなど、手続きを進める。 熱川さんと新居のリフォームの話を進める。
2月8日	オーバーステイの容疑で逮捕され、収容令書の発布により東京入国管理局に収容される。
2月19日	出入国管理及び難民認定法第24条に規定する退去強制事由に該当すると認定された。
2月22日	口頭審理の請求(同法48条1項)をした。
2月24日	特別審理官が認定に誤りがないと判定し、その旨を通知された。
2月27日	異議の申出をした。
3月3日	法務大臣に異議の申出に理由がないとの裁決がなされた。 主任調査官に裁決の通知をされた。 退去強制令書を発布された。

3月20日　熱川さんと正式に婚姻をした。

外国人登録をした。（注：なお、外国人登録法は、平成21年7月8日、第171回通常国会において、可決・成立した「出入国管理及び難民認定法及び日本国との平和条約に基づき日本の国籍を離脱した者等の出入国管理に関する特例法の一部を改正する等の法律（平成21年法律第79号）」が平成24年7月9日に施行されたことに伴い廃止されたため、外国人登録はされなくなった。現在は、これに代わり外国人も住民票に記載されることとなった）

(2) 方針の決定

若井弁護士が調べた法令や時系列表を元に、首藤弁護士と若井弁護士は方針の決定のための打合せをすることにした。

若井弁護士　本件では、既に退去強制令書発布処分がなされてしまっているため、その執行がなされ、マリアさんが自国に強制退去させられないように、迅速に退去強制令書発布処分取消訴訟を提起すべきですね。

首藤弁護士　そうですね。そして、仮に、退去強制令書発布処分取消訴訟に勝訴したとしても、異議の申出に理由がない旨の裁決をしたという段階に戻るだけですから、その前段階の法務大臣か地方入国管理局長による入管法49条1項の異議の申出に理由がない旨の裁決をしたことも併せて取消の請求をしないといけないですね。

［解説3　法務大臣の裁決は、「裁決」か？］
［解説4　退去強制事由該当性の判断の違法性を主張するには］
［解説5　退去強制令書の執行を阻止するための訴訟・（異議の申出に理由がない旨の）裁決の取消訴訟と退去強制令書発布処分の取消訴訟との関係］

若井弁護士　そうでしょうか。違法性の承継［解説6　違法性の承継］を理由に退去強制令書発布処分の取消訴訟の中で、異議の申出に理由がない旨の裁決の違法性も争えるのですから、異議の申出に理由がない旨の裁決まで取消請求する必要性はないように思います。

首藤弁護士　そのようにも考えられますが、安全を期して両方請求しましょう。他にすべきことはありますか。

若井弁護士　はい、訴訟を起こしただけでは、行政訴訟法25条1項によ

り、退去強制令書の執行を阻止することはできないため、確実に訴訟中の送還を止めるために、退去強制令書の執行停止申立（行訴法25条2項）を、取消請求訴訟と同時並行的に提起しなければならないと思います。

首藤弁護士　そうですね。では、退去強制令書発布処分取消訴訟、裁決の取消訴訟、退去強制令書の執行停止申立の訴状を起案してみてください。

若井弁護士　はい。マリアさんの退去強制令書が執行され、送還されることを阻止するため、また、現在の身体拘束を解くために、一刻も早く提訴しなければなりませんね。急いで訴状を起案します。

首藤弁護士　あとは、マリアさんご本人の意思の確認と委任状をもらわなければならないので、2人で東京入国管理局に彼女に会いに行きましょう。

若井弁護士　はい。

コラム

異議の申出に理由がない旨の裁決の取消と強制退去令書発布処分の取消しのいずれによるべきか。それとも両訴訟を提起すべきか。

　異議の申出に理由がない旨の裁決があると当然に退去強制令書が発布される関係にある。異議の申出に理由がない旨の裁決の取消しが認められれば、退去強制令書もその効力を失う。そうすると、異議申出に理由がない旨の裁決の取消しを求めれば足り、退去強制令書の発布処分の取消しを求める必要はないようにも思われる。しかし、退去強制（送還）は退去強制令書の執行により行われる（出入国管理53条）。したがって、強制送還を阻止するためには、退去強制令書発布処分の執行を停止する必要がある。執行停止を申し立てるためには、退去強制令書発布処分の取消訴訟を提起しなければならない（行訴法25条2項）。その意味で両訴訟を提起するべきであろう。

---

(3) 訴状の起案

　(ア) 当事者　外国人の訴訟では、訴えの利益や原告適格等の訴訟要件が問題となることはほとんどないため、訴訟要件についての検討は取り立てて必要なかった。

そして、被告は、国であり（行訴法11条）、訴状に処分庁を記載する必要がある。（同条4項）、退去強制令書発布処分の処分庁は、「東京入国管理局主任審査官」、裁決の処分庁は「東京入国管理局長」である。

　(イ)　**管轄**　　処分行政庁が所属する国の普通裁判籍である東京地方裁判所で訴訟を提起することができること（行訴法12条1項）、原告の住所の所在地を管轄とする高等裁判所の所在地を管轄とする地方裁判所も管轄裁判所とすることができること（行訴法12条4項）を確認した。

　そして、本件はいずれにしても、管轄は東京地方裁判所なので、東京地方裁判所に提訴することとした。

　(ウ)　**請求の趣旨**　　退去強制令書発布処分等取消請求事件については、①東京入国管理局長が、原告に対して、平成20年3月3日付でなした出入国管理及び難民認定法第49条第1項に基づく異議に理由がない旨の裁決を取り消す、②東京入国管理局主任審査官が、原告に対して、平成20年3月3日付でなした退去強制令書の発布処分を取り消す、③訴訟費用は被告の負担とするとの判決を求める、という記載にした。

　執行停止の申立については、Ⓐ相手方が、申立人に対して平成20年3月3日付で発布した退去強制令書に基づく執行は、東京地方裁判所平成20年（行ウ）第○○号退去強制令書発布処分等取消請求事件の判決が確定するまでこれを停止する、Ⓑ申立費用は相手方の負担とするとの裁判を求める、という記載にした。

　(エ)　**訴額の算定と訴訟物の個数**　　算定不能として、本訴の訴訟物の価格は160万円とした。退去強制令書発布処分と法務大臣等の裁決の両方の取消を求める場合であっても、両者は先行処分と後行処分の関係にあるため訴訟物の価格は1件分の160万円と算定されることを確認した。

　(オ)　**請求原因**　　請求原因としては、裁決及び退去強制令書発布処分については、自由裁量ではないこと、事実を正確に把握した上で、各種通達、先例、出入国管理基本計画、国際的な準則等に示すところに従い慎重に検討すべきであり、考慮すべき事情を考慮せず、考慮すべきでない事情を考慮して処分の理由の有無が判断された場合、あるいはその合理性を持つものとして許容されない場合は、裁量権に範囲を越え、また、その濫用

があった場合（行訴法30条）に該当するものとして取り消すべきこと、本件においては、マリアさんはオーバーステイになった後も真面目に生活していたこと、日本人である熱川さんとの婚約は真摯なものであり、逮捕後間もなく結婚したこと、本件処分により夫婦別居を余儀なくされることなどから、裁量権の逸脱、濫用を主張した。

(4) 訴状の検討
若井弁護士が起案した訴状について、首藤弁護士と検討をした。

若井弁護士 訴状の起案をしてみました。取消訴訟については、家族を形成する自由、居住移転の自由から在留特別許可［**解説7**　在留特別許可とは］を出すか否かの裁量の余地は少ないこと、本件では法務大臣は在留特別許可を出すべきであった（出入国管理及び難民認定法50条1項4号）のに出さなかったので、これは裁量権の逸脱、濫用であるという構成にしました［**解説8**　法務大臣の裁決の司法審査］。ところで、在留特別許可に係るガイドライン［**解説9**　在留特別許可ガイドラインとは］を法務省が出しています。これによると退去強制令書が出た時点で、婚姻はなく、同居期間も1か月程度であり、あまり積極要素に当たるものがありません。消極要素としては、特に見あたりません。

首藤弁護士 消極要素はないけれども、あまり積極要素に当たるものがないというのも厳しいですね。ところで、在留特別許可に係るガイドラインの法的性格はどのようなものなのでしょうか。調べておいてください。［advanced 1　在留特別許可ガイドラインの法的性格について］

若井弁護士 はい。

首藤弁護士 それと、入国管理局がどのような場合に在留特別許可を出すかという具体例を示していますが、それは調べてみましたか。

若井弁護士 はい。

コラム

実務を変える！
本文中「(4) 訴状の検討」において若井弁護士は、出入国の管理に関す

る事項について法務大臣の裁量は広くはないという構成を採っているが、実際のところ、現在の裁判例では、昭和53年に出されたマクリーン判決を踏襲し、出入国に関する事項について法務大臣に広範な裁量を認め、在留特別許可は国家の恩恵的措置に過ぎないという見解が採られている。

しかし、市民の方々の相談にあたる弁護士としては、本当にそうであろうかと感ずることが多い。外国人にも家族と共に生活をする自由が憲法上も自由権規約や子どもの権利条約でも保障されているはずである。

積極的に裁判例とは異なる見解を、憲法や各種条約を足がかりに主張し、もって、実体に合わせて実務を変えていくことも弁護士の使命の一つではないかと思う。特に、今後、日本国内の救済措置（裁判等）により救済されなかった人権侵害について、個人が条約の設置する国際人権委員会に直接提訴することのできる個人通報制度が日本でも批准されることが予想される。個人通報制度が実現したときに備えて、その許容性審査の要件ともなる各種条約違反を訴訟上も積極的に主張されたい。

3 訴訟提起後の事情の変更

取消訴訟等の提起後、執行停止は却下され、一審で棄却となり、今後の方針について検討するために熱川さんと仮放免で釈放されたマリアさんが再び事務所に訪れた。

熱川 先生方に何度か仮放免の申請をしていただいたところ、4回目にして仮放免の許可が出ました。ありがとうございました。

首藤弁護士 よかったですね。しかし、残念ながら取消訴訟等は一審で敗訴してしまいました。今後はどうしますか。一審で敗訴しているので、控訴審で勝訴することは極めて難しい状況ですが、控訴までしますか。強制退去の執行の引き延ばしにはなると思いますが……。

熱川 できることは全てしたいと思っておりますので、控訴もお願いします。現在、マリアと二人でリフォームをした新居で生活をしています。そして、念願の子どもを授かりました。

マリア　今、妊娠2か月になります。

熱川　妻子のために、何とか妻には日本に踏みとどまれるように、できることは全てしたいのです。

首藤弁護士　そうですか、それはおめでとうございます。

　控訴については了解しました。お二人の間に日本国籍のお子さんが生まれるということは在留特別許可が出る上で、積極的な事情ですが、退去強制令書発布処分取消訴訟において、在留特別許可を出すべきか否かは、その退去強制令書が出た時点での事情を基準としますので、控訴審においても、これは大きくは考慮されないでしょう。現時点での在留特別許可を出すべきだという義務づけ訴訟［**解説10**　在留特別許可の義務付け訴訟の性格］についても検討してみましょう。

若井弁護士　そうですね、マリアさんとお子さんのためにも、在留特別許可が出るように検討してみましょう。

　それと、実務では、今回のように退去強制令書が発布された後に事情が変わった場合に、在留特別許可について最初から既に発布された退去強制令書の撤回を求め、退去強制手続（在留特別許可申請）をやり直してもらうために取る一つの方法として再審の申立、いわゆる「再審情願」というものがあります。時機に応じてこれも併せて申請しましょうか。

［**解説11**　再審情願とは］

［advanced 2　退去強制令書が出た後の事情の変更について］

マリア　はい、お願いします。

コラム

仮放免は出されにくい？

　仮放免は一般的に出されにくいと言われているが、何回か申請し続けることで不許可であったものが、許可されることもある。諦めずに申請することをお勧めする。

　また、仮放免での保証金は、30万円から60万円程度が多いようである。保証金の負担もさほど大きくないので、積極的に活用されたい。

資料1　外国人の在留資格一覧

- （一）活動類型資格（別表第一）
    - （1）在留資格に対応して定められている範囲内の就労活動ができるもの（就労資格）

        （在留資格の名称）

        ○上陸許可基準の適用を受けないもの
        　（別表第一の一の表）
        - ①外　　交
        - ②公　　用
        - ③教　　授
        - ④芸　　術
        - ⑤宗　　教
        - ⑥報　　道

        ○上陸許可基準の適用を受けるもの
        　（別表第一の二の表）
        - ①投資・経営
        - ②法律・会計業務
        - ③医　　療
        - ④研　　究
        - ⑤教　　育
        - ⑥技　　術
        - ⑦人文知識・国際業務
        - ⑧企業内転勤
        - ⑨興　　行
        - ⑩技　　能

    - （2）就労活動ができないもの（非就労資格）

        ○上陸許可基準の適用を受けないもの
        　（別表第一の三の表）
        - ①文化活動
        - ②短期滞在

        ○上陸許可基準の適用を受けるもの
        　（別表第一の四の表）
        - ①留　　学
        - ②就　　学
        - ③研　　修
        - ④家族滞在

    - （3）法務大臣が指定する活動内容により就労活動の可否及び上陸許可基準の適用の有無が決められるもの
        　（別表第一の五の表）

        特定活動

- （二）地位等類型資格（別表第二）

    就労活動ができるもの
    　○身分又は地位を有する者としての活動を行うことができるもの
    - ①永　住　者
    - ②日本人の配偶者等
    - ③永住者の配偶者等
    - ④定　住　者

資料2　退去強制令書

別記第六十三号様式（第四十五条関係）

日本国政府法務省
Ministry of Justice, Government of Japan

番　　　号　東第○○××号
No.
年　月　日　平成22年3月3日
Date　　　　Mar. 3. 2010

退　去　強　制　令　書
DEPORTATION ORDER

1　氏　　名
　　Name_____　_____　_____　女 female
　　　　　　　Last　　　　First　　　Middle

2　生年月日（年齢）
　　Date of Birth (Age)　____年____月____日　(34歳)
　　　　　　　　　　　　　Year　Month　Day　(Years Old)

3　国　　籍
　　Nationality　中国_____

4　居　住　地
　　Present Address in Japan　神奈川県横浜市以下不詳_____

5　職　　業
　　Occupation　無職_____

　上記の者に対し、出入国管理及び難民認定法第24条の規定に基づき、下記により本邦外に退去を強制する。
　In accordance with the provisions of Article 24 of the Immigration-Control and Refugee-Recognition Act, the person specified above is hereby ordered to be deported from Japan, as specified hereinunder.

(1)　退去強制の理由　　出入国管理及び難民認定法第24条第1号　該当
　　　Reason for deportation

(2)　執　行　方　法　　出入国管理及び難民認定法第52条第3項本文による。
　　　Mode of deportation

(3)　送　　還　　先　　　　　中国
　　　Country to which you will be deported

法務省　　　　　東京入国管理局
Ministry of Justice Tokyo Regional Immigration Bureau

主任審査官　　　　　　　　　　　　　日本　太郎　㊞
Supervising Immigration Inspector　　　　　　　　Seal

執　行　経　過 Status of execution	執　行　者 Deportation executing official	印 Seal
平成20年3月3日15時55分東京入管理局において本令書を示し執行した。	入国警備官 警　　守　　富士　花子　㊞	

（出入63）

6　出入国管理法事例

資料３　退去強制手続の概要

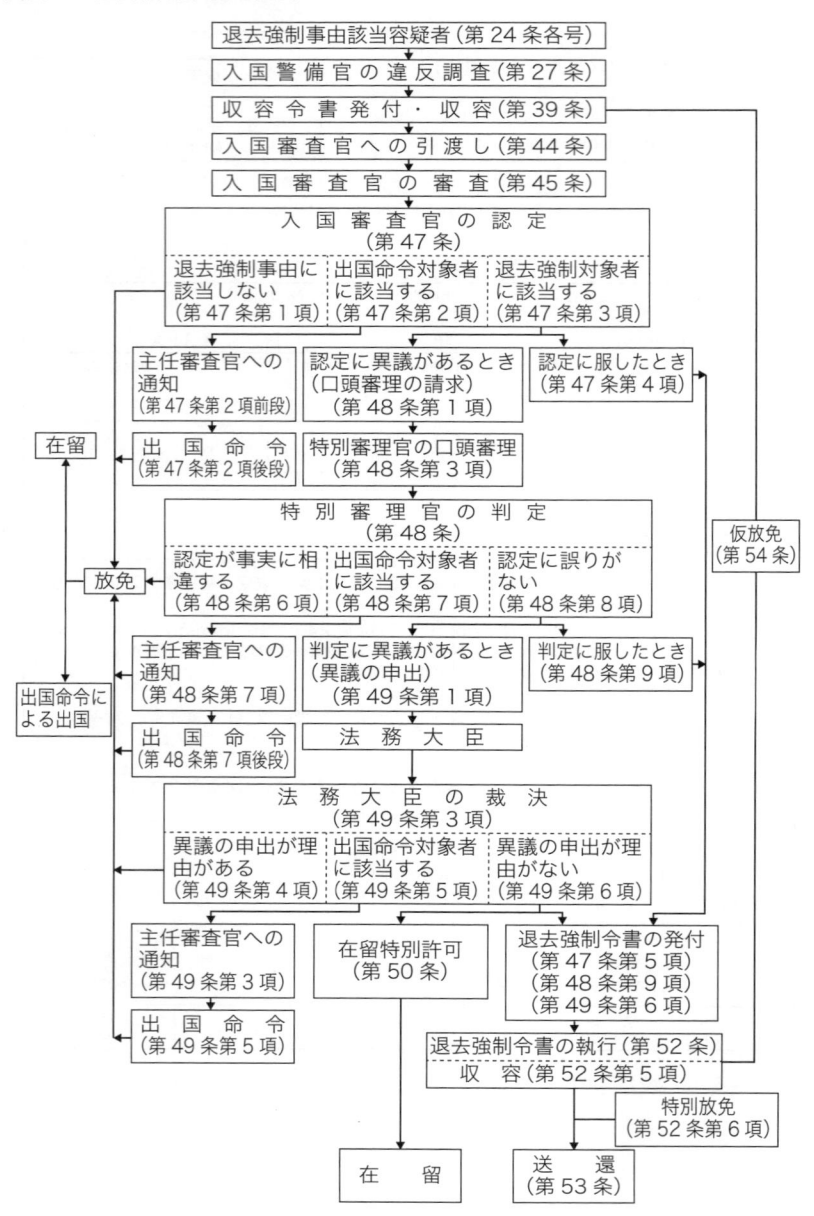

```
┌─────────────────────────────────┐
│ 退去強制事由該当容疑者（第24条各号） │
└─────────────────────────────────┘
┌─────────────────────────────────┐
│ 入国警備官の違反調査（第27条）      │
└─────────────────────────────────┘
┌─────────────────────────────────┐
│ 収容令書発付・収容（第39条）        │
└─────────────────────────────────┘
┌─────────────────────────────────┐
│ 入国審査官への引渡し（第44条）      │
└─────────────────────────────────┘
┌─────────────────────────────────┐
│ 入国審査官の審査（第45条）          │
└─────────────────────────────────┘
┌─────────────────────────────────┐
│     入国審査官の認定（第47条）      │
├──────────┬──────────┬──────────┤
│退去強制事由│出国命令対象│退去強制対象│
│に該当しない│者に該当する│者に該当する│
│(第47条1項)│(第47条2項)│(第47条3項)│
└──────────┴──────────┴──────────┘
```

主任審査官への通知（第47条第2項前段）／認定に異議があるとき（口頭審理の請求）（第48条第1項）／認定に服したとき（第47条第4項）

出国命令（第47条第2項後段）／特別審理官の口頭審理（第48条第3項）

特別審理官の判定（第48条）
- 認定が事実に相違する（第48条第6項）
- 出国命令対象者に該当する（第48条第7項）
- 認定に誤りがない（第48条第8項）

主任審査官への通知（第48条第7項）／判定に異議があるとき（異議の申出）（第49条第1項）／判定に服したとき（第48条第9項）

出国命令（第48条第7項後段）／法務大臣

法務大臣の裁決（第49条第3項）
- 異議の申出が理由がある（第49条第4項）
- 出国命令対象者に該当する（第49条第5項）
- 異議の申出が理由がない（第49条第6項）

主任審査官への通知（第49条第3項）／在留特別許可（第50条）／退去強制令書の発付（第47条第5項）（第48条第9項）（第49条第6項）

出国命令（第49条第5項）

退去強制令書の執行（第52条）
収容（第52条第5項）
特別放免（第52条第6項）
仮放免（第54条）

在留／放免／出国命令による出国／送還（第53条）

216　事例編

資料4　在留特別許可に係るガイドライン

在留特別許可に係るガイドライン

平成18年10月
平成21年7月改訂
法務省入国管理局

第1　在留特別許可に係る基本的な考え方及び許否判断に係る考慮事項

　　在留特別許可の許否の判断に当たっては，個々の事案ごとに，在留を希望する理由，家族状況，素行，内外の諸情勢，人道的な配慮の必要性，更には我が国における不法滞在者に与える影響等，諸般の事情を総合的に勘案して行うこととしており，その際，考慮する事項は次のとおりである。

積極要素

　積極要素については，入管法第50条第1項第1号から第3号（注参照）に掲げる事由のほか，次のとおりとする。
1　特に考慮する積極要素
（1）当該外国人が，日本人の子又は特別永住者の子であること
（2）当該外国人が，日本人又は特別永住者との間に出生した実子（嫡出子又は父から認知を受けた非嫡出子）を扶養している場合であって，次のいずれにも該当すること
　　ア　当該実子が未成年かつ未婚であること
　　イ　当該外国人が当該実子の親権を現に有していること
　　ウ　当該外国人が当該実子を現に本邦において相当期間同居の上，監護及び養育していること
（3）当該外国人が，日本人又は特別永住者と婚姻が法的に成立している場合（退去強制を免れるために，婚姻を仮装し，又は形式的な婚姻届を提出した場合を除く。）であって，次のいずれにも該当すること
　　ア　夫婦として相当期間共同生活をし，相互に協力して扶助していること
　　イ　夫婦の間に子がいるなど，婚姻が安定かつ成熟していること
（4）当該外国人が，本邦の初等・中等教育機関（母国語による教育を行っている教育機関を除く。）に在学し相当期間本邦に在住している実子と同居し，当該実子を監護及び養育していること
（5）当該外国人が，難病等により本邦での治療を必要としていること，又はこの

ような治療を要する親族を看護することが必要と認められる者であること
2　その他の積極要素
（1）当該外国人が，不法滞在者であることを申告するため，自ら地方入国管理官署に出頭したこと
（2）当該外国人が，別表第二に掲げる在留資格（注参照）で在留している者と婚姻が法的に成立している場合であって，前記1の（3）のア及びイに該当すること
（3）当該外国人が，別表第二に掲げる在留資格で在留している実子（嫡出子又は父から認知を受けた非嫡出子）を扶養している場合であって，前記1の（2）のアないしウのいずれにも該当すること
（4）当該外国人が，別表第二に掲げる在留資格で在留している者の扶養を受けている未成年・未婚の実子であること
（5）当該外国人が，本邦での滞在期間が長期間に及び，本邦への定着性が認められること
（6）その他人道的配慮を必要とするなど特別な事情があること

消極要素

消極要素については，次のとおりである。
1　特に考慮する消極要素
（1）重大犯罪等により刑に処せられたことがあること
　　＜例＞
　　　　・　凶悪・重大犯罪により実刑に処せられたことがあること
　　　　・　違法薬物及びけん銃等，いわゆる社会悪物品の密輸入・売買により刑に処せられたことがあること
（2）出入国管理行政の根幹にかかわる違反又は反社会性の高い違反をしていること
　　＜例＞
　　　　・　不法就労助長罪，集団密航に係る罪，旅券等の不正受交付等の罪などにより刑に処せられたことがあること
　　　　・　不法・偽装滞在の助長に関する罪により刑に処せられたことがあること
　　　　・　自ら売春を行い，あるいは他人に売春を行わせる等，本邦の社会秩序

　　　　を著しく乱す行為を行ったことがあること
　　　　・　人身取引等，人権を著しく侵害する行為を行ったことがあること
2　その他の消極要素
（1）船舶による密航，若しくは偽造旅券等又は在留資格を偽装して不正に入国したこと
（2）過去に退去強制手続を受けたことがあること
（3）その他の刑罰法令違反又はこれに準ずる素行不良が認められること
（4）その他在留状況に問題があること
　　＜例＞
　　　　・　犯罪組織の構成員であること
第2　在留特別許可の許否判断
　　　在留特別許可の許否判断は，上記の積極要素及び消極要素として掲げている各事項について，それぞれ個別に評価し，考慮すべき程度を勘案した上，積極要素として考慮すべき事情が明らかに消極要素として考慮すべき事情を上回る場合には，在留特別許可の方向で検討することとなる。したがって，単に，積極要素が一つ存在するからといって在留特別許可の方向で検討されるというものではなく，また，逆に，消極要素が一つ存在するから一切在留特別許可が検討されないというものでもない。

　　主な例は次のとおり。

　　＜「在留特別許可方向」で検討する例＞
　　　　・　当該外国人が，日本人又は特別永住者の子で，他の法令違反がないなど在留の状況に特段の問題がないと認められること
　　　　・　当該外国人が，日本人又は特別永住者と婚姻し，他の法令違反がないなど在留の状況に特段の問題がないと認められること
　　　　・　当該外国人が，本邦に長期間在住していて，退去強制事由に該当する旨を地方入国管理官署に自ら申告し，かつ，他の法令違反がないなど在留の状況に特段の問題がないと認められること
　　　　・　当該外国人が，本邦で出生し10年以上にわたって本邦に在住している小中学校に在学している実子を同居した上で監護及び養育していて，不法残留である旨を地方入国管理官署に自ら申告し，かつ当該外国人親

子が他の法令違反がないなどの在留の状況に特段の問題がないと認められること
　　＜「退去方向」で検討する例＞
　　　・　当該外国人が，本邦で20年以上在住し定着性が認められるものの，不法就労助長罪，集団密航に係る罪，旅券等の不正受交付等の罪等で刑に処せられるなど，出入国管理行政の根幹にかかわる違反又は反社会性の高い違反をしていること
　　　・　当該外国人が，日本人と婚姻しているものの，他人に売春を行わせる等，本邦の社会秩序を著しく乱す行為を行っていること

（注）　出入国管理及び難民認定法（抄）
　　（法務大臣の裁決の特例）
　　第50条　法務大臣は，前条第3項の裁決に当たって，異議の申出が理由がないと認める場合でも，当該容疑者が次の各号のいずれかに該当するときは，その者の在留を特別に許可することができる。
　　一　永住許可を受けているとき。
　　二　かつて日本国民として本邦に本籍を有したことがあるとき。
　　三　人身取引等により他人の支配下に置かれて本邦に在留するものであるとき。
　　四　その他法務大臣が特別に在留を許可すべき事情があると認めるとき。
2，3（略）
別表第二

在留資格	本邦において有する身分又は地位
永　住　者	法務大臣が永住を認める者
日本人の配偶者等	日本人の配偶者若しくは民法（明治29年法律第89配偶者等号）第817条の2の規定による特別養子又は日本人の子として出生した者
永住者の配偶者等	永住者の在留資格をもって在留する者若しくは特別永住者（以下「永住者等」と総称する。）の配偶者又は永住者等の子として本邦で出生しその後引き続き本邦に在留している者
定　住　者	法務大臣が特別な理由を考慮し一定の在留期間を指定して居住を認める者

（久保田まち子）

解説編

[**解説1**　入管法（出入国管理及び難民認定法）の退去強制手続とは]

　退去強制とは、退去強制事由（24条各号）に該当する外国人を強制的に日本から退去させる措置である。

　退去強制の手続は、外国人の出頭申告又は摘発を契機として、入国警備官による違反調査（27条）から始まる（出頭申告には、容疑を申告し退去強制手続を受けて帰国したい場合になされるものと、退去強制手続を通じて日本に引き続き在留することを訴えるためになされる場合とがあるとされる）。違反調査の結果、容疑者が退去強制事由に該当すると疑うに足りる相当の理由がある場合には、（容疑者が出国命令対象者に該当する場合を除いて）入国警備官は、収容令書によりその者を収容することができる（39条1項）。収容令書（及び退去強制令書）により収容された外国人を「被収容者」ということもある。

　容疑者にはその後、入国審査官による違反審査と認定（45条ないし47条）、特別審理官による口頭審理と判定（48条）、判定に対する異議の申出と法務大臣による裁決（49条）、の各手続が進行する。異議の申出を受理した法務大臣は、入国警備官の違反調査、入国審査官の違反審査、特別審理官の口頭審理という一連の手続において作成された証拠（事件記録）を調べ、裁決を行う。

　法務大臣が異議の申出に理由がない旨の裁決を行った場合には、主任審査官は退去強制令書を発布しなければならない（49条6項）。主任審査官が発布した退去強制令書は、入国警備官により執行される（52条1項）。退去強制令書が発布されると、入国警備官は速やかにその外国人を送還しなければならない。もし、退去強制令書の発布を受けた外国人を直ちに日本から送還することができないときは、送還可能になるまで、その者を収容することができる（52条5項）。送還には、大別して、自費出国、運送業者の負担による送還、国費送還、の3形態がある。

　法務大臣は、異議の申出に理由がないと認める場合であっても、在留を特別に許可することができる（50条）。この許可を、在留特別許可という（[**解説7**]参照）。

[解説2　仮放免とは]
　仮放免（54条）とは、被収容者について、請求により又は職権で、一時的に収容を停止し、身柄の拘束を解く措置をいう。その許否の判断は、入国者収容所長又は主任審査官が行う。被収容者の健康上の理由、出国準備等のために身柄の拘束をいったん解く必要が生じた場合等に対応するために設けられた制度である。
　仮放免の許可は、仮放免の請求手続により請求される。仮放免を請求できるのは、被収容者又はその代理人、保佐人、配偶者、直系の親族若しくは兄弟姉妹である（54条1項）。仮放免の請求があった場合、入国者収容所長又は主任審査官は、被収容者の情状及び仮放免の請求の理由となる証拠、被収容者の性格、資産等を考慮して、仮放免を許可することができる（同条2項）。
　仮放免許可を受けた外国人が、法定の取消事由に該当した場合には、入国者収容所長又は主任審査官は、仮放免を取り消すことができる（55条1項）。仮放免が取り消された場合、仮放免されていた者は再び収容されることとなる。

[解説3　法務大臣の裁決は、「裁決」（行訴法3条3項）か]
　退去強制事由該当性は、入国審査官の認定（45条）、特別審理官の判定（48条）、法務大臣の裁決（49条）という3段階の行為を経て決定される。入国審査官の「認定」を原処分とした場合、それに続く「判定」、「裁決」の法的性質はいかに考えられるであろうか。この点については、認定、判定、裁決の手続について、「法務大臣の裁決は、容疑者が退去強制対象者に該当するか否かについての第三審」とし（坂中英徳＝斎藤利男『出入国管理及び難民認定法逐条解説（改訂第4版）』〔日本加除出版・2013〕687頁）、一連の手続を不服申立て手続とみる解釈が提示されている。法務大臣の裁決は「裁決」（行訴法3条3項）ではなく、「処分」（行訴法3条2項）に該当するとの有力な学説がある（亘理格「退去強制手続の構造と取消訴訟（上）」判評549号＝判時1867号167頁以下）が、判例も、「法49条3項の法務大臣の裁決は、行訴法3条3項の裁決に当た」る（「裁決」として取消訴訟の対象となる）としている

（東京高判平成16・3・30訟月51・2・511）。最判平成18年10月5日（判時1952・69）も、法務大臣に対する異議の申出について、「特別な不服申立手続」と表現している

　法務大臣の裁決が、「裁決」であるとした場合には、現処分主義（行訴10条2項）との関係が問題となる（[**解説4**]を参照）。

[**解説4**　退去強制事由該当性の判断の違法性を主張するには]
　退去強制事由の該当性の判断過程においてなされる、入国審査官の認定（45条）、特別審理官の判定（48条）、法務大臣の裁決（49条）には、いずれも「処分性」が認められると考えられるが、それでは、退去強制事由該当性の判断の違法性を主張して取消訴訟を提起しようとする場合、この一連の手続のどの行為をとらえて訴訟を提起すればよいと考えられるであろうか。

　退去強制事由該当性の判断において行われる各行為については、「認定」を処分（行政事件訴訟法3条2項にいう「行政庁の処分」）とし、「判定」及び「裁決」を裁決（行政事件訴訟法3条3項にいう「裁決」）ととらえる考え方が示されている[**解説3**]。この場合、処分（認定）の取消訴訟と裁決（判定または裁決）の取消訴訟の両方が可能なときには、法律で特に裁決主義をとっている場合を別として、原処分（退去強制事由該当性の判断）の違法は、処分の取消訴訟で争わせるというのが行訴法10条2項の原処分主義の考え方である。したがって、入管法がこの手続をめぐる処理につき、裁決主義を採用しているか否かによって、取消訴訟の対象の設定が異なることになる（裁決主義をとった場合には法務大臣の裁決、原処分主義をとった場合には入国審査官の認定が、取消訴訟の対象となる）。

　この点に関わり、大阪地判平成18年1月25日（判例集未登載）は、「同法は、前記入国審査官の認定に不服がある場合には、前記2段階の不服申立てを経るものとした上、なお不服がある場合には、法務大臣の異議の申出が理由がない旨の裁決に対してのみ取消訴訟を提起することができるものとし、当該取消訴訟において退去強制事由に該当する旨の入国審査官の認定の違法を争わせる仕組み（裁決主義）を採用したものと解するのが相当

である」と述べる。上記判決の考え方に従えば、入管法の特殊性に鑑み、入管法が裁決主義を採用したものと解し、退去強制事由該当性の判断の違法性を主張する場合には、裁決の取消訴訟が提起されるべきこととなる。

［解説5　退去強制令書の執行を阻止するための訴訟――（異議の申出に理由がない旨の）裁決の取消訴訟と退去強制令書発布処分の取消訴訟との関係］

　入管法の定める退去強制手続は、退去強制事由該当性の判断を経て、主任審査官が退去強制令書を発布し（49条6項）、入国警備官が執行するもの（52条1項）、とされている。主任審査官が行う退去強制令書の発布は、対象者に対して国外退去を命じ、かつ、退去するまで対象者に対して収容の受任義務を課すという法的効果を有する行政処分であると解されている（この場合、主任審査官は、裁決の通知を受けたときは速やかに退去強制令書を発布しなければならないと規定されており（49条6項）、主任審査官には令書発布にあたっての裁量は認められていないと解されている）。

　退去強制令書の執行を阻止するために取消訴訟を提起しようとする場合、実務においては、裁決の取消訴訟と退去強制令書発布処分の取消訴訟との両方を提起するのが通例であるとされている。これは、国外へ退去されることを妨ぐためには退去強制令書発布処分の取消しを求めておかなければならない一方、退去強制令書発布処分の取消訴訟のみでは、たとえ勝訴し（退去強制令書発布処分が取消され）たとしても、法務大臣の裁決は残存したままの状態に戻るにすぎないから、と説明されている。

［解説6　違法性の承継］

　ある処分を前提としてなされた後続の処分がある場合に、（先行処分に不可争力が生じた場合においても）後続の処分に対する取消訴訟において先行処分の違法を理由として後者が取り消される場合がある。この場合、先行行為から後行行為への「違法性の承継」がなされたと表現される。行政行為に認められる公定力、不可争力、取消訴訟の排他性等の議論から、行政法理論においては、原則として、二つの処分間の違法性の承継は認められな

いと解されている。

　退去強制は、退去強制令書の発布処分に先行して、法務大臣の裁決が先行処分として存在するため、両者の違法性の承継の関係が問題となる。違法性の承継を否定する立場からは、退去強制事由該当性を争うためには先行処分（裁決）の取消訴訟で争うべきであり、退去強制令書発布処分の取消訴訟中において退去強制事由該当性の違法を争えないと主張されることとなる。この点については、裁判例等において、退去強制事由該当性に関わる各処分（認定、判定、裁決）と退去強制令書発布処分とは、「退去強制という同一目的を追及する手段と結果の関係をなし、これらが相結合して一つの効果を完成する一連の行為をなすものであるから、退去強制令書の発付処分の取消訴訟においては、いわゆる違法性の承継があり、その前提となる処分の違法も主張できると解される」と述べられている（東京高判平成19・5・16判タ1283・96）。

　翻って、後行処分である退去強制令書発布処分の取消訴訟において、その前提となる裁決の違法を争うことが許されるとすれば、裁決の違法を理由として退去強制令書発布処分を取り消す旨の判決がなされると、当該判決の拘束力（行訴法33条1項）が関係行政庁である法務大臣にも及ぶところとなるので、裁決の取消訴訟独自の訴えの利益は消滅すると考えられなくもない。この点については、上記判決において次のように述べられている。「退去強制という目的を追及する一連の過程のどの処分を対象に取消訴訟を提起するか、退去強制令書の発付処分のみを対象とするか……その前の段階の処分も併せて取消しを求めるか等は、一般に、退去強制を争う者の側の選択にゆだねられているところであり……法務大臣の裁決と退去強制令書発付処分とを併せて訴えることも許される（すなわち訴えの利益がある）と解されているところである」（前掲東京高判平成19・5・16）。

　なお、現行法制上、退去強制事由に該当する者が、（退去強制事由該当性の判断の違法ではなく）法務大臣による在留特別許可［**解説7参照**］が行われないことを違法事由として裁決の取消を求める場合には、裁決取消訴訟を提起して、裁決の違法事由として、その旨（在留特別許可が行われないことの違法性）を主張することとなる。

[**解説7** 在留特別許可とは]

　法務大臣は、外国人からの異議の申出に理由がないと認めるときでも、一定の場合には（異議を申し出た）外国人の在留を特別に許可することができるとされている（50条1項）。これを、在留特別許可という。法務大臣が在留特別許可を与えることができるのは、当該外国人が永住許可を受けているとき（50条1項1号）、かつて日本国民として本邦に本籍を有したことがあるとき（同条同項2号）、人身取引等により他人の支配下に置かれて本邦に在留するものであるとき（同条同項3号）、その他法務大臣が特別に在留を許可すべき事情があると認めるとき（同条同項4号）、である。この在留特別許可には、在留期間その他必要と認める条件を附することができる（同条2項）。

　在留特別許可とは、退去強制事由（24条）に該当し、本来であれば日本から退去強制されるべき外国人に対して、法務大臣が在留を特別に許可するものであり、この許可を与えるか否かは法務大臣の広範な裁量に委ねられていると解されている（坂中＝斎藤前掲書695-696頁）。最判昭和34年11月10日（民集13・12・1493）は、「出入国管理令第50条に基づき在留の特別許可を与えるかどうかは法務大臣の自由裁量に属するものと解すべき」と判示しており、以降の裁判例においても、法務大臣の有する裁量は「極めて広範な裁量」と表現されている。

[**解説8** 法務大臣の裁決の司法審査]

　法務大臣の裁決（異議の申出に理由がないとする裁決）の適法性の司法審査は、在留特別許可を与えないと判断したことの裁量行使の適否の問題としても審査されることになる。したがって、この場合の司法審査は、在留特別許可の付与に関する、法務大臣の（広範な）裁量権限行使の違法性に対する審査となる。

　従来の裁判例においては、法務大臣の裁量行使の違法性の判断基準として、「全く事実の基礎を欠き、又は事実に対する評価が明白に合理性を欠くこと等により、社会通念に照らし著しく妥当性を欠くことが明らかであるような場合に」、裁量権の逸脱濫用として違法になるとの基準が採用さ

れている。これは、マクリーン事件判決（最大判昭和53・10・4民集32・7・1223）において、外国人の在留期間更新に係る法務大臣の裁量判断の審査基準として採用された基準である。さらに、この点にかかわり、東京高判平成12年6月28日（訟月47・10・3023）は、「在留特別許可を……付与するか否かは、法務大臣の自由裁量に属し、……その裁量権の範囲は、在留期間更新の場合よりさらに広範であると解するのが相当である。したがって、右判断が違法とされるのは、法律上当然退去強制されるべき外国人について、なお、我が国に在留することを認めなければならない積極的な理由が認められるような場合に限られるというべきである」と述べていることが注目される。また、東京高判平成16年3月30日（訟月51・2・511）は、「判断が違法となるのは、上記判断が全く事実の基礎を欠き又は社会通念上著しく妥当性を欠くことが明らか」であるとした上で、「上記裁量の範囲は、在留期間更新の場合と比べて、より広範なものであるというべきである」、としている。

[解説9　在留特別許可ガイドラインとは]

「在留特別許可に係るガイドライン」（以下「ガイドライン」）は、第三次出入国管理基本計画（平成17年3月策定、「在留特別許可に係る透明性を高めるため…在留を特別に許可する際のガイドラインについて、その策定の適否も含めて今後検討していく」）及び規制改革・民間開放推進三か年計画（平成18年3月31日閣議決定、「永住許可及び在留特別許可に係る運用の明確化・透明化」）を踏まえ、平成18年10月に法務省入国管理局により策定・公表されたものである（その後、平成21年の入管法改正を受け、同年7月に改訂されている。平成21年7月法務省入国管理局「在留特別許可に係るガイドラインの見直しについて」参照）。

改定後のガイドラインは、「第一　在留特別許可に係る基本的な考え方及び許否判断に係る考慮事項」、「第二　在留特別許可の許否判断」の二部から構成されている。

第一の「考慮事項」として、積極要素（特に考慮する積極要素、その他の積極要素）と消極要素（特に考慮する消極要素、その他の消極要素）が挙げられている。

第二の「許否判断」においては、「在留特別許可の許否判断は、上記の積極要素及び消極要素として掲げている各事項について、それぞれ個別に評価し、考慮すべき程度を勘案した上、積極要素として考慮すべき事情が明らかに消極要素として考慮すべき事情を上回る場合には、在留特別許可の方向で検討することとなる」と述べられ、その上で、「在留特別許可方向で検討する例」と「退去方向で検討する例」が挙げられている。

[advanced 1　在留特別許可ガイドラインの法的性格について]
　入管の実務及び裁判判決においては、在留特別許可の裁量は広範なものと理解されており [解説7]、裁判所は、在留特別許可の許否の判断（違法性）が裁判所の審査の対象となる場合に、マクリーン事件判決における（裁量）審査枠組が参照されるべきものと考えているようである [解説8]。在留特別許可をしなかったことの違法性を主張する場合には、国内法令の他、（裁判規範性を有すると認められる）条約等の国際法や諸規範を根拠としつつ、その違法性の主張を展開していく必要がある。もっとも、在留特別許可についての法務大臣の裁量性を審査する際の条約等の裁判規範性については、児童の権利に関する条約、自由権規約（A規約及びB規約）につき、「これらの条約の規定が、退去強制事由のある外国人を国籍国等に送還することについての法務大臣の裁量権を制限するものということはできない」（東京地判平成20・1・17判例集未登載、最決平成20・9・26の第一審判決）、「我が国に在留する外国人については、入管法に基づく外国人在留制度の枠内において、自由権規約及び児童の権利条約の趣旨が考慮されるにすぎない」（東京地判平成24・5・18判例集未登載）といった言及がなされている。
　原告にとっては、いかなる規範・基準が、違法性の判断の際に採用されるのかが大きな問題となるが、この点につき、近時の裁判例においては、原告側から、在留特別許可に係るガイドライン」[解説9] について、「入管実務の基準として定められている」と主張されることがある。行政庁の広範な裁量権限行使に対する司法審査において、裁量基準の自己拘束性を媒介とする審査手法（裁量基準に裁判規範性を認め、その基準と行政庁の判断との乖離状況を審査する手法）を取り得るとすれば、それは、裁判所による判断

代置的判定を回避しつつ、行政庁の判断に対する審査密度の適正性を確保する手法として、注目されるべきものと思われる。もっとも、従来の行政実務は、特別在留許可に関する判断基準の存在そのものに否定的なようである。（在留特別許可を与えるかどうかについて）「考慮すべき諸事情は相互に関連し、個人的事情、客観的事情は個々に異なり、国内事情、国際情勢は時代とともに変化するものであるから、在留特別許可の許否についての固定的、一義的な基準は存在しないというべきである。」(坂中＝斎藤前掲書699-700頁）との解説も存在している。在留特別許可ガイドラインを裁量基準とする原告側の上記主張についても、入管側は、「そもそも在留特別許可は、諸般の事情を総合的に考慮した上で個別的に決定されるべき恩恵的措置であるから、在留特別許可に係る基準はない」(東京高判平成21・3・5判例集未登載（第2・事案の概要2当審における当事者の主張—(1)控訴人イ・在留特別許可の許否についての法務大臣等の裁量権））との見解を明らかにしている。

[解説10 　在留特別許可の義務付け訴訟の性格]

　行訴法の改正により義務づけ訴訟が法定抗告訴訟とされて以降、在留特別許可の義務づけを求める訴えの提起が目立つようになってきている。在留特別許可の義務付け訴訟については、それが、非申請型義務付け訴訟（行訴法3条6項1号）に該当するのか、申請型義務付け訴訟（行訴法3条6項2号）に該当するのかについての争いがあった。直接型とみるか、申請型とみるかにより、訴訟要件、勝訴要件の適用に差違が生じることとなる。

　初期の裁判例においては、在留特別許可処分の義務付け訴訟を、申請型義務付け訴訟と位置づけるものもあったが、近時の裁判例においては、直接型義務付け訴訟であるとの理解が一般的になっている（東京高判平成21・3・5判例集未登載、等）。この判断の背景には、①在留特別許可は、法務大臣が恩恵的措置として日本に在留させることを特別に許可するものであると解されること、②したがって、法24条に該当する外国人には、自己を本邦に在留させることを法務大臣に求める権利（申請権）はないこと、という理解が存在している。

　直接型義務付け訴訟の訴訟要件は、「一定の処分がされないことにより

重大な損害を生ずるおそれがあり、かつ、その損害を避けるため他に適当な方法がないとき」（行訴法37条の2第1項）である。上記東京高判平成21年3月5日は、法務大臣が在留特別許可をすべきであるにもかかわらず、これがされないとして在留特別許可をすることを義務付けることを求める訴えは、（異議の申出に理由がないとする）裁決の違法性を争点とするものであるから、裁決の取消の訴えを提起し、在留特別許可がされないことに裁量権の逸脱濫用がある（違法である）ことが認容されれば、法務大臣は判決の拘束力により主文を導くのに必要な事実認定・法律判断に拘束されることになるから、勝訴判決後に改めて行われる法務大臣の判断によって在留資格を取得するという目的を達成することができるとして、直接型義務付け訴訟の訴訟要件を満たさない、と判断している。ただし、このような拘束力の解釈については、慎重に吟味する必要があろう。

[advanced 2 　退去強制令書が出た後の事情の変更について]

　入管法においては、退去強制令書が発布された後は「速やかに」これを執行するとされているが、現実には、退去強制令書が発布されたが執行までに時間がかかるケースや、執行停止の申立てが認められるケース、難民認定申請が行われるケースなど、退去強制令書発布処分の違法性如何が判決により確定するまでに時間がかかる場合があり得る。このような場合、退去強制令書が発布された後の事情変更（法律上の婚姻の成立、夫婦間における子どもの出生、等）を理由として、義務付け訴訟を提起することにより、在留特別許可処分を要求することは可能であろうか。

　この点について参考となるのが、東京地判平成20年8月22日（判例集未登載　LEX-DB25440479）である。この事案は、裁決及び退去強制令書発布処分の取消請求をいずれも棄却する前訴が確定した後に、事情変更を理由とする再審査情願が行われ、その後、再審査情願に基づく在留特別許可をしない旨の決定の取消を求めるとともに、在留特別許可の義務付けを求めた事案である。判決は、「入管法49条1項に基づく異議の申出には理由がない旨の裁決を受けている外国人に対し、同裁決後に生じた新たな事情を考慮して、在留特別許可をすることを認めた入管法の規定は存在せず、ま

た，他にこのような権限を認めるべき根拠となる法令等は存在しない」として、上記訴えをいずれも却下している。義務付け訴訟については、次のように述べている。「法務大臣等が、入管法49条１項に基づく異議の申出には理由がない旨の裁決を受けている外国人に対し、同裁決後に生じた新たな事情を考慮して、在留特別許可をすることを認めた法令等の規定は存在しないことからすると、同裁決を受けた外国人が、同裁決後に生じた新たな事情を主張して、在留特別許可を受けるためには、難民認定手続による場合でない限り、その前提として，同裁決の効力が失われている必要があるというべきである。そして、同裁決の効力が存続しているにもかかわらず、在留特別許可を求めることは、行政庁に法的権限のない処分を求めることにほかならならないから、そのような在留特別許可の義務付けの訴えは、不適法であるというべきである（行政事件訴訟法３条６項参照）。」

　なお、実際には、再審情願［**解説11**］という事実上の措置を介して、既に存在する裁決を法務大臣等が職権で「撤回」し、改めて退去強制手続が開始されることにより、処分後の事情の変更を行政庁の決定に反映させるための取り扱いが行われることもあるようである。この点に関わり、異議の申出に理由がないとする裁決の後の事情変更に言及し、「異議棄却裁決を撤回しないことは、当該裁決後に生じた…事情を著しく軽視するものであって、社会通念に照らして著しく妥当性を欠くことが明らか」として、原告の請求（裁決の撤回と在留特別許可処分の義務づけ）を認容した判決が存在していることが注目される（名古屋地判平成25年10月３日判例集未登載、下線部は引用者）。

［**解説11**　再審情願とは］
　再審情願（再審査情願、再審申立）とは、法49条１項に基づく異議の申出には理由がない旨の裁決及び退去強制令書発布処分が既に発出されてしまっている場合に、その撤回を求めて行われる事実上の措置（申立）であるとされる。処分後に新たに生じた事情変更等があった場合等に、それらを理由として在留特別許可を求めるために、この再審情願が用いられることがあるようである。この場合の「再審」とは、既存の退令発布処分を前提

として行われるものではなく退令発布処分そのものが撤回された上で改めて行われる審査という意味で用いられる。すなわち、既に行われていた退令発布処分が撤回されることにより、改めて入管法に基づく退去強制手続が開始されることになるわけである。その結果、在留特別許可処分が発布されることもあり得るが、再審情願が行われたからといって必ず在留特別許可が付与されるわけではないことには注意を要する。

　入管法にはこのような手続に関する規定はおかれておらず、処分庁の職権発動を促すための事実上の措置と解されている。裁判所も、再審情願とは、「裁決をした法務大臣等が、再審査情願等を職権発動の端緒として、同裁決後の事情変更を考慮して同裁決を職権により撤回した上で、同裁決の基礎となった入管法49条1項に基づく異議の申出についての審理をやり直し、入管法50条1項に基づいて改めて在留特別許可をしているもの」(東京地判平成20・8・22判例集未登載) としている。したがって、処分庁には情願（申立）を受理する義務はなく、また、処分庁が再審（再審査）の手続に入らないことそれ自体を行政訴訟において争う手段はないものと解される。

　　　　　　　　　　　　　　　　　　　　　　（野口貴公美）

7 労災補償保険法事例
——社会保障給付を巡る諸問題

　会社員の夫が出張中に死亡したのは業務に起因するとして、その妻である原告が、労働者災害補償保険法による遺族補償給付及び葬祭料の請求をしたところ、労働基準監督署長は夫は同法にいう「労働者」に該当しないとして、不支給の決定をした。その取消しを求めるにはどうしたらよいか。労働基準監督署長が「業務起因性」の存否について判断していない場合、裁判所がこれを判断することができるであろうか。

1 事案の概要

　平成17年6月1日氷川一弁護士と平和次郎弁護士は、千川要さんから次のような相談を受けた。
　① 私は、山形県山形市に居住しています。夫は、昭和29年に出生し、昭和48年高校卒業と同時に宮城県仙台市に所在する株式会社甲乙（以下、会社といいます。）の前身である個人商店に就職し、就職当初から営業を担当していました。
　② 会社は、ペットフード等のペット関連製品の卸売を営む株式会社で、昭和52年3月に個人商店から会社組織に変更されました。
　会社の得意先は、宮城県内の小売業者のほか、東北地区、関東地区、関西地区、四国地区、中国地区、北陸地区と多方面にわたっており、宮城県以外のいわゆる地方都市への営業については、従業員が出張していました。このうち、四国方面と北陸方面が夫の担当であり、それぞれ1か月に1回ずつの割合で出張しており、北陸への出張は、多くの場合毎月第4週目に実施されていました。

夫は、平成2年に会社の取締役（専務取締役）に就任しましたが、その業務内容は取締役就任の前後を通じて特段の変化はありませんでしたし、給料も従業員時代と変わるところがありませんでした。

　③　夫は、平成15年8月27日、自宅から営業用の自動車で、6日間の予定で北陸方面に出張に出かけ、同月31日午前2時ころ、宿泊先である北陸の小竹市向原町所在のホテル小竹向原の客室内に備え付けたベッドの上で、急性心不全により死亡しました。

　④　私は、夫の死亡は業務上の事由によるものであるとして、平成15年12月20日、仙台労働基準監督署長に対し労災保険法による遺族補償給付及び葬祭料を請求しましたが、平成16年6月15日、夫が労働基準法に規定する労働者と認められず、労災保険法の適用がないことを理由として、両請求につき不支給決定がなされました。

　私は、その処分を不服として、同年7月24日、仙台労働者災害補償保険審査官に対し審査請求をしましたが、同審査官は同年12月17日付けでこれを棄却し、同月28日、同決定書謄本が送達されました。

　私は納得できず、平成17年1月28日、労働保険審査会に対し、再審査請求をしましたが、今日まで裁決がされていません。なんとか保険金を受け取ることはできないでしょうか。

＜時系列表＞

昭和29年	夫　誕生
昭和48年	夫　甲乙商店　入店　営業
昭和52年3月	甲乙商店法人成　株式会社甲乙
平成2年	夫　株式会社甲乙　取締役就任
平成14年2月	女子従業員3名退職
平成15年8月27日	夫　北陸方面へ出張
8月31日	夫　急性心不全により死亡
12月20日	遺族補償給付及び葬祭料の請求
平成16年6月15日	仙台労働基準監督署長　不支給決定
7月24日	審査請求
12月17日	仙台労働者災害補償保険審査官　棄却裁決

12月28日　上記決定書謄本送達
平成17年1月28日　再審査請求

2 法令調査

　労働者災害補償保険法（以下、「労災保険法」という）7条1項1号は、「労働者の業務上の負傷、疾病、障害又は死亡（以下「業務災害」という。）に関する保険給付」を定め、12条の8は「7条1項1号の業務災害に関する保険給付は、次に掲げる保険給付とする」として、その4号に遺族補償給付を、5号に葬祭料を挙げている。千川さんは、遺族補償給付と葬祭料の給付を請求（同条2項）した。
　これに対し、仙台労働基準監督署長は、「千川さんの夫は労働者には当たらない」として不支給決定をした。労災保険法は保険給付に関する決定に不服のある者は、労働者災害補償保険審査官に対して審査請求をし、その決定に不服のある者は、労働保険審査会に対して再審査請求をすることができる（38条1項）と定め、不支給決定の取消を求める訴訟は、当該処分についての再審査請求に対する労働保険審査会の裁決を経た後でなければ、提起することができない（40条1項本文）としている。ただし、例外として、再審査請求がされた日から三か月を経過しても裁決がないとき（同項1号）、再審査請求についての裁決を経ることにより生ずる著しい損害を避けるため緊急の必要があるときその他その裁決を経ないことにつき正当な理由があるとき（同項2号）は再審査請求に対する裁決がなくとも取消訴訟を提起することができると定めている。［**解説1**　労災保険給付請求の仕組みと不服申立の制度について］

氷川弁護士　平成17年1月28日にした再審査請求から3か月以上を経過しても　裁決がされていないから、訴訟を提起することができますね。
平和弁護士　そうですね。
氷川弁護士　訴訟ではどこが争点となるのかな。

平和弁護士 遺族補償給付及び葬祭料の給付を受けるには、労働者性と業務起因性の双方を満たす必要があります。千川さんの夫は専務取締役であったということですから、労働者と言えるのかが問題となるでしょう。不支給決定の理由も労働者ではないという理由でしたね。次に、仮に労働者といえても、心不全での死亡が業務に起因しているといえるかを検討しなければなりません。

氷川弁護士 先ほど千川さんから伺った限りでは、何とも言えませんね。平和さんもう少し具体的に事情を聞いて下さい。

平和弁護士 了解しました。

3 労働者性の検討

　平和弁護士は、労災保険法にいう「労働者」の意義について検討した。同法には「労働者」の定義規定は存在しないが、労災保険制度が労働基準法上の労災補償制度を基礎としていることから、同法上の「労働者」(9条)と同じと考えてよい。労働基準法9条は、「『労働者』とは、職業の種類を問わず、事業又は事務所(以下「事業」という。)に使用される者で、賃金を支払われる者をいう」と定めている。「労働者」に当たるかどうかは、その実態が使用従属関係の下における労務の提供と評価することが相応しいか否かで判断されるべきものである。千川さんの夫は、「専務取締役」であることから一般的には労働者に該当しないのではないかと考える余地を否定できない。そこで平和弁護士は、労働者であることを基礎づける間接事実を見出すことを目的に千川さんから事情を聞くことにした。[解説2　労働者性とその判断要素について]

平和弁護士 ご主人は専務取締役とのことですが、従業員の身分はなかったのですか。

千川 夫は取締役になるといっても、肩書だけのことだと話していました。実際給料も変わりませんでしたし、取締役になる際退職金を貰った

訳でもありません。

平和弁護士 甲乙社には退職金規程があるのですか。

千川 あると聞いています。実際10年勤めて退職した人が貰ったことを知っています。

平和弁護士 ご主人の仕事はどのようなものでしたか。

千川 夫の仕事の内容は、基本的に他の営業担当従業員と同じです。社長の仕事とは明確に異なっています。すなわち、夫の仕事は、担当地域の小売業者を回ってペットフード類の注文を獲得すること、注文を受けた商品について品ぞろえ、こん包、出荷作業をすることであり、他の営業担当従業員と何ら変わりません。また、夫は、社長が受注した商品について、他の営業担当者と一緒に出荷作業をしていましたが、社長は、基本的に出荷作業をせず、出荷作業をするとしても月に1、2回程度でした。特に平成14年2月ころに女性従業員3名が一斉に退職した後には、夫は、彼女らが行っていた品出し、値付け、伝票書き、事務所や倉庫の掃除を他の営業担当者とともに担当していましたが、社長は、これらの仕事をしていません。

平和弁護士 甲乙社の取締役は何人ですか。

千川 創業者の孫に当たる社長、社長の母親、夫の3人です。

平和弁護士 社長の母親は会社の仕事をしていますか。

千川 していません。

平和弁護士 従業員は何人ですか。

千川 夫を含めて7～8人だと思います。

平和弁護士 ご主人は取締役として部下に指示を出したり命令することがあったのでしょうか。

千川 先ほども話しましたが専務といいながら名ばかりで、取締役会など開かれていませんし、社長が一方的に夫を含めた従業員対し指示・指導を行っており、従業員が営業活動をする際にも、社長からの指示を受けていました。

平和弁護士 勤務時間は自由になっていたのでしょうか。

千川 自由にはなっていないと思います。仙台にいるときは毎朝7時30分

に出勤していきました。平成14年2月頃からは毎日、残業があるといって午後8時過ぎまで会社にいました。

平和弁護士 出張のときはどうですか。

千川 よくわかりませんが、出張の前夜、自宅に社長から電話が来て細かい指示をされているようでした。

平和弁護士 経費は自由に使えたのですか。

千川 夫は自由になるのは交通費くらいだ、取引先の接待もできないとこぼしていましたので、自分の判断で使えるものはなかったと思います。

平和弁護士 給料は他の従業員と比べて高額でしたか。

千川 従業員の中では高額であったと思います。それは勤務年数が長いからでしょう。夫は明細書を渡してくれていましたが、役員報酬としての支給はされていませんでした。

4 業務起因性の検討

次に平和弁護士は、夫の死亡について業務起因性が認められるかを検討した。

千川さんの夫のように突然心疾患で死亡した場合は、業務に起因して発症したものか、業務外の要因（基礎疾患）によるものかの判断が難しい。

厚生労働省は、脳血管疾患及び虚血性心疾患等（負傷に起因するものを除く。）に罹患した場合の認定基準を設定している（平成13年12月12日付け基発第1063号通達「脳血管疾患及び虚血性心疾患等（負傷に起因するものを除く。）の認定基準について」）。

これによると、短期間の過重業務として発症前おおむね1週間、長期間の過重業務として発症前おおむね6か月間に、日常業務に比較して特に過重な身体的、精神的負荷を生じさせたと客観的に認められる業務に就労したか否かが考慮され、長期間の過重業務の有無を判断するに際しては、発症前1か月間におおむね100時間又は発症前2か月間ないし6か月間にわたって、1か月当たりおおむね80時間を超える時間外労働が認められるか

否かが重要な要素としている。

　平和川弁護士は、認定基準に基づき千川さんの夫の労働時間の過重性を検討し、業務内容の過重性及び発症との因果関係の存否を検討するため、千川さんから事情を聴いた。［解説３　業務起因性とその判断基準について］

平和弁護士　まず労働時間が加重であったかどうかですが。
千川　夫は、遅くとも午前８時30分には業務を開始し、従前は午後７時過ぎころには退社していましたが、平成14年２月ころ、女性従業員が一斉に退職したことにより、早くて午後８時、遅いときは午後９時を回らなければ退社できなくなりました。
平和弁護士　出張のときはどうでしたか。
千川　北陸出張時には遅くとも午前６時には出発し、出張最終日の帰宅は午後９時30分でした。四国に行くときは午前４時には出発し、出張最終日の帰宅は平均して午後10時30分でした。そして、夫の出張中の始業時間は午前８時であったと聞いています。
平和弁護士　発症前の６か月の時間外労働はどうでしたか。
千川　発症前６か月目から連続して、１か月当たり120時間を超過する時間外労働をしていました。
平和弁護士　発症前１週間はどうですか。
千川　総労働時間81時間48分、時間外労働時間41時間48分でした。
平和弁護士　業務内容についてお聞きします。
千川　夫の仕事は、担当地域の小売業者を回ってペットフード類の注文を獲得すること、注文を受けた商品について品ぞろえ、こん包、出荷作業をすることでしたが、平成14年２月ころに、女性従業員が退職した以後は、伝票の作成や仕入れ業者への発注も個々の営業担当者の仕事となりました。また、それ以前は、女性従業員らが夫の担当する得意先宛の出荷作業を支援していましたが、これらの作業も夫が行うこととなりました。
平和弁護士　女性従業員の退職後、人員の補充はなかったのですか。
千川　ありませんでした。

平和弁護士　それでは休日出勤をすることも多かったでしょうね。

千川　就業規則上は土日、祝日は休みとなっていましたが、休みを取れたのは月に3日がせいぜいでした。

平和弁護士　有給休暇はどうですか。

千川　ほとんど取っていません。

平和弁護士　それはいつ頃からですか。

千川　入社してから継続していました。特に女性従業員の一斉退職があった後は酷くなりました。

平和弁護士　出張のときはどうですか。車で行くのですか、電車その他公共交通機関を利用するのですか。

千川　会社の排気量1300ccの営業車に商品を乗せていきます。

平和弁護士　お一人ですか。

千川　もちろん一人です。

平和弁護士　出張は日帰りですか。

千川　ほとんどは数日間に及んでいました。その他に日帰りの出張もありました。

平和弁護士　出張はどんな感じなのですか。

千川　自動車で取引先を回り、商品を届け、注文を受けることを繰り返すというものでした。特に、夫が担当していた北陸出張は、5泊6日のスケジュールで行われ、初日は早朝6時に出発し、2日目以降も1日12時間もの間、運転と営業を繰り返す必要がありました。

平和弁護士　どのような頻度で出張にでるのですか。

千川　四国方面と北陸方面、それぞれ1か月に1回ずつの割合で出張しており、北陸への出張は、多くの場合、第4週目に実施されていました。

平和弁護士　肉体的にも精神的にも、極めて過重な業務ですね。さて、ご主人には持病がありましたか。

千川　重い商品を運ぶので何時も腰痛を訴えていました。

平和弁護士　血圧が高いとか動脈硬化があるとか。疾病がありましたか。

千川　会社の健康診断で、多少血圧と中性脂肪が高いと指摘されていましたが、治療を受けていたということはありませんでした。

平和弁護士 健康には問題はなかったのですね。

千川 そうですね。女子従業員が退職した後は、疲れる、疲れたとよくいっていましたが。

平和弁護士 ご主人は、お酒を飲みましたか。

千川 営業ですから得意先を接待する際にお付き合いで飲むことはありましたが、深酒をするようなことはありませんでした。

平和弁護士 ご主人がなくなられた8月31日は暑かったのですか。

千川 そのころは記録的な猛暑でした。8月25日頃から連日37度を超えていたと記憶しています。

5 氷川弁護士と平和弁護士の打ち合わせ

平和弁護士は、労働者性も業務起因性も問題なく認められると考え、氷川弁護士にその旨を報告した。

氷川弁護士 よくわかりました。平和さん、労働者性は問題ないと思いますが、業務起因性については、若干気にかかる点があります。

平和弁護士 どの点でしょうか。

氷川弁護士 仕事が終わった後のホテルでの睡眠中の出来事ですから、因果関係があると言い切れるかどうかですね。原処分庁（仙台労働基準監督署長）は、業務起因性については判断していないのですね。

平和弁護士 はいそうです。「労働者性を欠く」と判断したので、業務起因性については判断するまでもなかったからです。

氷川弁護士 業務起因性について争いになると思いますが、厚労省の認定基準（前記）に照らしても、訴訟提起する価値はありますね。
　　ところで、平和さん、どの裁判所に提起するのかな。

平和弁護士 管轄裁判所ですね。原処分庁は仙台労働基準監督署長ですから、処分庁の所在地を管轄する仙台地方裁判所です。国の普通裁判籍である東京地方裁判所にも提起できます。特定裁判管轄は……原告の住所

は、山形市ですから、仙台地方裁判所ですね。どちらの裁判所に提起するかですが、原処分庁の所在地が何かと便利だと思います。そして千川さんは山形市に居住しているといっても、仙台市に近いところですし、1時間もあれば裁判所に来ることができます。［解説4　管轄について］
氷川弁護士　仙台地裁に提起するとして、どのような訴訟を提起しますか。
平和弁護士　不支給決定の取消訴訟です。
氷川弁護士　申請型義務付け訴訟は提起しないのですか。
平和弁護士　義務付けの訴えは、原処分庁が「業務起因性」について判断していないので無理ではないですか。
氷川弁護士　申請に対して処分をしていないのだから、義務付け訴訟を提起してよいのではないかな。私たちは、原告代理人の立場ですから、消極的になることなく、考えられる訴訟を提起しましょう。

氷川弁護士と平和弁護士は、不支給決定処分の取消訴訟と支給の義務付訴訟を提起することにした。

以下、本問では不支給決定取消訴訟のみを取り扱う。

6　理由の追加・差し替え

氷川弁護士と平和弁護士の提起した、不支給決定処分の取消訴訟と支給の義務付け訴訟は、仙台地方裁判所第5民事部に係属した。仙台地方裁判所から訴状が国に送達された。第一回口頭弁論期日は、平成22年11月1日午前10時と指定された。

被告国の代理人は仙台法務局所属の赤塚検事他である。赤塚検事は、一見書類を詳細に検討した結果、被告代理人の立場からみても「労働者性」を否定することは困難ではないか、むしろ業務起因性がないのではないかと考えた。

そこで、答弁書には、不支給決定の理由として、①労働者性を欠くというこれまでの理由に追加して、②業務起因性がないと記載した。
　この答弁書は、仙台法務局から仙台地裁第５民事部に提出され、また氷川弁護士のもとに直送されてきた。

7　裁判所の対応

　仙台地裁第５民事部は、裁判長成増判事、右陪席和光判事、左陪席朝霞判事補の構成で、この事件の主任は朝霞判事補であった。

朝霞裁判官　部長（成増判事は、同部の総括判事である。裁判所では総括判事を部長と呼ぶのが慣例である）、労災の不支給決定取消訴訟で答弁書が提出されました。
成増裁判長　不支給決定の理由としては何を主張していますか。
朝霞裁判官　①労働者性のないこと、②業務起因性のないことの２点です。
成増裁判長　原処分庁は業務起因性の有無について判断していませんでしたね。このような場合に、裁判所がこれを判断することができるのでしょうか。お二人はこの点どう考えますか。
和光裁判官　本件での訴訟物は、不支給決定の違法性一般ですね。そうすると処分理由は攻撃防御方法の一つに過ぎないことになります。したがって、理由を追加することは許されますし、裁判所としても判断してよろしいのではないでしょうか。
朝霞裁判官　私も、訴訟物は何かという観点からは和光さんと同じように考えますが、気になるのは平成５年の最高裁のベンジジン判決（最判平成５・２・16民集47・２・473）ですね。
和光裁判官　あの判決をどう読むかということですね。
成増裁判長　第１次判断権は原処分庁にあるわけで、原処分庁が判断していないのに裁判所が判断するのは、原処分庁の第１次判断権を侵害する

のではないでしょうか。さらに、労災給付については審査請求、再審査請求と２段階の手続を踏ませているのは、それらの機関の専門的知識に基づく判断が要求されるからではないでしょうか。そうなると、原処分庁が業務起因性の有無について判断していない本件で、裁判所がこれを判断することが許されないと考えますが、どうですか。

和光裁判官 部長のおっしゃることもわかるのですが、「業務起因性」の判断については当事者双方が主張立証を尽くしますから、提出された証拠資料に基づいて裁判所が判断することは可能と思います。

成増裁判長 しかし、いくら主張立証したからといって、原処分庁は第１次判断権を行使していないでしょう。

和光裁判官 主張立証を尽くすのだから、原処分庁が実質的に第１次判断権を行使したと評価して差し支えないのではないでしょうか。仮に、裁判所が判断できないという見解に立つと、業務起因性の欠如を理由とする再度の拒否処分がなされかねず、紛争解決の迅速性に反するとともに、原告の早期救済を著しく遅延させることになってしまいます。私は判断すべきと思います。［**解説５** 被告の主張制限］

8 判決

　裁判所は、合議の結果、①労働者性は認められるとの心証を形成し、当該不支給決定は違法であるとして、処分を取り消すこととした。問題は、②業務起因性について判断すべきか、どうかであったが、業務起因性について原処分庁が第１次判断権を行使していない以上、裁判所は判断することはできないとの結論に達した。判決の主文は次のとおりであった。

　「１　仙台労働基準監督署長が原告に対して平成16年６月15日付けでした労働者災害補償保険法による遺族補償給付及び葬祭料を支給しないとの処分を取り消す。
　　２　訴訟費用は被告の負担とする。」

9 再度の処分——判決効

 上記判決に対し、被告は控訴することなく、確定した。判決の効力に従い仙台労働基準監督署長は、千川さんの申請を審査した。その結果、業務起因性は存在しないとして、再度不支給決定をした。
 ［**解説6**　取消判決の効力について］

（宇佐見方宏）

解説編

[**解説1** 労災保険給付の仕組みと不服申立て制度]

　労災保険給付は、労災保険法12条の8第2項により、補償を受けるべき労働者もしくは遺族または葬祭を行う者に対して、その「請求」に基づいて行われる。本件の場合、業務災害についての遺族補償給付（同条1項4号）および葬祭料（同項5号）が請求された。「保険給付に関する決定」（同法38条1項）は、不服申立ての対象であるから、労働基準監督署長により行われる保険給付（同法施行規則1条3項）は、処分に当たる。

　保険給付に関する労働基準監督署長の決定に不服がある者は、各都道府県労働局に置かれている労働者災害補償保険審査官に対して審査請求をすることができ、この決定に不服がある者および審査請求後3か月を経過しても労働者災害補償保険審査官による決定がない場合における審査請求をしている者は、厚生労働大臣の所轄の下に置かれている労働保険審査会に再審査請求をすることができる（これらは、労働保険審査官及び労働保険審査会法1条および25条に規定されている）。労働保険審査会の裁決を経た後、保険給付に関する決定に不服がある者および再審査請求後3か月を経過してもこの裁決がない場合における再審査請求をしている者は、裁判所に処分の取消訴訟を提起することができる。以上のように、行政不服審査法とは異なる仕組みが採用されている（行審法の適用関係については、労災保険法39条がこれを規定する）審査請求の二重の前置（同法40条）が設けられた理由は、同法の解説類によれば、審査請求における簡易迅速の期待と再審査請求における厳格慎重の要請である、と説明されている。しかし、二重前置の要否については議論があり、行政不服審査制度改革ではこれの見直しが検討された（行政救済制度検討チームの「取りまとめ　別紙」(2011年12月) を参照）。

[**解説2**　労働者性の有無]

　労災保険法には労働者の定義規定がないので、本法における労働者は、労働基準法9条が規定する労働者と同義である。労基法上の労働者に該当すると、労災保険法の適用もある。労基法上の労働者性の判断枠組みは、

一般に、使用者に使用されているのか否か＝「使用」性と、報酬が一定時間の労務提供への対価であるのか否か＝「賃金」性、の有無であると考えられている。判例では、これらの有無は、業務遂行における指揮監督の有無、時間的場所的拘束の有無、報酬の支払方法などの実態に即して総合的に判断されている（最判平成8・11・28労判714・14）。

[**解説3** 業務起因性の有無]

　業務災害は、労働者の「業務上」の負傷、疾病、障害または死亡のことである（労災保険法7条1項1号）。「業務上」の意義は、労災保険法において一義的に規定されていないが、これは業務と負傷等（本件の場合は、死亡）との間に相当な因果関係が存在すること、と解されている。このことが、負傷等の業務起因性の有無と呼ばれている。業務起因性は、二つの要件が満たされた場合に肯定されている。二要件とは、すなわち、労働者の負傷等の結果が、①事業主の支配下において発生した場合（業務遂行性）、および②業務に内在する危険が現実化したものであるような場合、である。労働基準法は、「業務上の疾病」の「範囲」を厚生労働省令に委任しており（75条2項）、これを受けた同法施行規則が医学的知見により業務との因果関係が確立していると考えられる疾病を列挙している（35条・別表第1の2）。これに対して、因果関係が確立している場合ではなく、本件のような心臓疾患の場合には、労働者の生活習慣も関係しているので業務起因性の有無の判断は必ずしも容易ではない。労災認定の実務も変遷しており、「4」で紹介されている平成13年通達が、労災認定において用いられている現時点での基準である。これは、それまでの認定基準になかった要素に注目して、当時の認定基準とは異なる基準を用いて業務起因性を肯定した二つの最高裁判決、支店長付自動車運転手のくも膜下出血の発症について休業補償給付の不支給決定を取り消した最判平成12年7月17日（労判785・6）、大型長距離観光バス運転手の高血圧性脳出血について療養補償給付の不支給決定を取り消した最判平成12年7月17日（労判786・14）、ののちに発出された通達である。

　本件の場合は、出張中の死亡である。出張は、往復や宿泊の時間もすべ

て使用者の支配下にあるものとして上記の要件①が満たされている。また、要件②も、労働者が本来の業務から離脱していない場合には比較的広く認められている。たとえば、海外出張中の脳出血による死亡の業務起因性が争点となった事件では、業務に内在ないし随伴する危険性の発現が認められて、遺族補償および葬祭料の不支給決定が取り消されたものがある（名古屋高判平成8・11・26労民集47・5＝6・627）。

[**解説4**　管轄]

　抗告訴訟は、被告の普通裁判籍の所在地を管轄する裁判所または処分行政庁の所在地を管轄する裁判所の管轄に属する（行訴法12条1項・38条1項）。2004年の同法改正により、原告の普通裁判籍の所在地を管轄する高等裁判所の所在地を管轄する地方裁判所（特定管轄裁判所）にも提起することができるようになった（同法12条4項）。本件の処分行政庁は仙台労働基準監督署長であり、不支給決定の抗告訴訟（取消訴訟および義務付け訴訟の併合提起）の被告は、国である。したがって、第一審は、東京地方裁判所（同法12条1項）または仙台地方裁判所（同項および4項）である。なお、民事訴訟の例により（同法7条）、被告の合意により上記以外の裁判所に訴えを提起することもできる（民訴法11条）。

[**解説5**　被告の主張制限（処分理由の補充の許否）]

　取消訴訟の訴訟物は、処分の違法性一般であると解されている。しかし、処分の違法性一般が審理の対象であるといっても、争われている処分の同一性が失われるような処分理由の補充は許されない。ベンジジン事件の最高裁判決（最判平成5・2・16民集47・2・473）は、労災保険法施行前の業務に起因する疾病が同法の適用対象とはならないことを理由とする保険給付不支給決定の取消訴訟において、「労働者の疾病等の業務起因性の有無については、第一次的に労働基準監督署長にその判断の権限が与えられている」から、この点について判断をしていない本件においては、「原判決が、本件被災者らの疾病の業務起因性の有無についての認定、判断を留保した上、本件不支給決定を違法として取り消したことに、所論の違法は

ない」と判示した。つまり本判決によれば、本件の訴訟物には、労働基準監督署長が判断しなかった疾病の業務起因性の有無が含まれない。本判決は、業務起因性の欠如という労災保険法の適用を前提とする理由の追加主張を許容すると、労災保険法が適用されないという理由で行われた処分の同一性が失われるとする趣旨であると解されている。この最高裁判決を前提としても、この事実関係とは異なり本件では、労災保険法が原告の夫の死亡に適用されることは当然であって、保険給付の不支給決定の理由であった原告の夫の労働者性の欠如に追加して、その業務起因性の欠如が主張されている。このように、訴訟段階で業務起因性についての処分理由が追加されたとしても、不支給決定の理由が一つ追加されただけであるから、原告の請求に対する不支給決定の同一性は、失われない。

　また、ベンジジン事件の最判は、（労災保険法の適用関係の有無と適用されるとして要件充足の有無という意味での、処分の同一性が争われた）本件の特殊性を離れて一般的に、処分時に提示された理由以外の理由の被告による追加主張が、行政庁による第一次的判断権が行使されていないから、許容されないとは判示していなかった。一般に、申請拒否処分の場合には、紛争の一回的解決の要請を根拠として、処分理由の補充を肯定する説が多数主張されている。形式的一般的に論ずるのではなく、本件もそうであるような労災保険法が適用される事件において実質的個別的に論ずるのであれば、同法１条が規定するように労働者の「迅速」な「保護」が保険給付の目的であるから、処分理由の補充を認めて、紛争の一回的解決が図られるべきである。さもなければ、本件で原告が不支給決定の取消判決を得たとしても、処分行政庁が、今度は業務起因性を欠くとの理由でもう一度不支給決定をなし得るのか否かの無用な解釈問題が残存することとなってしまう。このような解釈の余地を残す司法判断が、労災保険の給付が争点となっている本件において国民の権利救済に資するものでないことは、明白である。したがって、本件の場合、労働者性の有無だけが審理されることに追加して、被告が原告の夫の死亡の業務起因性の欠如を主張することは許容されるし、裁判所は、この追加された主張についても審理しなければならない。

[**解説6** 取消判決の拘束力]

（判決の効力については5 風営法事例［**解説9** 取消判決の効力］を参照）

　本件における保険給付の不支給決定は申請拒否処分に当たるので、行政庁は、判決の趣旨に従い、改めて請求に対する決定をしなければならない（行訴法33条2項）。取消判決の拘束力は、既判力とは異なり処分の違法性一般ではなく、判決理由のなかの具体的な違法事由について発生する。したがって、行政庁は同一事情のもとで同一理由により同一内容の処分を繰り返すことができないが、異なる理由により同一内容の処分を行うことは拘束力に反しない。本件のように、取消訴訟における追加主張が裁判所によって斥けられた（第一回目の不支給決定とは異なる）理由により、つまり業務起因性がないとして、同一内容の処分である不支給決定を行政庁が反復して行うという事態が生じる。第一回目の不支給決定の取消訴訟において被告が理由の追加主張をすることができたにもかかわらずあえてこれをしなかったような場合であれば、異なる理由による同一内容の処分を行うことは、拘束力（既判力や信義則で説明されることもある）に反すると考えられているが、本件では被告が理由の追加主張をしていたにもかかわらず、裁判所がこれを斥けたのである。しかし、これは、［**解説5**］で述べたように、ベンジジン事件の最判の理解という意味でも、また紛争の一回的解決の要請に対する裁判所の応答の仕方という意味でも、妥当性が問われる。

（稲葉一将）

8 健康保険法事例
——保険医療機関の指定を巡る諸問題

　保険医療機関の指定が取り消された事例について、救済のための手段や主要な問題点について検討していくこととする。健康保険法に関する分野は一見すると専門的に見えるが、問題となるのは典型的な行政上の法律関係であることが確認できるであろう。

1 事案の概要

　平成21年12月7日、蘇我弁護士及び物部勤務弁護士が所属する蘇我法律事務所を、奈良県で病院を開設している藤原病院の事務長、看護師長、そして患者会代表の3名が訪れた。
　事務長が説明した経緯は、以下のとおりであった。
　藤原病院は、平成21年7月9日から同年8月7日までの間、近畿厚生局長からの監査を受け、同監査の結果、「平成21年1月9日から2月9日まで32日間にわたり、藤原病院が入院患者Hについて薬剤Iを1日あたり30単位投与したこと」について、同局長は藤原病院に健康保険法80条3号が規定する診療報酬の「不正請求」が認められるとして、藤原病院について保険医療機関の指定の取消しが相当と判断し、関係資料を添えて厚生労働省保険局長に内議を行ったとのことであった。
　近畿厚生局長は、平成21年9月28日、医療法人中臣会藤原病院に対し、聴聞通知書を発送し、同年10月15日、行政手続法に基づく聴聞手続を行った。
　近畿厚生局長は、平成21年10月22日、藤原病院の保険医療機関の指定の取消しについて、法82条2項に基づき、地方社会保険医療協議会に諮問し、同月26日、同協議会から原案のとおり認めるとの答申を得た。

近畿厚生局長は、平成21年10月29日、医療法人中臣会藤原病院に対し、健康保険法80条3号に基づき、同病院に対する保険医療機関の指定を同年11月2日付で取り消し、その旨を記載した通知書を同病院に交付し、同年11月2日、これを公示した。

　藤原病院としては保険医療機関の指定取消により病院は閉院に追い込まれるとして、保険医療機関の指定取消処分を取り消してもらいたいとのことであった。蘇我法律事務所の所長弁護士蘇我及び勤務弁護士物部は、どのような手段をとるべきか。

2 法令の調査

　物部弁護士は、今回の取消処分の根拠となる健康保険法、同施行令、同施行規則を事務所にあった六法全書やインターネットで確認した。また、今回の取消処分のきっかけとなった監査について、事務長が述べていた監査要綱については、インターネットで調査した。更に、物部弁護士は蘇我弁護士の指摘を受けて、健康保険法についての行政解釈を示した『健康保険法の解釈と運用』〔法研・2003〕を確認することとした。

> **コラム**
>
> **関係法令の調査方法について**
>
> 　弁護士は個別の行政法規に精通しているわけではなく、むしろ相談者がある程度の知識を持っていることがあるので、相談者から事情を聴取することも有効である。また、相談者はこれまでの行政側との遣り取りの中で、行政側から関連法規について伝えられていることもあるので、この意味でも相談者が把握している関連法規を確認すべきである。本件の『健康保険法の解釈と運用』のように、主要な法令については行政解釈をまとめた書籍が出版されていることがあるので、行政側の解釈を知る上で、こういった書籍を確認することも必要である。

＜時系列表＞

　物部弁護士は、事務長から説明を受けた内容について、時系列表を作成

し事実関係を確認した。

平成21年1月9日から2月9日
　　　　　　　　藤原病院は入院患者Hについて、32日間にわたり、薬剤Iを1日あたり30単位投与
平成21年6月11日　近畿厚生局から監査を実施するとの通知を受ける。
平成21年7月9日から同年8月7日
　　　　　　　　近畿厚生局長による監査
平成21年9月28日　近畿厚生局長、医療法人中臣会藤原病院に対し聴聞通知書を発送
平成21年10月15日　行政手続法に基づく聴聞期日
平成21年10月22日　近畿厚生局長は、藤原病院の保険医療機関の指定の取消しについて地方社会保険医療協議会に諮問
平成21年10月26日　地方社会保険医療協議会は原案のとおり認めると答申
平成21年10月29日　近畿厚生局長は医療法人中臣会藤原病院に対し、健康保険法80条3号に基づき、同病院に対する保険医療機関の指定を同年11月2日付で取り消し、その旨を記載した通知書を同病院に交付
平成21年11月2日　取消処分の公示

3 方針の検討

　物部弁護士は、既に保険医療機関指定の取消処分がなされており、先ずは取消訴訟を提起すべきであると考えたものの、ふと疑問が浮かんだ。物部弁護士は蘇我弁護士に「仮に、保険医療機関の指定を取り消されても、医療行為自体はできますよね？　健康保険が使えないからといって、医療行為自体ができなくなるわけではありませんよね？」こう質問した。蘇我弁護士は、「美容整形等の一部の医療を除いて、健康保険を利用しない医療機関は皆無といってよい状況だよ。実際には健康保険が使えなければ、患者は来ないし、入院患者も高額な医療費を自己負担で行うことなど考え

られないよ。外来患者についても、医療費の全額を自己負担でおこなうことはあり得ない。実際には病院を閉鎖せざるを得なくなるんだよ」と説明をした。

そこで物部弁護士は、取消訴訟の提起とともに、執行停止の申立てをすることとし、その準備に取りかかった。

物部弁護士が執行停止の要件について確認すると、行政事件の場合、執行停止の申立ての要件として本案訴訟の提起が要件（行訴法25条2項）となっていることが分かった。そこで物部弁護士は蘇我弁護士に「先ずは取消訴訟を提起する必要があるので、そちらに注力し、取消訴訟の提起後に執行申立の準備をすればいいですよね？」と質問した。すると蘇我弁護士は「執行停止を勝ち取ることが最優先で、執行停止の申立てをするために取消訴訟を提起すると言っても良いくらいですよ、とにかく執行停止を急がなくては」と応じた。

物部弁護士は蘇我弁護士の指示を受けて、本案訴訟の申立てと平行して執行停止の申立ての準備に取りかかった。

4 執行停止とその要件─「重大な損害」

(1) 物部弁護士は、行訴法25条2項で「重大な損害」が執行停止の要件となっていることを知り、この要件について調査をしたところ、「原状回復不能または金銭賠償不能の損害はもちろんのこと、たとえ金銭賠償が可能な損害であっても、その損害の性質・態様などから、社会通念上金銭賠償だけで損害が補塡され得ないと解される著しい損害も含まれる」とする判例を見つけた（東京高決昭和41・5・6判タ195・151）。物部弁護士は本件で執行停止が認められない可能性があると考え、蘇我弁護士に相談をした。蘇我弁護士は「物部さん、行訴法は平成16年に改正され、平成17年4月1日から施行されています。この改正で以前の『回復の困難な損害』という要件が『重大な損害』に改められて、しかも考慮要素についても法律で定められているんです。もう一度確認してください」と説明した。

［解説1　「回復の困難な損害」から「重大な損害」への改正］

　(2)　物部弁護士は、行訴法の改正で執行停止の要件が「重大な損害」に緩和されていることを確認したが、本件で実際にどのような損害が考えられるのか、再度の打ち合わせの日程を入れて、具体的に事務長から詳しい事情を聞くこととした。事務長からは以下の説明があった。
- 現在藤原病院には230人もの入院患者がいること。
- 保険医療機関の指定取消によってこの入院患者は他の病院に転院する必要があること、市内の他の病院では一度に230人もの入院患者を受け入れることは到底不可能であること。
- 入院患者はほとんどこの市内に住んでいる人で、家族や友人知人も同じ地域にいること、遠くの病院に転院することとなれば、経済的負担だけではなく、精神的にも大きな影響を受けること。
- 外来の患者もほとんどこの地域に住む人々で、遠くの病院に通院することは、ほとんど不可能であること。
- 特にこの地域は高齢化が進んでおり、バスで通える藤原病院を利用している高齢者が非常に多いこと、高齢者に片道電車で2時間もかかる県庁所在地の病院に行くことは実際上不可能であること。
- 入院患者に直ぐに転院してもらうことは、時間的にも無理があること、転院までの期間について患者さんに健康保険の効かない医療費の全額を負担してもらうわけにはいかないため、結局藤原病院が健康保険部分を負担せざるを得ないこと、そうすると莫大な負担になること、藤原病院は破産せざるを得ない状況にあること。
- 看護師や職員は病院閉鎖となれば職を失うことになること、藤原病院がある県にはこれと言った産業もなく、職員の多くは職を失うか他県で就職先を探すしか無いこと。

　こういった事情を聴取した。

　また物部弁護士は事務長から、地域における藤原病院の役割や位置づけについても説明を受けた。その内容は次のとおりであった。

- 地域において必要な病床数は都道府県知事が定める地域医療計画により定められる（医療法30条の4以下）こと、この地域の病床数（ベッド数）は、1000床とされているところ、藤原病院が300床、その他の医療機関が700床を担っており、藤原病院は地域の約3割の医療を担っていること。
- 診療科目についても、藤原病院は整形外科が有名で交通事故等の救急患者を数多く受け入れてきたこと、重篤かつ緊急を要する患者は、藤原病院が一手に引き受けていること、ヘルニア等の腰痛患者のリハビリでも地域医療の中心であること。
- 風邪などの重篤ではない病気については、通常は小さな医療機関も診療を行っているが、休日や夜間は小さな医療機関では対応しきれない場合、藤原病院が休日や夜間は分担を引き受けていること、藤原病院は、地域医療の中核を担っていること。

(3)　物部弁護士は(2)にあげた事情を執行停止の申立書の「重大な損害」として起案し、蘇我弁護士に原案を見てもらった。蘇我弁護士は「詳細かつ具体的に書かれていて良いと思います。ただ、藤原病院が被る重大な損害として、病院経営の問題はよいけれど、看護師や職員が職を失うこと、入院患者、外来患者、地域住民が被る損害を重大な損害に含めていいのかどうか、この点は検討をしてみてください。」と指示を受けた。

(4)　検討の結果、藤原病院が被る損害以外の損害、看護師、職員、患者、地域住民が被る損害については直接「重大な損害」な損害を構成するかどうか議論があるものの、蘇我弁護士とも相談した結果、藤原病院が被る損害以外の損害についても詳細に記載することとした。

コラム

執行停止の考慮要素について

　裁判所が執行停止を認めるかどうか判断するにあたって、執行停止の各要件を充足するかどうかを個別に判断するだけではなく、実際には執行停止の要件を総合衡量し、あるいは申立に至った事情、背景事情、関係者へ

の影響なども広く判断の要素とすることは十分にあり得る。関係者が被る損害についても裁判所の心証には大きな影響を与え得る。執行停止の申立に説得力を持たせるためにも、執行停止がなされなかった場合の悪影響を、申立人の損害に限定せず、具体的かつ詳細に述べることは重要であろう。

本件の場合、特に患者が被る損害については、健康保険法が被保険者（患者）の利益も法の保護の対象としていると考えられることから、「重大な損害」の考慮要素とすることは、十分可能であると考える。

5 執行停止の申立て

物部弁護士は執行停止の申立ての準備を進めたが、「重大な損害」の要件以外の要件について、当事者適格（申立適格）、申立ての利益については問題がないと考えた。また「公共の福祉に重大な影響を及ぼすおそれ」という要件については、行政側に主張・疎明の責任があることから、申立てにあたっては問題とはならないと考えた。

「本案について理由がないとみえる」との要件については、行政側に主張・疎明の責任があるものの、執行停止決定を受けるためには積極的に主張・疎明をすべきであると考え、本案訴訟と同様に主張をすることとした。

6 執行停止の申立書の概要

第1　申立ての趣旨
　　　近畿厚生局長が、原告に対して平成21年10月29日付でした藤原病院の保険医療機関指定取消処分は、その効力を停止する。
第2　申立ての原因
　　　1　処分の存在

近畿厚生局長は、平成21年10月29日、原告が経営する医療法人中臣会藤原病院に対し、健康保険法80条3号に基づき、同病院に対する保険医療機関の指定を同年11月2日付で取り消し、その旨を記載した通知書を同病院に交付し、同年11月2日、これを公示した。
2 　違法性
　　不正請求の内容が寡少であること――裁量権の逸脱濫用
　　監査要綱が定める取消処分の基準には該当しないこと――監査要綱違反
　　監査段階の手続の違法
3 　本案訴訟の係属
4 　重大な損害を避けるため緊急の必要性
　　((5の(2)に記載した事情

コラム

執行停止の申立ての趣旨の記載について

　行訴法25条2項ただし書が「処分の効力の停止は、処分の執行又は手続の続行の停止によつて目的を達することができる場合には、することができない」と規定していることから、申立の趣旨において、①処分の効力の停止、②処分の執行の停止、③手続の続行（続行処分）の停止のいずれを求めるべきかは一応検討を要する。しかしながら、①～③の区別は事案によっては必ずしも明確ではないこと、また実際の申立てにあたっては①処分の効力の執行停止を求めた場合でも、裁判所が処分の効力の停止ではなく、②処分の執行の停止あるいは、③手続の続行の停止で足りると考える場合は、その旨の示唆がなされ、あるいは執行停止決定において②ないし③に限定した決定がなされる。したがって、申立時点において、申立ての趣旨としては処分の効力の停止を求めることが通常であろう。本件の保険医療機関の指定取消処分の場合、②処分の執行の停止あるいは、③手続の続行の停止は考えにくく、決定においても①処分の効力の停止だけが問題となる。

7　取消訴訟の訴状の起案

　物部弁護士は取消訴訟の訴状の起案を始めたが、処分性については保険医療機関の指定が契約と考える余地があることから一応検討が必要ではないか、また処分の違法事由として何を取り上げるかは十分検討しなくてはと考えた（訴状一般については冒頭解説参照）。

8　処分庁と権限の委任

　物部弁護士は訴状起案に着手してすぐに、取消処分の根拠法令である健康保険法80条では処分庁が厚生労働大臣となっているにもかかわらず、実際の保険医療機関の指定取消の通知は近畿厚生局長名なされていることに気づき、その理由について蘇我弁護士に質問をした。蘇我弁護士は物部弁護士に、「疑問点はもっともで、行政事件ではよく出てくるポイントです。折角ですから関係法令をよく確認して見てください」と述べた。
　物部弁護士が法令を確認すると、健康保険法205条１項、健康保険法施行令32条１項及び健康保険法施行規則159条１項５号の２で、保険医療機関の指定取消についての厚生労働大臣の権限は、地方厚生局長に委任されていることが分かった。

［**解説２**　地方支分部局とは］

9　処分性

　物部弁護士は蘇我弁護士の指摘を受けて、健康保険法についての行政解釈を示した前掲『健康保険法の解釈と運用』を調査確認したところ、行政解釈としては保険医療機関の指定について「公法上の契約」であり、保険

医療機関の指定取消事由というのは契約解除理由を列挙したものであるとの見解が記載されていた。そうだとすると、保険医療機関の指定取消は処分性を欠き、取消訴訟を提起するという方針に問題があるのではないかと考え、蘇我弁護士に相談をした。

蘇我弁護士と相談した結果、保険医療機関の指定取消の処分性は問題ないとの結論に至った。またその他の訴訟要件についても本件では問題はないと考えた。

［解説3　保険医療機関の指定の法的性質、保険医療機関の指定取消の法的性質］

10　不正請求

(1)　物部弁護士は、訴状を起案するにあたって、改めて本件取消処分の違法事由は何か、本件で藤原病院は近畿厚生局から、具体的に何を捉えて不正請求をしたと言われているのか、再度事務長と打ち合わせを行い詳細な事情を聞いたところ、近畿厚生局が挙げる不正請求の内容は、次のとおりであった。

【不正請求の内容】

藤原病院は、入院患者Hについて、平成21年1月9日から2月9日までの32日間、薬剤Iを1日あたり10単位しか投与していないにもかかわらず、1日あたり30単位投与したとして診療報酬を請求したものである。1日あたり20単位、32日間、合計640単位の投薬について、金額にして64万円の診療報酬の不正請求がなされた。

投薬については、健康保険法63条1項2号によって「療養の給付」にあたるところ、上記の合計640単位の投薬の事実はないことから、同法80条3号の「療養の給付に関する費用の請求…について不正があったとき」に該当する。

診療報酬、社会保険の実務においては、同法80条3号の「不正請求」（診療事実に基づかずに診療報酬を請求したもの。診療を行っているが、診療録に記載していないもの又は算定要件を満たしていない不当請求とは異なる）について、次

の様に分類されているところ、藤原病院の上記診療報酬の請求が、「付増請求」に該当するとして、これを不正請求と判断した。
ア　振替請求
　実際に行った診療内容を他の診療内容に替えて請求すること。
イ　付増請求
　診療行為の回数、数量、内容等を実際に行ったよりも多く請求すること。
ウ　架空請求
　実際に診療を行わない者につき診療をしたごとく請求すること。
エ　重複請求
　既請求済みのものにつき、重複して請求すること。
オ　その他の不正請求
　不正請求については、『健康保険法の解釈と運用』の80条の解説でも、同様の記載がなされていた。

(2)　近畿厚生局が主張する不正請求の具体的内容について事務長に確認したところ、事実関係については近畿厚生局長のいうとおりで、付増請求の事実は誤り無いとのことであった。物部弁護士がなぜ付増請求などしてしまったのかその理由を尋ねると、事務長は診療報酬請求の事務担当者のケアレスミスで、誤って実際の薬剤使用量が1日10単位であるにもかかわらず1日30単位として請求をしてしまったと言うことであった。また実際に請求し過ぎた分は金額にすると64万円で、その64万円は返還したこと、そもそも藤原病院の1か月あたりの診療報酬の総額は平均すると、1億8000万円とのことであった。
　物部弁護士は、近畿厚生局の主張する事実関係については争い無いものの、余りに小さな事由を根拠として保険医療機関の指定を取り消すことは問題ではないかと考えた。

11 監査要綱

　物部弁護士は、更に事務長が盛んに述べていた監査要綱を確認した。「第6　監査後の措置」（後掲関連法令参照）として、（1）取消処分、（2）戒告、（3）注意、のそれぞれについて基準が設けられているが、どう考えても（1）の取消処分の基準には該当しないのではないかと考えた。
　（1）　取消処分
①故意に不正又は不当な診療を行ったもの。
②故意に不正又は不当な診療報酬の請求を行ったもの。
③重大な過失により、不正又は不当な診療をしばしば行ったもの。
④重大な過失により、不正又は不当な診療報酬の請求をしばしば行ったもの。
　物部弁護士は事務長に繰り返し確認したが、診療あるいは診療報酬請求について、故意もなければ重大な過失で「しばしば」行ったこともあり得ないとのことであった。
　物部弁護士は蘇我弁護士に監査要綱について説明し、本件はこれで勝訴の可能性が高いのではないでしょうかと述べると、蘇我弁護士は物部弁護士に、まず監査要綱の法的性質についてよく確認するようにと指示した。

12 手続の違法の有無の検討

　物部弁護士は蘇我弁護士に、本件取消処分は行訴法30条の裁量権の逸脱濫用があり、これが違法事由の中心となるのではないかとの考えを述べた。蘇我弁護士は、「もちろん裁量権の逸脱濫用も重要だけど、まずは取消処分に至る手続についても確認をしてみてください」と指示を受けた。
　そこで物部弁護士は本件取消処分の手続について改めて確認した。本件の場合、行政手続法15条以下の聴聞手続が取られていること、実際の聴聞

手続にでは行政手続法だけではなく、厚生労働省聴聞手続規則についても確認する必要があることが分かった。厚生労働省聴聞手続規則はインターネットですぐに確認することができた。

13 監査の経緯

物部弁護士は事務長に、保険医療機関取消の発端となった監査の経緯についても尋ねた。

まず、この監査については、「監査要綱」が存在し、一般に公表されているとのことであった。

今回の監査が入った理由は事務長も全く不明であり、突然、平成21年6月11日、近畿厚生局から監査を実施するとの通知を受けて、翌月7月から監査が実施されたとのことであった。通常であれば度重なる「個別指導」にもかかわらず改善が見られない場合等に監査が行われること、「監査要綱」の「第3 監査対象となる保険医療機関等の選定基準」に該当するようなことは一切無いとのことであった。事務長としては、監査要綱の記載されている監査対象に該当しないにもかかわらず、今回の監査が行われたことについて、到底納得できないと述べていた。

そこで物部弁護士は、監査要綱の定める監査対象に該当しないにもかかわらず監査を行ったことが、行政手続上の違法に該当するとして起案したが、蘇我弁護士から監査のやり方の問題、監査に至るまでの問題は、〔行政調査手続〕の瑕疵の問題であって、処分手続の瑕疵の問題と位置づけるのはどうなのかという質問を受けた。

[**解説4** 不利益処分の前提となる行政調査の違法と不利益処分の違法]

14 審査請求前置

物部弁護士が健康保険法の規定を確認していたところ、社会保険審査会

の裁決を経た後でなければ処分取消の訴えを提起できないという、審査請求前置主義についての法192条を見つけた。更に確認したところ、保険医療機関の指定取消については法192条が審査請求前置としている法189条、190条が規定する処分に該当しないこと、したがって審査請求前置の対象となっていないことがわかり、ほっとした（審査請求前置については、9 地方税法事例の解説参照）。

15 患者、看護師及び病院職員の訴訟参加

(1)　蘇我弁護士及び物部弁護士は、無事に取消訴訟の提起と執行停止の申立てに至り、事務長、看護師長及び患者会の代表にその報告をしたところ、患者会代表から、この取消訴訟に患者が参加することはできないかとの相談を受けた。また看護師長からも、看護師や病院職員が訴訟に参加することはできないかとの相談を受けた。

　物部弁護士は蘇我弁護士に、「あえて患者や看護師・病院職員が訴訟に参加することに意味があるのでしょうか。取消訴訟では処分の違法性が問題となりますが、患者らが訴訟に参加しても、取消処分の違法性に差異はないと思いますが」と尋ねた。蘇我弁護士は「確かにそうだけど、藤原病院の地域における重要性を主張すること、その際に患者自らが訴訟に参加することは、実際に裁判所の判断に大きな影響を与える可能性があるし、病院閉鎖による影響を主張する上でも看護師や病院職員が訴訟に参加することはプラスかも知れないね。患者らの訴訟参加の方法について、検討してみてください」と指示した。

(2)　物部弁護士は患者や看護師・病院職員が原告として訴訟に参加する方法はないかと考え、行訴法を確認したところ、行訴法18条の第三者による請求の追加的併合という民事訴訟法にはない規定を見つけた。物部弁護士が蘇我弁護士に行訴法18条について尋ねると、蘇我弁護士は「行訴法18条は患者らが訴訟に参加する方法としては、当事者、原告として参加でき

るので端的な方法ですね。ただ原告適格が認められるか、また患者と看護師・病院職員とで差異がないかも検討してください」との指示を受けた。

　物部弁護士が原告適格について調べると、多くの議論や多数の判例があり、非常に難しい問題であることは分かったが、何とも方針が立たなかったので、再度蘇我弁護士と協議した。その結果、問題点としては保険医療機関の指定取消処分は医療法人中臣会に対してなされていること、患者や看護師・病院職員は取消処分を受けた直接の相手方ではないことが問題であること、また患者と看護師・病院職員とでは立場が異なることは分かった。患者についても原告適格が認められるかは最終的な結論が出なかったが、患者会の意向を踏まえて、患者については行訴法18条による訴えの提起をすることとした。

(3)　物部弁護士は他に看護師・病院職員が訴訟に参加する方法がないかも調べたところ、行訴法22条に第三者の訴訟参加について規定が置かれていることが分かった。ただ更に調べると、「訴訟の結果により権利を害される第三者」に該当するかどうか、行訴法22条によって原告側に訴訟参加できるかどうか、問題があることが分かった。

(4)　そこで物部弁護士は、行訴法7条が「民事訴訟の例による」と規定していることから、民訴の補助参加ができないかも検討した。行政事件訴訟でも補助参加はよく使われていること、他方で原告側に民訴の補助参加をすることの当否については議論がなされていることが分かった。物部弁護士は蘇我弁護士と協議をして、看護師・病院職員については補助参加の申立をすることとした。

［**解説5**　保険医療機関指定取消処分の取消訴訟と患者の原告適格］

【参照法令】
●健康保険法（抜粋）
（目的）
第1条　この法律は、労働者の業務外の事由による疾病、負傷若しくは死亡又は出産及

びその被扶養者の疾病、負傷、死亡又は出産に関して保険給付を行い、もって国民の生活の安定と福祉の向上に寄与することを目的とする。
（基本的理念）
第2条　健康保険制度については、これが医療保険制度の基本をなすものであることにかんがみ、高齢化の進展、疾病構造の変化、社会経済情勢の変化等に対応し、その他の医療保険制度及び後期高齢者医療制度並びにこれらに密接に関連する制度と併せてその在り方に関して常に検討が加えられ、その結果に基づき、医療保険の運営の効率化、給付の内容及び費用の負担の適正化並びに国民が受ける医療の質の向上を総合的に図りつつ、実施されなければならない。

（保険給付の種類）
第52条　被保険者に係るこの法律による保険給付は、次のとおりとする。
　一　療養の給付並びに入院時食事療養費、入院時生活療養費、保険外併用療養費、療養費、訪問看護療養費及び移送費の支給
　二～九　（略）

（療養の給付）
第63条　被保険者の疾病又は負傷に関しては、次に掲げる療養の給付を行う。
　一　診察
　二　薬剤又は治療材料の支給
　三　処置、手術その他の治療
　四　居宅における療養上の管理及びその療養に伴う世話その他の看護
　五　病院又は診療所への入院及びその療養に伴う世話その他の看護
②　（略）
③　第1項の給付を受けようとする者は、厚生労働省令で定めるところにより、次に掲げる病院若しくは診療所又は薬局のうち、自己の選定するものから受けるものとする。
　一　厚生労働大臣の指定を受けた病院若しくは診療所（第65条の規定により病床の全部又は一部を除いて指定を受けたときは、その除外された病床を除く。以下「保険医療機関」という。）又は薬局（以下「保険薬局」という。）
　二　（略）
　三　（略）
④　（略）
（保険医療機関又は保険薬局の指定）
第65条　第63条第3項第1号の指定は、政令で定めるところにより、病院若しくは診療所又は薬局の開設者の申請により行う。
②～④　（略）
（保険医療機関又は保険薬局の報告等）
第78条　厚生労働大臣は、療養の給付に関して必要があると認めるときは、保険医療機

関若しくは保険薬局若しくは保険医療機関若しくは保険薬局の開設者若しくは管理者、保険医、保険薬剤師その他の従業者であった者（省略）に対し報告若しくは診療録その他の帳簿書類の提出若しくは提示を命じ、保険医療機関若しくは保険薬局の開設者若しくは管理者、保険医、保険薬剤師その他の従業者（省略）に対し出頭を求め、又は当該職員に関係者に対して質問させ、若しくは保険医療機関若しくは保険薬局について設備若しくは診療録、帳簿書類その他の物件を検査させることができる。
② （略）
（保険医療機関又は保険薬局の指定の取消し）
第80条　厚生労働大臣は、次の各号のいずれかに該当する場合においては、当該保険医療機関又は保険薬局に係る第63条第3項第1号の指定を取り消すことができる。
　一～二　（省略）
　三　療養の給付に関する費用の請求又は第85条第5項（第85条の2第5項及び第86条第4項において準用する場合を含む。）若しくは第110条第4項（これらの規定を第149条において準用する場合を含む。）の規定による支払に関する請求について不正があったとき。
　四～九　（略）
（社会保険医療協議会への諮問）
第82条　厚生労働大臣は、第70条第1項若しくは第72条第1項（これらの規定を第85条第9項、第85条の2第5項、第86条第4項、第110条第7項及び第149条において準用する場合を含む。）の厚生労働省令を定めようとするとき、又は第63条第2項第3号若しくは第4号若しくは第76条第2項（これらの規定を第149条において準用する場合を含む。）の定めをしようとするときは、中央社会保険医療協議会に諮問するものとする。ただし、第63条第2項第3号の定めのうち高度の医療技術に係るものについては、この限りでない。
②　厚生労働大臣は、保険医療機関若しくは保険薬局に係る第63条第3項第1号の指定を行おうとするとき、若しくはその指定を取り消そうとするとき、又は保険医若しくは保険薬剤師に係る第64条の登録を取り消そうとするときは、政令で定めるところにより、地方社会保険医療協議会に諮問するものとする。
（処分に対する弁明の機会の付与）
第83条　厚生労働大臣は、保険医療機関に係る第63条第3項第1号の指定をしないこととするとき、若しくはその申請に係る病床の全部若しくは一部を除いて指定（指定の変更を含む。）を行おうとするとき、若しくは保険薬局に係る同号の指定をしないこととするとき、又は保険医若しくは保険薬剤師に係る第64条の登録をしないこととするときは、当該医療機関若しくは薬局の開設者又は当該保険医若しくは保険薬剤師に対し、弁明の機会を与えなければならない。この場合においては、あらかじめ、書面で、弁明をすべき日時、場所及びその事由を通知しなければならない。
（審査請求及び再審査請求）
第189条　被保険者の資格、標準報酬又は保険給付に関する処分に不服がある者は、社

会保険審査官に対して審査請求をし、その決定に不服がある者は、社会保険審査会に対して再審査請求をすることができる。
②〜④（略）
第190条　保険料等の賦課若しくは徴収の処分又は第180条の規定による処分に不服がある者は、社会保険審査会に対して審査請求をすることができる。
（不服申立てと訴訟との関係）
第192条　第189条第１項又は第190条に規定する処分の取消しの訴えは、当該処分についての再審査請求又は審査請求に対する社会保険審査会の裁決を経た後でなければ、提起することができない。
（地方厚生局長等への権限の委任）
第205条　この法律に規定する厚生労働大臣の権限（第204条の２第１項及び同条第２項において準用する厚生年金保険法第100条の５第２項に規定する厚生労働大臣の権限を除く。）は、厚生労働省令で定めるところにより、地方厚生局長に委任することができる。
②　前項の規定により地方厚生局長に委任された権限は、厚生労働省令で定めるところにより、地方厚生支局長に委任することができる。

● 健康保険法施行令
（権限の委任）
第32条　この章に規定する厚生労働大臣の権限の一部は、厚生労働省令で定めるところにより、地方厚生局長に委任することができる。
②　前項の規定により地方厚生局長に委任された権限は、厚生労働省令で定めるところにより、地方厚生支局長に委任することができる。

● 健康保険法施行規則
（権限の委任）
第159条　法第205条第１項及び令第32条第１項の規定により、次に掲げる厚生労働大臣の権限（協会の主たる事務所の指導及び監督に係るものを除く。）は、地方厚生局長に委任する。ただし、第１号、第５号、第５号の３、第６号の３、第10号及び第10号の３から第10号の９までの権限にあっては、厚生労働大臣が自ら権限を行うことを妨げない。
一〜四　＜省略＞
五　法第60条第１項及び第２項（これらの規定を法第149条において準用する場合を含む。）の規定による権限
五の二　法第63条第３項第１号、第64条、第69条ただし書、第80条、第81条及び第83条の規定による権限
五の三〜十六　（略）
②　法第205条第２項及び令第32条第２項の規定により、前項各号に掲げる権限のうち

地方厚生支局の管轄区域に係るものは、地方厚生支局長に委任する。ただし、同項第1号、第5号及び第10号の権限にあつては、地方厚生局長が自ら権限を行うことを妨げない。

●監査要綱
第1　目的
　この要綱は、厚生労働大臣若しくは地方社会保険事務局長又は都道府県知事が、健康保険法（大正11年法律第70号）第78条（同法及び船員保険法（昭和14年法律第73号）において準用する場合を含む。）国民健康保険法（昭和33年法律第192号）第45条の2及び老人保健法（昭和57年法律第80号）第31条（同法において準用する場合を含む。）の規定に基づき、保険医療機関（特定承認保険医療機関を含む。以下同じ。）又は保険薬局（以下「保険医療機関等」という。）に対し、健康保険法、船員保険法、国民健康保険法及び老人保健法による療養の給付若しくは医療若しくは入院時食事療養費、特定療養費若しくは家族療養費の支給に係る診療（調剤を含む。以下同じ。）の内容又は診療報酬（調剤報酬を含む。以下同じ。）の請求について行う監査に関する基本的事項を定めることにより、保険診療の質的向上及び適正化を図ることを目的とする。

第2　監査方針
　監査は、保険医療機関等の診療内容又は診療報酬の請求について、不正又は著しい不当が疑われる場合等において、的確に事実関係を把握し、公正かつ適切な措置を採ることを主眼とする。

第3　監査対象となる保険医療機関等の選定基準
　監査は、次のいずれかに該当する場合に、地方社会保険事務局及び都道府県又は厚生労働省並びに地方社会保険事務局及び都道府県が共同で行うものとする。
1　診療内容に不正又は著しい不当があったことを疑うに足りる理由があるとき。
2　診療報酬の請求に不正又は著しい不当があったことを疑うに足りる理由があるとき。
3　度重なる個別指導（「指導大綱」に定める「個別指導」をいう。以下同じ。）によっても診療内容又は診療報酬の請求に改善が見られないとき。
4　正当な理由がなく個別指導を拒否したとき。

第4　監査担当者（略）
第5　監査の方法等（略）
第6　監査後の措置
1　行政上の措置
　行政上の措置は、健康保険法第80条の規定に基づく保険医療機関等の指定の取消（同法第86条第12項において準用する特定承認保険医療機関の承認の取消を含む。以下同じ）、同法第81条の規定に基づく保険医等の登録の取消（以下「取消処分」という。）並びに保険医療機関等及び保険医等に対する戒告及び注意とし、不正又は不当の事案

の内容により、次の基準によって行う。
(1) 取消処分
　地方社会保険事務局長は、保険医療機関等又は保険医等が次のいずれか一つに該当するときには、当該地方社会保険事務局に置かれる地方社会保険医療協議会に諮問して、取消処分を行う。
　なお、地方社会保険事務局長は、地方社会保険医療協議会へ諮問する前に、関係資料を添えて厚生労働省保険局長に内儀を行う。
①故意に不正又は不当な診療を行ったもの。
②故意に不正又は不当な診療報酬の請求を行ったもの。
③重大な過失により、不正又は不当な診療をしばしば行ったもの。
④重大な過失により、不正又は不当な診療報酬の請求をしばしば行ったもの。
(2) 戒告
　地方社会保険事務局長は、保険医療機関等又は保険医等が次のいずれか一つに該当するときは、戒告を行う。
①重大な過失により、不正又は不当な診療を行ったもの。
②重大な過失により、不正又は不当な診療報酬の請求を行ったもの。
③軽微な過失により、不正又は不当な診療をしばしば行ったもの。
④軽微な過失により、不正又は不当な診療報酬の請求をしばしば行ったもの。
(3) 注意
　地方社会保険事務局長は、保険医療機関等又は保険医等が次のいずれか一つに該当するときは、注意を行う。
①軽微な過失により、不正又は不当な診療を行ったもの。
②軽微な過失により、不正又は不当な診療報酬の請求を行ったもの。
 2　聴聞（略）
 3　行政上の措置の通知（略）
 4　経済上の措置（略）
 5　行政上の措置の公表等（略）

第7　再指定（略）
第8　その他（略）

　　　　　　　　　　　　　　　　　　　　　　　（重　隆憲）

解説編

[**解説1**　「回復の困難な損害」から「重大な損害」への改正]

　2004年の行政事件訴訟法改正前は、「回復困難な損害」をさけるために緊急の必要があるときに執行停止が認められるとされていたが、改正後、「回復困難な損害」は「重大な損害」に改められた。この要件が充たされることが執行停止の要件であるから、いわゆる積極要件として申立人が疎明責任を負う。「回復困難」とは、原状回復または金銭賠償が不能な場合だけでなく、社会通念上、終局的には金銭賠償だけでは塡補されないと認められるような著しい損害のことである（東京高決昭和41・5・6行集17・5・463）。この場合、金銭賠償が可能な場合には執行停止が認められない可能性が高い。たとえば、退去強制令書の取消訴訟における収容の執行停止は利益侵害の程度が決して軽いとはいえないにもかかわらず、判例は金銭的に賠償可能であるとして必ずしも執行停止を認めてこなかった（たとえば、大阪地決平成2・12・25判時1382・21参照）。そこで上記改正では執行停止の要件を緩和する趣旨で「重大な損害」に改められるとともに、その解釈条項（行訴法25条3項）が設けられた。同条項によれば、重大な損害を生ずるか否かを判断するにあたり、「損害の回復の困難の程度を考慮するものとし、損害の性質及び程度並びに処分の内容及び性質をも勘案する」とされている。「重大な損害」は申立人の損害に限られ、行政処分の名宛人以外の者が被る損害（第三者の損害）等は含まれないと解されている（宇賀克也『行政法概説Ⅱ（第4版）』〔有斐閣・2013〕286頁以下参照）。ただし、第三者の損害は、上記解釈条項にいう「処分の内容及び性質」にかかわる問題なので、結果として、それは「重大な損害」の有無の判断に際して考慮されることになる。本件では、本件処分により藤原病院がうける損害とその利用者が受ける損害を勘案したうえで、執行停止の可否を決することになろう。

　また、「処分の内容及び性質」として、処分により保護される利益が重大な損害の判断において勘案されるべきかが問題となる。重大な損害の有無について疎明責任を負う申立人は、自己に有利な結論を導くため藤原病

院とその利用者がうける損害について主張し、これに対して、被告行政主体は、重大な損害を否定するために、「処分の内容及び性質」に含まれる要素として処分により保護される公益を主張する可能性がある。しかし、この点は、「重大な損害」の有無の判断に際して勘案されるべきではなく、「公共の福祉に重大な影響を及ぼすおそれがあるとき」（行訴法25条4項）という消極要件に該当するかどうかの判断にかかわるというべきであろう。この点は、消極要件該当性の問題であるから行政主体が疎明責任を負う。

[**解説2**　地方支分部局とは]
(1)　地方支分部局

　地方支分部局とは、国の行政機関の所掌事務を地方において分掌させるためにおかれる、いわゆる国の出先機関である（内閣府設置法43条2項、国家行政組織法9条）。たとえば、財務省の地方支分部局として財務局や税関等がある。本件で登場する近畿厚生局は、厚生労働省の地方支分部局である。近年では、国と地方の役割分担という観点から二重行政を解消するべく、廃止・統合などの見直し作業が進められている（地方分権改革推進委員会第1次勧告［2008年5月］・同第2次勧告［2008年12月］など）。

(2)　権限の委任

　上記の説明は、一定の所掌事務の担い手となる単位を行政機関として把握する事務配分的行政機関概念に基づいている。国家行政組織法は、省及び委員会等を「行政機関」ととらえており、この意味において、本件で登場する厚生労働省は行政機関である。これに対して、作用法的行政機関概念によれば、行政作用法上の権限に着目して各種の行政機関が分類されることになる。たとえば、行政主体の決定を外部に表示する権限を与えられた行政機関のことを行政庁といい、行政庁の決定を補助する機関を補助機関という。本来、近畿厚生局長は、厚生労働大臣の補助機関であるが、本件の場合、健保205条1項、同施行令32条1項及び同施行規則159条1項5号の2で、保険医療機関の指定取消処分についての権限が近畿厚生局長に委任されている。そのため法令の委任により近畿厚生局長が行政庁として

当該権限を行使しているのである。権限の委任は、法律上の権限の移動を伴うため法律の根拠が必要であり、また、一部の権限についてのみ委任できると解されている。権限の委任により、受任者は自己の名と責任で権限を行使する。なお、受任庁が委任庁の下級機関である場合、委任庁は受任庁の当該委任に係る権限行使について指揮監督することができる。

　ところで行政庁以外の者による権限行使に関する法理論には、権限の委任のほか権限の代理と呼ばれるものがある。権限の代理の場合、代理機関は代理であること、被代理行政庁を明示しなければならず（顕名主義）、その行為はもとの行政機関の行為として法的効力が生じるのであって、行政庁の移動は生じない。代理には法律に基づく法定代理と法律に基づかない授権代理がある。法定代理は、さらに狭義の法定代理と指定代理に分類される。狭義の法定代理は、法定の要件の充足により法律の定める一定の機関が当然に代理権を行使する場合であり（国公11条3項、地方自治152条1項）、指定代理は、法定要件の充足に際して被代理機関の指定により代理関係が発生する場合である（内閣9条・10条、地方自治152条2項）。法定代理が認められるためには、法律に明文の根拠が必要であると解されているのに対し、授権代理が法律の根拠を要するか否かについては争いがある。

［解説3］　**保険医療機関の指定の法的性質、保険医療機関の指定取消の法的性質**
(1)　保険医療機関の指定の法的性質、保険医療機関の指定取消の法的性質
　健康保険法の行政解釈を述べた『健康保険法の解釈と運用（第11版）』〔法研・2003〕では、指定とは国や健康保険組合等の保険者と病院・診療所が第三者、すなわち被保険者（患者）のために結ぶ「公法上の契約」であって、保険者に代わり行政庁が締結するものであると説明されている（病院・診療所または薬局が、一定の療養の給付の担当方針等に従い、政府及び健康保険組合等の保険者に属する被保険者に対して療養の給付を行い、一方、その対価として診療報酬を請求しその支払いを受けるという双務契約）。保険者と病院・薬局とが直接契約を結ばず、行政庁が指定を通して保険者に代わり契約を結ぶものとされた理由は、「多数の保険者と莫大な数にのぼる病院・薬局とがいちい

ち相互に契約を結ぶことが事実上不可能であり、また、診療担当方針、診療報酬等の契約の内容が法定されている以上個々にそれぞれの特殊性に応じた内容の契約を結ぶという必要もなく、しかも、健康保険事業は、国が指導し、監督し、その発展を積極的に図っていくべき性格のものであるから」(483頁)と説明されている。また、同書は、当該契約は一種の符合契約であり、療養の給付の範囲・受給方法（健保63条）、質問・検査（同78条）、指定の取消し（同80条）、諮問（同82条）、弁明の機会の付与（同83条）等は法定約款に該当するとしている（482頁）。下級審判例も、かつて機関委任事務として知事が指定していた制度のもとで本件指定の法的性質を上記の説明どおりに判断してきた（大阪地判昭和56・3・23判時998・11、浦和地判昭和62・3・25判時1250・96等）。

　まず、上記の説明では「公法上の契約」という概念が登場するが、現在の行政法学では一般的に用いられる概念ではない。かつて行政法学は、公法私法二元論を維持する立場から行政上の契約を「公法契約」と「私法契約」に二分し、前者のみを考察の対象としてきた。しかし、今日では公法私法二元論に否定的な学説が主流であること、民事訴訟と公法上の当事者訴訟との区分に重要な意義が認められないなどの認識から、行政主体と私人の契約を広くとらえて「行政上の契約」または「行政契約」と呼び、考察の対象とするのが一般的となっている（たとえば、塩野宏『行政法Ⅰ（第5版補訂版）』〔有斐閣・2013〕186頁以下、原田尚彦『行政法要論（全訂第7版補訂2版）』〔学陽書房・2012〕212頁など参照）。

　また、指定申請の拒否については、最高裁平成17年9月8日（判時1920・29）をはじめ、処分性を肯定する判例が定着している。健康保険法の仕組みでは、指定拒否事由が限定され（健保65条3項）、指定拒否に際しては、弁明手続（同83条）及び地方社会保険医療協議会に諮問（同67条）が予定されている。これらは行政の決定の適正さを確保する仕組みであるが、行政処分であろうと、行政上の契約であろうと、行政の決定の適正さを確保することは必要なのであり、これらの仕組みが指定拒否の法的性質を決するというわけではない。法的性質の決定について実定法上の手掛かりがない場合には、制度趣旨や実効的権利救済の観点から目的論的に解釈するほか

ない。保険医療機関の指定は国民皆保険制度のもとでは、医療機関の生命線であるから、契約ではなく、行政行為として構成して、契約の自由への逃避を防ぐ必要があると説かれている（阿部泰隆『行政法解釈学Ｉ』〔有斐閣・2008〕319頁）。行政契約には通常の私的自治がそのまま妥当するべきではなく、行政目的及び私人の利益保護の観点からの法の拘束が及ぶべきであるが、契約である以上、当事者の意思を尊重する構成であることに変わりないため、契約的構成は行政の広範な裁量を認めることにつながる可能性がある。指定拒否は医療機関の営業の自由に対する一方的な制限としてとらえることができるのであり、行政行為（行政処分）と解することに合理性があろう。

ところで、本件指定拒否に処分性を認めることと、医療保険における契約構成とは両立しないわけではない。立法政策または解釈により、行政上の契約にかかる行政過程において、行政の特定の決定に処分性を認めることは可能である（小早川光郎『行政法 上』〔弘文堂・1999〕279頁以下参照）。たとえば、前掲最判平成17年の第１審・鹿児島地判平成11年６月14日（判時1717・78）は、本件指定により双務的付従的契約が成立するとしつつ、病院等の開設者が指定を拒否されると契約上の地位を否定される結果となるので、指定を受けることについては法律上の権利ないし法的利益があり、指定拒否は申請者の法律上の権利義務に直接影響を及ぼすとして処分性を肯定している。

申請拒否が処分として構成可能であるのと同様に、指定取消しも処分たりうる。指定取消しは、病院等の営業の自由または法が認めている契約上の地位を一方的に制限するものといえるからである。判例実務上も本件指定の取消しが行政処分であることは一貫している（たとえば、大阪地決平成20・１・31判タ1268・152は、指定取消しの処分性を前提に仮の差止めの申立てを棄却している。その他の判例については、碓井光明『社会保障財政法精義』〔信山社・2009〕211頁参照）。

(2) 保険医療機関の指定取消と効果裁量の有無

本件取消処分の根拠規定たる法80条では、「各号に該当する場合」に指

定を「取り消すことができる」とされている。本件では診療報酬にかかる不正請求（3号）があるとの判断、すなわち処分要件が充足されているとの判断に基づき、行政庁が取消処分をしているわけである。診療の実態がないにもかかわらず診療報酬を請求すること（付増請求）が不正であることは明らかであろう。すなわち、不正請求の有無に関する事実認定があれば、それが法の定める「不正請求」に包摂されるとの判断は容易であり、特に行政の専門技術的な判断を必要としない。本件処分については要件裁量を認める理由が乏しいと思われる。これに対して上記条文の構造によれば、処分要件の充足により処分をすることが「できる」とはいえるが、処分を「しなければならない」とはいえないだろう。また、営業の自由などの権利を制限する不利益処分については、処分要件が充足しても安易に処分を下すべきではなく、本件取消処分には効果裁量が認められるべきであろう。ただし、行政権力を発動するかどうかの決定が、もっぱら公益管理者としての行政庁の第一次的な判断と責任に委ねられるべきであるとの考え方（行政便宜主義）は妥当ではなく、行政権力により保護される利益にも目を配る必要がある（原田・前掲書100頁以下）。

(3) 裁量統制

効果裁量が認められるとしても、裁量権の行使の仕方が適切であったかどうかという問題がある。本件は、事務担当者のケアレスミスにより不正請求となってしまったという事案である。これも法の定める「不正請求」には違いないが、本件のような事案で即座に指定の取消しを行うことは酷であるとの印象はぬぐえない。本件取消訴訟の審理では、比例原則との適合性──行政目的達成のために過剰な手段がとられていないか──の観点から裁量権の行使の在り方が審査されることになる。法の目的及び基本理念は、医療保険の運営の効率化、給付の内容及び費用の負担の適正化を図り（健保2条）、究極的には国民の生活の安定と福祉の向上に寄与することにある（同1条）。上記制度の趣旨・目的に照らして、本件処分の必要性が考慮され、他方で、原告の営業の自由が処分を抑制する方向性をもつ考慮要素となる。

行政手続法では、不利益処分の裁量権の行使に関して「処分基準」を定めることが努力義務とされているが（行手12条）、本件監査要綱はこの処分基準に該当する。これによれば、取消処分は「故意に不正又は不当な診療報酬の請求を行ったもの」又は「重大な過失により、不正又は不当な診療報酬の請求をしばしば行ったもの」について行われるものとされている（要綱第6(1)）。法によれば取消処分の要件は「不正請求」の存在のみであるから、上記基準は法の認める裁量権の行使に縛りをかけていることになる。本件基準が処分に認められる裁量権の範囲を逸脱した内容を持つ場合には、当該基準に即した処分は自動的に裁量権を逸脱した違法なものとなろう。しかし、営業の自由を制限する仕組みにおける解釈として、本件要綱の内容が法の趣旨に反するとは言えず、裁量権の逸脱ともみなしえない。本件では、たまたま生じたケアレスミスをとらえて取消処分がなされているので、本件処分が上記基準から逸脱していることになるが、これを法的にどのように評価するかが問題となる。先に述べたとおり、法によれば「不正請求」の存在のみが処分要件として定められているので、裁判官は、監査要綱を度外視して本件処分が比例原則に適合するかどうかを審査することになる。本件の場合、取消処分をしなければ法の制度趣旨が損なわれるとまでは言えないであろうし、営業の自由を著しく制限する結果をもたらす取消処分を正当化する事情はないと思われるので、本件処分は比例原則に違反するといえそうである。

　ところで、他の病院等に対しては、本件基準どおりに運用しているのであれば、当該基準に合理性がある限りで本件処分の平等原則違反を指摘することも可能になる。この場合、内部規範にすぎない行政規則が平等原則を介してあたかも裁判規範のように機能することになる（行政の自己拘束の法理について、大橋洋一『行政法Ⅰ』〔有斐閣・2009〕281頁参照。行政規則の外部化とも呼ばれる。塩野・前掲書100頁以下、原田・前掲書41頁以下参照）。もっとも、本件事案では他の病院との関係で取消権限がどのように運用されているかは不明であるから、平等原則違反の主張は有効ではないかもしれない。

［**解説4**　不利益処分の前提となる行政調査の違法と不利益処分の違法］

健保78条によれば、厚生労働大臣は、療養の給付に関して必要があるときは保険医療機関の開設者及びその従業者に対して報告、診療録等の提出・提示等を命じることができるほか、職員に質問・設備等の検査をさせることができるとされている。これは行政調査を定めた規定であり、本件監査の根拠規定である（前掲『健康保険法の解釈と運用』576頁）。同条には監査対象の選定について言及はなく、それは行政機関の裁量にゆだねられる。監査要綱第3では監査対象の選定にかかるルールとして1～4のケースがあげられているが、藤原医院はいずれにも該当しないという。しかし、健保78条によれば選定について行政機関に裁量が認められていると解されるのであり、本件監査要綱に反する監査の実施が直ちに違法とは言えない（[advanced] 参照）。

[**解説5**　保険医療機関指定取消処分の取消訴訟と患者の原告適格]
　（1建築確認事例　**解説9**　原告適格の項も参照）
　(1)　保険医療機関指定取消処分の取消訴訟と患者の原告適格
　本件取消処分により藤原病院が閉鎖に追い込まれると、病院の利用者たる患者の利益が損なわれることになるため、当該利用者による本件処分の取消訴訟の提起が認められるかどうかが問われている。行訴9条1項は、取消訴訟が主観訴訟であることをふまえ、処分の取消を求めることについて「法律上の利益」があるものに訴えの提起を認める。藤原病院は本件不利益処分の名宛人であるから、その取消しについて「法律上の利益」があることは明らかである。しかし、処分の名宛人ではない病院の利用者、すなわち処分の名宛人以外の第三者に「法律上の利益」が認められるかどうかは、同9条2項の判断要素をふまえて判断されることになる。同条によれば、根拠法規の文言のみによることなく、①当該法令の趣旨および目的、並びに、②当該処分において考慮されるべき利益の内容および性質を考慮すべきものとされている。そして、③当該法令の趣旨および目的（①）を考慮するにあたり、当該法令と目的を共通にする関連法令があるときはその趣旨・目的をも参酌するものとし、④当該利益の内容および性質（②）を考慮するにあたり、当該処分または裁決がその根拠となる法令

に違反してされた場合に害されることとなる利益の内容・性質、並びに、これが害される態様および程度をも勘案するものとされている。上記①～④は、従来の最高裁判例の考え方に基づき平成16年改正により設けられた判断枠組みである。第三者の原告適格に関する最高裁の判断枠組みを分析した学説によれば、最高裁は、まず処分の根拠法規や関連法令が第三者の権利・利益を保護する趣旨を含むかどうかを判定し（保護範囲要件）、さらに、第三者の権利・利益に及ぼす処分の侵害の強度を考慮して、当該権利・利益を公益に吸収させることなく、取消訴訟を通して個別的に保護する趣旨が読みとれるならば（個別保護要件）、第三者の原告適格を肯定してきたという（小早川光郎『行政法下Ⅲ』〔弘文堂・2007〕256頁以下）。この分析にしたがうならば、同条2項の判断枠組みによりながら保護範囲要件と個別保護要件の充足につき判断することになる。

そこで、まずは患者の原告適格の有無を検討するに際して、本件指定取消しの根拠規定や法の目的をふまえて保護される利益を検討することになる。健保1条・2条をふまえると、本件指定取消しが、安定的な保険制度の維持を通して療養の給付を受ける患者の利益を保護する趣旨をもつことは明らかであろう。上記①③の考慮により、保護範囲要件の充足については比較的客観的に判断することが可能であろう。これに対して個別保護要件の充足の有無の判断はいささか難しい。ここでも①③の検討を通して法が予定する保護法益のうち、いずれを重視するかという検討を通して個別保護要件の充足に資する考慮要素を拾い上げることができる（山本隆司『判例から探求する行政法』〔有斐閣・2012〕424頁以下）。しかし、最高裁は、これに加えて②④の考慮要素の検討をもふまえて個別保護要件の充足の判断を行っている。ところが、とりわけ④でいう保護利益の内容および性質、当該利益が違害される態様および程度の評価は、解釈者の主観により左右される部分が大きいといわれている（小早川・前掲書260頁）。たとえば、生命・身体の利益について、判例は、積極的に個別保護要件を充足させる傾向があるのに対して、財産権や景観利益等に対する侵害については必ずしもそうとは言えない。本件指定取消処分の場合も究極的には生命・身体の利益を保護する制度趣旨が一応は認められよう。ただし、特定の施設の事故等

により周辺住民の生命・身体の利益が損なわれる危険が生じる場合とは異なり、本件では危険の程度が高いとはいえない。患者は、本件指定取消処分により不便を強いられるであろうが、他の病院等を利用することは可能だからである。本件患者の原告適格の有無の判断に際して、個別保護要件が充たされるかどうかについては、判断が分かれるかもしれない。

(2) 保険医療機関指定取消処分の取消訴訟と看護師・病院職員の原告適格

看護師や病院職員が本件処分により結果として職を失うという事態が生じることになる。まずは、職員の就業の利益が保護範囲要件をみたすかどうかが問題となるが、上記法の目的・理念に照らして、当該要件を充足すると判断することは困難であろう。

(3) 看護師・病院職員の訴訟参加

行訴法22条が定める第三者の訴訟参加の制度趣旨は、①取消判決の第三者効（行訴法32条）、拘束力（同33条）により不利益を受ける第三者の権利利益の救済を図ること、②第三者に攻撃防御の機会を与えることにより訴訟資料を豊富にし、当該事案の適正な裁判を可能にすることにある。行訴22条1項の文言によれば、「権利を害される」者に参加適格が認められるが、同9条1項の「法律上の利益」を害されるものであれば参加適格は認められると解されている。したがって、本件においても上記と同様に行訴9条2項の判断枠組みにより「法律上の利益」の有無が判断されることから、前述したとおり参加適格は否定されることになろう。

設例では民事訴訟法に基づく補助参加（民訴法42条）の可否についても検討が求められている。行訴法7条によれば、同法に定めがない事項については「民事訴訟の例による」と規定している。これは、行政事件訴訟と民事訴訟とが本来性質を異にするとの理解を前提として、行政事件訴訟には当然には民事訴訟の規定を適用しないが、行政事件訴訟の性質に反しない限りにおいて民事訴訟法の規定を準用することを意味する。第三者の参加については、前記の通り行訴法が定めているところであるが、このことは民事訴訟に基づく参加を否定する趣旨ではないと解されている。民訴42条

では、「訴訟の結果について利害関係を有する第三者」に補助参加の適格を認めているので、本件では看護師や病院職員が当該要件を充足するかどうかが問題となる。当該補助参加については、産業廃棄物処理施設設置許可申請に対する不許可処分の取消訴訟にかかる最決平成15年1月24日（裁時1332・3）がある。これによれば、許可要件として定められている「技術上の水準」は、当該施設から排出される有害物質により水源が汚染される事態が生じた場合に重大な被害が想定される範囲の住民の生命、身体の安全を個別的法益として保護する趣旨を含むとして、設置予定地を水源とする水道水を飲用する住民について参加適格が認められている。最高裁判例に従う限り、民訴42条の補助参加の可否に関する判断方法も行訴9条2項によるそれと異なるところはなく、そうだとすると本件の看護師・病院職員の補助参加の適格は認められないことになりそうである。

[advanced　処分手続の瑕疵と行政調査の瑕疵]

　仮に本件監査の実施が違法であるとしても、それが本件処分に瑕疵を帯びさせるかが問題となる。行政調査とそれに基づく行政処分とは一つの行政過程として把握することができるので、行政調査の瑕疵は行政手続の瑕疵に類する問題状況を登場させることになる（**3 運転免許更新事例　解説 4** 参照）。すなわち、実体的には正しい行政処分の法的効果をどのように判断するか、という問題である（櫻井敬子＝橋本博之『行政法（第4版）』〔弘文堂・2013〕219頁以下参照）。手続の瑕疵が処分に影響を及ぼすのでなければ、取り消しても手続をやり直して同様の処分をするだけのことであるから、処分の取消事由とはならないとの考え方も成り立ちそうである。しかし、今日の学説では、適正手続の要として手続4原則を提示し（告知・聴聞、理由の提示、文書閲覧、審査基準の設定・公表）、正しい決定は正しい手続によってなされうるとの前提にたったうえで、当該原則に反する事情があれば、処分への影響如何にかかわらず、その取消事由となると説かれている（塩野・前掲書319-322頁）。最高裁判例も、理由の提示の瑕疵については取消事由とみなすことに積極的である（最判昭和60・1・22民集39・1・1、最判平成4・12・10判時1453・116）。他方で、行政調査については、行政調査と後続

する処分が一つの過程を構成していることに着目し、適正手続の観点から検討されている点は同様であるが、行政調査に重大な瑕疵が存在することを条件として後続の行政行為も瑕疵を帯びると説かれている（塩野・前掲書265頁以下）。また、更正処分にかかる下級審判例では、調査手続の単なる瑕疵は更正処分に影響を及ぼさないものと解したうえで、調査の手続が刑罰法規に触れ、公序良俗に反し又は社会通念上相当の限度を超えて濫用にわたるなど重大な違法を帯び、何らの調査なしに更正処分をしたに等しいものと評価を受ける場合に限り、その処分の取消原因となると判示されている（大阪地判平成2・4・11判時1366・28）。上記学説・判例の展開は、処分手続の瑕疵と行政調査の瑕疵とを同列に論じることができないことを示している。調査手続に瑕疵があるとしても、当該調査により得られた情報によれば処分要件が充足されており、かつ、処分により保護される法益が損なわれる事情がある場合、行政調査に瑕疵があるからといって、それが直ちに処分の取消事由となるとまでは言えないとの判断であろう。本件の場合、そもそも前述のとおり監査の実施は違法であるとの評価をうけないであろうし、保険医療機関としての指定の取消しを取り消さなければ、患者の権利・利益が著しく損なわれるといった事情もないことから、監査手続の瑕疵が本件処分の取消事由となるとは言えないと思われる。

（德本広孝）

9 地方税法事例
——租税賦課、納付を巡る諸問題

　国税の更正処分取消しが裁判で一部認められた際、すでに納めた国税ならびに地方税が存在する場合には、その国税、地方税に関し、還付金や還付加算金が発生することになる。しかし、還付加算金の発生時期について、地方税では国税と異なる取扱いがなされている。この権利救済の手段や問題点について、検討してみよう。

1 事案の概要

(1) **更正処分の取消訴訟事件について（第1次訴訟）**

　平成7年8月末のうだるような夏のある日、かねてから懇意にしていた桑田税理士から租税事件を得意とする長嶋弁護士事務所に電話が入った。相談内容は、桑田税理士の顧問先であるプロ野球球団の一つである㈱水戸徳川球団が運営する水戸ジャイアンツに関するものであった。

　徳川球団の現在のオーナーは徳川慶喜氏であり、以前のオーナーは、その父親徳川斉昭氏であったが、この徳川斉昭氏は他に㈱水戸徳川新聞社を経営しており、その全株式を保有していたが、海外株式投資の失敗からこの新聞社の全株式を水戸徳川球団に買い取ってもらうこととなった。

　そこで、息子の慶喜氏に経営実権のすべてを譲渡することと、水戸徳川新聞社の経営健全化をはかり、さらには徳川斉昭氏の老後資金の提供という目的で、桑田税理士を中心にして綿密な株式売買が企画され、平成3年にそれを実行したところ、この徳川斉昭氏と水戸徳川球団との間の株式売買（売買代金9億円）が不相当な価額による売買であるという理由で、当該不相当価額部分について水戸徳川球団において6億円の受贈益との認定を受け、小石川税務署長より、平成7年8月7日に更正処分を受けたという

事件であり、更正処分取消訴訟を提起して欲しいとの依頼であった。

　株式売買価額の決定にあたり、桑田税理士は、水戸徳川新聞社の株式が徳川斉昭氏のみの保有する未上場株式であったため、その評価は純資産価額方式による評価方法を選択した。ところで、この純資産価額方式による徳川新聞社の具体的株価算定方法について、主として①現在徳川新聞社が保有している資産（特に不動産）の時価について企業解体処分価値＝清算価値を前提とした価額で算出すべきなのか、それとも企業継続を前提とした取引時価額で算定すべきなのか、②保有資産を時価で再評価するときに簿価と時価評価との間で発生するであろう清算法人所得に対応する法人税等を控除した金額をもって、純資産価額を算定すべきなのか、が問題となった。

　課税庁側は、①については企業継続を前提とした取引時価であり、さらに②については法人税等を控除しない額をもって計算するのが相当とし、当該株式価額は不相当な売買価額であるとして、更正処分をしたのである。

　更正処分取消訴訟の第1審では、企業が継続している場合の株式価値は企業継続を前提とした交換価値を基準に評価すべきであるとして、全面的に水戸徳川球団側が敗訴した。しかし、第2審では、継続会社の株式評価にあたっても、純資産価額算定にあたり法人税等を控除することは通常売買でも行われており一般に合理性があるとして、法人税等を控除した純資産価額評価を正当として、その限りで、更正処分が一部取り消された（**注**：平成12年課法2-19国税庁長官通達による改正後の法人税基本通達9-1-14において、法人が、非上場株式の評価損を算定する場合に関するにおいて、1株あたりの純資産価額の計算にあたり、評価差額に対する法人税等額に相当する金額を控除しない取扱とされた）。

(2)　**還付加算金取り戻し訴訟（第2次訴訟）**

　上記高裁での一部勝訴判決が確定したことにより、法人税に関しては、課税庁から判決に従った減額更正処分がなされるとともに、本税分2億円と平成7年の更正処分に基づいて納付した時からの還付加算金1億2000万円が返還された。そこで、桑田税理士は、法人地方税の返還を求めようと

して都税事務所に電話をし、返還金額の確認をなしたところ、地方税に関しては、本税分1億円のほかに還付加算金としては、地方税の減額更正が確定してからさらに1月経過後からしか還付加算金は計算されないため、還付加算金の返還は認められない、という回答であった。そこで、再び長嶋弁護士事務所に相談の電話が入ったのである。

＜時系列表＞

① 平成3年3月31日　水戸徳川新聞社の株式売買契約（徳川斉昭・水戸徳川球団間）
売買代金9億円、契約時1億円、残金8億円

② 平成4年10月30日　水戸徳川球団法人税確定申告（事業年度平成4年8月期）
申告所得1億5000万円、納税額5000万円
法人地方税（事業税2000万円、住民税1000万円）納付

③ 平成7年3月　水戸徳川球団に対する税務調査

④ 平成7年8月7日　法人税額等の更正処分通知書及び加算税の賦課決定通知書（6億円の受贈益課税、所得7億5000万円、納付すべき税額3億円過少申告加算税3000万円）

⑤ 平成7年9月30日　審査請求

⑥ 同日　更正処分に基づく未納法人税2億5000万円、過少申告加算税3000万円の納付

⑦ 同日　法人地方税　事業税1億円・住民税6000万円についての修正申告と未納地方税1億3000万円の納付

⑦ 平成10年7月7日　審査請求棄却

⑧ 平成10年9月30日　法人税等更正処分取消請求事件訴訟提起（第1次訴訟）

⑨ 平成15年7月7日　請求棄却判決

⑩ 平成15年7月20日　控訴

⑪ 平成18年4月10日　一部取消判決（所得2億5000万円を超える部分の取消）

⑫ 平成18年5月2日　減額更正と法人税等の還付（本税2億円、還付加算金1億2000万円）

⑬ 平成18年10月2日　法人地方税減額更正と法人地方税の還付（事業税分6000万円過少申告加算金分900万円、延滞金分2500万円、法人住民税4000万円、延滞金分1500万円）

⑭　平成18年12月1日　　法人地方税還付金等通知に関する異議申立
⑮　平成18年12月5日　　訴訟提起（第2次訴訟）

2 相談内容と方針決定

　桑田税理士からの話では、都税事務所担当者の見解は次のようなものであった。
　①　本件法人地方税については、平成7年8月7日に法人税の更正処分[解説1　租税確定手続き]を受けているため、1か月以内に修正申告・納付をしなければならないにもかかわらず、本件では、1か月以上経過しており、義務修正申告の要件は満たしていない。自主修正申告というべきものである。
　②　義務修正申告の要件を満たしていれば、地方税法17条の4第1項1号が適用され、還付加算金[解説2　付帯税と還付請求権]は、納付の日の翌日から計算される。しかし、本件は自主修正申告にあたる場合であるため、このままでは地方税法17条の4第1項4号、施行令6条の15第1項1号が適用され、還付加算金の起算日は、更正があった日の翌日から1月を経過する日の翌日から計算されることになり、還付加算金は計算されない。

　桑田税理士は、憤懣やるかたない思いで、こんな不公平は許されるのでしょうか、と長嶋弁護士に訴えた。（ⅰ）法人税については、当該更正処分が裁判で取り消された場合には、更正処分に基づいて未納税金等を納付した場合には、その納付日の翌日から還付加算金が計算されるのに、地方税の場合には、義務修正申告ではなく1月遅れの自主修正申告だからという理由で、還付加算金が受けられない、（ⅱ）国税の更正処分を受けた後、たまたま義務修正申告ないし自主修正申告もしないまま放置した結果、地方税（事業税、住民税）について更正処分を受けた場合には、地方税法17条の4第1項1号が適用され、納付日の翌日から還付加算金が計算されると

いう取扱の利益を受けることになり、自主的に申告した者の方が不利益な取り扱いを受ける、というのはまったくもって理解できない、というものであった。

【参照法令】
●地方税法（抜粋平成20年度地方税法）
（還付加算金）
第17条の4　地方団体の長は、過誤納金を第17条又は第17条の2第1項から第3項までの規定により還付し、又は充当する場合には、次の各号に掲げる過誤納金の区分に従い当該各号に掲げる日の翌日から地方団体の長が還付のため支出を決定した日又は充当をした日（同日前に充当をするに適することとなつた日があるときは、その日）までの期間の日数に応じ、その金額に年7.3パーセントの割合を乗じて計算した金額（以下「還付加算金」という。）をその還付又は充当をすべき金額に加算しなければならない。

一　更正、決定若しくは賦課決定（普通徴収の方法によって徴収する地方税の税額を確定する処分をいい、特別徴収の方法によつて徴収する個人の道府県民税及び市町村民税並びに国民健康保険税に係る特別徴収税を確定する処分を含む。以下本章において同じ。）、第53条第項若しくは第321条の8第項の規定による申告書（法人税に係る更正若しくは決定によつて納付すべき法人税額（中略）を課税標準として算定した道府県民税又は市町村民税の法人税割額に係るものに限る。）、第72条の33第3項の規定による修正申告書（中略）の拠出又は過少申告加算金、不申告加算金もしくは重加算金（以下、この章において「加算金」という。）の決定により納入すべき額が確定した地方団体の徴収金（当該地方団体の徴収金に係る延滞金を含む）に係る過納金（次号及び第3号に掲げるものを除く。）当該過納金に係る地方団体の徴収金の納付又は納入があつた日

二　更正の請求に基づく更正（当該請求に対する処分に係る不服申立てについての決定若しくは裁決又は判決を含む。）により納付し又は納入すべき額が減少した地方税（当該地方税に係る延滞金を含む。次号において同じ。）に係る過納金　その更正の請求があつた日の翌日から起算して3月を経過する日と当該更正があつた日の翌日から起算して1月を経過する日とのいずれか早い日

三　所得税の更正（申告書又は修正申告書の提出によつて納付すべき額が確定した所得税額につき行われた更正に限る。第5項において同じ。）に基因してされた賦課決定により納付し又は納入すべき額が減少した地方税に係る過納金　当該賦課決定の基因となつた所得税の更正の通知がされた日の翌日から起算して1月を経過する日

四　前3号に掲げる過納金以外の地方団体の徴収金に係る過誤納金　その過誤納となつた日として政令で定める日の翌日から起算して1月を経過する日

第53条
① ～ ㉗ （略）
㉘ 第1項、第2項、第4項又は第5項の法人が法人税に係る修正申告書を提出し、又は法人税に係る更正若しくは決定の通知を受けたこと（中略）となつた場合においては、当該法人は、当該修正申告によつて増加した法人税額（中略）又は当該更正若しくは決定によつて納付すべき法人税額（中略）を納付すべき日までに、同項の規定によつて申告納付しなければならない。

第72条の33
① ～ ② （略）
③ 第72条の25から第72条の31まで又は第1項の規定によつて申告書を提出した人（収入割のみを申告納付すべきものを除く。）は、前項の規定によるほか、当該申告に係る事業税の計算の基礎となつた事業年度（清算所得については、その算定の期間。次条第2項、第72条の39及び第72条の40において同じ。）に係る法人税の課税標準について税務官署の更正又は決定を受けたとき（中略）は、当該税務官署が当該更正又は決定の通知をした日から1月以内に、当該更正又は決定に係る課税標準を基礎として、総務省令で定める様式による修正申告書を提出するとともに、その修正により増加した事業税額を納付しなければならない。

第321条の8
① ～ ㉗ （略）
㉘ 第1項、第2項、第4項又は第5項の法人が法人税に係る修正申告書を提出し、又は法人税に係る更正若しくは決定の通知を受けたこと（中略）となった場合においては、当該法人は、当該修正申告によつて増加した法人税額（中略）又は当該更正若しくは決定によつて納付すべき法人税額（中略）を納付すべき日までに、同項の規定によつて申告納付しなければならない。

●地方税法施行令
（還付加算金）
第6条の15　法第17条の4第1項第4号に規定する政令で定める日は、次の各号に掲げる過誤納金の区分に応じ、当該各号に掲げる日とする。
　一　申告書の提出により納付し又は納入すべき額が確定した地方税（当該地方税に係る延滞金を含む。）に係る過納金でその納付し又は納入すべき額を減少させる更正（更正の請求に基づく更正を除く。）により生じたもの　その更正があつた日
　二　法第17条の4第1項第4号に掲げる過誤納金のうち、前号に掲げる過納金以外のものその納付又は納入があつた日

　この桑田税理士の話を踏まえ、長嶋弁護士事務所において、長嶋弁護士を中心に、中堅の堀内弁護士、新人の原弁護士の間で、次のような議論が

なされた。

長嶋弁護士 地方税法17条の４第１項の立法趣旨ないし改正の経緯はどうなっているかね。

原弁護士 地方税法17条の４第１項については、２回の法改正がありました。昭和44年以前には、還付加算金の始期は、すべて過誤納金の納付があった日の翌日からとされていました。しかし、昭和44年の改正で、地方団体による更正・決定・賦課決定に基づいて納付し、その納付金が過誤納金となった場合に限り、納付の翌日から還付加算金を計算することとされました。その背景には、納税者自らの自分の計算の誤りで過誤納金を発生させた場合と課税庁側の誤りで過誤納金を発生させた場合と同列に扱うことはできない、ということにあったようです。なお、後者の場合には、行政行為の公定力理論から、納税者は、その更正・決定・賦課決定が違法であることを知っていても従わねばならない立場にあることや、民法上の不当利得において悪意の受益者〈即ち、不当利得者に帰責事由がある場合〉とパラレルに考えることができるのではないか、という考慮が働いたのではないか、といわれています。

その後、昭和50年に２回目の改正がなされました。２回目の改正では、納税者の申告により地方税の額が確定する場合であっても、国税の更正又は決定により納税者が義務的に法人住民税・事業税を修正申告した場合には、納税者には、帰責性はなく、自主的に申告し過誤納金を発生させた場合と同列に扱うのは相当ではなく、地方団体が更正・決定して過誤納金を発生させた場合と同列に扱うべきだとされました。義務修正申告を怠ったために地方団体により増額更正され、その後減額更正され、過誤納金が発生した場合には、従前の規定でも、納付の日の翌日から還付加算金が計算されるのに、国税の更正・決定に従って、自主的に地方税の申告した納税者が不利に取り扱われるのは、不公平だというのもその改正の背景にあったようです。

長嶋弁護士 ところで、義務修正申告とはどういうことだね。

原弁護士 地方税法17条の４の１項では、同53条第28項（法人の道府県民税

の申告納付）同321条の 8 第28項（法人の市町村民税の申告納付）、同72条の33第 3 項（法人事業税の期限後申告及び修正申告）を意味し、これを義務修正申告と呼んでいます。法人事業税に関しては、同72条の33第 3 項から「当該税務官署が当該更正又は決定の通知をした日から 1 月以内に、当該更正又は決定にかかる課税標準を基礎として、修正申告をするとともに、修正により増加した事業税額を納付しなければならない」とされています。

　これに対し同53条第28項（法人の道府県民税の申告納付）同321条の 8 第28項（法人の市町村民税の申告納付）については、「法人税にかかる更正若しくは決定の通知を受けたことにより、不足額を生じた場合には、当該法人は、当該修正申告によって増加した法人税額若しくは更正・決定により納付すべき法人税額を納付すべき日までに、申告納付しなければならない」と規定され、具体的な期限の明示がありません。この点はどのように解釈したらよいのでしょうか。解説書を読んでも、義務修正申告の期限に関しては、事業税に関する「 1 月以内」という条文のみが掲げられ、 1 か月以内という期限のみが一般化されているように思えるのですが。

長嶋弁護士　極めてわかりづらい表現で、悪文の最たるものでしょう。法人税（国税）について更正を受けた場合の当該法人税を納付すべき日とは、国税通則法35条 2 項 2 号に規定され、「更正通知書が発せられた日の翌日から起算して 1 月を経過する日」とされています。その結果、事業税と同様に 1 月以内が義務修正申告の期間だということになります。本件では、この義務修正申告の期限を 1 か月過ぎて申告行為をなした点がまさに問題となり、さらに条文上これをどのように解釈するかが問題となりますが、この点についてはどうですか。

堀内弁護士　地方税法17条の 4 第 1 項に義務修正申告の場合が挿入されたという経緯を考えるならば、端的に本件のように 1 か月遅れの法人税の更正処分に従った自主申告の場合も、それに該当するという解釈でよいのではないでしょうか。すなわち、法人税の更正処分に従った自主申告も何もしないで、地方団体の減額更正がなされるまで待っていれば、還

付加算金が受けられるのに、率先してそれより前に自主申告した者が還付加算金の利益を受けられなくなる、というのはどう考えてもおかしなものといわざるを得ないと思います。同種裁判例（東京地判平成18・7・14判タ1303・147：法人税の決定処分後、3月経過後地方公共団体に対し期限後申告・納付をなし、その後法人税について減額更正をなした事案、高松高裁平成18・3・10裁判所ホームページ）からも、そのような解釈は可能ではないか、と考えます（注、東京地裁平成18年7月14日判決については、平成19年6月27日の東京高裁判決（民集62・9・2488）で納税者側が全面敗訴したが、その後、最判平成20・10・24民集62・9・2424で、再び納税者側が勝訴する）。

長嶋弁護士 ところで原君、法人事業税や法人住民税の納付すべき税額はどのように確定するか知っていますか。

原弁護士 地方税は、賦課課税方式がとられるのが原則ですが法人住民税・事業税は例外的に申告納付方式で確定するものの一つです。国税の申告と同時に行われるのが通常で、事業税の場合は、国税の法人申告所得が課税標準となっており、法人住民税の場合には、国税の申告納税額が課税標準となっています。国税の申告内容と連動して、いわば機械的に税額等は算出できる形となっています。

長嶋弁護士 よく勉強していますね。ところで、本件では、高裁での更正処分一部取消し判決に基づいて、国税の減額更正処分がなされ、その後これに連動して、東京都中央都税事務所長から地方税（事業税・法人住民税）の減額更正処分がされ、さらに、東京都知事名で還付金等の通知書が発送されていますが、この還付金等の通知書はどのような法的意味を有すると考えますか。

原弁護士 東京都中央都税事務所長からの減額更正通知書には、「都知事に対し、不服であれば、60日以内に審査請求［**解説3** 租税不服申立の種類と内容］ができます」という教示が書かれているのですが、この還付金等の通知書は、都知事名で出され、裏に異議申立てについての教示も記載されています。本件還付加算金をいつから発生させるか、という問題は地方税法17条の4のどの条項に該当するか、という行政庁の法の適用と、執行の平等実現が問題とされなければならないので、処分と考える

ことができると思いますが、どうでしょうか。

資料1・法人事業税・都民税更正・決定等通知書

(表)

納税地
　文京区小石川○―○―○
法人名
　株式会社水戸徳川球団　様

　　　　　　　　　　　　　　　　　　　18中税法決第200○○号
　　　　　　　　　　　　　　　　　　　平成18年10月2日

　　　　　　法人事業税・都民税更正・決定等通知書
　　　　　　　　　　　　　　東京都中央都税事務所長　印

平成3年9月1日から平成4年8月31日までの事業年度分の法人事業税・都民税の課税標準・税額・加算金額を次のとおり更正・決定したので通知します。

税務署更正年月日　　平成18年5月2日
　　　　　　　　法人事業税
　　　　　　　　　(課税標準額・千円)　　(税額)
　　　　所得割・総額　　250,000
　　　　本都分所得金額　250,000　　　　　40,000,000
　　　　合計事業税額　　　　　　　　　　 40,000,000
　　　　既に納付した事業税額　　　　　　100,000,000
　　　　差し引き事業税額　　　　　　　　△60,000,000
　　　　過少申告加算金　　　　　　　　　△ 9,000,000
　　　　減少する事業税額等の合計額　　　△69,000,000

　　　　　　　　法人都民税
　　　　　　　　　(課税標準額・千円)　　(税額)
　　　　法人税額の総額　100,000
　　　　特別区の存する　100,000　　　　　20,000,000
　　　　区域の分
　　　　　　計　　　　　100,000　　　　　20,000,000
　　　　既に納付の確定　　　　　　　　　 60,000,000
　　　　した法人税割額
　　　　差引法人税割額　　　　　　　　　△40,000,000

(裏)
　　　　　理由　「国税更正」に基づき更正しました。
＊1　この更正（決定）に不服がある場合には、この更正（決定）があったことを知った日の翌日から起算して60日以内に、東京都知事に対して審査請求することができます（なお、この更正（決定）があったことを知った日の翌日から起算して60日以内であっても、この更正（決定）の日の翌日から起算して1年を経過すると審査請求をすることができなくなります。）。審査請求書は、正副2通提出しなければなりません。なお、審査請求書は、当都税事務所長又は当支庁長を経由して提出することができます。

＊2　上記1の審査請求に対する裁決を経た場合に限り、当該審査請求に対する裁決があったことを知った日の翌日から起算して6か月以内に、東京都を被告として（訴訟において東京都を代表する者は、東京都知事となります。）処分の取消の訴えを提起することができます（なお、この更正（決定）があったことを知った日の翌日から起算して60日以内であっても、この更正（決定）の日の翌日から起算して1年を経過すると審査請求をすることができなくなります。）。ただし、次の（1）から（3）までのいずれかに該当するときは、審査請求に対する裁決を経ないで、処分の取消の訴えを提起することができます。（1）審査請求があった日の翌日から起算して3か月を経過しても議決がないとき、（2）処分、処分の執行又は手続きの続行により生じる著しい損害を避けるため緊急の必要があるとき、（3）その他議決を経ないことにつき正当な理由があるとき

資料2・都税還付金等還付（充当）通知書兼口座振替通知書

(表)

(住所・氏名)
文京区小石川〇-〇-〇
株式会社水戸徳川球団　様

(お問い合わせ先)
東京都豊島区西池袋
東京都徴収部都税還付管理室
TEL〇〇〇〇〇〇〇〇

都税還付金等還付（充当）通知書兼口座振替通知書

平成18年10月2日
通知番号02－000－0000

下記の通り都税還付金等の還付額について通知します。
還付金額は、下記口座に振込手続きをとりました。
なお、入金されるまでに数日を要する場合がありますので、予めご了承ください。

東京都知事　印

記

都税還付金等内訳
発生元事務所　中央都税事務所　　　還付理由　更正減額により生じたもの

過誤納番号	税目	氏名コード	事業年度・期別等	税額	加算金	延滞金	還付加算金
〇〇〇			H3.9.1-H4.8.31				
〇〇〇	法人事業税	〇〇	H7.10.28　決定分	900万円			300万円
〇〇〇	法人事業税	〇〇	H7.9.30　修正申告分	6000万円			
〇〇〇	法人都民税	〇〇	H7.9.30　修正申告分	4000万円			
〇〇〇	法人事業税	〇〇	H7.9.30　修正申告分			2500万円	
〇〇〇	法人都民税	〇〇	H7.9.30　修正申告分			1500万円	

　　　　　　　　　　都税還付金等合計　　　1億5200万円

振込口座
　　〇〇銀行〇〇支店　　当座預金　口座番号〇〇〇
　　　　　　　　　　　　カ）ミトトクガワキュウダン

(裏)
＊1　この還付（充当）に不服がある場合には、この還付（充当）があったことを知った日の翌日から起算して60日以内に、東京都知事に対して異議申立てをすることができます（なお、この還付（充当）があったことを知った日の翌日から起算して60日以内であっても、この更正（決定）の日の翌日から起算して1年を経過すると異議申立てをすることができなくなります。）。

＊2　上記1の異議申立てに対する決定を経た場合に限り、当該異議申立てに対する決定があったことを知った日の翌日から起算して6か月以内に、東京都を被告として（訴訟において東京都を代表する者は、東京都知事となります）処分の取消の訴えを提起することができます（なお、この還付（充当）があったことを知った日の翌日から起算して60日以内であっても、この更正（決定）の日の翌日から起算して1年を経過すると異議申立てをすることができなくなります。）。ただし、次の（1）から（3）までのいずれかに該当するときは、異議申し立てに対する決定を経ないで、処分の取消の訴えを提起することができます。（1）異議申し立てがあった日の翌日から起算して3か月を経過しても議決がないとき、（2）処分、処分の執行又は手続きの続行により生じる著しい損害を避けるため緊急の必要があるとき、（3）その他決定を経ないことにつき正当な理由があるとき

堀内弁護士　しかし、還付金の前提となる減額更正処分そのものには何ら不満はなく、還付金等の通知書における還付加算金計算の解釈に不満があるという場合、それを糾すには、改めてその部分だけを取り出して処分性を考え、不服申立ないし処分取消し訴訟［**解説4　税務訴訟**］まで提起しなければならない、というのは、どう考えても行き過ぎなように思えるのですが。すなわち、当該還付通知書を取り消したとしても、その前提たる減額更正処分により発生した還付請求権そのものにはなんら影響を与えるものではなく、還付加算金の額もこれに連動して自動的に確定する関係にあり、知事が重ねて何らかの確定行為ないし形成行為を必要とする関係にはないため、抗告訴訟の対象たるべき行政庁の処分その他公権力の行使には当たらない、と考えます。この場合、還付加算金請求権が公法上の権利関係にあるものとして実質的当事者訴訟であるとする裁判例（横浜地判平成4・9・16判時1477・39）もありますが、その取り戻しの方法・内容は、通常の民事訴訟の請求と変わりがなく、私は通常の民事訴訟を提起すれば足りるとおもいます。

[advanced 1　行政過程における私人の行為]

長嶋弁護士　還付金充当に関しては、これを抗告訴訟の対象とすべき行政庁の処分に当たるという最高裁判決（最判平成5・10・8判タ863・133）もありますよ。したがって、万一のことを考えて、弁護士としては、処分性を前提とした不服申立手続をしておいたほうが無難ではないか、と思いますがどうですか。その場合、誰にどのような不服申立手続をとりますか。

堀内弁護士　当該還付通知書の教示通り、都知事に対する異議申立をするとともに、他方その教示の（3）のその他決定を経ないことに正当な理由がある場合にあたるとして東京都に対し民事訴訟を提起するというのはどうでしょう。

長嶋弁護士　よし、とりあえずそれで行きましょう。

●国税通則法（抜粋）
（国税についての納付すべき税額の確定の方式）
第16条　国税についての納付すべき税額の確定の手続については、次の各号に掲げるいずれかの方式によるものとし、これらの方式の内容は、当該各号に掲げるところによる。
　一　申告納税方式　納付すべき税額が納税者のする申告により確定することを原則とし、その申告がない場合又はその申告に係る税額の計算が国税に関する法律の規定に従つていなかつた場合その他当該税額が税務署長又は税関長の調査したところと異なる場合に限り、税務署長又は税関長の処分により確定する方式をいう。
　二　賦課課税方式　納付すべき税額がもつぱら税務署長又は税関長の処分により確定する方式をいう。
②　国税（前条第三項各号に掲げるものを除く。）についての納付すべき税額の確定が前項各号に掲げる方式のうちいずれの方式によりされるかは、次に定めるところによる。
　一　納税義務が成立する場合において、納税者が、国税に関する法律の規定により、納付すべき税額を申告すべきものとされている国税　申告納税方式
　二　前号に掲げる国税以外の国税　賦課課税方式

●地方税法（抜粋）
第1条
　一～六　（略）

七　普通徴収　徴税吏員が納税通知書を当該納税者に交付することによつて地方税を徴収することをいう。
八　申告納付　納税者がその納付すべき地方税の課税標準額及び税額を申告し、及びその申告した税金を納付することをいう。

3 更正の請求と修正申告

　申告納税方式をとる場合にあって、申告等によっていったん確定した課税標準ないし税額等を自己の有利に変更すべきことを税務署長に求めることを更正の請求（国税通則法23条）という。

●国税通則法（抜粋）
第23条　納税申告書を提出した者は、次の各号の一に該当する場合には、当該申告書に係る国税の法定申告期限から１年以内に限り、税務署長に対し、その申告に係る課税標準等又は税額等（当該課税標準等又は税額等に関し次条又は第26条（再更正）の規定による更正（以下この条において「更正」という。）があつた場合には、当該更正後の課税標準等又は税額等）につき更正をすべき旨の請求をすることができる。
一　当該申告書に記載した課税標準等若しくは税額等の計算が国税に関する法律の規定に従つていなかつたこと又は当該計算に誤りがあつたことにより、当該申告書の提出により納付すべき税額（当該税額に関し更正があつた場合には、当該更正後の税額）が過大であるとき。
二　前号に規定する理由により、当該申告書に記載した純損失等の金額（当該金額に関し更正があつた場合には、当該更正後の金額）が過少であるとき、又は当該申告書（当該申告書に関し更正があつた場合には、更正通知書）に純損失等の金額の記載がなかつたとき。
三　第一号に規定する理由により、当該申告書に記載した還付金の額に相当する税額（当該税額に関し更正があつた場合には、当該更正後の税額）が過少であるとき、又は当該申告書（当該申告書に関し更正があつた場合には、更正通知書）に還付金の額に相当する税額の記載がなかつたとき。
②　納税申告書を提出した者又は第25条（決定）の規定による決定（以下この項において「決定」という。）を受けた者は、次の各号の一に該当する場合（納税申告書を提出した者については、当該各号に掲げる期間の満了する日が前項に規定する期間の満了する日後に到来する場合に限る。）には、同項の規定にかかわらず、当該各号に掲げる期間において、その該当することを理由として同項の規定による更正の請求（以下「更正の請求」という。）をすることができる。

一　その申告、更正又は決定に係る課税標準等又は税額等の計算の基礎となつた事実に関する訴えについての判決（判決と同一の効力を有する和解その他の行為を含む。）により、その事実が当該計算の基礎としたところと異なることが確定したとき。　その確定した日の翌日から起算して2月以内
二　その申告、更正又は決定に係る課税標準等又は税額等の計算に当たつてその申告をし、又は決定を受けた者に帰属するものとされていた所得その他課税物件が他の者に帰属するものとする当該他の者に係る国税の更正又は決定があつたとき。当該更正又は決定があつた日の翌日から起算して2月以内
三　その他当該国税の法定申告期限後に生じた前二号に類する政令で定めるやむを得ない理由があるとき。当該理由が生じた日の翌日から起算して2月以内

これに対し修正申告とは、申告の内容を自己に不利益に変更するための手続きをいう（国税通則法19条）。

●国税通則法（抜粋）
第19条　納税申告書を提出した者（その相続人その他当該提出した者の財産に属する権利義務を包括して承継した者（法人が分割をした場合にあつては、第7条の2第4項（信託に係る国税の納付義務の承継）の規定により当該分割をした法人の国税を納める義務を承継した法人に限る。）を含む。以下第23条第1項及び第2項（更正の請求）において同じ。）は、次の各号のいずれかに該当する場合には、その申告について第24条（更正）の規定による更正があるまでは、その申告に係る課税標準等（第2条第6号イからハまで（定義）に掲げる事項をいう。以下同じ。）又は税額等（同号ニからへまでに掲げる事項をいう。以下同じ。）を修正する納税申告書を税務署長に提出することができる。
一　先の納税申告書の提出により納付すべきものとしてこれに記載した税額に不足額があるとき。
二　先の納税申告書に記載した純損失等の金額が過大であるとき。
三　先の納税申告書に記載した還付金の額に相当する税額が過大であるとき。
四　先の納税申告書に当該申告書の提出により納付すべき税額を記載しなかつた場合において、その納付すべき税額があるとき。

なお、納税申告行為については、私人の行う公法行為の一つとされ、これにより納付すべき税額が確定するという効果が発生する。この納税申告行為に、民法の意思表示に関する規定がどこまで適用されるかについては、議論がある。錯誤で過大に税額の申告をなしたという場合、民法95条

の準用を原則認めたとすれば、更正の請求という制度の存在を無視することになってしまうため、更正の請求以外にその是正ができないとしたならば納税者に著しい不利益を生じるといった特段の事情がある場合に限ってその準用を認めるというのが裁判例である。

[advanced 2　還付通知書の処分性]

4 更正・決定

　申告納税方式では、第一次的に納税者の申告行為により課税標準または税額が確定するが、第二次的に租税行政庁もこれを確定する権限を与えられており、これが更正・決定である。

　更正は、申告された課税標準または税額等の計算が法律の規定に従っていなかったときや、税務調査により申告内容に誤りが発見されたときにされるものである（国税通則法24条）。

●国税通則法（抜粋）
第24条　税務署長は、納税申告書の提出があつた場合において、その納税申告書に記載された課税標準等又は税額等の計算が国税に関する法律の規定に従つていなかつたとき、その他当該課税標準等又は税額等がその調査したところと異なるときは、その調査により、当該申告書に係る課税標準等又は税額等を更正する。

　決定は、納税者が申告義務を怠り申告行為がなされていない場合に、租税行政庁が自ら課税標準または税額を決定することをいう（国税通則法25条）。

●国税通則法（抜粋）
第25条　税務署長は、納税申告書を提出する義務があると認められる者が当該申告書を提出しなかつた場合には、その調査により、当該申告書に係る課税標準等及び税額等を決定する。ただし、決定により納付すべき税額及び還付金の額に相当する税額が生じないときは、この限りでない。

（小松　哲）

解説編

[**解説1** 租税確定手続]

申告納税方式と賦課課税方式

　納付すべき税額が確定する方式として、申告納税方式と賦課課税方式がある。申告納税方式は、納付すべき税額が納税者の申告により確定することを原則とし、申告がない場合または申告が不相当な場合に限って、租税行政庁の更正・決定によって税額が確定する方式（国税通則法16条1項1号）をいう。なお、地方税では、申告納税ではなく申告納付と呼ぶ（地方税法1条1項8号）。[advanced 1　行政過程における私人の行為]

　国税については、申告納税方式が一般的であり、地方税については、申告納付方式は、法人事業税・法人住民税・地方消費税等に限られている。

　これに対し賦課課税方式とは、納付すべき税額が第一義的に租税行政庁の処分によっての確定する方式（国税通則法16条1項2号）をいう。なお、地方税法では、賦課課税のことを普通徴収と呼ぶ（地方税法1条1項7号）。地方税では一般的にこの方法が採用されている。

[**解説2**　付帯税と還付請求権]

（1）　延滞税・加算税（国税通則法）

　延滞税は、国税を法定納期限内に納付しない場合、未納税額を課税標準として、課される付帯税（国税通則法60条1項）で、私法上の遅延利息に相当し、納付遅延に対する民事罰の性質をもつといわれている。延滞税の額は、原則年14.6％であり、例外として早めの納付を奨励するために、納付納期限の翌日から2月以内は7.3％とされている。

　加算税は、申告義務・徴収納付違反者に対して特別の経済的負担を課すことにより、それらの義務履行の確保を図ろうという目的のために設けられたものであり、過少申告加算税、無申告加算税、不納付加算税、重加算税の四つがある。

　過少申告加算税は、期限内申告がなされ、結果的に修正申告または更正により申告税額が過少となった場合に増差税額の10％が課せられる（国税

通則法65条１項)。なお、増差税額が大きく、期限内申告税額または50万円のいずれか大きい金額を上回る場合には、その上回る金額の５％に相当する金額が加算される（国税通則法65条２項)。ただし、自発的修正申告を奨励させるために、調査があったことにより更正があるべきことを予知してなされたものではない修正申告の場合にあっては、過少申告加算税は課せられない（国税通則法65条５項)。

　無申告加算税は、期限内申告が行われず、期限後申告や決定により確定した場合、税額の15％の無申告加算税が課せられる（国税通則法66条１項)。ただし、期限後申告が調査があったことにより決定を予知してなされたものでない場合には、５％に軽減される（国税通則法66条３項)。

　不納付加算税は、源泉徴収等による国税が法定納期限までに納付されない場合に未納税額の10％の金額が徴収される（国税通則法67条１項)。ただし、その納付が告知があるべきことを予知してなされたものでない場合には、５％に軽減される（国税通則法２項)。

　重加算税は、仮装隠ぺい行為に基づき、過少申告・無申告・不納付がなされている場合、過少申告加算税・無申告加算税・不納付加算税の代わりに課せられるもので、その額は、計算の基礎となる税額の35％である（国税通則法68条)。

（２）　延滞金・加算金（地方税法）

　地方税の場合には、延滞税に相当するものが延滞金であり、加算税に相当するものが加算金である。

（３）　還付金と過誤納金

　還付金とは適法に納付、徴収がなされたが、のちに租税法の計算規定の適用により、国または地方公共団体が保有する理由がなくなったために、納税者に還付されるべき税額をいう。たとえば、所得税の確定申告にあたり、最終所得税額が源泉徴収税額を上回ったような場合がそれにあたる。過誤納金とは、還付金と異なり納付または徴収の時から国または地方団体がそれを保有する正当な理由がない場合の利得を意味する。過納金と誤納金とからなる。

　過納金は、申告・更正によって確定された税額が過大であったために、

減額更正がなされ、それによって減少した税額のことをいう。納付時には、法律上の原因があったが、のちに法律上の原因を欠くに至った税額のことであるという説明をすることもある。これに対し誤納金は、無効な申告・更正等に基づいて納付徴収された税額のことをいい、実体法的にも手続法的にも、納付時から法律上の原因を欠いていた税額を意味する。

（4）　過誤納金の還付請求の方法

誤納金については、最初から法律上の原因を欠いていたので、納税者は直ちに不当利得として還付を求めることができる、とされている。

これに対し過納金の場合は、有効な租税確定処分に基づいて納付された税額であるから、基礎となっている行政処分が取り消され、公定力が排除されない限り、納税者は、不当利得としての還付を求めることはできない。そこで、過納金の還付を求める場合には、その基礎となっている更正・決定の取消を求める必要があり、不服申立期間ないし出訴期間を徒過すると、その還付を請求できなくなる。

（5）　還付加算金

（ア）　還付加算金の内容

還付金等が還付される場合には、利息として、国または地方団体がそれを保有していた期間の日数に応じ、年7.3％の金額が加算される。

（イ）還付金等の還付・還付加算金の計算等に関する租税行政庁の措置は、抗告訴訟の対象となる行政庁の処分にあたるか。[advanced 2　還付通知書、還付加算金の計算等に関する租税行政庁の措置の処分性]

[解説3　租税不服申立ての種類と内容]

（1）　異議申立て

処分行政庁に対する不服申立てであり（行審法3条2項）、国税の場合の異議申立手続は、国税通則法75条1項以下に規定されており、地方税の異議申立手続については、行政不服審査法にもとづく（地方税法19条）。

本件では、地方事務所長のなした減額更正通知が問題となっているが、これが処分に当たるという場合には、地方事務所長は、地方団体の長の出先機関であり、地方団体の長に対しては、審査請求ができるので、地方事

務所長に対する異議申立てはできない（行審法6条1項）。本件教示においても、知事に対する審査請求手続についての記載がなされている。
（2） 審査請求
処分行政庁以外の行政庁に対する不服申し立て
　　（ア）　国税の場合の異議申立前置主義（国税通則法115条1項）
異議申し立ては、処分があったことを知った日の翌日から2月以内。2審的審査請求は、異議決定書謄本が送達された翌日から1月以内に申立をしなければならない（国税通則法77条1項・2項）。

●国税通則法
第77条　不服申立て（第75条第3項及び第5項（異議申立て後にする審査請求）の規定による審査請求を除く。第四項において同じ。）は、処分があつたことを知つた日（処分に係る通知を受けた場合には、その受けた日）の翌日から起算して1月以内にしなければならない。
②　第75条第3項の規定による審査請求は、第84条第3項（異議決定の手続）の規定による異議決定書の謄本の送達があつた日の翌日から起算して1月以内にしなければならない。
③　天災その他前二項の期間内に不服申立てをしなかつたことについてやむを得ない理由があるときは、不服申立ては、これらの規定にかかわらず、その理由がやんだ日の翌日から起算して7日以内にすることができる。
④　不服申立ては、処分があつた日の翌日から起算して1年を経過したときは、することができない。ただし、正当な理由があるときは、この限りでない。
⑤　第22条（郵送等に係る納税申告書等の提出時期）の規定は、第82条第1項（税務署長経由による異議申立て）又は第87条第2項（審査請求書の記載事項）に規定する異議申立書又は審査請求書について準用する。
⑥　国税に関する法律に基づく処分をした者が誤つて法定の期間より長い期間を不服申立期間として教示した場合において、その教示された期間内に不服申立てがされたときは、当該不服申立ては、法定の期間内にされたものとみなす。

第115条　国税に関する法律に基づく処分（第80条第2項（行政不服審査法との関係）に規定する処分を除く。以下この節において同じ。）で不服申立てをすることができるものの取消しを求める訴えは、異議申立てをすることができる処分（審査請求をすることもできるもの（異議申立てについての決定を経た後審査請求をすることができるものを含む。）を除く。）にあつては異議申立てについての決定を、審査請求をすることができる処分にあつては審査請求についての裁決をそれぞれ経た後でなければ、提起することができない。ただし、次の各号の一に該当するときは、この限りでない。

一　異議申立て（国税庁長官に対してされたものに限る。）又は審査請求がされた日の翌日から起算して3月を経過しても決定又は裁決がないとき。
二　更正決定等の取消しを求める訴えを提起した者が、その訴訟の係属している間に当該更正決定等に係る国税の課税標準等又は税額等についてされた他の更正決定等の取消しを求めようとするとき。
三　異議申立てについての決定又は審査請求についての裁決を経ることにより生ずる著しい損害を避けるため緊急の必要があるとき、その他その決定又は裁決を経ないことにつき正当な理由があるとき。
②　国税に関する法律に基づく処分についてされた異議申立て又は審査請求について決定又は裁決をした者は、その決定又は裁決をした時にその処分についての訴訟が係属している場合には、その異議決定書又は裁決書の謄本をその訴訟が係属している裁判所に送付するものとする。

(イ)　青色申告書の場合の特例
　青色申告者の場合には、異議申立てをせずに審査請求を求めることができる（国税通則法75条4項1号）。

(ウ)　地方税の場合
　行政不服審査法が適用され（地方税法19条）、処分があったことを知った日の翌日から60日以内（異議申し立てをなした場合には、その決定があった日の翌日から30日以内）に不服申立てをしなければならない（行審法14条）。

　都税事務所長により減額更正処分がなされた場合、当該処分については、知事に対して審査請求をなすことができる（行審法6条1号）。しかし本件では、還付加算金の計算に関する不服申立てであり、その通知人は、都知事であるため、異議申立てとなる。

[解説4　税務訴訟]
課税処分取消訴訟における不服申立前置主義（国税通則法115条1項、地方税法19条の2）

　行政事件訴訟法は、処分取消しを求める訴訟については、不服申立前置主義を廃止し、行政処分に対して直ちに裁判所に申立てをするか、行政不服申立手続を経たうえで裁判所に出訴するかについて、選択を認めている。

しかし、課税処分取消訴訟については、不服申立前置が要件とされ、取消訴訟提起のためには、必ず、不服申立手続を経なければならない。この不服申立前置主義を採用した理由は、租税の確定と徴収に関する処分が毎年大量に発生するために、裁判所の負担軽減と、行政段階で、事前に十分な審理をなし争点を整理する必要があることにあるとされている。

　そこで、税務署長の処分に対する取消訴訟については、青色申告に対する更正を除いて、異議申立て、審査請求の2段階の手続前置が原則として必要とされている（国税通則法115条1項・75条3項・4項1号）。

　出訴期間　取消訴訟は、処分または裁決があった日から6か月以内に訴訟提起しなければならない（行訴法14条1項）。また、処分又は裁決があった日から1年を経過したときは、訴訟提起できない（同2項）。

　還付加算金の返還請求をなす場合、都知事がなした「都税還付金等還付通知書」は取消しの対象となる処分なのか［advanced 2］。

[advanced 1　行政過程における私人の行為]

　行政行為（行政処分）は行政庁の一方的な意思表示により行われるが、当該行政行為がなされるまでの過程で私人の行為が一定の役割を果たすことは少なくない。この私人の行為は、伝統的には「私人の公法行為」と呼ばれ、「私人が公法関係においてする行為で、通常、公法的効果を生ずる行為をいう」と説明されてきた（田中二郎『新版 行政法上（全訂第2版）』〔弘文堂・1974〕110頁）。今日では公法私法二元論を否定する立場から、「行政過程における私人の行為」と呼ばれている（例えば、塩野宏『行政法Ⅰ（第5版補訂版）』〔有斐閣・2009〕369頁）。本問が取り上げる納税申告も「行政過程における私人の行為」の一つであり、ここに民法上の意思表示にかかる法的ルールの適用があるのかどうかが問題となる。納税申告については、要素の錯誤に基づいて過大に税額を申告し納付してしまった場合に、納税義務者が民法95条により申告の無効を主張し、過大な部分の税額を誤納金として還付を求めることができるかが問題となった事案がある。この問題について最判昭和39年10月22日（民集18・8・1762）は、次の通り判示した。

　「そもそも所得税法が右のごとく、申告納税制度を採用し、確定申告書

記載事項の過誤の是正につき特別の規定を設けた所以は、所得税の課税標準等の決定については最もその間の事情に通じている納税義務者自身の申告に基づくものとし、その過誤の是正は法律が特に認めた場合に限る建前とすることが、租税債務を可及的速かに確定せしむべき国家財政上の要請に応ずるものであり、納税義務者に対しても過当な不利益を強いる虞がないと認めたからにほかならない。従つて、確定申告書の記載内容の過誤の是正については、その錯誤が客観的に明白且つ重大であつて、前記所得税法の定めた方法以外にその是正を許さないならば、納税義務者の利益を著しく害すると認められる特段の事情がある場合でなければ、所論のように法定の方法によらないで記載内容の錯誤を主張することは、許されないものといわなければならない。」

　私人の意思を尊重することを旨とする申告納税制度は、原則として民法の意思主義の原理に従うべきであると考えるならば、民法95条の適用を素直に認めることになろう。しかし、それでは法律があえて「更正の請求」という手続を設けたことの意味が損なわれてしまう。前掲判旨によれば、更正の請求に関する「特別の規定」は、租税法律関係の早期安定のために過誤の是正の機会を限定する趣旨をもつとされている。申告納税制度のもとでは、私人の意思が納税額の確定に関して尊重されているのは確かであるが、他方で納税額の確定に私人は責任を負うことになるというべきであろう。また、租税行政には大量な事務を安定的に処理することが求められる。上記の通り申告内容を納税者の利益に是正する機会は、原則として更正の請求手続に限定されるが（更正の請求の原則的排他性）、「特段の事情」がある場合には更正の請求以外の方法で錯誤の主張が認められることになる（金子宏『租税法（第18版）』〔弘文堂・2013〕750頁）。なお、前掲判旨では「特段の事情」が認められるために「錯誤が客観的に明白且つ重大」であることが求められているが（小早川光郎・ジュリ464号144頁は、これを支持する）、明白性まで求めることに消極的な学説も有力である（金子・前掲書751頁、碓井光明『行政判例百選Ⅰ（5版）』263頁）。

［advanced 2　還付通知書、還付加算金の計算等に関する租税行政庁の措置の処分性］

　納税者が更正の請求をして過誤納に係る税額の還付を求める場合において、税務署長又は地方公共団体の長が行う更正の請求に理由がない旨の通知は、申請拒否処分としてとらえる説（清永敬次『税法（第7版）』〔ミネルヴァ書房・2007〕227頁）や、一種の更正処分ととらえる説（南博方「更正及び決定」金子宏ほか編『租税法講座3』〔ぎょうせい・1975〕59頁以下）があり、いずれにせよ学説では処分性が認められている。更正の請求の結果なされる還付をしない旨の通知（不還付の通知）も、これと同様に考えることができる（地税19条・同施行規則1条の7第4号では、処分性のある還付の存在が明示されている）。advanced 1で述べたように、還付を受けるためには、原則として更正の請求という手続の排他性に服することになる。ただし、登録免許税法31条2項に基づく還付通知請求について、最判平成17年4月14日（民集59・3・491）は、拒否通知が簡易迅速に還付を受ける手続上の地位を否定する法的効果をもつ行政処分であるととらえつつ、しかし、拒否通知により税額が確定されるわけではなく、登録免許税の納税義務は登記の時に成立し、納付すべき税額が納税義務の成立と同時に確定するのであるから、過誤納等による納付の事実があるときは還付金請求訴訟を直接提起することができるとしている。前述した更正の請求は、納税者による租税確定を訂正したうえで還付を求める手続であるが、登録免許税の場合は登記と同時に税額が自動確定されるため、租税確定における納税者の寄与度は前者ほどではない。この違いが還付請求ルートの排他性の有無の判断に影響していると考えることもできるだろう。還付を受けるための手続に排他性があるのかどうかを、法制度の仕組みに即して検討する必要がある。

　本件では、法人税の増額更正処分取消訴訟で原告が一部勝訴したことにより、課税庁により判決の趣旨に即して法人税について減額更正処分とともに還付金及び還付加算金が支払われ、これに連動して地方税として法人に課せられる事業税と住民税についても減額更正処分と還付金の支払いがなされが（時系列表⑬）、法人税の場合とは異なり還付加算金は支払われなかったため、原告が還付加算金の支払いを求めて第2次訴訟を提起するこ

ととしたものである。問題はどのような訴訟によって還付加算金の支払いを請求することができるかである。還付加算金の計算等に関する租税行政庁の措置が行政処分だとすると、原告は、処分の公定力を排除すべく取消訴訟を提起したうえで、それに勝訴しなければ還付加算金の請求はできないが、その処分性が否定されるならば、原告は、直接、給付訴訟を提起することができる。そこで、まず訴訟形式を選択するため、還付加算金の計算等にかかる措置の処分性を検討しなければならない。

設例にあるように所得税の還付金にかかる「充当」については、最判平成5年10月8日（訟月40・8・2020）がその処分性を肯定している。本判決は、充当が行政庁により所定の場合に一方的に行うべきこととされていること（国税通則法57条1項）、その結果、充当された還付金等に相当する額の税の納付があったものとみなされること（同条2項）、また、充当は相手方に通知されること（同条3項）から、充当について公権力性及び直接的な法的効果の発生を認めて処分性を肯定した。しかし、本判決がでる以前には、充当が相殺に類似した性質をもつこと、公定力を認めず直接に還付金等の給付訴訟を提起させたほうが簡便なことから充当の処分性を否定する判例も存在した（東京高判平成4・10・26訟月39・8・1581参照）。上記最判の存在にもかかわらず、今日においても充当について処分性を否定する説が有力に唱えられている（金子・前掲書727頁以下）。

また、設例で登場した最判平成20年10月24日（判タ1283・66）は、都民税の減額更正により生じた過納金の還付を受けた原告が、その際に支払われた還付加算金は起算日を誤ったものであるとして、還付加算金の残額等の支払いを求めた事案であり、まさに本問の素材となった事案である。本判決が還付加算金の算定に係る措置を処分ととらえていないことは、直接提起された給付訴訟を適法なものとして扱っていることからわかる。上記措置が処分であるならば、素直に考えるならば公定力を排除するために取消訴訟を提起しなければならないはずだからである。一般に減額更正で租税債務の内容が確定された場合、過納分の税額については直接給付訴訟を提起することができると解されている。本件で問題となる法人の事業税及び住民税は、法人税の減額更正処分と連動するかたちで自動的に確定される

のであり、改めて課税庁による租税確定処分がなされるわけではない。租税確定処分（減額更正処分）により生じた過納分に関する一種の利息としての還付加算金について、その算定の基礎となる租税確定処分に不満がある場合には、当該処分を争うことになるであろう。しかし、当該処分には不満がなく、還付加算金の計算方法に不満がある場合に課税庁の計算にかかる措置をことさら処分としてとらえる実益があるかが問題である。還付金が５年の消滅時効にかかるとの規定（地税18条の３）を考慮するならば、あえて還付加算金の算定にかかる措置を処分として構成し、不可争力を生じさせる解釈は納税者の利益にはならないであろう。

　さらに堀内弁護士は、給付訴訟を提起する場合に通常の民事訴訟として提起してよいと主張している。一般的には租税法律関係は公法上の法律関係であるとして、過納金返還等の給付訴訟は実質的当事者訴訟として説明されている。ただし、あらかじめ公法上の法律関係であることを主張して提起する必要はなく、通常の民事訴訟として給付訴訟を提起することができる。実質的当事者訴訟であれば、必要に応じて抗告訴訟に関するいくつかの規定が準用されることになるにすぎない（行訴法41条）。

（解説１〜４：小松　哲）
（advanced１・２：徳本広孝）

10 地方自治法事例
——住民訴訟を巡る諸問題

　市職員に分限免職処分がなされ退職手当が支給された事例をもとに、住民訴訟の典型である地方自治法242条の2第1項4号の請求について検討する。住民訴訟の対象である財務会計行為とは何か、またその違法の内容といった住民訴訟独自の問題点について考えていきたい。

1 事案の概要

　平成24年4月2日、合羽坂所長弁護士及び外苑勤務弁護士が所属する合羽坂法律事務所を、川崎市に居住する住民ら5名が訪れた。住民らの相談の概要は次のとおりであった。
- 住民5名は、平成24年1月23日に川崎市監査委員に対し監査請求を行ったものの、平成24年3月16日に監査請求は棄却されたとの監査結果通知を受けた。住民監査請求［解説1　住民監査請求］において住民が問題とした点は、次のとおりである。
- 平成23年6月13日、川崎市港湾管理部長が民間会社から、川崎港の荷捌き場の使用の便宜を図った謝礼として、金28万円相当の物品を収賄したとして逮捕された。
- これを知った川崎市長は、4日後の6月17日、川崎市の幹部を集め、逮捕事実以外には余罪はないと判断した上で、地方公務員法28条1項3号に基づき「その職に必要な適格性を欠く」として港湾管理部長を分限免職処分とした。
- 港湾管理部長には、分限免職処分を前提として、平成23年6月30日、870万円の退職手当が支給された。

- 7月4日、港湾管理部長は起訴されたが、その11日後の7月15日、現金300万円の収賄の疑いで追起訴され、同年12月には、収賄容疑について有罪判決が確定した。
- 港湾管理部長の収賄行為は、地方公務員法によれば、分限免職処分ではなく懲戒免職処分（地方公務員法29条1項2号3号）が相当なはずである。懲戒免職処分であれば法律上退職手当の支給はなされない。市長が懲戒免職処分とすべきところ、地方公務員法の適用を誤って分限免職処分としたことで［解説2　分限免職処分と懲戒免職処分の違い］、川崎市は退職手当870万円相当の損害を被ったから、市長は川崎市に対し、同額の損害賠償責任を負っている。

　住民ら5名としては、監査請求を棄却するとの監査結果通知を受け、住民訴訟［解説3　住民訴訟］を提起したいとのことであった。

2　法令の調査

　合羽坂法律事務所は住民ら5名の相談を踏まえて住民訴訟について受任することを決め、合羽坂所長弁護士は外苑弁護士に訴状の起案を指示した。

　外苑弁護士は訴状の起案にあたって、住民訴訟について規定する地方自治法について調査をした。また外苑弁護士は、分限免職処分、懲戒免職処分についてどのような違いがあるのか、正確なところは把握していなかったため、両処分について規定する地方公務員法を確認し、分限免職処分と懲戒免職処分の違いについても調査した。その結果、法律効果としては、分限免職処分では法令上退職手当が支給されるが、懲戒免職処分では退職手当が支給されないという点が大きく異なっていることも分かった。［解説4　退職手当と給与条例主義］。

　外苑弁護士は分限免職処分と懲戒免職処分の違いについて調べたところを踏まえて、本件は収賄事件として刑事で有罪判決まで確定しているから、港湾管理部長に非違行為があったことは明らかで立証も問題ない、懲

戒免職処分にすべきだったとの住民の主張には、裁判所も同様の判断をしてくれるのではないかと考えた。外苑弁護士は合羽坂所長弁護士に、「本件で懲戒免職処分とせずに分限免職処分とするのは酷すぎますね。収賄事件というのは、公務員の非違行為の典型例、懲戒免職処分の典型例でしょう。この訴訟の見通しは明るいですね」と述べた。合羽坂所長弁護士は、「うーん、裁判官がみんな外苑君のように考えてくれるなら良いんだけどねぇ……」と、含みのある答えをした。

外苑弁護士は訴状の準備にあたって、事実関係について時系列を整理した。

＜時系列表＞

平成23年6月13日	川崎市港湾管理部長が民間会社から、川崎港の荷捌き場の使用の便宜を図った謝礼として、金28万円相当の物品を収賄したとして逮捕される。
平成23年6月17日	川崎市長は市の幹部を集め、逮捕事実以外には余罪はないと判断した上、地方公務員法28条に基づき港湾管理部長を分限免職処分とする。
平成23年6月22日	市長が退職手当裁定の決裁を行う。
平成23年6月27日	給与課長が"支出命令"を行う。
平成23年6月30日	会計管理者が"支出"を行う。分限免職処分を前提として港湾管理部長に870万円の退職手当の支給。
平成23年7月4日	港湾管理部長、起訴される。
平成23年7月15日	港湾管理部長、現金300万円の収賄の疑いで追起訴される。
平成23年12月	港湾管理部長、収賄容疑について有罪判決が確定。
平成24年1月23日	川崎市監査委員に対し住民監査請求
平成24年3月16日	住民監査請求棄却の通知
平成24年4月02日	住民5名が合羽坂法律事務所に法律相談

3 訴状の準備

(1) 原告

外苑弁護士は訴状を起案するに当たって、原告を誰とするか、何人にするかについて、合羽坂弁護士と協議した。

外苑弁護士 住民の方は5名いるけど、全員を原告にした方がいいんですか？

合羽坂弁護士 そうですね、数が多すぎると、委任状の取り付けも手間がかかるし、当事者目録も間違えやすくなるから、少ない方が楽といえば楽ですが、仮に1人、2人に絞ってしまうと、亡くなられたり、本人の意向で原告を辞めたいといわれると、訴訟の維持ができなくなるので、念のために相談にいらっしゃった住民の方5名全員を原告とするのが、丁度良いんじゃないかな。

［**解説5**　住民訴訟における原告］

(2) 請求の趣旨

外苑弁護士は、地方自治法242条の2第1項の1号から4号の請求のうち、本件では4号前段の請求が適切であると考えた。既に退職手当の支払いは終了しており、1号請求の差止は問題とならないこと、住民の意向は、川崎市が退職手当相当の870万円の損害を被ったところ、この市の損害を回復させたいというもので、2号請求、3号請求では住民の意向は反映されないことから、4号請求とすることとした。また住民の意向は、港湾管理部長を懲戒免職処分とせずに分限免職処分とした市長の責任を問いたいということであったから、4号後段ではなく、前段請求とすることとした。

［**解説6**　4号請求についての平成14年改正］
［**解説7**　4号但書請求と職員の賠償責任］

(3) 4号請求における被告

外苑弁護士は、4号請求の被告についても確認した。損害賠償請求権をはじめとする債権の管理や、地方自治法242条の2第1項4号の「当該職員又は当該行為若しくは怠る事実に係る相手方」に対する損害賠償請求は、同法240条及び242条の3第1項に基づき、同法138条の4の執行機関である市長にその権限があること、従って、執行機関である市長を被告とすべきことがわかった。

【参照法令】
●地方自治法
第138条の2　普通地方公共団体の執行機関は、当該普通地方公共団体の条例、予算その他の議会の議決に基づく事務及び法令、規則その他の規程に基づく当該普通地方公共団体の事務を、自らの判断と責任において、誠実に管理し及び執行する義務を負う。
第138条の4　普通地方公共団体にその執行機関として普通地方公共団体の長の外、法律の定めるところにより、委員会又は委員を置く。
②　（略）
第149条　普通地方公共団体の長は、概ね左に掲げる事務を担任する。
　一～四　（略）
　五　会計を監督すること。
　六　財産を取得し、管理し、及び処分すること。
　七　公の施設を設置し、管理し、及び廃止すること。
　八～九　（略）
（債権）
第240条　この章において「債権」とは、金銭の給付を目的とする普通地方公共団体の権利をいう。
②　普通地方公共団体の長は、債権について、政令の定めるところにより、その督促、強制執行その他その保全及び取立てに関し必要な措置をとらなければならない。
③～④　（略）

(4) 提訴期限、管轄、印紙代

外苑弁護士　提訴期限についてですが、地方自治法242条の2第2項1号によって、住民訴訟は監査結果通知から30日以内に提起しなければならないとされていますね。住民監査請求が棄却されたのが3月16日ですか

ら、結構タイトですね。

合羽坂弁護士 そうですね、この30日は地方自治法242条の2第3項で不変期間とされていますので、くれぐれも徒過することがないようにしないといけませんね。

外苑弁護士 あと、提訴する裁判所は、横浜地方裁判所川崎支部でいいんでしょうか。

合羽坂弁護士 いや、行政事件の場合は、地方裁判所及び家庭裁判所支部設置規則（昭和22年最高裁判所規則14号）によって、支部ではなく本庁に提訴する必要がありますね。

外苑弁護士 印紙代については、訴訟で問題とされている損害賠償額にかかわらず、訴額は160万円で、印紙代は1万3000円ですよね。

合羽坂弁護士 そうですね。判例上、住民訴訟は訴額の算定は不能とされていますね。

(5) 以上の検討を踏まえて提訴時の注意点について確認がなされ、訴状案が作成された。

コラム

行政事件の提訴について

(1) 本件の事例の場合、民事訴訟についての一般的感覚からは、支部に提訴を考えがちであるが、行政事件は支部ではなく本庁に提訴する必要があるので、注意が必要である。また地方自治法424条の2第5項では「当該普通地方公共団体の事務所の所在地を管轄する地方裁判所の管轄に専属」と規定しており、専属管轄となっている。

(2) 旧4号請求についての事案であるが、最判昭和53年3月30日（民集32・2・485）は、「損害補填に関する住民訴訟の特殊な目的及び性格」について判示した上で、「訴額算定の基礎となる『訴を以て主張する利益』については、これを実質的に理解し、地方公共団体の損害が回復されることによってその訴の原告を含む住民全体の受けるべき利益がこれにあたる」、「住民全体の受けるべき利益は、その性質上、勝訴判決によって地方公共団体が直接受ける利益すなわち請求に係る賠償額と同一ではありえず、他にその価額を算定する客観的、合理的基準を見出すことも極めて困

難」と判示した。その上で、民事訴訟費用に関する法律4条2項の「財産権上の請求でない請求に係る訴え」に準じると判示した。

　同判決は、本件のように「複数の住民が共同して出訴した場合でも、各自の『訴を以て主張する利益』は同一であると認められる」として、訴額は合算すべきではない旨も判示している。

　1号～3号請求についても同様に解されている。

　(3)　住民監査請求を行う前に弁護士に相談がなされる場合もあるが、住民監査請求は住民が自ら行い、訴訟が必要となった段階で弁護士に相談がなされることもある。提訴までに大きなエネルギーを使うのは、他の民事訴訟と同様だが、住民訴訟では提訴期限が監査結果の通知がなされてから30日以内とタイトであり（地方自治242条の2第2項1号）、監査結果が出た後に相談・依頼があった場合は、弁護士としては日程的に厳しいことが多い。訴状はある程度概括的な内容になるのはやむを得ない面があり、内容の詳細については準備書面で追って主張するとしても、期間の徒過だけは十二分に注意すべきである。

4　答弁書とこれに対する反論

　合羽坂弁護士と外苑弁護士は、平成24年4月13日、横浜地方裁判所に提訴し、横浜地裁平成24年（行ウ）第○○号という事件番号が付された。原告側としては、市長が懲戒免職処分を選択せず、分限免職処分を選択したことについて、被告側がどのような反論をするのか、どのような構成で適法と主張するのかに注目していたが、被告が最初に主張したのは、次のとおり全く別の内容であった。

【被告の主張　財務会計行為の「特定」とは何か】

　住民訴訟の対象は、地方自治法242条1項が規定する財務会計行為である。住民訴訟は客観訴訟として例外的に認められた訴訟類型であり、財務会計行為の違法を対象として初めて認められるものである。原告は懲戒免職処分をすべきところ分限免職処分を選択したことが違法であると主張す

るが、懲戒処分や分限処分は財務会計行為には該当せず、原告の主張は失当である。分限免職処分自体は財務会計行為に該当しない、これが最高裁の判例（最判昭和60・9・12判時1171・62）である。

合羽坂弁護士　うーん、はやり被告は入り口のところで、財務会計行為の特定を求めてきたね。確かに被告が主張するとおり、住民訴訟の対象は地方自治法242条1項が規定する財務会計行為でなければならないんですよね。住民訴訟の対象が何かは、裁判所からも釈明を受けるでしょうから、これは特定しないといけませんね。

外苑弁護士　分限免職処分自体が違法だということで、分限免職処分を財務会計行為だと主張するのはどうでしょうか。分限免職処分がなされると、法律上退職手当を支給しなければならないという関係を捉えて、分限免職処分自体を財務会計行為として攻撃するのは無理なんでしょうか。

合羽坂弁護士　私としては分限免職処分自体を財務会計行為と捉える考え方も良いのではないかと思います。ただ、被告が主張する最高裁昭和60年判決を踏まえると、分限免職処分は財務会計行為ではなく、退職手当の支給が財務会計行為であるという前提での主張も併せてする必要がありそうですね。

5 財務会計行為についての被告の再反論

　答弁書に対し、原告は退職手当の支給が財務会計行為であり、退職手当の支給が違法である反論した。原告の反論に対し被告からは、退職手当の支給は、財務会計行為の中で①支出負担行為、②支出命令、③支出のいずれにあたるのかを特定するようにとの求釈明がなされた。

　あわせて、本件の退職手当の支給の場合、支出負担行為は退職手当の支給裁定として平成23年6月22日になされたこと、支出命令は同月27日になされたこと、支出は同月30日になされたことが明らかにされた。

外苑弁護士 　地方自治法242条では「公金の支出」という表現は使われていますが、退職手当の支給が公金の支出に該当するというだけでは足りないのでしょうか。「公金の支出」について、更に①支出負担行為、②支出命令、③支出という分類をする必要はあるんでしょうか。

合羽坂弁護士 　この点は、本件だけではなくて、住民訴訟ではよく問題となる点だから、外苑先生、ちょっとよく調査して下さい。

外苑弁護士 　財務会計行為については非常に複雑なので、一覧にまとめてみました（**次図**参照）。本件で問題となる「公金の支出」は、①支出負担行為、②支出命令、③支出に分類されますが、これは地方自治法特有の用語のようです。この点も整理してみました。①支出負担行為、②支出命令、③支出は公金の支出を構成する一連の行為ですが、地方自治法でそれぞれ独立の行為として規定されています。

　まず、①支出負担行為は地方自治法232条の3で定義されています。また、②支出命令については、同法232条の4第1項で「会計管理者は、普通地方公共団体の長の政令で定めるところによる命令がなければ、支出することができない」とされており、「支出命令」についても規定されています。更に、③支出については、232条の4第2項で「会計管理者は、前項の命令を受けた場合においても、当該支出負担行為が法令又は予算に違反していないこと及び当該支出負担行為に係る債務が確定していることを確認したうえでなえれば、支出をすることができない」とされており、「支出」についても規定されています。

【財務会計行為（242条1項）の概要】

財務会計行為（242第1項）
1. 公金の支出
   - ①支出負担行為（232の3）
   - ②支出命令（232の4第1項）
   - ③支出＝「確認（232の4第2項）、契約に関する監督及び検査（234の2第1項）」
2. 財産の取得、管理若しくは処分
3. 契約の締結若しくは履行
4. 債務その他の義務の負担
5. 公金の賦課若しくは徴収を怠る事実
6. 財産の管理を怠る事実

【参照法令】
●地方自治法（抜粋）
（支出負担行為）
第232条の3　普通地方公共団体の支出の原因となるべき契約その他の行為（これを支出負担行為という。）は、法令又は予算の定めるところに従い、これをしなければならない。
（支出の方法）
第232条の4　会計管理者は、普通地方公共団体の長の政令で定めるところによる命令がなければ、支出をすることができない。
②　会計管理者は、前項の命令を受けた場合においても、当該支出負担行為が法令又は予算に違反していないこと及び当該支出負担行為に係る債務が確定していることを確認したうえでなければ、支出をすることができない。

合羽坂弁護士　どうしてこのような細かな分類がされているかについては、調べましたか？

外苑弁護士　はい、地方公共団体では、財産管理の権限をもつ職員を特定して、なおかつ財産の処分等に係る決定手続を分節化することで、法的効果をもつ決定と決定権限を持つ機関が特定され、財務会計に係る事務が適正に処理されるようにしているということのようです。

合羽坂弁護士　よく調べましたね。そうすると本件の場合、財務会計行為、公金の支出として、どのように主張するのがいいのかな。

外苑弁護士　はい、財務会計行為、公金の支出としては、支出負担行為である市長による退職手当の裁定を問題とするのが良いのではないでしょうか。

合羽坂弁護士　そうですね。その方針が一番良いでしょう。

コラム

短期間に財務会計行為を特定できない場合

　一般に、監査結果通知から30日という短期間に、問題とすべき財務会計行為を特定できないということも十分あり得る。このような場合、訴状の段階では取り敢えず「違法な公金の支出を行った」と概括的な記載にとどめ、財務会計行為の特定は後から行うという方法も考えられる。公金の支出の内部手続については、被告自ら主張をするか、原告の求釈明、あるい

は裁判所による釈明に基づき、被告にて明らかにされるのが通常である。公金の支出に関する内部手続について明らかにされてから、財務会計行為、公金の支出を特定するという方法である。
［解説8　財務会計行為の一般論について］
　もっとも、提訴前に情報公開の手続などを用いて、公金の支出についての内部手続を明らかにしておくことが望ましいのは、言うまでもない。

6 「住民訴訟における違法性の承継」に関する被告の主張

　原告が、財務会計行為・公金の支出を、支出負担行為である退職手当の裁定と特定したところ、被告からは次のとおり、分限免職処分の違法性ではなく、退職手当の裁定独自の違法事由を明らかにすべきとの反論がなされた。

【被告の主張　違法の所在、住民訴訟における違法性の承継】
　原告が主張する違法事由は、懲戒免職処分をすべきであるにもかかわらず分限免職処分をしたという、分限免職処分の違法性である。しかし、住民訴訟は財務会計行為の違法が問題とされるのであり、本件で原告が問題としている財務会計行為は退職手当の裁定である。仮に分限免職処分が違法であったとしても、これは財務会計行為の原因行為の違法であって、財務会計行為たる退職手当裁定の違法ではない。先行行為・原因行為が違法であっても、後行行為が当然に違法となるわけではない（違法性は承継されない）。原告は財務会計行為たる退職手当裁定の独自の違法事由を明らかにすべきであり、違法事由がないのであれば、原告の主張は失当である。

外苑弁護士　どうも被告の主張は納得できませんね。分限免職処分が違法なら、分限免職処分に基づいてなされた退職手当の裁定も当然違法になるんじゃないのですか？
合羽坂弁護士　そういう考えはもっともだと思います。しかし、先行する

原因行為が違法でも、その後の行為は違法でないと判断した最高裁判例があるんです。1日校長事件（最判平成4・12・15民集46・9・2753）という事件ですね。この事件は、教育委員会が公立学校の教頭職にある者のうち勧奨退職に応じた者について、校長に任命した上、昇給させてその日のうちに退職を承認する処分をしたという事案です。要するに、退職に応じた教頭を1日だけ校長に任命し、校長職に相当する昇給をさせ、その昇給を基礎として算定した退職手当を支給したというものです。最高裁は、この事案について、「職員に損害賠償責任を問うことが出来るのは、先行する原因行為に違法事由が存する場合であっても、右原因行為を前提としてされた右職員の行為自体が財務会計法規上の義務に違反する違法なものであるときに限られる」との判断を示しています。

外苑弁護士 それは違和感がありますね。教頭が退職するその日に、1日だけ校長に昇給させて、退職手当を水増ししているわけですよね？ 退職手当の出所はもちろん税金ですし、酷い話じゃないですか。最高裁はどういう理由付をしたのでしょうか？

合羽坂弁護士 この最高裁判決は、まず校長への任命という昇格処分と退職を承認した処分は、著しく合理性を欠き、予算執行の適正確保の見地から看過し得ない瑕疵が存するものとは解し得ないとしました。その上で、知事は、教育委員会が決定したこれらの各処分を前提として、これに伴う財務会計上の措置を採るべき義務があるとし、結局退職手当の支給決定は、財務会計法規上の義務に違反していないとしました。まとめると、知事は教育委員会の決定を尊重して、その内容に応じた財務会計上の措置を執る義務があるとして、先行する原因行為である校長の任命と昇給に違法事由があったとしても、知事がおこなった退職手当支給決定自体に財務会計法規上の義務違反がなければ、賠償責任を負わないという理由付けですね。

外苑弁護士 なるほど、知事も教育委員会の決定は尊重せざるを得ないということですね。ただ本件の場合は、分限免職処分を行ったのも市長、退職手当の裁定を行ったのも市長ですから、市長の責任を問えるのではないでしょうか？

財務会計行為・公金の支出としては、市長による退職手当の裁定と特定した上で、違法な分限免職処分を行ったのも市長であり、違法な分限免職処分を原因行為として、退職手当の支給裁定を行ったのも市長であるから、市長は退職手当の支給裁定を止めるべき義務があったが、これを怠っているとの構成はどうでしょうか。
　［解説9　住民訴訟における違法性の承継］
合羽坂弁護士　なかなか良い構成だと思いますよ。その方針で反論の準備書面を作成して下さい。

7　分限免職処分・懲戒免職処分と裁量

　本件の本案に関する中心的な争点、懲戒免職処分をせずに分限免職処分をしたことが違法であるとの主張に対しては、被告から次のとおり、本件分限免職処分は市長の裁量の範囲内であり違法ではないとの反論がなされた。

【被告の主張　裁量権の逸脱・濫用がないこと】
　職員の任命権者である市長には、違法行為を行った職員に対する処分について、広汎な裁量権が認められており、裁量権の逸脱・濫用ある場合に限って処分は違法となる（行訴法30条）。分限免職処分については地方公務員法28条が、懲戒免職処分については同法29条が規定しているが、両条とも「することができる」と規定しており、分限事由、懲戒事由がある場合でも、市長は裁量権の範囲内で職員の処分をすることができるのであって、必ず処分すべきことは義務づけられてはいない。本件の場合、港湾管理部長の行為は分限事由、懲戒事由のいずれにも該当するところ、いずれの処分を選択するかは、市長が諸般の事情を総合的に判断して、決定すべきものである。
　また、分限免職処分が時期尚早であったとの点についても、分限免職処分の時点ではその後の事態の進展を予測することは不可能で、原告の主張は結果責任を問うものであって失当である。違法行為を行った職員を早期

に公務から排除する必要性を考慮し、どの時点で処分を行うかもまた、市長の裁量に委ねられている。

外苑弁護士 またおきまりの裁量論ですね。確かに被告が主張するとおり、本件は分限免職事由にも懲戒免職事由にも該当しますね。ただ流石に本件では裁量の濫用・逸脱があるんじゃないでしょうか。

合羽坂弁護士 具体的にはどんな事情があげられますか。

外苑弁護士 第1に、本件は収賄罪の有罪が確定しています。収賄金額も現金だけで300万円です。刑法の保護法益のところで議論されていますが、まさに、公務の不可買収性を侵し、職務行為の公正さに対する社会一般の信頼を著しく毀損せしめ、ひいては、公務員制度の根幹をおびやかすものであって、公務員として最も慎しむべき破廉恥な行為、ということになるでしょう。公務員の典型的ともいうべき非違行為で、懲戒処分以外はあり得ないと思います。

　第2に、分限免職処分を行ったのが、逮捕からわずか4日後というのも、余りに拙速ですね。普通は刑事事件の進捗状況を確認するとか、市としても一定の調査を行ってから処分をすべきところです。

合羽坂弁護士 違法行為を行った公務員を早期に公務から排除する必要性があるとの被告の主張には、どう反論しますか。

外苑弁護士 その点については、港湾管理部長が起訴されてから休職処分に付して判決の結果をまって、事実関係が明らかになってから処分を決定すればいいのではないでしょうか。逮捕されただけでは、港湾管理部長がどのような不祥事を行ったのか、その詳細は分からないわけで、どう考えても今回の分限免職処分は時期尚早だと思います。

（重　隆憲）

解説編

[**解説1** 住民監査請求]

住民監査請求については、地方自治法242条、すなわち住民訴訟の規定の一つ前の条文に規定が置かれている。後述のように、「住民」であれば住民訴訟の原告になることができるが、必ずその前に住民監査請求を経由している必要がある。

地方自治法上、監査請求という名前がついた制度は2つある。まずこの2つの監査請求の違いについて説明しよう。
①住民監査請求（242条）と
②事務の監査請求（75条）（直接請求制度の一つである）である。

【参照法令】
地方自治法
（住民監査請求）
第242条　普通地方公共団体の住民は、当該普通地方公共団体の長若しくは委員会若しくは委員又は当該普通地方公共団体の職員について、違法若しくは不当な公金の支出、財産の取得、管理若しくは処分、契約の締結若しくは履行若しくは債務その他の義務の負担がある［略］と認めるとき、又は違法若しくは不当に公金の賦課若しくは徴収若しくは財産の管理を怠る事実（以下「怠る事実」という。）があると認めるときは、これらを証する書面を添え、監査委員に対し、監査を求め、当該行為を防止し、若しくは是正し、若しくは当該怠る事実を改め、又は当該行為若しくは怠る事実によって当該普通地方公共団体のこうむつた損害を補填するために必要な措置を講ずべきことを請求することができる。

第75条　選挙権を有する者（略）は、政令の定めるところにより、その総数の50分の1以上の者の連署をもつて、その代表者から、普通地方公共団体の監査委員に対し、当該普通地方公共団体の事務の執行に関し、監査の請求をすることができる。
②～⑤　（略）

第一に、その対象の違い　①は財務会計事項をその対象とする（つまり、対象が狭い）が、②は普通地方公共団体が処理する一切の事務が監査請求の対象である（つまり、対象が広い）。他方、②は有権者の50分の1以上の署

名を集めないと提起できない（利用資格が厳格）。これに対して、①は誰（一人から）でも構わない。

　さて、上記①の住民監査請求が行われると、監査委員は、監査を行い、結果の通知・公表をすることになる。また、場合によっては、一定の機関あるいは職員に勧告を行う。

地方自治法
第242条
①～③　（略）
④　第１項の規定による請求があつた場合においては、監査委員は、監査を行い、請求に理由がないと認めるときは、理由を付してその旨を書面により請求人に通知するとともに、これを公表し、請求に理由があると認めるときは、当該普通地方公共団体の議会、長その他の執行機関又は職員に対し期間を示して必要な措置を講ずべきことを勧告するとともに、当該勧告の内容を請求人に通知し、かつ、これを公表しなければならない。

勧告が行われた場合、勧告された側は必要な措置を講じなければならない。

第242条
①～⑧　（略）
⑨　第４項の規定による監査委員の勧告があつたときは、当該勧告を受けた議会、長その他の執行機関又は職員は、当該勧告に示された期間内に必要な措置を講ずるとともに、その旨を監査委員に通知しなければならない。この場合においては、監査委員は、当該通知に係る事項を請求人に通知し、かつ、これを公表しなければならない。

　かつて、住民監査請求と住民訴訟は、一つの条文の中でまとめて規定されていた（昭和38年改正前の243条の４）。それが、地方自治法の昭和38年改正で、２か条に分けて規定が整備された。

　住民監査請求の請求権者は、「普通地方公共団体の住民」である。相手は、「当該普通地方公共団体の長若しくは委員会若しくは委員又は当該普通地方公共団体の職員」（「財務会計上の事務」に関係する職員等）ということになる。

請求の内容は、条文にあるとおり、大まかには以下の二種類のものである。
①違法・不当な公金の支出その他の行為（＝作為）と
②一定の「怠る事実」（＝不作為）

　詳細には次のようになる。
①違法不当な公金の支出（たとえば、不当な講演料の支払い）。
②違法不当な財産の取得・管理・処分（たとえば、不当な値段で市の建物を売却すること）。
③違法不当な契約の締結・履行（たとえば、法令で競争入札とすべきとされているのに、随意契約を締結した場合）。
④違法不当な債務その他の義務負担行為（たとえば、条例に違反した給与の支払い）。
⑤違法不当に公金の賦課・徴収を怠る事実（たとえば、税の賦課、徴収を怠ること）。
⑥違法不当に財産の管理を怠る事実（たとえば、保有している債権を行使しないこと）。

　監査請求は、「これらを証する書面を添え」て行うが、その形式は決まっていない。したがって、本項に該当すべき事実を具体的に指摘すれば足りる、と解されている。

　同一の住民が、同一の財務会計行為または怠る事実を対象として、同一の、つまりは再度の住民監査請求をすることは許されない（最判昭和62・2・20民集41・1・122）。ただし、監査委員が請求を不適法却下した場合は、同一の行為又は怠る事実を対象に、再度の監査請求が可能である（最判平成10・12・18民集52・9・2039）。

　監査請求には期間制限（1年）がある。ただし、「正当な理由」があれば1年を経過した場合でも構わない。たとえば、ある行為が秘密裏に行なわれており、行為から1年以上経って初めて露呈したような場合である。「正当な理由の有無」は、①住民が相当の注意力をもって調査したとき客観的に当該行為を知りえたかどうか。また、②当該行為を当時知りえたら、監査請求をしたかどうか、を基準に判断すべきものとされている（最

判昭和63・4・22判タ669・122)。

［解説2　分限免職処分と懲戒免職処分の違い］
　分限と懲戒はいずれも職員に対する不利益処分であるという点は同じであるが、趣旨・目的が異なった制度である。
　分限は、職員の公務適格性の観点からなされるものであり、職員に対して責任追及をする、制裁を課すという目的をもっていない。分限が行われる場合は、法律に列挙してあるが、それをみても（国家公務員法、地方公務員法では定年も分限として位置づけられている）、分限が責任追及をする、制裁を課すという目的をもっていないことがわかる。

地方公務員法
(降任、免職、休職等)
第28条　職員が、左の各号の一に該当する場合においては、その意に反して、これを降任し、又は免職することができる。
　一　勤務実績が良くない場合
　二　心身の故障のため、職務の遂行に支障があり、又はこれに堪えない場合
　三　前二号に規定する場合の外、その職に必要な適格性を欠く場合
　四　職制若しくは定数の改廃又は予算の減少により廃職又は過員を生じた場合
②　職員が、左の各号の一に該当する場合においては、その意に反してこれを休職することができる。
　一　心身の故障のため、長期の休養を要する場合
　二　刑事事件に関し起訴された場合
③　職員の意に反する降任、免職、休職及び降給の手続及び効果は、法律に特別の定がある場合を除く外、条例で定めなければならない。
④　職員は、第16条各号（第3号を除く。）【これは欠格事由の定め】の一に該当するに至つたときは、条例に特別の定がある場合を除く外、その職を失う。

　これに対して懲戒は、職員が法令に違反したり、その職務上の義務に違反した場合に、その責任を追及し、制裁を課すことによって、公務の適正さを確保することを目的としている。法律をみると、分限との違いがわかる。

地方公務員法
(懲戒)
第29条　職員が次の各号の一に該当する場合においては、これに対し懲戒処分として戒告、減給、停職又は免職の処分をすることができる。
　一　この法律若しくは第57条に規定する特例を定めた法律又はこれに基く条例、地方公共団体の規則若しくは地方公共団体の機関の定める規程に違反した場合
　二　職務上の義務に違反し、又は職務を怠つた場合
　三　全体の奉仕者たるにふさわしくない非行のあつた場合
②〜④　(略)
(特例)
第57条　職員のうち、公立学校(学校教育法(昭和22年法律第26号)に規定する公立学校をいう。)の教職員(同法に規定する校長、教員及び事務職員をいう。)、単純な労務に雇用される者その他その職務と責任の特殊性に基いてこの法律に対する特例を必要とするものについては、別に法律で定める。但し、その特例は、第1条の精神に反するものであつてはならない。

　したがって、職員が免職されるとしても、職員が非違行為を行った際には、懲戒免職がおこなわれるべきであるが、非違行為を行った職員は「その職に必要な適格性を欠く場合」(分限事由)に当たることもあり得るので、双方が可能な場合がある。この場合、二つの処分に結びつけられている効果が異なるので、やっかいな問題をもたらす。
　分限と懲戒は制度目的が異なるので、懲戒事由、分限事由は異なっているが、手続は同様のものとなる。つまり、懲戒の場合には、事前手続として、処分理由を記し、不服申立てを教示した説明書を処分と同時に交付することになっている。この説明書の交付は、「その意に反すると認める不利益な処分」(地公法49条)を行う場合にはなされるので、本人の意に反する降級、降任、休職、免職(これらは分限処分)の際にも交付される(国公法89条も同じ)。したがって、行われる事由は異なるが、分限免職処分の場合も懲戒免職処分の場合も手続は同じで、処分それ自体の効果(免職された状態になる)も同じである。しかし、処分に結びつけられた効果においては異なる。つまり、懲戒免職処分は職員の責任を追及するために行われるものであるため、退職手当が全部または一部支給されないことがあるが(退職手当法12条1項1号)、分限免職処分は責任追及のために行われるものでは

ないため、退職手当は支給されるのである。また、懲戒免職処分を受けてから2年間は公務員になることができないが（国家公務員法38条3項、地方公務員法16条3号。地方公務員の場合には、懲戒免職職分を受けた地方公共団体においては公務員となれない。他の地方公共団体においてはなれる）、分限免職処分にはそうした法的な制約はない（実際には分限免職処分を受けた者が国や他の地方公共団体で採用されることはないだろうが）。

地方公務員法
（不利益処分に関する説明書の交付）
第49条　任命権者は、職員に対し、懲戒その他その意に反すると認める不利益な処分を行う場合においては、その際、その職員に対し処分の事由を記載した説明書を交付しなければならない。
②　職員は、その意に反して不利益な処分を受けたと思うときは、任命権者に対し処分の事由を記載した説明書の交付を請求することができる。
③　前項の規定による請求を受けた任命権者は、その日から15日以内に、同項の説明書を交付しなければならない。
④　第1項又は第2項の説明書には、当該処分につき、人事委員会又は公平委員会に対して不服申立てをすることができる旨及び不服申立期間を記載しなければならない。

なお、職員は身分を保障されており、みだりに分限処分や懲戒処分を受けることはない。

（分限及び懲戒の基準）
第27条
①　すべて職員の分限及び懲戒については、公正でなければならない。
②　職員は、この法律で定める事由による場合でなければ、その意に反して、降任され、若しくは免職されず、この法律又は条例で定める事由による場合でなければ、その意に反して、休職されず、又、条例で定める事由による場合でなければ、その意に反して降給されることがない。
③　職員は、この法律で定める事由による場合でなければ、懲戒処分を受けることがない。

［解説3　住民訴訟（その沿革と制度趣旨）］
　住民訴訟は、GHQの指示により、1948年の第二次地方自治法改正に当

たって、アメリカの納税者訴訟をモデルとして財務規定の改正によって設けられたものである。この改正によって導入された訴訟は一般に納税者訴訟と呼ばれたが、地方自治法は訴訟を提起するための要件として、地方公共団体の納税者であることを求めていないので、納税者訴訟と呼ぶことは正しくはない（監査請求前置が求められている点も米国の納税者訴訟とは異なる）。その後1963年に、制度が大きく見直され、地方自治法上「住民訴訟」という名前がつけられた。この改正前に地方自治法が定めていた訴訟については、民事訴訟説、行政訴訟説、両者混合訴訟説等いろいろな説があったが（松本英明『新版逐条地方自治法（第6次改訂版）』〔学陽書房・2011〕966頁）、現在では行政事件訴訟法5条の民衆訴訟であるという位置づけが確定している（地方自治法242条の2第11項はそのことを前提とした規定と理解できる）。したがって、住民訴訟は、「国又は公共団体の機関の法規に適合しない行為の是正を求める訴訟で、選挙人たる資格その他自己の法律上の利益にかかわらない資格で提起するものをいう。」（行訴法第5条）ことになり、「法律に定める場合において、法律に定める者に限り、提起することができる」（行訴法42条）。この訴訟を設けるかどうかは立法政策の問題であり、これを設けないことは地方自治の本旨に反するわけではない（最判昭和34・7・20日民集13・8・1103）。

住民訴訟の制度趣旨については、最高裁判所の判例をはじめとしていろいろに整理しているが、地方自治の本旨に基づく住民参政をはかること、および、地方財務行政の適法化をはかることにあるとまとめられよう（成田頼明「住民訴訟（納税者訴訟）」『行政法講座第3巻』〔有斐閣・1965〕202頁など、判例としては、最判昭和38・3・12民集17・2・318、最判昭和53・3・30民集32・2・485）。

以下、現行法の条文に則して住民訴訟の現在の制度を説明をする。

（住民訴訟）──〔　〕内は著者注
第242条の2　〔①〕普通地方公共団体の住民は、〔③-1〕前条第1項の規定による請求をした場合において、〔③-2〕同条第4項の規定による監査委員の監査の結果若しくは勧告若しくは同条第9項の規定による普通地方公共団体の議会、長その他の執行機

関若しくは職員の措置に不服があるとき、又は〔③-3〕監査委員が同条第四項の規定による監査若しくは勧告を同条第5項の期間内に行わないとき、若しくは議会、長その他の執行機関若しくは職員が同条第9項の規定による措置を講じないときは、〔②〕裁判所に対し、同条第1項の請求に係る違法な行為又は怠る事実につき、訴えをもって〔④〕次に掲げる請求をすることができる。

一　当該執行機関又は職員に対する当該行為の全部又は一部の差止めの請求
二　行政処分たる当該行為の取消し又は無効確認の請求
三　当該執行機関又は職員に対する当該怠る事実の違法確認の請求
四　当該職員又は当該行為若しくは怠る事実に係る相手方に損害賠償又は不当利得返還の請求をすることを当該普通地方公共団体の執行機関又は職員に対して求める請求。ただし、当該職員又は当該行為若しくは怠る事実に係る相手方が第243条の2第3項の規定による賠償の命令の対象となる者である場合にあつては、当該賠償の命令をすることを求める請求

② 前項の規定による訴訟は、次の各号に掲げる期間内に提起しなければならない。
一　監査委員の監査の結果又は勧告に不服がある場合は、当該監査の結果又は当該勧告の内容の通知があつた日から30日以内
二　監査委員の勧告を受けた議会、長その他の執行機関又は職員の措置に不服がある場合は、当該措置に係る監査委員の通知があつた日から30日以内
三　監査委員が請求をした日から60日を経過しても監査又は勧告を行なわない場合は、当該60日を経過した日から30日以内
四　監査委員の勧告を受けた議会、長その他の執行機関又は職員が措置を講じない場合は、当該勧告に示された期間を経過した日から30日以内

　①地方公共団体の住民が、②裁判所に対して一定の訴えを提起することができる、というのがこの条文の骨格である。それでは、③（1～3）どんな場合に、④どんな内容の訴えを提起することができるのであろうか。まず、ここで確認しておくべきことがある。②をみるとすぐにわかることだが、住民訴訟は、地方公共団体のすべての活動にについて提起できるわけではない。242条「第1項の請求に係る違法な行為又は怠る事実」（財務会計行為とも言われる）についてのみ住民訴訟によって争える。この点は重要なのであとで別に言及する（[**解説8**] 参照）。

　どんな場合に訴えを提起できるのだろうか。まず、③－1「前条第1項の規定による請求をした場合において」とある。これはまず監査請求をしなくてはならないということである。次に、監査請求をした結果が次の場

合に訴えを提起できる。③-2「監査委員の監査の結果若しくは勧告若しくは同条第9項の規定による普通地方公共団体の議会、長その他の執行機関若しくは職員の措置に不服があるとき」または③-3「監査委員が同条第4項の規定による監査若しくは勧告を同条第5項の期間内に行わないとき、若しくは議会、長その他の執行機関若しくは職員が同条第9項の規定による措置を講じないとき」である。

③-2は、監査の結果に不満がある場合や、監査委員の勧告を受けた長などがとった措置に不満があるとき、である。③-3は、監査委員が所定の期間内に監査などを行わないときや、勧告を受けた長などが措置を講じないとき、である。

どんな訴えができるかについては（④）、1号から4号が規定している。つまり、住民訴訟には、四つの類型がある（法的根拠である242条の2第1号から第4号までに因んで、それぞれ「1号請求」、「2号請求」、「3号請求」、「4号請求」と呼ばれる）。

「1号請求」は、「当該執行機関又は職員に対する当該行為の全部又は一部の差止めの請求」である。たとえば、著しく高い価格で土地を取得しようとしているとき、これを差し止めたり、不当に高い講演料を支出しようとしているときに、これを差し止める訴訟である。

「2号請求」は、「行政処分たる当該行為の取消し又は無効確認の請求」である。たとえば、違法な租税免除措置がなされた場合に、この取消し求めたり、行政財産の目的外使用許可が違法になされた場合に、この使用許可の取消し求める訴訟である。単に行政処分というだけでは対象にならず、財務会計行為としてなされなければならないから、対象適格性については問題が生じる。

「3号請求」は、「当該執行機関又は職員に対する当該怠る事実の違法確認の請求」である。この請求は不作為を対象とするものであり、作為を対象とする他の号の請求とは異なる。たとえば、税金の賦課、徴収がきちんと行われていない場合に、きちんと賦課、徴収が行われていないことが違法であることの確認を求める訴訟である。地方公共団体が保有している債権の行使を怠っている事実があれば、これが違法であることの確認求める

こともできる。

「4号請求」は、「当該職員又は当該行為若しくは怠る事実に係る相手方に損害賠償又は不当利得返還の請求をすることを当該普通地方公共団体の執行機関又は職員に対して求める請求」である。たとえば、長が特定の企業に対して違法に補助金を支給した場合、長は地方公共団体に対して損害を与えたことになり、地方公共団体は長に対して損害賠償請求権を有することになる。その請求権を長が行使しない場合に（自らに請求することになるから、現実的にはありえないだろう）、これを行使するよう長に対して求める（長がみずからに損害賠償をすることを求める）訴訟である（すべての請求には、原則として短期の出訴期間（30日間）が法定されている。242条の2第2項）。

[解説4　退職手当と給与条例主義]

　国家公務員の場合には公務員（一般職）の給与は、法律に基づいて支給され、法律に基づかないでは、いかなる金銭または有価物も支給することはできない（給与法律主義）。これに対して、地方公務員の場合には、公務員（一般職）の給与は、条例に基づいて支給され、条例に基づかないでは、いかなる金銭または有価物も支給することはできない（給与条例主義）。

国家公務員法
（法律による給与の支給）
第63条　職員の給与は、別に定める法律に基づいてなされ、これに基づかずには、いかなる金銭又は有価物も支給することはできない。

地方公務員法
（給与に関する条例及び給料額の決定）
第25条　職員の給与は、前条第6項の規定による給与に関する条例に基づいて支給されなければならず、又、これに基づかずには、いかなる金銭又は有価物も職員に支給してはならない。

　したがって、退職手当については、国家公務員の場合には、退職手当法が定めているが、地方公務員については各地方公共団体の条例が定めている。普通公共団体の条例では一般に、懲戒免職処分を受けた公務員の退職

金の全部又は一部を支給しないことができる旨規定している。
　たとえば、東京都の退職手当条例は次の通りである。

東京都退職手当条例
(懲戒免職等処分を受けた場合等の退職手当の支給制限)
第17条　退職をした者が次の各号のいずれかに該当するときは、当該退職に係る退職手当管理機関は、当該退職をした者（中略）に対し、事情（当該退職をした者が占めていた職の職務及び責任……をいう。）を勘案して、当該一般の退職手当等の全部又は一部を支給しないこととする処分を行うことができる。
　一　懲戒免職等処分を受けて退職をした者
　二　地方公務員法第28条第4項の規定による失職（同法第16条第1号に該当する場合を除く。）又はこれに準ずる退職をした者
②、③　（略）

［解説5　住民訴訟における原告］
　住民訴訟の原告たり得る者は、当該地方公共団体の住民で、住民監査請求をした者である。
　(1)　普通地方公共団体の住民であること（法242条1項・242条の2第1項）
　地方自治法によれば「市町村の区域内に住所を有する者は、当該市町村及びこれを包括する都道府県の住民とする」（10条）とされている。住民であるためには「住所を有する」ことしか求められていないので、国籍は問わないし、選挙権を有していることも求められないし、未成年であっても、住民たりうる。
　自然人の住所については、民法22条をもって判断するのが妥当であろう。したがって住所とは生活の本拠となる（最判昭和38・11・19民集17・11・1408）。
　法人であっても住民である以上住民訴訟の原告適格をもつとするのが通例である（法人には住所はないとして住民であることを否定する見解もある）。法人の住所は、主たる事務所の所在地（民50条）または本店の所在地となる
　人格のない社団・財団については、見解が分かれている。これらについて住民訴訟の原告適格が認められるかどうかは理論的には問題になるが、構成員を原告とする集団訴訟として提起することを考えればよく、実務的

には論ずる意義は乏しい。

　住民であることは、住民訴訟の係属中もみたしていなければならないと解されている。訴訟の係属中に転居等により住民でなくなった場合には、訴えは却下される。住民訴訟が住民全体の利益のために提起されることを理由として、いったん訴訟が提起された以上住民たる資格の係属は要求する必要はないとの見解もあるが（広岡隆「機関訴訟・住民訴訟」『行政法講座第三巻』196頁など）、実務的に受け容れられない可能性が高いので、複数の住民による訴え提起の形をとっておくのが望ましいであろう。

　また、原告が死亡した場合には、訴訟は終了し、相続人には承継されない。

(2) 住民監査請求をした者であること（242条の2第1項）

　住民訴訟を提起するには、住民監査請求をまず行わなければならない。監査請求は適法なものでなくてはならず、適法でない監査請求を行っても監査請求を経たことにはならない。監査委員による監査請求の却下が不適法である場合には、242条の2第1項にいう「監査委員が監査を行わないとき」にあたるものとして、出訴できる（松本英明『新版逐条地方自治法（第6次改訂版）』967頁）。前述のように、再度の監査請求もできる。

　同一行為に対する同一住民による再度の監査請求は許されず、当初の監査請求に対する結果に不服がある場合には、再度の監査請求はできず、住民訴訟を提起すべきである（最判昭和62・2・20民集41・1・122）。

［解説6　4号請求についての平成14年改正（代位請求から義務付け請求へ）］

　［解説3］に挙げた4号請求の例、つまり、長が特定の企業に対して違法に補助金を支給して、長が地方公共団体に対して損害を与えた場合を利用して説明すると、2002年の改正前には、旧4号に基づいて、住民が、地方公共団体に代わり、直接長に対して損害賠償を請求することができた。ところが、2002年改正後の4号請求は、地方公共団体が有する損害賠償請求権又は不当利得返還請求権を行使することを、「地方公共団体の執行機関又は職員」に対して求める訴訟とされた。上の例では、地方公共団体が

有する、長に対する損害賠償請求権を行使することを、長に対して訴訟で求めるのである。仮に、この４号請求で住民が勝訴した場合、長は損害賠償義務又は不当利得返還義務を負っている者に対して、損害賠償金又は不当利得返還金の支払いを請求しなければならない（地方自治法242条の３第１項）。つまり、上の例で言うと、自らに対して損害賠償請求権を行使することになる。この請求に相手方が応じない場合には、地方公共団体が原告となり、損害賠償義務又は不当利得返還義務を負っている者を被告として、訴訟を提起することになる（地方自治法242条の３第２項）。上の例でいうと、地方公共団体は長に対して損害賠償を求めて出訴するわけである。つまり、かつては、住民は地方公共団体に代わって直接長に対して損害賠償を求めて出訴することができたが、現在の規定の下では、上のようなやや面倒な訴えしか認められていない。このような改正については批判もある。

　旧４号請求で可能であったのは、普通地方公共団体に代位して行う
　①当該職員に対する損害賠償請求・不当利得返還請求、
　②当該行為・怠る事実に係る相手方に対する法律関係不存在確認請求、損害賠償請求、不当利得返還請求、原状回復請求・妨害排除請求
　である。
　これに対して、新４号請求は次のようになる。
当該普通地方公共団体の執行機関又は職員に対して
　①当該職員、あるいは
　②当該行為・怠る事実に係る相手方に
損害賠償・不当利得返還の請求をすることを求める請求（以上、本文）。
　および、
　　③当該職員・相手方に対し、当該賠償の命令をすることを求める請求
　　　　（同但書。[**解説７**] 参照）
ということになる。

[**解説７**　４号但書請求と職員の賠償責任（法243条の２）]
　地方自治法は、243条の２において、会計管理者、資金前渡を受けた職

員、占有動産を保管している職員等が故意又は重大な過失（現金については、故意又は過失）により、現金、有価証券、物品等を亡失したりした場合には、生じた損害を賠償しなければならないとして、特別の賠償責任を定めている（1項）。この特別の賠償責任制度によれば、普通地方公共団体の長は、職員が1項に規定する行為によって当該普通地方公共団体に損害を与えたと認めるときは、監査委員に対し、その事実があるかどうかを監査し、賠償責任の有無、賠償額を決定することを求め、その決定に基づき、期限を定めて賠償命令を出すことになっている（3項）。

地方自治法
（職員の賠償責任）
第243条の2　会計管理者若しくは会計管理者の事務を補助する職員、資金前渡を受けた職員、占有動産を保管している職員又は物品を使用している職員が故意又は重大な過失（現金については、故意又は過失）により、その保管に係る現金、有価証券、物品（基金に属する動産を含む。）若しくは占有動産又はその使用に係る物品を亡失し、又は損傷したときは、これによつて生じた損害を賠償しなければならない。次に掲げる行為をする権限を有する職員又はその権限に属する事務を直接補助する職員で普通地方公共団体の規則で指定したものが故意又は重大な過失により法令の規定に違反して当該行為をしたこと又は怠つたことにより普通地方公共団体に損害を与えたときも、また同様とする。
一　支出負担行為
二　第232条の4第1項の命令又は同条第2項の確認
三　支出又は支払
四　第234条の2第1項の監督又は検査
③普通地方公共団体の長は、第1項の職員が同項に規定する行為によつて当該普通地方公共団体に損害を与えたと認めるときは、監査委員に対し、その事実があるかどうかを監査し、賠償責任の有無及び賠償額を決定することを求め、その決定に基づき、期限を定めて賠償を命じなければならない。
②，④〜⑭　（略）

　この特別の賠償責任を住民訴訟によっても追及できるかについては争いがあったが、2002年の地方自治法の改正によって、本条の賠償責任の対象となる職員にかんしては、当該職員に対して賠償の命令をすることを長に対して求める請求をすることが243条の2第1項第4号但書で認められて

いる。

[**解説8** 財務会計行為の一般論について]

　前に述べたように、住民訴訟はどんな行為に対しても提起できるわけではない [**解説3**]。「違法若しくは不当な公金の支出、財産の取得、管理若しくは処分、契約の締結若しくは履行若しくは債務その他の義務の負担」または「違法若しくは不当に公金の賦課若しくは徴収若しくは財産の管理を怠る事実」について提起できる。これを「財務会計行為または怠る事実」あるいは、単に「財務会計行為」と呼ぶことができる。

　いかなる行為が対象となるかについては、条文の列挙によりほぼ推測できるが、実際の事例では判断に困るケースが出てくる。関哲夫教授によれば、財務会計行為の定義に関しては、次の三つがあるという。①「財務的処理を直接の目的とする行為」とする説、②「地方公共団体に対して損害を与える行為」とする説、③「財務的処理を直接の目的とし、しかも、当該行為の直接かつ本来の効果として、当該地方公共団体の財産の財産的価値を減少させる行為」とする説（関哲夫『住民訴訟論（新版）』〔勁草書房・1997〕）。①によれば、対象となる行為が最も狭くなるが、対象となる財務会計行為に先行する行為の違法が、当該財務会計行為に承継されるとすれば、実質的に対象行為は広がる。たとえば、違法な給与の支払いを問題にする場合、職員の任命行為は地方公共団体に給与の支払い義務を発生させるが、給与の支給のためには別に支出負担行為が必要とされているので、職員の任命行為は自体は支出負担行為とはされず、したがって、財務会計行為ではない。しかし、もしこの先行行為である任命行為の違法が給与の支給のための支出負担行為に承継されるのであれば、任命行為は実質的には住民訴訟の対象となっているとも言える。②の立場では、行為の結果として地方公共団体に損害を与える行為はすべて対象となる結果になり、文字通りにはとれない。③は、行為の目的のみならず、それによって財産的損害が発生することを求めるもので、この立場に立つのが一般的であろう（最判昭和48・11・27集民110・545）。

　財務会計行為か否かが問題となることは多いが、最高裁判決は、財務的

処理を直接の目的とするかどうかを重視しているように思われる（最判平成2・4・12民集44・3・431。保安林内の市有地に市道を建設するために行われる工事施行決定書を決裁する等の行為は、道路建設行政の見地からする道路行政担当者としての行為であって、保安林としての財産的価値に着目し、その価値の維持、保全を図る財務的処理を直接の目的とする財務会計上の財産管理行為には当たらない）。

[解説9　住民訴訟における違法性の承継]

　財務会計行為の説明の際に触れたが（解説8参照）、それ自体は財務会計行為ではない行為が違法であることを、それを前提とする財務会計行為の違法を主張する際に援用できるかという問題がある。住民訴訟以外の行政訴訟においても「違法性の承継」という言葉が使われるが、住民訴訟以外の行政訴訟における「違法性の承継」では、先行行為そして後行行為ともに行政行為であり（したがって、「違法性の承継」を認めるがどうかに当たり、いわゆる公定力や出訴期間との関係が問題にされる）、そして、後行行為は必ずしも財務会計行為ではないので、先行行為、後行行為ともに行政行為ではないことがほとんどであり（財務会計行為、それに先行する非財務会計行為は、行政内部で行われる行為であることがほとんどである）、また、後行行為は必ず財務会計行為である、住民訴訟にける「違法性の承継」とは異なっている。もちろん、先行行為、後行行為ともに行政行為であり、かつ、後者が財務会計行為となる場合もあり、住民訴訟における「違法性の承継」と、それ以外の行政訴訟における「違法性の承継」が重なる場合もあるが、両者は区別して論じた方が適切である。住民訴訟においては、「違法性の承継」という語は使用せずに、「原因行為の違法性と財務会計行為の違法性」という語の下で問題を論じていく方が適切だろう（後述のように、そもそも違法が承継されるか否かという問題設定は適切ではない）。

　「原因行為の違法性と財務会計行為の違法性」については、これについてなされた最高裁判所判決だけでも整合的に理解することは容易ではない（この問題は、基本的に4号請求に関して論じられており、以下の検討もこれに限定する。他の号の請求については別途の考慮が必要と思われる）。市長が、収賄容疑で逮捕された職員を懲戒免職処分にせずに、分限免職処分にして、退職手当

を支給した場合において、退職手当支給行為を対象としてなされた住民訴訟において（川崎市退職金支払事件。最判昭和60・9・12判時1171・62）、最高裁は、「本件条例の下においては、分限免職処分がなされれば当然に所定額の退職手当が支給されることとなつており、本件分限免職処分は本件退職手当の支給の直接の原因をなすものというべきであるから、前者が違法であれば後者も当然に違法となるものと解するのが相当である。」として、原因行為の違法性が財務会計行為の違法性となることを容易に認めた。これに対して、東京都教育委員会が退職勧奨に応じた都立高校教頭を校長に昇格させた上で即日退職承認処分、昇級処分を行って、昇給後の号給を基礎とする退職手当の支出決定をした行為に対して住民訴訟が提起された事件で、最高裁は前述判決とは異なるようにみえる判示をした。まず判決は、一般論を次のように述べた。「当該職員の財務会計行為をとらえて右の規定に基づく損害賠償責任を問うことができるのは、たといこれに先行する原因行為に違法事由が存する場合であっても、右原因行為を前提としてされた当該職員の行為自体が財務会計法規上の義務に違反する違法なものであるときに限られると解するのが相当である。」その上で、「教育委員会と地方公共団体の長との権限の配分関係にかんがみると、教育委員会がした学校その他の教育機関の職員の任免その他の人事に関する処分（……）については、地方公共団体の長は、右処分が著しく合理性を欠きそのためこれに予算執行の適正確保の見地から看過し得ない瑕疵の存する場合でない限り、右処分を尊重しその内容に応じた財務会計上の措置を採るべき義務があり、これを拒むことは許されないものと解するのが相当である。」として、本件においては、「本件昇格処分及び本件退職承認処分が著しく合理性を欠きそのためこれに予算執行の適正確保の見地から看過し得ない瑕疵が存するものとは解し得ないから、被上告人〔都知事〕としては、……これに伴う所要の財務会計上の措置を採るべき義務があるものというべきであり、したがって、被上告人〔都知事〕のした本件支出決定が、その職務上負担する財務会計法規上の義務に違反してされた違法なものということはできない。」と判示した（1日校長事件。最判平成4・12・15民集46・9・9753）。

一見すると大きな違いがあるようにみえるが、住民訴訟において賠償責任を負うのは職員個人である。このことに鑑みれば、如何に住民訴訟であれ、近代不法行為法の原則からすれば、職員が責任を負うのはその者に帰責事由がある場合に限られると言うべきである（井坂正宏「住民訴訟」笹田栄司・菅原郁夫・亘理格編『司法制度の現在と未来――しなやかな紛争解決システムを目指して』〔信山社・2000〕）。したがって、後行の財務会計行為を行う機関が、先行行為について如何なる権限を持つか、持たないかは決定的に重要ではないか。たとえば、後行行為を行う機関が、先行行為の審査権、先行の違法行為を行わない権限、あるいは先行行為の是正権限等を持っていない場合には、後行行為を行う機関が責任を負うとは言えないであろう。一日校長事件判決で、最高裁が、教育委員会がした職員の任免その他の人事に関する処分について、地方公共団体の長は、右処分が著しく合理性を欠き、予算執行の適正確保の見地から看過し得ない瑕疵の存する場合でない限り、右処分を尊重しその内容に応じた財務会計上の措置を採るべき義務があるとし、都知事の支出決定は、その職務上負担する財務会計法規上の義務に違反してされた違法なものということはできないとしたのは、このことを意味しているのではないか。川崎市退職金支払事件においては、市長は退職手当の支給決定に直接関与しているが、市長はそもそも分限免職処分を行わない権限、分限免職処分を取り消す権限を持っている。原因行為たる先行行為の権限を有する者と、後行行為の権限を有する者が異なる、１日校長事件とは事案が異なっているのである。

　したがって、問題は「原因行為の違法性が財務会計行為の違法性」をもたらすかどうかではなくて、あくまでも後行行為を行う機関の義務違反にこそ、後行行為の違法性が見いだされるべきである。そして、義務違反の有無は、①原因行為・先行行為と財務会計行為である後行行為の一体性の程度、②財務会計行為である後行行為を行う機関が、原因行為たる先行行為について如何なる権限を持つか、という観点が重要なポイントになるだろう。

　①では純粋に実体法的にみて先行行為が後行行為の要件と言えるかどうかが問題になる。この点が肯定されても②は問われざるを得ない。後行行

為を行う機関が先行行為について何らの審査権を持たない場合や、先行行為を是正する権限を持たない場合などは、後行行為を行う機関に「職務上負担する財務会計法規上の義務違反」はないと言うべきであろう。逆に、後行行為を行う機関がそうした権限を持っている場合には、そうした権限の行使・不行使に関して、「職務上負担する財務会計法規上の義務違反」があると言えれば、後行行為の財務会計行為は違法になるというべきだろう。

(大貫裕之)

11 道路法事例
——仮の権利保護を巡る諸問題

　許可にかかる期間が特定の期間や日時に限られているような場合には、この期間や日時の経過後に許可を得ても意味がない。当該場合には、この日時の経過により原則的には訴えの利益が消滅してしまうこととなるので、不許可処分がなされた場合には、迅速に許可を求める必要がある。かかる場合にどのように争うべきか、仮の義務付けの申立ての各要件についてどのように考え、どのような主張をすべきだろうか。

1 事案の概要

　平成22年3月10日、阿寒法律事務所に、東京都乙区で食品製造販売を営む株式会社洞爺の担当者十和田が、相談に訪れた。十和田は、株式会社洞爺が同社所有のBビルの改修工事をするために乙区に対してどのように対応すればよいかについて相談したいとのことであった。十和田と、阿寒法律事務所の新人弁護士芦野とベテラン弁護士浜名のやりとりは以下のとおりである。

　（**資料1：文書**）「地籍調査事業実施に伴う境界確認の立会いについて（お願い）」参照。

十和田　少し前の話になるのですが、平成21年12月10日付で乙区から別紙1の文書が来ました。地積調査事業に協力しろとのことです。この文書が来た際には一応浜名先生にはご報告しました。

芦野弁護士　乙区から地籍調査事業への協力を求められたのは、今回が初めてですか？

十和田　去年も同じようなことがあって、平成20年の2月頃にも乙区の都

資料1

（割　印　省　略）
21 乙 道 第157号
平成21年12月10日

乙　区　長
最上　川太郎　㊞

地籍調査事業実施に伴う境界確認の立会いについて（お願い）

　日頃、乙 区政に御協力いただき厚くお礼申し上げます。
　過日送付させていただいたとおり、乙 区では山田二丁目の区域で皆様の土地と道路・水路等（公共用地）との境界を調査・測量する「地籍調査事業」を実施しております。
　つきましては、ご多忙中とは存じますが、あなた様の土地と道路・水路等（公共用地）との境界について現地確認を行うため、立会いを下記の通りお願いいたします。
　皆様のご理解、ご協力をお願い申し上げます。

記

1　立会い日時　　平成22年11月10日　午前9：40

2　土地地番　　　乙 区山田二丁目　199－1

3　集合場所　　　乙 区山田二丁目　3番23号先

4　当日必要なもの
　（1）印鑑（認印、朱肉を使用するもの）
　　　　立会いで境界確認をされた方に現地で地籍境界調査票に署名と押印をしていただきます。
　（2）代理人の方
　　　　代理人の方は、土地所有者が記入した委任状及び代理人の方の印鑑を御持参ください。

以　上

＊裏面に注意事項などが記載されていますので、お読みください（裏面省略）

市整備部道路管理課の担当者が弊社に参りました。そのときも弊社所有の私有地と公地の境界明確化のために周辺の土地等を調査しております。そうしたところ、登記簿上も弊社の土地となって建物が建っている土地の一部は、実は乙区の土地であると区の担当者が言い出したのです。そのときは、浜名先生にもご相談申し上げました。

浜名弁護士 芦野先生がまだ当事務所に入所する前のことだったけれど、ご相談を受けてましたね。

十和田 そうですね。その際は、弊社が昭和52年に買い受けて以来今日まで継続して使用している土地であるから、乙区の出方をみるとのことになっていたかと思います。

浜名弁護士 それから、しばらく動きがなかったですが、今回連絡が来たわけですね。

十和田 そうです。今回は、1年前とは違い、乙区側もかなり強い調子で。弊社の建物が区の所有地に越境していることを認めて、その旨の確認書にサインしろと。その上で測量地点にブロックを埋設したいとの意向で。更に、弊社のビルの建て替えの際には、区の所有地に越境している部分については取り壊す旨の誓約書を提出して欲しいとまで言ってきたのですが……。弊社でも困ってしまって……。

浜名弁護士 そこまで言ってきましたか。乙区が壊せと言っているのは、御社の所有するAビルとBビルのうち、Bビルの方ですね。**資料2**でいうところの、斜線部分が乙区の所有地に越境していると。

十和田 はい。このBビルは、6階建てですが、テナントさんに賃貸しておりまして、1階にはケーキ等洋菓子を販売する店舗が入っております。また、2階から6階の部分は別の宝石の輸入販売を行う会社のオフィスとして使用されております。

芦野弁護士 既に何十年以上も使用している建物を取り壊せというのは無茶な話ですね。今回も地籍調査票等にサインしないということでいいのではないでしょうか。

十和田 そうですね。弊社も浜名先生からのアドバイスを受け、そのように対応しました。ところが、先生。今回ご相談にうかがったのは、この

資料2　本件の位置関係

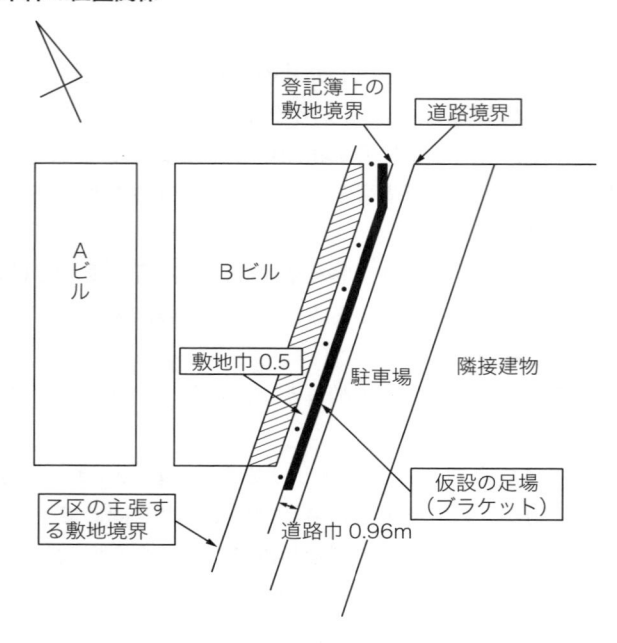

（図：登記簿上の敷地境界、道路境界、Aビル、Bビル、敷地巾0.5、駐車場、隣接建物、仮設の足場（ブラケット）、乙区の主張する敷地境界、道路巾0.96m）

問題に関連してとても困った問題が発生したからです。実は、このBビルというのは、昭和56年に建てられてから、大規模な修繕などが行われず今日に至っており、かなり老朽化が進んでいます。具体的には、雨漏りや、外壁レンガの剥がれ等も生じており、このレンガの崩落によりBビル前を通行する通行人に対する危険も生じています。そこで、今般弊社が、株式会社琵琶工務店（以下「琵琶工務店」という）にこのBビルの改修工事を発注したのです。この琵琶工務店が、Bビルの改修工事をするためには、弊社の私有地を越える部分に仮設の足場（ブラケット）を設置しなければならなかったので、乙区長の道路の占用許可と乙警察署長の道路使用許可がいるということで、この許可の申請をしたのです。乙区の道路管理課窓口において、琵琶工務店がこの申請書類を提出したところ、Bビルのうち乙区が、乙区所有地に越境していると主張している部分（以下「Bビル東南壁面」という）にかかる部分の申請書類の受領を拒否

されたとのことです。その理由としては、弊社所有のBビルが乙区の所有地に越境しているから、建物を取り壊してもらいたいので、改修なんてとんでもない。とにかく書類は受け取れないとの一点張りだそうで……。琵琶工務店の担当の諏訪さんも困ってしまって、弊社にどうなっているんだと……。先生、どのようにすればよいのでしょうか。」

浜名弁護士　乙区長には、申請に対して審査応答義務があるので、申請書類の受け取りの拒否は、違法ですね（申請に関する基礎知識の確認は、２申請事例を参照）。まして、受領拒否の理由は、道路法上の道路占用許可の要件と全く関係ないのではないようですからね。まず、乙区長に対して、通知を出しましょう。工期はいつからいつまでですか？

十和田　平成22年４月３日から22年４月30日までです。

浜名弁護士　そうすると、急がなければなりませんね。芦野先生、至急乙区長宛の申入書を起案してください。

　（１）　法令調査等

　新人弁護士芦野は、上記の相談を受けて、まず、今回の申請の根拠となる道路法、道路法施行令、道路法施行規則等を調査の上、行政手続法７条等を引用の上早急に申請書類の審査を行うよう申し入れる申入書を起案した。

【参照法令】
●道路法
（道路の占用の許可）
第32条　道路に次の各号のいずれかに掲げる工作物、物件又は施設を設け、継続して道路を使用しようとする場合においては、道路管理者の許可を受けなければならない。
　一　電柱、電線、変圧塔、郵便差出箱、公衆電話所、広告塔その他これらに類する工作物
　二〜六　（略）
　七　前各号に掲げるものを除く外、道路の構造又は交通に支障を及ぼす虞のある工作物、物件又は施設で政令で定めるもの
②　前項の許可を受けようとする者は、左の各号に掲げる事項を記載した申請書を道路管理者に提出しなければならない。
　一　道路の占用（道路に前項各号の一に掲げる工作物、物件又は施設を設け、継続

て道路を使用することをいう。以下同じ。）の目的
　二　道路の占用の期間
　三　道路の占用の場所
　四　工作物、物件又は施設の構造
　五　工事実施の方法
　六　工事の時期
　七　道路の復旧方法
③　第1項の規定による許可を受けた者（以下「道路占用者」という。）は、前項各号に掲げる事項を変更しようとする場合においては、その変更が道路の構造又は交通に支障を及ぼす虞のないと認められる軽易なもので政令で定めるものである場合を除く外、あらかじめ道路管理者の許可を受けなければならない。
④　第1項又は前項の規定による許可に係る行為が道路交通法第77条第1項の規定の適用を受けるものである場合においては、第2項の規定による申請書の提出は、当該地域を管轄する警察署長を経由して行なうことができる。この場合において、当該警察署長は、すみやかに当該申請書を道路管理者に送付しなければならない。
⑤　道路管理者は、第1項又は第3項の規定による許可を与えようとする場合において、当該許可に係る行為が道路交通法第77条第1項の規定の適用を受けるものであるときは、あらかじめ当該地域を管轄する警察署長に協議しなければならない。
（道路の占用の許可基準）
第33条　道路管理者は、道路の占用が前条第1項各号のいずれかに該当するものであつて道路の敷地外に余地がないためにやむを得ないものであり、かつ、同条第2項第2号から第7号までに掲げる事項について政令で定める基準に適合する場合に限り、同条第1項又は第3項の許可を与えることができる。
②　（略）
（工事の調整のための条件）
第34条　道路管理者は、第32条第1項又は第3項の規定による許可を与えようとする場合において、道路を不経済に損傷し、又は道路の交通に著しい支障を及ぼさないために必要があると認めるときは、当該申請に係る道路の占用に関する工事と他の申請に係る道路の占用に関する工事若しくは他の道路占用者の道路の占用又は　道路に関する工事とを相互に調整するために当該許可に対して必要な条件を附することができる。この場合において、道路管理者は、あらかじめ当該申請に係る道路の占用に関する工事を行おうとする者又は他の道路占用者の意見を聞かなければならない。

●道路法施行令
（道路の構造又は交通に支障を及ぼすおそれのある工作物等）
第7条　法第32条第1項第7号の政令で定める工作物、物件又は施設は、次に掲げるものとする。
　一　看板、標識、旗ざお、パーキング・メーター、幕及びアーチ

二　工事用板囲、足場、詰所その他の工事用施設
（占用の期間に関する基準）
第9条　法第32条第2項第2号に掲げる事項についての法第33条第1項の政令で定める基準は、占用の期間又は占用の期間が終了した場合においてこれを更新しようとする場合の期間が、次の各号に掲げる工作物、物件又は施設の区分に応じ、当該各号に定める期間であることとする。
一　次に掲げる工作物、物件又は施設　10年以内（略）
二　その他の法第32条第1項各号に掲げる工作物、物件又は施設　5年以内
（一般工作物等の占用の場所に関する基準）
第10条　法第32条第2項第3号に掲げる事項についての同条第1項各号に掲げる工作物、物件又は施設（電柱、電線、公衆電話所、水管、下水道管、ガス管、石油管、第七条第四号に掲げる仮設建築物、同条第五号に掲げる施設、同条第六号に掲げる施設、同条第九号に掲げる応急仮設建築物及び同条第10号に掲げる器具を除く。以下この条において「一般工作物等」という。）に関する法第33条第1項の政令で定める基準は、次のとおりとする。
（略）※本問では、道路法施行令、道路法施工規則に定める許可基準は満たすものとして検討してよい。

●道路交通法
（道路の使用の許可）
第77条　次の各号のいずれかに該当する者は、それぞれ当該各号に掲げる行為について当該行為に係る場所を管轄する警察署長（以下この節において「所轄警察署長」という。）の許可（当該行為に係る場所が同一の公安委員会の管理に属する二以上の警察署長の管轄にわたるときは、そのいずれかの所轄警察署長の許可。以下この節において同じ。）を受けなければならない。
一　道路において工事若しくは作業をしようとする者又は当該工事若しくは作業の請負人
二　道路に石碑、銅像、広告板、アーチその他これらに類する工作物を設けようとする者
三　場所を移動しないで、道路に露店、屋台店その他これらに類する店を出そうとする者
四　（略）
②　前項の許可の申請があつた場合において、当該申請に係る行為が次の各号のいずれかに該当するときは、所轄警察署長は、許可をしなければならない。
一　当該申請に係る行為が現に交通の妨害となるおそれがないと認められるとき。
二　当該申請に係る行為が許可に付された条件に従つて行なわれることにより交通の妨害となるおそれがなくなると認められるとき。
三　当該申請に係る行為が現に交通の妨害となるおそれはあるが公益上又は社会の慣

習上やむを得ないものであると認められるとき。
③　第1項の規定による許可をする場合において、必要があると認めるときは、所轄警察署長は、当該許可に係る行為が前項第1号に該当する場合を除き、当該許可に道路における危険を防止し、その他交通の安全と円滑を図るため必要な条件を付することができる。

　浜名弁護士は、芦野弁護士の起案した申入書の差出人が洞爺株式会社代理人となっているのを見て、こう指摘した。

浜名弁護士　芦野先生。今回申請をするのは琵琶工務店ですよね。そうすると、差出人は本来なら琵琶工務店にするのが望ましいけれども。
芦野弁護士　そうですね。しかし、現段階で琵琶工務店は、乙区と争ったりするつもりはないということですし、やはり洞爺株式会社の代理人として申し入れるしかないのではないでしょうか。
浜名弁護士　そうですね。ただ、今後琵琶工務店の協力が得られないと色々な法的手段をとるのが難しいかもしれませんね。通知書は、この内容で出しましょう。

　その後、平成22年3月19日に再び、十和田が阿寒法律事務所を訪れた。
十和田　先生、申入書を出してくださってありがとうございます。お陰様で、平成22年3月15日に道路占用許可申請と道路使用許可申請の書類の両方を受け取ってもらうことができました。ただ、乙区の担当者は、諏訪さんに、一応受け取るが許可するかはわからないと告げたそうです。
浜名弁護士　ひとまず一歩前進ですね。道路の占用許可については乙警察署長との協議が必要であり、また道路の使用許可については、乙警察署長が許可権者ですが、道路使用許可の方はどうですか？
十和田　そうなのです。先生、今日は道路使用許可のことでご相談が……実は、乙警察署の交通課交通規制係の担当者松原警部補から連絡があり、道路占用許可についての意見について、乙区から、洞爺株式会社との間で境界問題でもめているので、乙区は許可を留保するつもりであるとの意見がついていて、乙警察署としても困ってしまっている。3月23

日に琵琶工務店から松原警部補に対して事情を説明しに来るよう連絡があったそうです。
浜名弁護士　3月23日ですか。わかりました。芦野先生に、諏訪さん、十和田さんと一緒に乙警察署に行ってもらいましょう。土地の境界の問題と、今回の工事は全く別問題だと説明する必要がありますからね。
芦野弁護士　わかりました。

2 平成22年3月23日乙警察署での松原警部補とのやりとり

芦野弁護士から、松原警部補に対してこれまでの経緯等を説明した。

松原警部補　乙区が、株式会社洞爺のBビルが、乙区の区道敷地にはみ出して立っているので、違法建築物だ。取り壊すならともかく、これを改修するための占用許可はできない、と言ってきている。乙区がそのように言う以上、警察署もこれを押し切って同意はできない。
十和田　Bビルは、株式会社洞爺が、昭和56年に建築確認をとり建築確認済証も交付されており、適法に建築されています。29年以上経った今になってこのようなことを言われ、一方的に違法建築であるなど言われることには、憤りを感じます。
芦野弁護士　法的には、土地の境界の問題と道路の占用許可や使用許可は全く別の問題なのであるから、分けて考えて速やかに審査してほしい。土地の境界のことは別途しかるべき手続で争う意向です。
松原警部補　事情はわかりました。乙警察署長から再び乙区に対して確認します。また、上級機関に対し照会をして対応することとします。

コラム

役所に行くことは有用か？
　実際に行政の担当者と交渉することは、有用な場合も多い。交渉を行った際には、その内容を記録に残し、証拠化しておく必要がある。実際この事例のもととなった事案においては、警察署長からは、占用許可に間に合

うよう道路使用許可を得ている。

（義務付け訴訟の提起と仮の義務付の申立て）
　その後、同年4月3日に十和田が再び阿寒法律事務所を訪れた。
十和田　先生大変です！乙区から昨日付で道路の占用許可申請を却下するとの通知がきたそうです。これがその通知です（**資料3**）。
浜名弁護士　どれどれ。なるほど、ひどいですね。これは訴訟をするしかなさそうですね。芦野先生、訴訟提起の準備をしなくてはなりませんが、工期が終わるまでに本案が間に合わないおそれがありますので、仮の権利保護も考えなければなりませんね。どのような訴訟を提起するか検討してください。
芦野弁護士　わかりました。検討します。
浜名弁護士　本件では道路法及び同施行令、同施行規則の許可要件は満たしていると考えられますが、琵琶工務店の担当者にこの点も確認してください。
芦野弁護士　わかりました。

＜芦野弁護士作成時系列表＞
　　平成20年2月14日　乙区から株式会社洞爺に対して最初の地籍調査の協力依頼
　　　　　　　　　　　株式会社洞爺の担当者十和田が地籍調査に立会う。その後乙区から境界について訂正に協力してほしいとの申し入れ。
　　平成21年12月10日　乙区から地籍調査事業実施に伴う境界確認の立会い要請。株式会社洞爺の担当者十和田が立会う。乙区から、洞爺株式会社に対して、Bビルが乙区の所有地に越境していることを認めた上で、次の改修工事の際にこの部分について取り壊すように求められる。
　　平成22年3月1日　株式会社洞爺から琵琶工務店に対して、Bビルの改修工事を発注。
　　　　　　　　　　　請負代金　7000万円

	支払日　　引渡時に一括
	工　期　　平成22年4月3日から22年4月30日
平成22年3月8日	琵琶工務店の担当者諏訪、乙区役所に道路占用許可申請書と、乙警察署長に道路使用許可申請書を持参。受け取りを拒否される。
平成22年3月10日	浜名弁護士らが洞爺株式会社の代理人として乙区長に対して通知文を発送
平成22年3月15日	諏訪が乙区長に対して、道路の占用許可、乙警察署長に使用許可にかかる申請書類を提出。
平成22年3月23日	芦野、十和田、諏訪で乙警察署にて松原警部補と面談
平成22年4月1日	乙警察署長が、琵琶工務店に対して道路使用許可
平成22年4月2日	乙区長、琵琶工務店に対して道路占用許可申請に対し却下処分
平成22年4月3日	十和田が、阿寒法律事務所に相談に訪れる。
※特記事項	工期　平成22年4月1日から同年4月30日まで

資料3

22乙都道第95号
平成22年4月2日

G区鈴木3-1
(株)琵琶工務店
代表取締役　山田　太郎　様

乙　区　長
最上　川太郎　㊞

　貴社から平成22年3月15日付でなされた洞爺(株)本館大規模修繕に伴う足場の部分に係る道路占用許可申請については、これを却下します。

理　　由

　貴社が、洞爺(株)から受注した同社Bビル(以下「本件建物」という)大規模修繕工事の施工に必要とされる足場部分に係る道路占用許可申請については、本件建物のうち区道に接する建物部分(長さ約11.5m、横最少1.40m～最大1.80m、概算面積19.0m²別紙図面赤色部分〔編注：別紙は省略。図面赤色部分は、本項**資料2**の斜線部分に該

当〕）が、区道敷地内に築造されており、区道の管理上、支障をきたしているため、収去されるべきものですので、この建物部分を修繕するに当たって必要とされる足場に係る部分の道路占用許可を認めることはできません。

以　　　上

1　この決定に不服がある場合には、この決定があったことを知った日の翌日から起算して60日以内に、乙区長に対して異議申立てをすることができます（なお、この決定があったことを知った日の翌日から起算して60日以内であっても、この決定の日の翌日から起算して１年を経過すると異議申立てをすることができなくなります。）。
2　この決定については、この決定があったことを知った日の翌日から起算して６箇月以内に、乙区を被告として（訴訟において乙区を代表とする者は乙区長となります。）、処分の取消しの訴えを提起することができます（なお、この決定があったことを知った日の翌日から起算して６箇月以内であっても、この決定の日の翌日から起算して１年を経過すると処分の取消しの訴えを提起することができなくなります。）。ただし、上記１の異議申立てをした場合には、当該異議申立てに対する決定があったことを知った日の翌日から起算して６箇月以内に、処分の取消しの訴えを提起することができます。

担当　乙区都市整備部道路管理課
道路監察係　TEL. 000-0000
占用係　　　TEL. 000-0000

(1) 訴訟形式の検討

芦野弁護士　浜名先生、まず、道路法及び同施行令、同施行規則の道路占用許可基準は満たしていることは確認できました。その上で、本件では、却下処分の取消訴訟、許可処分の義務付け訴訟、工期が切迫していますので、併せて仮の義務付の申立てをすることが考えられます。また、異議申立てという方法もありますが、乙区が強硬な態度をとっていること、時間が切迫していることも考えれば、訴訟を提起してしまった方がよいのではないでしょうか。

浜名弁護士　芦野先生、よく検討していますが、本件では、一つ重大な問題があります。その問題をクリアーしないとだめですね。今回は、琵琶工務店が乙区と争いたくないと言っているのですよね。

芦野弁護士　そうですね。琵琶工務店は今後乙区との仕事をするのに不利になったりしないか懸念しているようです……。

浜名弁護士　洞爺株式会社を原告に訴えを提起することは考えられますか？

芦野弁護士　その点は、検討をしてみたのですが、道路法第32条に基づく申請権者は、道路を使用する琵琶工務店と考えるのが素直であると考えられます。今から、洞爺株式会社で申請をやり直すと時間がかかる点、洞爺株式会社が申請者たりうるかという争点を増やすことになりかねないかと。

浜名弁護士　そうか……。それでは、琵琶工務店に訴訟提起をお願いしにいかねばならないね。その前に訴状と申立書を起案してくれるかな。

芦野弁護士　わかりました。

［**解説1**　道路法32条に基づく道路占用許可の申請権者］
［**解説2**　異議申立］
［**解説3**　義務付訴訟］
［**解説4**　仮の義務付け］

　(2)　**訴状及び申立書の起案**

　㋐　芦野弁護士は、仮の義務付けに特に関係するものとして、以下の点につき特に検討をした。

　　㋑　要件

　　　(a)　「償うことのできない重大な損害」

浜名弁護士　この要件については、その要件の解釈もさることながら、申請者以外の第三者の「損害」も含まれますか？

芦野弁護士　その点、明確に書かれた文献はなかったのですが、第三者の利益以外も含まれるとして、訴状と申立書は起案しました。

浜名弁護士　そうだね。そうしないと本件は難しいだろうね、一番困っているのは、洞爺株式会社なわけだし……。具体的に誰のどのような「損害」を主張できますか？

芦野弁護士　想定できる損害としては、以下のようなものがあると考えました。

① 琵琶工務店（申請者）
（ⅰ） 工期の長期化による工事費用の増加・請負代金受領の遅延

工期が長引けば、別に職人を雇わなければならず、一度で済むはずの工事を改めて行わなければならない。無用の経費負担を施主である洞爺株式会社に強いることとなる。また、工期完成が遅れることで、琵琶工務店は、東壁面にかかる工事代金を受領することができず、経済的な損失を被ることとなる。

また、申立人は、本件修繕工事を下請会社に一部下請けしているが、このまま、許可の目処が立たなければ、下請け業者の職人確保の予定も立たず、結局工事が遅れてしまうことになる。そして、6月に入れば、梅雨時期となってしまうため、雨により更なる工期延長も懸念される。したがって、なるべく早期に工事に着手する必要性は高い。

まして、このまま本年4月30日が経過すると、申立人は新たな占用の許可申請をしなければならず、これに対して乙区長が許可を不当に引き延ばすことも十分に考えられるので、工事の目処は立たないこととなってしまい、これは申立人の仕事の完成を妨げる極めて重大な不利益である。

（ⅱ） 足場をかけないで行う工事が不可能であること

また、足場をかけないで本件修繕工事をすることは不可能である。近隣の駐車している自動車、通行する人達の安全の確保をする為には、どうしても足場と養生が必要である。仮に、ゴンドラでの作業を行った場合では、Bビル東南壁面の区道を通行止めにし、かつ、近隣の駐車している自動車を撤去して作業を行わなくてはならない。また、作業中に出る塗装、シール、コンクリート片、タイル等が飛散するので、近隣の建物、周辺に駐車している自動車、都道、区道等をかなりの範囲に渡り養生を行わなければならない。かかる方法は、周囲に多大な迷惑をかけるばかりでなく、コスト面でも現実的ではなく、到底とりえない。

② 洞爺株式会社・Bビル横の通路の通行人の生命・身体

Bビルは、昭和56年に建てられたものであり、以来、大きな改修工事等は行われないまま今日に至った。このため築29年になるBビルは、雨漏りや壁面のはがれ等が目立ち、補修の必要が生じている。

琵琶工務店の調査によれば、Bビル壁面のタイルはかなり浮いてきており（実際、今日までのBビル東南壁面以外の工事においても約1000枚以上のタイルの浮きが確認され、張替え作業が行われた）、これがはがれ落ちて通行人に怪我をさせるおそれも存する。また、Bビル東南壁面には、古い鉄製配管があり、これが錆により強度がもろくなり、落下するおそれもあるので、本件修繕工事で取替える必要がある。更に、Bビル東南壁面には、無数のクラック（亀裂）が認められ、この亀裂から雨水などが入り、コンクリートが落下するおそれも存する。実際にBビルのうち、壁面が崩落している部分も確認されている。

　Bビル東南壁面側の道幅は1.5ｍ弱と広くはないものの、Bビルの裏側に住む人が乙駅に向かう近道となっており、昼夜を問わずかなりの人が通行するので、修繕工事を行えなかった場合、タイルや壁の崩落により通行人に死傷者を出してしまうおそれすら存する。万が一、通行人が怪我をした場合には、Bビルの所有者である洞爺株式会社がその法的責任（損害賠償等）を追及されることも十分考えられ、かかる事故が起きた場合には、洞爺株式会社の社としてのイメージにも大きく傷がつくものと考えられる。したがって、一日も早くBビル東南壁面の工事に着手する必要がある。

　③　テナントに生じる損害

　また、Bビルは、現在テナント2社、バイカル株式会社と株式会社摩周に賃貸している。バイカル社は海外に本拠をもつ世界的宝石メーカーの日本法人でBビルを本社屋としており、平日午前9時から午後5時30分までを標準勤務時間として約80名前後の従業員が勤務している。摩周社は国内16店舗を構える人気の高いパン・洋菓子メーカーで、Bビル1階を本店（店舗・工場）として年中無休で製造販売している。

　改修工事が長引けば、覆いによる採光上の不都合、騒音や工事業者の出入りによる煩わしさなどテナントの従業員及び両テナントの営業に様々な悪影響を与えることになる。

[**解説5**　申立人以外の者に生じる損害を、「償うことのできない重大な損害」に含めることができるか]

浜名弁護士　上記の損害の全てを「償うことのできない損害」といえるか

は、よく検討してみてくださいね。また、本件では、工期が平成22年4月1日から4月30日までであり、それまでに占用許可を受けなければ、本案をやっても訴えの利益が失われる可能性があることは、「償うことのできない重大な損害」に含まれますか？

芦野弁護士　これは、重大な損害ではなく、緊急の必要性に含まれるのではないでしょうか。ここで、仮に許可申請の期間が平成22年4月30日で、これを経過した場合に、訴えの利益が失われてしまう可能性がある以上、仮の義務付けが認められず、同日を経過した場合には、本案においても訴えを却下されることになります。その後、再び異なる期間で申請をして再び拒否処分を受けたとして、再度同じく取消し・義務付けの本案を提起し、併せて仮の義務付けを申し立てた場合、再び緊急の必要性がない等と言われ仮の義務付けを却下され、本案を待つ間に許可にかかる期間が経過し、訴えの利益が失われます。こうしたことを繰り返すと原告は永遠に救済の機会を失ってしまう可能性もあります。訴えの利益が失われるということは、司法の場で違法な争う場を失ってしまうことを意味します。これはまさに緊急の必要性であるといえると考えます。これそのものを損害と構成するのは難しいのではないでしょうか。

［解説6　本案で争ったのでは、訴えの利益が失われる可能性が存することは、「償うことのできない損害」または「緊急の必要」であるといえるか］

浜名弁護士　芦野先生、またこの償うことのできない重大な損害の要件については、本案が認められる可能性と相関的に判断するとは考えられませんか。

芦野弁護士　相関的に判断……ですか？　そこまで考えてはいなかったのですが……。

浜名弁護士　このあたりはまだ研究も進んでいないからね。私の考えでは、「本案について理由がある」（行訴法37条の5第1項）ことが明らか、その可能性が極めて高い事案である場合には、不利益処分を受けた者は本案判決確定までの間違法な処分により生じる不利益を甘受しなければならない理由は何ら存在しないし、このような損害を金銭のみにより事

後的に賠償させることは行政庁の違法な処分を是認する結果にもつながり、社会通念上著しく不相当と評価されると考えられるよね。したがって、行政庁の処分の違法性が極めて高く、「本案について理由がある」ことが明らかな場合には、原則として申立人に生じる損害は、基本的にいずれも「償うことのできない損害」に該当するというべきではないだろうか。

芦野弁護士 なるほど……。そこまで思い至っていませんでしたが、その点も「償うことのできない損害」の解釈の点として追加しようと思います。

浜名弁護士 お願いするよ。一つの実務的な考えの方向性として是非追加してください。

[解説7 「償うことのできない重大な損害」を本案が認められる可能性との相関的に判断できるか]

(b) 本案に理由があると見えるとき

浜名弁護士 芦野先生に調べてもらったように、本件では道路占用許可の要件に問題はなさそうですね。今回、処分行政庁は、本来許可要件として考慮してはならない株式会社洞爺と乙区との境界問題を考慮している違法があると言えそうですね。ところで、芦野先生、道路法の許可の性質についてどのように考えますか。道路法32条1項に基づく許可については、道路管理者の広汎な裁量が認められるのではないでしょうか。

[解説8 道路管理者による許可の性質]

芦野弁護士 その点は、調べたのですが、そのような考えもあるようです。しかしながら、仮に、道路占用許可に仮に広い裁量が認められるとしても、この裁量は、一般交通の用に供するという道路本来の目的を達するため、道路の管理上必要な範囲で認められるもので（道路法1条参照）、道路管理者の裁量権は、「道路」、本件では区道ですが、について及ぶものです。一方、今回乙区との間で問題となっている**資料2**の斜線部分は、「区道」には該当しないと考えられ、結局本件建物が「区道」にはみ出している事実はないので、本件処分は、そもそも処分の前提に事実誤認があるのではないでしょうか。そして、本件境界部分が「区

道」でない以上、乙区が道路管理者として本件許可処分をするにあたって、区道ではない本件境界紛争部分にかかる事情を考慮することは許されず、裁量権逸脱・濫用にあたるということができないでしょうか。

浜名弁護士 区道に該当しない根拠はどこにありますか？

芦野弁護士 「区道」とは、特別区の区域内に存する①道路で、②地方自治法283条2項で準用される道路法8条1項に基づき特別区の長がその路線を認定したものです。そして、道路法において「道路」とは、「一般交通の用に供する道で次条各号に掲げるものをいい、トンネル、橋、渡船施設、道路用エレベーター等道路と一体となってその効用を全うする施設又は工作物及び道路の附属物で当該道路に附属して設けられているものを含むものとする」（道路法2条1項）と定められています。しかしながら、本件境界紛争部分については、株式会社洞爺が、昭和56年に本館ビルを建てて30年近くにわたって占有を続けてきたものであり、人が通行することなどは当然不可能であり、「一般交通の用に供する道」には該当ません。したがって、本件境界紛争部分は、そもそも「道路」に該当しないと考えられます。

浜名弁護士 事実として一般の用に供されていなければ、直ちに道路法適用道路ではない、というのは問題があるように思います。道路法適用道路にすることの意思表示、すなわち公用開始や、路線認定、道路予定区域の認定はなされていませんか。

　［**解説9**　公用開始、路線認定、道路予定区域の認定とは］

芦野弁護士 調べましたが、乙区において、いずれもなされていないようです。

浜名弁護士 区道認定の要件の方はどうですか。

芦野弁護士 はい。本件境界紛争部分は、乙区長により区道認定されていません。

浜名弁護士 なるほど。そうすると、そもそも「区道」ではない場所（**資料2**の斜線部分）について、本件許可にあたって、「道路管理上の支障」として考慮することはできないというわけですね。それでは、その主張もしてみることにしましょう。

㈦ **疎明資料**

疎明資料としては、工事請負契約書、土地・建物の登記簿謄本、足場架設通路計画図等、申請の審査に対する申入書等、道路占用許可申請書、却下決定書、建物状況調査報告書、株式会社洞爺担当者の陳述書、乙警察署長からの道路使用許可書等を提出することとした。

コラム

本事件のその後

この事例の元となった事件については、東京地方裁判所に係属し、「緊急の必要性がない」として仮の義務付の申立てを却下するとの決定を受けたので、東京高等裁判所に即時抗告をした。その結果を待つ間に乙区から却下処分を撤回（講学上は、取消にあたるのであろう）し許可処分をするとの連絡が入り、無事道路占用許可がなされたので、即時抗告、本案の訴えとも取り下げ、一件落着となった。

［**解説**10　取消と撤回］

（河口まり子）

解説編

[解説1　道路法32条に基づく道路占用許可の申請権者]

　道路法（以下、「法」という）32条1項は、「道路に次の各号のいずれかに掲げる工作物、物件又は施設を設け、継続して道路を使用しようとする場合においては、道路管理者の許可を受けなければならない」とし、7号において、「前各号に掲げるものを除く外、道路の構造又は交通に支障を及ぼす虞のある工作物、物件又は施設で政令で定めるもの」を許可を要するものとして挙げている。さらにこれを受けて、法施行令7条2号は、「政令で定めるもの」として「工事用板囲、足場、詰所その他の工事用施設」を挙げている。

　道路の占用については、法32条2項において、法32条1項の許可を受けようとする者は、所定の事項を記載した申請書を道路管理者に提出しなければならない、と規定しているところ、その記載事項の一つである「道路の占用……の目的」（1号）において、道路の占用とは、「道路に前項（32条1項）各号の一に掲げる工作物、物件又は施設を設け、継続して道路を使用することをいう」としている（同号かっこ書）。したがって、法32条1項の道路占用許可は、現に道路を占用して使用する者が許可を行うことになる。本件の場合、株式会社洞爺と琵琶工務店との間で工事について請負契約が結ばれることになるが、工事自体は琵琶工務店が行うことになるので、道路占用許可の申請は琵琶工務店が行うことになる。

[解説2　異議申立て]

　行政庁の処分については、行政不服審査法に基づく不服申立てができる。不服申立てには、審査請求と異議申立ての2種類があるが（行審法3条1項）、この両者のいずれを提起することができるかについては、同法に規定が設けられている（行審法5条）。原則としては、審査請求中心主義がとられているが（行審法5条）、「処分庁に上級行政庁がないとき」などについては、異議申立てを行うことになる（行審法6条）。

　本件で問題となっている道路占用許可は、乙区（東京都の特別区——地方自

治法281条1項）の自治事務（地方公共団体が処理する事務のうち、法定受託事務以外のもの――同法2条8項・281条2項）に該当し、処分庁・乙区長には上級行政庁はないということになるので、不服申立ては、処分庁・乙区長に対する異議申立てという形でなされることになる。

[解説3　（申請型）義務付け訴訟]
　（1）　訴訟要件
　平成16年の行政事件訴訟法改正によって、新たに義務付け訴訟が法定された（行訴法3条6項）。この義務付け訴訟には、直接型義務付け訴訟（同項1号）と申請型義務付け訴訟（同項2号）の2類型がある。
　本件において問題となるのは、申請型義務付け訴訟である。その訴訟要件について、本件に関連する限りで概観すると、①法令に基づく申請が認められたものであること（行訴法3条6項2号）、②申請拒否処分が取消されるべきものであること（客観的要件＝救済の必要性・行訴法37条の3第1項）、③現に申請を行った者であること（主観的要件＝原告適格・行訴法37条の3第2項）、④申請拒否処分の取消訴訟との併合提起（行訴法37条の3第3項）がなされること、が挙げられる。ちなみに、混同しやすい点であるが、申請型義務付け訴訟の場合は、直接型義務付け訴訟の訴訟要件のように、「重大な損害」（行訴法37条の2第1項）は要件とされていない。この点は注意が必要である。
　（2）　本案勝訴要件
　さらに、義務付け請求が認容されるために必要とされる本案勝訴要件について、行訴法37条の3第5項は、「義務付けの訴えが第1項から第3項に規定する要件〔＝以上で挙げた訴訟要件の②から④〕に該当する場合において、同項〔＝第1項〕各号に定める訴えに係る請求に理由があると認められ、かつ、その義務付けの訴えに係る処分または裁決につき、行政庁がその処分若しくは裁決をすべきであることがその処分もしくは裁決の根拠となる法令の規定から明らかであると認められ〔＝羈束行為の場合〕又は行政庁がその処分もしくは裁決をしないことがその裁量権の範囲を超えもしくはその濫用となると認められるとき〔＝裁量行為の場合〕は、裁判所は、そ

の義務付けの訴えに係る処分または裁決をすべき旨を命ずる判決をする」と規定している。本件の場合、道路占用許可にある程度の裁量が認められるとすれば、道路法33条1項に定める許可基準に照らして、許可をしないことが「その裁量権の範囲を超え若しくはその濫用となると認められるとき」は、義務付け判決がなされるということになる。この場合、義務付け判決とともに、併合提起された取消訴訟についても認容判決がなされる。

ちなみに、併合提起された取消訴訟が棄却された場合はどうか。この場合は、「当該法令に基づく申請……を却下し又は棄却する旨の処分……がされた場合において、当該処分……が取り消されるべきもの」（行訴法37条の3第1項2号）ではなかったということになり、訴訟要件を満たさないということで、不適法却下となる（大阪高判平成22・9・9判時2108・21）。

（3） 併合提起された訴訟の取扱い

1で述べたように、申請型義務付け訴訟においては、申請拒否処分の取消訴訟（ないし無効確認訴訟）を併合提起することが訴訟要件として強制されている。これは、場合によっては、取消訴訟については認容できると考えられる場合あっても、義務付け訴訟について終局判決を行うには審理等で時間がかかり、かえって取消判決のみにとどめて、取消判決の拘束力の下で行政庁に再度処分をさせたほうがよいケースがありうることを念頭においたものである。たとえば、年金の給付決定をめぐる紛争において、具体的な年金の等級まで義務付け訴訟で審理・判断するのではなく、取消判決にとどめて行政のプロセスに差戻し、判決の拘束力を踏まえて行政庁に再度判断の上、処分をさせたほうが、迅速な解決が図られるであろう。また裁量処分などで必ずしも裁判所の判断になじむものではないと考えられるもの、たとえば、タクシー運賃の値下げ認可申請が、他の事業者との間で不当な競争を引き起こすおそれがあるか否かといった専門的、政策的判断を要するような複雑な事案についても、裁量判断における判断過程の統制（審査基準の合理性や考慮事項についての審査）による取消判決にとどめ、取消判決の趣旨（判決理由）の指摘するところに従い、再度処分をするということも考えられる（大阪地判平成19・3・14判タ1252・189、さらにその後の再却下処分に対する義務付け訴訟に関する判決として、大阪地判平成21・9・25判時

2071・20、そしてその控訴審が前掲・大阪高判平成22・9・9である)。このような場合については、「第4項の規定〔＝併合審理の規定〕にかかわらず、裁判所は、審理の状況その他の事情を考慮して、第3項各号に定める訴え〔＝たとえば、申請拒否処分に対する取消訴訟〕についてのみ終局判決をすることがより迅速な争訟の解決に資すると認めるときは、当該訴えについてのみ終局判決をすることができる。この場合において、裁判所は、当該訴えについてのみ終局判決をしたときは、当事者の意見を聴いて、当該訴えに係る訴訟手続が完結するまでの間、義務付けの訴えに係る訴訟手続を中止することができる」という規定が置かれている（行訴法37条の3第6項）。このように、申請型義務付け訴訟における併合提起により、裁判所には紛争解決に向けた柔軟な対応が可能となるのである。

もっとも、本件のような道路占用許可の場合、再度行政庁の判断に委ねたほうが迅速に解決するような複雑な裁量判断などは問題にならないであろうから、このような処理がなされることは考えにくいであろう。

[解説4　仮の義務付け]
（1）　執行停止の機能的限界

申請拒否処分に対して取消訴訟や申請型義務付け訴訟を提起したとしても、判決が出るまで相当の時間がかかることはいうまでもない。そしてその間に、たとえば本件のように申請した期間が経過してしまうことが考えられるが、そのような場合は、もはや取消しを求めるにつき法律上の利益（行訴法9条1項）がないことになり、訴えは却下となる（訴えの利益の消滅の問題、たとえば最大判昭和28・12・23民集7・13・1561〔メーデー集会公園使用許可拒否処分〕）。

そのような権利救済に立ちはだかる時間的制約に対応するのが、仮の権利保護制度であるが、申請拒否処分に対して取消訴訟を提起すると同時に執行停止を申し立てることは可能であろうか。その点については、仮に申請拒否処分に対して執行停止を認めたとしても、それは拒否処分の効力が停止されることによって、申請がなされた時点の状態に復するにとどまり、申請を認める処分がなされた状態になるわけではない。したがって、

申請拒否処分に対する執行停止は、特段の法律上の利益が認められる場合は別にして、紛争解決に資するところがないということで、申立ての利益は認められず、却下となる。たとえば、入学申請拒否処分の執行停止などは、申立ての利益が否定され却下された事例であるが（大阪高決平成3・11・15行裁例集42・11=12・1788）、在留許可更新不許可処分の執行停止のごときは、申請した在留外国人は、その申請に対する決定がなされるまで、不法残留者としての責任を問われない形で本邦に残留することができることを理由に、申立ての利益を認めている（大阪地決昭和55・9・19訟月27・1・179）。

　このようにみてくると、本件のような場合、仮に道路占用不許可処分の効力を停止したとしても、道路占用許可処分がなされたのと同じ状態がもたらされるわけではないから、執行停止の申立ては、申立ての利益がなく却下ということになる。このように執行停止制度をめぐっては、特に申請拒否処分について、その機能的な限界が指摘されてきたところである。

　（2）　**仮の義務付け**

　したがって、本件の道路占用不許可処分について仮の救済をえるためには、道路占用許可処分の義務付け訴訟を提起し、併せて仮の義務付けを申し立てることになる。

　仮の義務付けの申立て要件は、①義務付けの訴えの提起があったこと、②その義務付けの訴えに係る処分がされないことにより生ずる「償うことのできない損害を避けるため緊急の必要」があること、③本案について理由があるとみえるとき、④公共の福祉に重大な影響を及ぼすおそれがないこと、である（行訴法37条の5第1項）。ちなみに、①の本案訴訟の提起については、あくまで適法な訴えが提起されることを要し、不適法な訴えの場合、それ以外の要件を仮に満たしたとしても、仮の義務付けをすることはできない。この点はとりわけ処分性などについて問題となろう。

　そして、仮の義務付けには、執行停止に関する行訴法25条5項から8項、26条から28条、さらに拘束力に関する33条1項の規定が準用されることになる（行訴法37条の5第4項）。

　平成16年改正において仮の義務付けが新設されて以降、この制度はかな

り利用されている。すなわち、学校等への入学・入園許可（徳島地決平成17・6・7判例地方自治270・48、東京地決平成18・1・25判時1931・10、奈良地決平成21・6・26判例地方自治328・21）、施設使用許可（岡山地決平成19・10・15判時1259・182）などで認容例がみられる。そして、本件のような道路占用許可についても、活用が考えられるところである。

[解説5　申立人以外の者に生じる損害を「償うことのできない損害」に含めることができるか]
　（1）　仮の権利保護の要件における「損害」の範囲
　仮の権利保護（執行停止、仮の義務付け、仮の差止め）をめぐっては、その要件が「重大な損害」（執行停止──行訴法25条2項）か「償うことのできない損害」（仮の義務付け・仮の差止め──同37条の5第1項・2項）かというハードルの差はあるものの、いずれにせよ何らかの「損害」発生の可能性が要求される。本来、仮の救済は、本案訴訟の原告たる申立人の利益を救済する制度であるから、申立人本人について生ずる利益の侵害が「損害」に当たるとすることについては余り問題はないであろう。しかしながら、申立人以外の第三者の利益といってもさまざまなものがあるので、それが第三者の利益について生じる損害であるとの一事をもって、ここにいう「損害」に当たらないとしてよいかは、問題である。また、申立人以外の第三者の利益というカテゴリーを超えた「公益」侵害を主張できるかもあわせて問題となろう。この点は、執行停止の要件が「回復困難な損害」から「重大な損害」に緩和され、また仮の義務付け・仮の差止めが法定された平成16年の行訴法改正後、特に問題となったところである。
　（2）　執行停止の場合
　今までこの点に関する決定例は、執行停止の「重大な損害」要件について多くみられる。たとえば、運転免許取消処分の執行停止について、実母が祖母の介護に赴くために申立人本人の自動車の運転を必要とするとし、申立人の家族の生命身体などの利益について「申立人にとって金銭による事後的回復が困難な損害」の可能性があることをもって、「重大な損害」を認めている（仙台地決平成22・5・14裁判所HP、その他家族の利益について言及

する決定例として、京都地決平成21・4・28裁判所HP、横浜地決平成22年10月29日裁判所HPがある)。また、保険医療機関指定及び保険医登録の取消処分によって、診療所の経営が破たんし、現在雇用している看護師なども解雇せざるをえなくなるとして「重大な損害」を認めた例があるが、そのような場合は、看護師ら第三者の利益と申立人本人の利益が密接不可分の関係にあるものといえよう (甲府地決平成18・2・2裁判所HP)。

またその他に、第三者の利益の考慮に否定的な判断がなされた決定例においてではあるが、介護保険法に基づくサービス事業者としての指定取消処分における入居者の利益 (東京高決平成18・1・19裁判所HP——利用者の利益に言及しながらも、格別の不利益は生じないとする)、海上運送法に基づく一般旅客定期航路事業の停止処分における利用者たる住民や従業員の利益 (福岡地決平成17・5・12裁判所HP——申立人本人の利益ではないとして考慮を否定する) などが、問題となっている。

このようにみてくると、執行停止の要件である「重大な損害」については、申立人本人の被る損害に厳格に限るものと解すべきではなく、第三者について生ずる損害であっても申立人本人の利益に還元されるようなものや、申立人本人の利益にも相当程度関連するようなものも、これに含まれると解すべきであろう。

(3) 仮の義務付けの場合

さて本件で問題となるのは、仮の義務付けの要件である「償うことのできない損害を避けるため緊急の必要」の意義であるが、これについては、仮の義務付けがされないことにより生ずる損害が、原状回復が不能であったり、事後的な金銭賠償では回復困難である場合のみならず、金銭賠償による救済では損害の回復として社会通念上不相当な場合であって、そのような損害の発生が切迫している状況にあることをいうとされている (東京地決平成18・1・25判時1931・10、名古屋地決平成22・11・8判タ1358・94など)。

ここでも、申立人以外の第三者の損害がこの要件の中で考慮されるか否かが問題となるが、基本的には執行停止の場合と同様に考えてよいであろう。実際の決定例でも、道路運送法に基づくタクシー運賃認可申請の仮の義務付けについて、現行の運賃認可期限までに申請が認可されなければ、

申立人（法人タクシー会社）は、営業を停止せざるをえず、その結果、倒産の危機に加えて、従業員の収入の途絶の可能性があるとして、「償うことのできない損害」要件の判断において第三者の利益に言及したものがある（前掲・名古屋地決平成22・11・8）。

なお、仮の義務付けの申立て要件には、このほかに「本案について理由があるとみえるとき」及び「公共の福祉に重大な影響を及ぼすおそれがあるとき」の二つがあるが、「本案について理由があるとみえるとき」の審理をまず先に行い、それが否定されたことをもって、「償うことのできない損害」要件については論ずるまでもないとして、申立てを却下したものもある（東京地決平成24・11・2裁判所HP）。

さて本件では、申立人（申請者・琵琶工務店）自身の被る不利益（工期の長期化、足場をかけないで工事を行うことが不可能であること）については「償うことのできない損害」の中で考慮されるのは当然であるが、ビルの壁面が崩落する可能性やテナントに生じる損害は、申立人の利益に還元されたり、それと相当な関連性があるとみることが困難であろう。ただし、ビルの壁面が崩落する危険性については、第三者の利益（ないしは不特定多数の第三者にかかる利益ということで、「公益」一般と位置づけられることもあろう）であるとはいえ、生命・身体の安全等というまさに償うことのできない重大な法益の侵害であり、本件の工事がそのような生命・身体の安全の保全のため必要不可欠であるということであれば、損害の性質及び程度を勘案して（すなわち、執行停止に関する行訴法25条3項に準じて）、「償うことのできない損害」として認めることは可能であろう。

[**解説6** 本案で争ったのでは訴えの利益が失われる可能性が存することは、「償うことのできない損害」または、「緊急の必要」であるといえるか]

本件で問題となった道路占用許可申請は、工期である平成22年4月1日から4月30日までについてであるが、少なくともそれまでに仮の義務付け決定を得る必要がある。というのも、その申請で許可を求めている占用期間が過ぎた場合、道路占用許可の義務付け訴訟も道路占用不許可処分の取

消訴訟もともに訴えの利益が消滅し、却下となるからである。

　このような本案訴訟において訴えの利益が消滅する可能性については、このような申請型義務付け訴訟については一般的にいえることであって、特にこの事案に限ったこととはいえない。そうだとすると、このような訴えの利益の消滅可能性は、重大な損害そのものというよりも、救済手続そのものにかかわるリスクとして、むしろ「償うことのできない損害を避けるため緊急の必要」の中の「緊急の必要」に関わる問題として捉えるべきであろう。

　従来の決定例においては、執行停止についてのものであるが、マンション建築にかかる建築確認の執行停止の申立てについて、原告適格を基礎づける利益でもある「本件処分に係る本件建築物の倒壊，炎上等による自己の生命，財産等の侵害」を「重大な損害」として認め、本案訴訟において訴えの利益が消滅するおそれをもって、「本件処分の効力を停止する緊急の必要がある」と認めたものがある（東京高決平成21・2・6判例地方自治327・81、最決平成21・7・2判例地方自治327・79、さらに工事完了にともなう建築確認取消訴訟の訴えの利益の消滅については、最判昭和59・10・25民集38・10・1169参照）。

[解説7　「償うことのできない損害」を本案が認められる可能性との相関的に判断できるか]

　仮の義務付けは、その要件として「償うことのできない損害を避けるため緊急の必要がある」ことと、「本案について理由があるとみえるとき」であることの二つを挙げている（仮の差止めも同様。行訴法37条の5第1項・第2項）。また執行停止も、「重大な損害を避けるため緊急の必要がある」ことと、「本案について理由がないとみえるとき」ではないことを要件として挙げている（行訴法25条2項・4項）。

　このようにみてくると、仮の権利保護の中でも、仮の義務付けと仮の差止めは、執行停止より高いハードルを設けていることはいうまでもないが、この三つとも、程度に差はあるものの、損害の程度（償うことのできない損害・重大な損害）と本案訴訟の見込み（本案について理由があるとみえると

き・ないとみえるとき）を申立要件としていることになる。

　そうだとすれば、学説や裁判実務でいまだ確立されているわけではないが、とりわけ本案について理由があるとみえる程度が高い場合（本案訴訟において勝訴の可能性が高い場合）においては、損害の程度にかかわる要件の方は緩やかに判断し、結果的には、当該事案において、申し立てられている仮の救済を与えるにふさわしいか否かという観点から総合的に判断（総合的・相関的判断）を行うことも考えられるところであろう。

　ただし、行訴法が、仮の権利保護の各手段について上述のような形で要件を定めている以上、申立人の側としては、要件のそれぞれにについて疎明を行う必要がある。

[解説8　道路管理者による許可の性質]
　（1）　許可と特許の違い
　法令上「許可」という名称を付された行政処分は多数にのぼるが、その法的性質については一様ではない。法令上の「許可」の法的性質を論じる際に、理論的な物差しとされてきたのは、命令的行為としての「許可」と形成的行為の「特許」（設権行為）の区別である。ごく大雑把にいえば、「許可」は単なる自由の回復であるのに対して、「特許」は権利や法的地位の設定であるとされる。

　このうち「許可」（厳密に言えば「許可」制）の法的仕組みは次の通りである。①そもそも私人が自由に行いうる行為（これを「自然の自由」ということがある）について、②法律が許可制を採ることによって一般的に禁止し（すなわち、法律によって一般的に当該行為について不作為義務を課し）、③それを前提に私人が申請を行い、④要件に適合した場合には「許可」が行われることになる。すなわち、そこでいう「許可」は、②で課せられた一般的不作為義務を許可を得た者について個別に解除し、①の自然の自由の状態に戻すという法的効果を有するものである。したがって、上述のように「許可」をもって「自由の回復」であるとするのは、このような意味においてである。またこの「許可」が何故に講学上の命令的行為（すなわち私人の義務に関わる行為）として位置づけられるのかといえば、上述の②にあるよう

に、法令が許可制を規定すること自体が、私人に対して一般的不作為義務を課すからである（換言すれば、その意味で侵害的行為であるということになる）。

（2）　道路占用許可の法的性質

道路は、本来不特定多数の公衆の利用に供せられる「公共用物」であるが、その利用については、一般使用関係（すなわち、道路本来の用途である一般交通の用に供する関係）と特別使用関係（それ以外の用に供する関係）がある。本件で問題となる工事のための道路占用は後者に当たる。公物法理論においても、①何らの意思表示を要せず、公物を利用することが公衆に認められている「一般使用」、②自由使用を前提に、予め行為禁止を定め、申請に基づく許可によって禁止を解除する「許可使用」、③公物管理権者から、特別の使用権を設定されて公物を使用する「特許使用」（公物使用権の特許）という三つのカテゴリーが立てられている（塩野宏『行政法Ⅲ（第4版）』〔有斐閣・2012〕391頁）。

法32条1項の道路占用許可については、「一　電柱、電線、変圧塔、郵便差出箱、公衆電話所、広告塔その他これらに類する工作物」「二　水管、下水道管、ガス管その他これらに類する物件」「三　鉄道、軌道その他これらに類する施設」「四　歩廊、雪よけその他これらに類する施設」「五　地下街、地下室、通路、浄化槽その他これらに類する施設」「六　露店、商品置場その他これらに類する施設」「七　前各号に掲げるものを除く外、道路の構造又は交通に支障を及ぼす虞のある工作物、物件又は施設で政令で定めるもの」という7種の施設等が挙げられている。

これらが上述の許可使用と特許使用のいずれに当たるかについては、議論の余地があるが、1号ないし5号に挙げられているような施設については、定着性があり相当長期にわたる占用を予定するものであろうから、このようなものについては特許使用として位置付けられよう。また7号の「政令で定めるもの」の中には、トンネルの上または高架の道路の路面下に設ける事務所などがあるが（道路法施行令（以下、「令」という）7条6号）、こうしたものも特許使用とみてよい。

これに対して6号の施設は、臨時的に設置されるものであり、また7号の政令所定の施設の中で本件でも問題となったような「工事用施設」（令

7条2号）も、同様である。これらについては、これを許可使用とみる見解（塩野・前掲）と、あくまで1号から5号までと同様に特許使用とみる見解（道路法令研究会編著『道路法解説（改訂4版）』〔大成出版会・2007〕226頁）がある。許可使用とみた場合、処分行政庁の裁量の余地は基本的にないということになるが、仮に特許使用とみた場合であっても、拒否処分が、考慮すべきでない事項を考慮したり、あるいは考慮事項の評価にあたって、過大評価・過小評価がなされ、その結果、処分の前提となる判断過程に過誤欠落があるような場合には、裁量権の逸脱濫用があるものとして、違法とされよう。

なお、露店の設営や工事作業については、法32条1項の許可のほか、道路交通法77条の許可を要することとされており、両者の調整規定も存する（法32条5項、道路交通法79条）。

[解説9　路線認定、供用開始、道路予定区域の認定とは]

道路法は、道路の開設につき、路線認定、区域決定、権限取得、供用開始という一連の手続を定めている。また、区域決定から供用開始までの間について、一定の私権制限の規定も置いている。本件で問題となっている東京都の特別区については、地方自治法の規定により市に関する規定が適用されるので（地方自治法281条2項・283条1項）、以下、市町村道についての規定について説明する。

（1）　路線認定

市町村道（法3条4号）とは、市町村の区域内に存する道路で、市町村長がその道路を認定したものをいう（法8条1項）。市町村長がこの認定をしようとする場合には、あらかじめ当該市町村議会の議決が必要である（2項）。そして市町村長がこの認定をした場合には、その路線名、起点、終点、重要な経過地その他必要な事項を、国土交通省令で定めるところにより、公示しなければならない（法9条）。「公示」とは、一定の事柄を周知させるために発表し、公衆がこれを知ることのできることのできる状態に置くことをいうが、路線認定の場合、公示と路線認定の効力とは関係はなく、単に路線の認定の事実を一般に知らしめるものである（前掲・『道路法

解説』68頁）。この路線認定により、道路の位置が特定されることとなる。

（2） 区域決定

市町村道の道路管理者は、その路線の存する市町村である（法16条1項）。そして道路管理者は、路線認定が公示された場合においては、遅滞なく、道路の区域を決定して、国土交通省令で定めるところにより、これを公示し、かつ、これを表示した図面を関係地方整備局若しくは北海道開発局又は関係都道府県若しくは市町村の事務所において一般の縦覧に供しなければならない（18条1項）。この段階で、道路の延長と幅員が定められることになる。

（3） 供用開始

道路管理者は、道路の供用を開始し、又は廃止しようとする場合においては、国土交通省令で定めるところにより、その旨を公示し、かつ、これを表示した図面を道路管理者の事務所において一般の縦覧に供しなければならない。ただし、既存の道路について、その路線と重複して路線が指定され、認定され、又は変更された場合においては、その重複する道路の部分については、既に供用の開始があったものとみなし、供用開始の公示をすることを要しない（法18条2項）。

この供用開始の法的性質については、これを単なる事実行為とする見解もあるが、道路を一般の交通の用に供する旨の意思表示であって、それにより道路法の規定が全般的に適用になるという効果を有するものとして、公物としての道路を設定する行政行為と解される（前掲・『道路法解説』105頁以下）。

（4） 道路予定区域

さらに、上述の道路の区域決定（法18条1項）がなされた後、道路の供用が開始されるまでの間において、当該区域については、一定の公用制限が課せられる。

すなわち当該区域内においては、たとえ道路管理者が当該区域についての土地に関する権原を取得しているか否かにかかわらず、土地の形質を変更し、工作物を新築し、改築し、増築し、若しくは大修繕し、又は物件を付加増置してはならず、これらの行為を行う場合は、道路管理者の許可を

受けなければならないとされる（91条1項）。これは、そのような行為がなされると、その後の道路の新設などに当たって物理的障害となり、補償費用の増加につながるので、道路管理者の許可を要することとしたのである。この制限については損失補償の定めがある（91条3項）。

また、道路管理者が当該区域についての土地に関する権原を取得した後においては、当該区域又は当該区域内に設置された道路の附属物となるべきものについては、これを「道路予定区域」と称し、道路占用許可（32条1項）など法第3章第3節の規定ほか、所定の規定が準用されることとなる（91条2項）。

[解説10　取消と撤回]

　行政行為の取消は、当該行政行為に違法又は不当の瑕疵があった場合において、その行為を取り消すことによって、形成された法律関係を遡及的に元に戻す行為である。これには、処分庁ないし監督庁が行う職権取消と、不服申立てや取消訴訟による争訟取消がある。これに対して、行政行為がその成立時点においては瑕疵はなかったものの、その後の事情によって、当該法律関係を存続させることが公益上の観点から妥当ではないという場合に、その法律関係を消滅させる行為を撤回という。

　本件の場合、乙区長が当該却下処分につきそれが違法又は不当であると認めて「撤回」をしたというのであれば、そこで用いられている「撤回」という用語にかかわらず、それは上述の講学上における職権取消に当たると解される。

（神橋一彦）

12 国家賠償法事例
——営造物責任を巡る諸問題

　国道における土石流災害の事例をもとに、国家賠償法2条の営造物責任について検討をする。営造物責任自体は比較的イメージしやすい分野であるが、実際の訴訟でどのような点が問題となるのか、原告代理人としてどのような訴訟活動や証拠収集をなすべきか、本事例を通じて考えていきたい。

1 事案の概要

　平成21年7月14日、富士弁護士の知人である天城が、所長の富士弁護士、勤務弁護士である赤石弁護士の2人からなる富士法律事務所を訪れた。富士弁護士は一昨年、相談者・天城の夫が自動車を運転中に土石流に巻き込まれて死亡したという話は聞いていた。相談者・天城が話した事故の概要は以下のとおりであった。

2 相談者・天城の話

　夫は平成19年9月2日早朝にゴルフに出かけたまま戻らず、翌3日の朝になっても帰宅せず何らの連絡も無かったため、私は心配になり一緒にゴルフに行った夫の知人に電話をしました。夫の知人は、ゴルフは2日の午後1時半ころに雨が強くなったので中止となり、夫は帰宅したはずだということでした。私は夫の身に何かあったのではないかと心配になり警察署に相談して捜索願を出しました。
　その後、9月4日になって夫の車が国道0号線沿いの狩野川から引き上

げられ、国道0号線と交差する無名沢で土石流が発生していたことも分かり、更に5日には夫の遺体が駿河湾から見つかりました。夫が2日午後、国道0号線無名沢付近を運転中、無名沢で発生した土石流に飲み込まれ、自動車ごと狩野川に転落して流され、更に夫の遺体が駿河湾まで流されて発見されたことが分かりました。

　私は自然災害による事故で誰を責めるわけにもいかず、ただただ夫の冥福を祈ってきたのですが、実は先日、夫が事故にあった国道0号線を通ったところ、事故のあった無名沢の山側には立派な擁護壁が設けられ、谷側にも頑丈なガードレールが設置されていました。事故の状況について色々と話をしてくださった県土木事務所の担当者に話を聞いたところ、今回の事故を受けて擁護壁とカードレールの補強工事がなされたとのことです。事故後にこのような対策がなされたということは、国の対策に落ち度があったからではないでしょうか。

3 訴え提起までの準備

　富士・赤石弁護士は、まずは事実関係を確認することが重要と考え、地図で現場の状況を確認するとともに、これまで天城が集めていた本件事故に関連する新聞記事も確認した。また、天城とともに事故現場の国道0号線の無名沢に赴き現地の状況を確認し、写真も撮影した。

　その後も富士・赤石弁護士と天城は、県土木事務所、消防本部、警察署などから本件事故に関連する資料を集めようと試みたが、資料収集も進まないまま事故から2年半が経過した。富士・赤石弁護士が天城と協議したところ、天城としては国の責任を追及してもらいたいとの事であった。

　富士弁護士は赤石弁護士に対し、「本件は資料も十分ではないし、実際に土石流が起きた原因や天城の夫が土石流に巻き込まれた状況といった基本的な事実関係もよく分からないのでどうしたものか、訴えを提起しても訴訟の遂行はなかなか困難な気もするが、どうだろうか。天城は訴えを提起してもらいたいと言っているし、知り合いなのでなるべくその意向には

応えてはあげたいんだけど……」と相談した。赤石弁護士は、「確かに資料は十分ではありませんが、事故後に擁護壁とガードレールの補強工事がなされたという材料があることから、この点を捉えて国道について国家賠償法 2 条の営造物［**解説 1**　国家賠償法 2 条 1 項の「公の営造物」の意義］の設置又は管理の瑕疵［**解説 2**　国家賠償法 2 条 1 項の「設置・管理の瑕疵」の意義］があると主張すれば、どうにかなりそうな気もします。営造物責任は無過失責任と言われているので（**解説 3**　国家賠償法 2 条 1 項の責任の性質）、大丈夫ではないでしょうか。また有名な高知落石事件の最高裁判例もあるので、この判例に従えばやりようがあると思います」と応えた。富士弁護士も赤石弁護士の強気の姿勢に安心して、赤石弁護士に訴状の起案を指示した。

4　被告の確定

　被告については事故が国道で起きたことから国ではないかと考えていたが、天城との打ち合わせの中で、県土木事務所との遣り取りがあったこと、実際に事故当時国道のパトロールを行い、土石流発生現場の通行禁止等の対処をしたのが県土木事務所であったことから、赤石弁護士は国道の管理について一応法令を確認した。すると道路法13条 1 項で、国道のうち指定区間内の国道の管理者は国であるが、その他の場合は県が管理者であること、本件国道も指定区間外で県が管理していること、県による一般国道の管理は自治事務ではなく、法定受託事務であることが分かった（**解説 4**　地方公共団体の事務の種類）。そこで国ではなく県を被告として訴えを提起することとした。［**解説 5**　営造物責任の主体］

5　資料の収集

　また訴え提起と併せて、資料を収集するために、被告に対しては県土木事務所が保有する本件土石流及び事故に関する資料一式の提出を求めると

ともに、警察署、消防本部に対しては送付嘱託の申立も準備した。これまで天城が関係者と話す中で、これらの官公庁が本件土石流や事故について調査を行い一定の資料を有していることが判明していたからである。富士、赤石弁護士としては、送付嘱託等によって関係書類が出されることによって、ある程度本件土石流及び事故の実態が分かり、営造物責任も追及しやすくなるのではないかと期待した。

6 訴訟の序盤の状況

　被告の答弁書・準備書面では、県土木事務所による事故当日の国道のパトロール状況、土石流の把握の過程、通行禁止措置等の状況、復旧工事の状況等が時系列に従って明らかにされた。また、国道０号線・無名沢付近の過去の災害発生状況、気象、地理的特性、事故当日の気象状況、考えられる土石流の発生原因、土石流の発生場所と土石流の流路などについても、被告が把握しているところが述べられていた。これによって原告も今まではっきりしていなかった事故の事実関係や周辺事情について、ある程度知ることができた。

　他方、争点となる「営造物の設置又は管理の瑕疵」について、営造物は通常予想される自然現象に対し安全性を具備していれば足りるが、本件土石流は時間雨量100㎜を超える異常な降雨によって引き起こされたもので、本件道路について「営造物の設置又は管理の瑕疵」に欠けるところはない、事後的な擁護壁やガードレールの補強は、本件土石流によって地盤が不安定になったため二次的な災害を防ぐための対処であり、「営造物の設置又は管理の瑕疵」の根拠たり得ないという主張がなされていた。

　被告からも本件国道の沿革や周辺の事故現場周辺の地理等に関する客観資料が提出されるとともに、被告としては本件土石流の発生機序、本件災害の予見可能性等について、事故調査委員会による調査を行い、その報告書を裁判所に提出するとのことであった。被告としては専門家の大学教授を委員長として調査委員会を組織し、できるだけ客観的な立場から報告を

行う意向であることが示された。

　被告が提出した県土木事務所が保有する関係資料に加え、送付嘱託の申立ては採用され警察署、消防本部からも本件土石流及び事故に関する関連資料が提出され、これによって時系列毎の消防の対応状況、当時の天候・気象状況、本件集中豪雨に対する対応状況、行方不明者（天城の夫）の捜索状況等の事実関係については一層明らかになり、特に本件事故の発生時刻が、14時30分頃であることが明らかとなった。天城はこられの事実関係が分かっただけでも良かったと述べてくれたものの、営造物責任の決め手となる内容は含まれていなかった。

7 調査報告書

　提訴から1年半が経過したころ、被告による調査報告書が証拠として提出され、同証拠に基づく被告の主張もなされた。

　その内容は、①本件土石流発生時の気象条件は時間最大雨量が14時から15時まで104mmという猛烈な集中豪雨であったこと、これは観測所設置以来最大の時間雨量であったこと、②このような異常な気象条件では本件国道付近のどこで土石流が発生してもおかしくない状況であり、本件土石流を予測することは困難であったこと、③発生した土石流の流路・進路も予測不可能であり、本件国道の事故現場を土石流が襲うであろうことも予測不可能あったこと［**解説6**　設置管理の瑕疵と予見可能性］、④事故当時土木事務所は警戒態勢に入り必要なパトロールを行っていたこと、⑤一般に土石流は発生直前まで兆候が現れないことから、パトロールによっては土石流の予兆を感知することはほぼ不可能であること、⑥交通規制についても累積雨量200mmあるいは時間雨量50mmという規制基準が正当であること、⑦本件では14時30分に事故が発生したが、15時に累積雨量200mm、時間雨量50mmに達して初めて交通規制の対象となったこと、この時点で既に事故は発生しており、交通規制によって事故を防止することも不可能であったことなどが主張された。

8　富士弁護士事務所での検討

　赤石弁護士は、提訴時においては、事故後に擁護壁及びガードレールの補強がなされたことを営造物責任のポイントと考えていたが、この点は被告から容易に反論を受けてしまった。赤石弁護士としては被告の反論に疑問を持っていたが、補強の真の理由が被告の主張と異なることを立証するのは困難に思われた。また、大学教授を委員長とする報告書では、営造物責任を否定する内容が詳細に記述されていたため、今後どのような主張をすべきか行き詰まってしまった。富士弁護士も訴え提起時の不安が現実のものになり困ってしまったが、先ずは依頼者天城と報告書について検討をすることとした。
　検討の中で天城から、交通規制のための累積雨量や時間雨量について、県土木事務所はどのように把握しているのか、独自の観測システムを持っているのかなどと疑問が出された。

9　求釈明と管理の瑕疵の主張の補充

　そこで富士・赤石弁護士は、県土木事務所が独自の降水量観測システムを持っているのか、同システムは具体的にどのような内容か、リアルタイムで降水量を把握できるのか、本件事故当日のデータがあるのかについて、求釈明の申立てを行った。
　求釈明に応えて被告から提出された証拠によると、県土木事務所は独自の降水量観測システムを有していること、しかも10分毎の降雨量がリアルタイムで表示されることが分かり、事故当時の降水量についても生のデータが提出された。その内容はこれまでの被告の主張の通りであり、14時30分の事故発生後である、15時に累積雨量200㎜、時間雨量50㎜（実際は104㎜）に達したことも確認できた。

赤石弁護士がデータを何度も見ていると、確かに正時のデータとしては時間雨量50㎜の基準に達するのは15時であるが、10分ごとのデータを足し算していくと、14時10分に時間雨量（13時10分から14時10分までの合計雨量）が63㎜に達していることが分かった。

　赤石弁護士は、県土木事務所の交通規制の運用は、正時の時間雨量の表示で交通規制の発動を決めるというものであったが、このような運用には合理性はなく、10分ごとのデータがある以上、10分ごとに時間雨量50㎜の判断をすべきではないか、被告の交通規制の運用、道路管理には瑕疵があったのではないかと考えた。10分ごとに時間雨量を判断すれば、14時10分の時点で交通規制の基準に達していたこと、14時10分の時点で直ちに交通規制を実施していれば、本件事故の発生を回避できたのではないかと考え、富士・赤石弁護士は主張を補充し、管理の瑕疵を主張の中心に据えることとした。［**解説7**　国賠法1条と国賠法2条の責任の関係］

【参照法令】
●国家賠償法（抜粋）
第1条　国又は公共団体の公権力の行使に当る公務員が、その職務を行うについて、故意又は過失によつて違法に他人に損害を加えたときは、国又は公共団体が、これを賠償する責に任ずる。
②　前項の場合において、公務員に故意又は重大な過失があつたときは、国又は公共団体は、その公務員に対して求償権を有する。
第2条　道路、河川その他の公の営造物の設置又は管理に瑕疵があつたために他人に損害を生じたときは、国又は公共団体は、これを賠償する責に任ずる。
②　前項の場合において、他に損害の原因について責に任ずべき者があるときは、国又は公共団体は、これに対して求償権を有する。
第3条　前二条の規定によつて国又は公共団体が損害を賠償する責に任ずる場合において、公務員の選任若しくは監督又は公の営造物の設置若しくは管理に当る者と公務員の俸給、給与その他の費用又は公の営造物の設置若しくは管理の費用を負担する者とが異なるときは、費用を負担する者もまた、その損害を賠償する責に任ずる。
②　前項の場合において、損害を賠償した者は、内部関係でその損害を賠償する責任ある者に対して求償権を有する。

●道路法（抜粋）
（国道の維持、修繕その他の管理）

第13条　前条に規定するものを除くほか、国道の維持、修繕、公共土木施設災害復旧事業費国庫負担法（昭和26年法律第97号）の規定の適用を受ける災害復旧事業（以下「災害復旧」という。）その他の管理は、政令で指定する区間（以下「指定区間」という。）内については国土交通大臣が行い、その他の部分については都道府県がその路線の当該都道府県の区域内に存する部分について行う。
②〜⑥　（略）
（事務の区分）
第97条　この法律の規定により地方公共団体が処理することとされている事務のうち次に掲げるものは、地方自治法第2条第9項第1号に規定する第1号法定受託事務（次項において「第一号法定受託事務」という。）とする。
　一　この法律の規定により都道府県、指定市又は第17条第2項の規定により都道府県の同意を得た市（次項において「都道府県等」という。）が、指定区間外の国道の道路管理者として処理することとされている事務（中略）及び指定区間外の国道を構成していた不用物件の管理者として処理することとされている事務（中略）
　二　第13条第2項の規定により都道府県又は指定市が処理することとされる事務（政令で定めるものを除く。）
　　三〜四　（略）
②　（略）

●地方自治法
第2条　地方公共団体は、法人とする。
②　普通地方公共団体は、地域における事務及びその他の事務で法律又はこれに基づく政令により処理することとされるものを処理する。
③〜⑦　（略）
⑧　この法律において「自治事務」とは、地方公共団体が処理する事務のうち、法定受託事務以外のものをいう。
⑨　この法律において「法定受託事務」とは、次に掲げる事務をいう。
　一　法律又はこれに基づく政令により都道府県、市町村又は特別区が処理することとされる事務のうち、国が本来果たすべき役割に係るものであつて、国においてその適正な処理を特に確保する必要があるものとして法律又はこれに基づく政令に特に定めるもの（以下「第一号法定受託事務」という。）
　二　法律又はこれに基づく政令により市町村又は特別区が処理することとされる事務のうち、都道府県が本来果たすべき役割に係るものであつて、都道府県においてその適正な処理を特に確保する必要があるものとして法律又はこれに基づく政令に特に定めるもの（以下「第二号法定受託事務」という。）
⑩　この法律又はこれに基づく政令に規定するもののほか、法律に定める法定受託事務は第1号法定受託事務にあつては別表第1の上欄に掲げる法律についてそれぞれ同表の下欄に、第2号法定受託事務にあつては別表第2の上欄に掲げる法律についてそれ

ぞれ同表の下欄に掲げるとおりであり、政令に定める法定受託事務はこの法律に基づく政令に示すとおりである。

別表第1　第1号法定受託事務（第2条関係）（抜粋）

| 道路法（昭和27年法律第180号） | 一　この法律の規定により地方公共団体が処理することとされている事務のうち次に掲げるもの
　イ　この法律の規定により都道府県、指定市又は第17条第2項の規定により都道府県の同意を得た市（次号において「都道府県等」という。）が、指定区間外の国道の道路管理者として処理することとされている事務（第24条の2第1項及び第3項、第39条第1項（第91条第2項において準用する場合を含む。）、第47条の2第3項、第49条、第54条第1項、同条第2項において準用する第19条第2項、第54条第3項において準用する第7条第6項、第54条の2第1項、同条第2項において準用する第19条の2第2項、第54条の2第3項において準用する第7条第6項、第55条第1項、同条第2項において準用する第20条第3項、第55条第3項において準用する第7条第6項、第58条第1項、第59条第1項及び第3項、第60条、第61条第1項、第69条、第70条第1項、第3項及び第4項、第71条第4項（道路監理員の任命に係る部分に限り、第91条第2項において準用する場合を含む。）、第72条第1項（第91条第2項において準用する場合を含む。）、第72条第2項において準用する第69条第2項及び第3項並びに第72条第3項（これらの規定を第91条第2項において準用する場合を含む。）、第73条第1項から第3項まで（これらの規定を第91条第2項において準用する場合を含む。）、第75条第5項並びに同条第6項において準用する第69条第2項及び第3項（これらの規定を第91条第2項において準用する場合を含む。）、第85条第3項、第91条第3項並びに同条第4項において準用する第69条第2項及び第3項の規定により処理することとされているものを除く。）及び指定区間外の国道を構成していた不用物件の管理者として処理することとされている事務（第95条（第91条第2項において準用する場合を含む。）の規定により処理することとされているものを除く。）
　ロ　第13条第2項の規定により都道府県又は指定市が処理することとされる事務（政令で定めるものを除く。）
　ハ　第17条第4項の規定により国道に関して指定市以外の市町村が処理することとされている事務（政令で定めるものを除く。）
　ニ　第94条第5項（第91条第2項において準用する場合を含む。）の規定により都道府県が処理することとされている事務
二　他の法律及びこれに基づく政令の規定により、都道府県等が指定区 |

間外の国道の道路管理者又は道路管理者となるべき者として処理することとされている事務（費用の負担及び徴収に関するものを除く。）

（重　隆憲）

解説編

[**解説1** 国家賠償法2条1項の「公の営造物」の意義]

　国家賠償法2条1項は、「公の営造物」の設置管理に関して生じた損害について国又は公共団体が賠償責任を負う旨、定めているが、同法は「公の営造物」とは何かということについて、明文の定めを置いていない。そのため、解釈上の問題が生じる。この点、学説の中には、仮に「公の営造物」該当性が否定されたとしても、民法717条1項による救済まで否定されるわけではないので、「公の営造物」とは何か、あるいは、特定の物（又は物的施設）が公の営造物に該当するか否かについて議論することは、あまり実益のあることではない旨、指摘するものもある。しかし、「公の営造物」該当性が否定された場合に、必ず民法717条1項の「土地上の工作物」に該当するとは限らない（たとえば、自然状態の池沼は公目的を有していないことを理由に「公の営造物」該当性を否定されうるが、同時に民法717条1項の「土地上の工作物」該当性も否定される可能性がある）。また、国家賠償法2条1項による救済と民法717条1項による救済では、異なる点もある（たとえば民法717条1項による場合は占有者の免責がありうるが、国家賠償法2条1項による場合は同様の免責がないし、また、国家賠償法による場合は公の営造物の設置管理者のみならず費用負担者も賠償責任を負いうるが（国家賠償法3条）、民法による場合は同様の処理はできない）。そうすると、「公の営造物」の意義について検討することは一定の実践的意義があるといえる。

　そこで、国家賠償法2条1項の「公の営造物」概念について一般的な理解を確認することにしよう。一般的な理解によれば、同条項の「公の営造物」とは、国又は公共団体によって直接、公目的に供される有体物及び物的施設をさす。このような公の営造物概念に、本件のような道路法上の道路が該当することについて、異論はない。問題となるのは、その外延である。たとえば、地方公共団体が法律上の管理権をもたず、事実上、管理している物あるいは物的施設であっても、公の営造物に該当するのか、問題とされることがある。この点、地方公共団体が事実上の管理しかしていない物であっても、公の営造物に該当するというのが、一般的な理解である

（最判昭和59・11・29民集38・11・1260）。また、自然公物が公の営造物に該当するか、あるいは、動産が公の営造物に該当するか、といった問題が提起されることがあるが、一般的には、いずれについても肯定的に捉えられている。

［解説2　国家賠償法2条1項の「設置・管理の瑕疵」の意義］
　(1)　総　説
　国家賠償法2条1項に基づいて国又は公共団体の賠償責任が成立するためには、営造物の設置管理に瑕疵が存在しなければならない。そこで、営造物の設置管理の瑕疵とは何かということが問題となる。
　この点、最高裁は、同条項の設置管理の瑕疵とは「営造物が通常有すべき安全性を欠いていること」をいうと判示し（最判昭和45・8・20民集24・9・1268）、さらに「通常有すべき安全性を欠いている」といえるか否かの判断は、「当該営造物の構造、用法、場所的環境及び利用状況等諸般の事情を総合考慮して具体的個別的に判断すべき」としている（最判昭和53・7・4民集32・5・809）。このような判断枠組みは、今日では既に確立したと言ってよい。これによれば、結局のところ、営造物の設置管理の瑕疵があったか否かの判断は、個別の事案において、諸事情を勘案し、個別具体的に判断していくほかないということになる。
　他方、学説においては、設置管理の瑕疵の意義をめぐり、これまで瑕疵論争と呼ばれる激しい論争があった。そこではさまざまな考え方が提唱されたが、それらを整理すると、物（営造物）に着目して設置管理の瑕疵を判断すべきとする考え方と人（営造物の管理者）に着目して設置管理の瑕疵を判断すべきとする考え方が両極にあり、その中間にそれぞれの要素を一定程度さまざまな形で取り込んだ考え方がある、と整理できよう。たとえば、営造物の欠陥それ自体が設置管理の瑕疵であるとする営造物瑕疵説は、物の要素を重視した学説である。また、損害防止措置の懈怠に基づく損害回避義務違反として設置管理の瑕疵を捉える義務違反説は、人の要素を重視した学説と言えよう。さらに、物的欠陥が設置管理作用の不完全さに起因する場合に、設置管理の瑕疵を認める客観説は、物の要素と人の要

素をともに取り込んで設置管理の瑕疵を判断する学説と言えよう。これら学説間の争いは今日においてもなお決着をみないが、近年は、設置管理の瑕疵の有無を判断する際に、何が考慮事項となり、それらがどのように考慮されるのかということを検討したほうが生産的であるとして、瑕疵論争に深く立ち入らない傾向にある。

以上のように、裁判実務においても、また学説においても、設置管理の瑕疵の有無を判断する際には各事案の個別事情を重視する傾向を看取できる。そこで、以下では、公の営造物の典型ともいえる道路の場合について、どのような事項に着目して設置管理の瑕疵の有無が判断されてきたのか、確認することにする。

(2) 道路の設置管理の瑕疵

国家賠償法2条1項の設置管理の瑕疵に関するリーディングケースであると同時に、道路の設置管理の瑕疵に関するリーディングケースである高知落石事件において、最高裁は、同条項に関する三原則、すなわち①設置管理の瑕疵とは通常有すべき安全性を欠いていること、②無過失責任であること、③予算の制約は抗弁事由にならないことを判示している（最判昭和45・8・20民集24・9・1268）。このことは広く知られているが、ここでの関心は、設置管理の瑕疵の有無を判断する際に、いかなる事情が考慮されたかということであるから、そのような観点から、同判決を再読してみると、最高裁は、設置管理の瑕疵を認めた原審の判断を支持する際に、道路の重要性、道路をとりまく過去の状況（落石や崩土の有無）、実際に道路管理者がとった措置、道路管理者がとりえた措置といった事情を考慮に入れている（同判決は、不可抗力の有無や、損害回避可能性の有無にも言及しているが、その位置づけは必ずしもはっきりしない。参照、後述の**解説6**）。また、赤色灯標柱倒壊事件は、最高裁が道路それ自体の物的瑕疵というよりは、道路管理者の管理行為に着目して設置管理の瑕疵を判断した事件として広く知られているが、そこでは赤色灯標柱の倒壊が夜間であったこと、赤色灯標柱の倒壊から事故発生までわずかの時間しかなかったことが考慮されている（最判昭和50・6・26民集29・6・851）。同様に、故障車放置事件も、最高裁が道路それ自体の物理的瑕疵というよりは、道路管理者の管理行為に着目し

て設置管理の瑕疵を判断したことで広く知られているが、そこでは道路法上の道路管理者の行為規範のほか、道路の幅員と故障車が放置された位置、故障車が放置された時間、道路管理者の監視体制、道路管理者がとりえた措置、実際の道路管理者の対応が考慮されて、道路の設置管理の瑕疵が認定されている（最判昭和50・7・25民集29・6・1136）。このように、道路の設置管理の瑕疵に関する代表的な判例を確認するだけでも、実際には、裁判所はさまざまな事情を考慮に入れて設置管理の瑕疵の有無を判断していることが読み取れる。このことは、道路の設置管理の瑕疵の問題を扱った下級審の裁判例まで含めて仔細に分析すれば、なお一層明らかである。たとえば、過去における類似の事故の有無、事故発生時の気象状況、事故発生時の時間帯、事故の態様、事故の原因、安全対策の有無、利用者の行動、利用者の属性などのさまざまな事情が考慮されている。したがって、本件のような道路事故の場合も、弁護士は視野を広くもって、原告に有利な諸事情を指摘していく必要がある。

[解説3　国家賠償法2条1項の責任の性質]

　国家賠償法2条1項は、同法1条1項と異なり、国又は公共団体が賠償責任を負う要件として「故意又は過失」を挙げていない。この点、上述したように、最高裁は高知落石事件において国家賠償法2条1項に基づく損害賠償責任が無過失責任であることを明言した。このような見方は、その後の判例・学説によっても支持され、同条項に基づく責任が無過失責任であるとの見方は、今日では確立していると言ってよい。もっとも、「設置又は管理の瑕疵」の有無を判断するための考慮要素として、過失の有無を判断する際の要素（予測可能性や結果回避可能性の要素）が混入してくると、実質的には、同条項に基づく責任は過失責任の様相を呈することになる（**解説2**、**解説6**、**解説7**参照）。

　なお、一般的な理解によれば、国家賠償法2条2項は結果責任を定めたものではない。なぜなら、同条項は、損害発生の結果さえ認められれば、国又は公共団体が賠償責任を負うと定めているのではなく、公の営造物の設置管理の瑕疵があること要件として、国又は公共団体が賠償責任を負う

と定めているからである。

[解説4　地方公共団体の事務の種類]
　地方公共団体は、地方自治法上、①「地域における事務」と②「その他の事務で法律又はこれに基づく政令により処理することとされるもの」を処理することとされている（地方自治法2条2項）。量的観点からすると、地方公共団体が実際に処理している事務のほとんどは前者の「地域における事務」であって、後者に該当する事務は極めて少ない、あるいはほとんどないといってよい（たとえば「北方領土問題等の解決の促進のための特別措置に関する法律」11条に基づいて根室市が行っている北方領土の戸籍事務は後者の事務である）。具体的に、いかなる事務が地域における事務かは、事務の内容に鑑み、個別に判定するほかないが、ごみの収集など「住民に身近な行政」（地方自治法1条の2第2項）に係る事務は地域における事務といってよい。
　以上のような地方公共団体の事務は、地方自治法によれば、自治事務と法定受託事務の2種類に区別される。このうち、自治事務とは「地方公共団体が処理する事務のうち、法定受託事務以外のものをいう」（地方自治法2条8項）と定められているから、結局、自治事務とは何かということを把握するためには、法定受託事務とは何かということを把握する必要がある。そこで、法定受託事務に関する地方自治法の定めを確認すると、法定受託事務には第1号法定受託事務と第2号法定受託事務の2種類があることがわかる。前者は、「法律又はこれに基づく政令により都道府県、市町村又は特別区が処理することとされる事務のうち、国が本来果たすべき役割に係るものであって、国においてその適正な処理を特に確保する必要があるものとして法律又はこれに基づく政令に特に定めるもの」であり、後者は「法律又はこれに基づく政令により市町村又は特別区が処理することとされる事務のうち、都道府県が本来果たすべき役割に係るものであって、都道府県においてその適正な処理を特に確保する必要があるものとして法律又はこれに基づく政令に特に定めるもの」である（地方自治法2条9項、傍点筆者）。この法定受託事務の定義を理解するポイントは二つある。第1のポイントは、事務処理の主体が異なるという点である。つまり、第

1号法定受託事務の場合、事務処理の主体は都道府県、市町村又は特別区であるのに対して、第2号法定受託事務の場合は市町村又は特別区である。このことから、都道府県が処理する事務には第2号法定受託事務は含まれず、第1号法定受託事務だけが都道府県によって処理される法定受託事務となる。これに対し、市町村と特別区は、第1号法定受託事務のほかに、第2号法定受託事務も処理する。第2のポイントは、本来誰の果たすべき役割に係る事務なのかが、両者の間で異なるという点である。すなわち、第1号法定受託事務の場合、それは国が本来果たすべき役割に係る事務であるのに対し、第2号法定受託事務の場合は、都道府県が本来果たすべき役割に係る事務である。もっとも、ここで注意すべきは、本来的に誰の果たすべき役割に係る事務かという議論は事務の性質に着目した議論であって、事務の帰属という観点からの議論とは全く別であるということである。たとえば市町村が第1号法定受託事務を処理するといった場合、事務の性質からすると、国が本来的に果たすべき役割に係る事務を市町村は処理するということになるのであるが、当該事務が一体誰に帰属しているか、つまり、誰の事務かといったら、それは当該市町村の事務であるということになる。このように、立法者は事務の性質と事務の帰属を使い分けているので、このような視点をもって各法定受託事務の意義を理解する必要がある。なお、法律上、事務の種類によって関与の形態などが異なるため、地方公共団体の事務の種類を判別することには実践的意義があるといえる。具体的に、いかなる事務が第1号法定受託事務で、いかなる事務が第2号法定受託事務かは、地方自治法または地方自治法施行令で定められているほか、（地方自治法298条・299条、地方自治法施行令223・224条）個別の法令でも定められている（個別法令上の法定受託事務については地方自治法及び地方自治法施行令の別表で一覧できるようなっている。第1号法定受託事務につき、地自法別表第一、地自法施行令別表第一、第2号法定受託事務につき、地自法別表第二、地自法施行令別表第二、地方自治法2条10項）。

　本件の場合、道路法13条1項により、指定区間外の道路については都道府県が国道の管理を行うこととされ、さらに道路法97条1項1号により、「この法律の規定により都道府県……が、指定区間外の国道の道路管理者

として処理することとされている事務」は第1号法定受託事務であるとされている。このことは、地方自治法別表第一によっても、確認することができる。したがって、本件国道の管理事務は都道府県の第1号法定受託事務であると言える。

[解説5　営造物責任の主体]
　本件における公の営造物たる国道の管理は、都道府県が行うこととされている（道路法13条1項）。そのため、都道府県が本件事故の損害賠償責任の主体になると言えそうである。もっとも、上述したように、当該国道の管理事務は第1号法定受託事務である。そのため、国が損害賠償責任の主体になるということも考えられなくはない。しかし、上述したように、事務の帰属という観点からすると、第1号法定受託事務は、国ではなく、地方公共団体に帰属する。したがって、本件における指定区間外の国道の管理事務も、国ではなく、都道府県に帰属する。そうすると、当該国道の管理の瑕疵に起因する損害賠償責任は、国ではなく、やはり都道府県が負うと言えよう。

　それでは、仮に、本件の場合と異なり、国道の指定区間内で事故が起こった場合はどうか。この場合、当該国道の管理者は基本的に国土交通大臣である（道路法13条1項）。国土交通大臣は国の機関であって、法人格を有しないので、当該国道の管理の瑕疵に起因する損害賠償責任は、国土交通大臣ではなく、国が負うことになる。もっとも、営造物の設置管理者のほかに、費用負担者もまた、賠償責任を負いうる（国家賠償法3条1項）。このような観点からすると、指定区間内の国道であっても、その管理費は道路法上、都道府県が支出することになっているのであるから（道路法50条3項）、被害者は、国のほか、都道府県に対しても損害賠償請求をすることができると言えよう。

[解説6　設置管理の瑕疵と予見可能性]
　上述したように、国家賠償法2条1項の設置管理の瑕疵については、今日、さまざまな事情に鑑みて、その有無が判定されている。もっとも、そ

れらの個別事情から、いきなり設置管理の瑕疵が導出されるのでは必ずしもなく、個別事情から予見可能性の有無や、結果回避可能性の有無が判断され、その結果として設置管理の瑕疵の有無が最終的に判断されていると評価できるケースが多い。

　本件のように、異常気象が原因で営造物の利用者に損害が発生した場合、特に問題となるのが予見可能性である（異常気象など営造物の外部に被害の原因を求めることができる場合を「外在的瑕疵類型」と呼ぶことがあるのに対し、営造物自体に物理的欠陥がある場合を「内在的瑕疵類型」と呼ぶことがある）。もっとも、予見可能性の有無を判断するための定型的な一般的判断枠組みは確立していない。そのため、予見可能性の有無は、結局のところ、個別の事情に応じて判断するほかないが、道路事故の場合、過去の裁判例では予見可能性を定量的に把握する考え方と定性的に把握する考え方が示されている。前者は「定量的予見可能性」と呼ばれ、これは自然災害の発生の危険が定量的に表現されておらず、具体的にそれが予測されていないのであれば（たとえば、特定の地域で、どれだけの雨量が降れば、土石流が発生するのか、明らかでない場合には）、予見可能性はないとする考え方である（名古屋地判昭和48・3・30判タ295・153）。これに対し、後者は「定性的予見可能性」と呼ばれ、一定の地域において災害発生の危険があるとされる定性的要因があり、発生の危険が蓋然的に認められれば、予見可能性はあるとする考え方である（名古屋高判昭和49・11・20判タ318・121）。個別の事案において、定量的予見可能性が肯定できれば、特に問題はないのであろうが、仮に肯定できない場合であっても、定性的予見可能性は肯定できるというケースはありうる。そのため、本件でも、弁護士は、事情次第で、定性的予見可能性が認められるとの立場にたって、設置管理の瑕疵の有無に関する主張をしていくことが考えられてよいであろう。

　なお、巨大地震や、超大型の台風によって損害が発生した場合のように、当該損害が不可抗力によるものと考えられる場合には、予見可能性がなかったとして、設置管理の瑕疵を否定する、ということが考えられる。この場合、被告・行政主体からの不可抗力の主張は設置管理の瑕疵の存在に対する積極的否認となる。しかし、これと異なり、不可抗力を抗弁事由

として位置づける立場もある。これによれば、設置管理の瑕疵が認められても、不可抗力が認められると、免責されることになる。学説・裁判実務ともに、必ずしも見解は一致していないが、裁判実務は後者の立場に立っているケースが多いように思われる。

[解説7　国賠法1条と国賠法2条の責任の関係]
　被害者が、国家賠償法1条によっても、また、同法2条によっても国又は公共団体の賠償責任を追及できると考えられる場合がある。たとえば、公立小学校のプールで授業中に児童が飛び込み、頭をプールの底に打ちつけるなどして被害が発生した場合、教員（公務員）が適切な監視を怠ったために被害が発生したと捉えれば、被害者は同法1条に基づいて賠償責任を追及することができるし、他方で、プール自体（公の営造物）に問題があったために被害が発生したと捉えれば、被害者は同法2条に基づいて賠償責任を追及することもできる。もっとも、このような場合には、国家賠償法2条に基づいて賠償責任を追及したほうが、被害者たる原告にとっては、有利であると言えそうである。なぜなら、国家賠償法1条の責任が過失責任であるのに対し、同法2条の責任は無過失責任であると一般に言われているため、後者に基づいて賠償責任を追及すれば、原告は過失があることを立証する必要がないからである。
　もっとも、設置管理の瑕疵が予見可能性と結果回避可能性の有無という観点から判定されるとすれば、設置管理の瑕疵が認められるということと過失が認められるということは同義であるとも言いうる。そうすると、一般に無過失責任として捉えられている国家賠償法2条1項に基づく賠償責任は、実質的には過失責任とかわらないと言えそうである。このようにみてくると、国家賠償法1条に基づいて賠償責任を追及することも、また、同法2条に基づいて賠償責任を追及することも可能な場合には、後者を選択したほうが原告にとって有利である、との見方は十分な説得力を有していないということになろう。
　しかし、国家賠償法2条1項の設置管理の瑕疵を予見可能性と結果回避可能性によって判定するとしても、その内容が、同法1条1項で求められ

る過失の内容と同じであるとは限らない。むしろ、学説の中には、両者の間に差異を認め、同法1条1項の過失は公務員個人の主観的過失であるが、同法2条1項の設置管理の瑕疵は、設置管理者の設置管理行為が問題とされる場合、設置管理者個人の主観的過失ではなく、いわば行政活動としての「役務の過失」である、とみる見方がある（藤田宙靖『第四版行政法Ⅰ（総論）〔改訂版〕』〔青林書院・2003〕521頁）。これによれば、国家賠償法1条1項の過失は認定できないが、同法2条1項の設置管理の瑕疵は認定できるというケースがありえよう。こうした前提にたてば、国家賠償法1条に基づいて賠償責任を追及することも、また、同法2条に基づいて賠償責任を追及することも可能な場合には、やはり後者を選択したほうが得策である、と指摘できよう。

　本件の場合、道路の管理者に着目して、国家賠償法1条1項に基づき、賠償責任を追及することも、また、道路に着目して国家賠償法2条1項に基づき賠償責任を追及することも可能であるように思われる。しかし、前者による場合には、公務員個人の過失を立証する必要があるところ、その立証は困難であるともいえる。交通規制の運用の仕方に不適切な点があったという程度の指摘では、行政活動上の役務の過失あるいは公務運営上の瑕疵ということは認定できても、公務員個人の過失を認定するには不十分であると判断される可能性がある。したがって、本件のようなケースでは原告は国家賠償法2条1項に基づいて賠償責任を追及したほうがよい、との見方も一定の説得力があるといえよう。この点、たとえば阿部教授も「天災で道路上の車両が土石流に押し流された……場合には、行政の危険防止責任を問題とするので、一条と二条とは接近してきそうであるが、一条の危険防止責任の場合には、危険の予見可能性がかなり具体的であることを要するとされることが多いのに対して、二条の場合にはいくらかそれは緩和されているという印象を受ける。一条の過失を個人の主観的な過失と捉えると、この程度では過失にはなかなかならない。一条と二条は大違いである。」と指摘する（阿部泰隆『国家補償法』〔有斐閣・1988〕250頁）。

（土田伸也）

事項索引

い

異議申立て……………………… 8, 302, 362
異議申立前置主義……………………… 303
1号請求……………………… 332
違法性の承継……………… 154, 224, 320, 339
違法の主張の制限……………………… 14

う

訴えの利益……………………… 42, 124, 138
　　狭義の――……………………… 12, 69

え

営造物責任……………………… 378
　　――の主体……………………… 392
営造物の設置又は管理の瑕疵……… 379
延滞金……………………… 301
延滞税……………………… 300

お

公の営造物……………………… 386

か

過誤納金……………………… 301
加算金……………………… 301
加算税……………………… 300
仮処分の排除……………………… 44
仮の義務付け……………………… 17, 355, 365
仮の権利保護……………………… 17
仮の差止め……………………… 18, 176, 194
仮放免……………………… 222
管轄……………………… 13, 242
監査請求の期間制限……………………… 326
還付加算金……………………… 286, 302
　　――の計算……………………… 307
　　――の始期……………………… 289
還付金……………………… 301

き

既判力……………………… 16
義務修正申告……………………… 289

義務付け訴訟……………………… 43, 229
客観(的)訴訟……………………… 5
行政過程における私人の行為……… 305
行政事件訴訟……………………… 4
行政指導……………………… 84, 97
行政庁……………………… 11
行政調査……………………… 263, 277
行政手続法……………………… 84, 101
行政手続法違反……………………… 127, 183
　　――の効果……………………… 196
行政不服申立て……………………… 7
業務起因性……………………… 238, 247
許可……………………… 371
緊急の必要……………………… 369

く

区道……………………… 359

け

経由機関……………………… 82, 96
決定……………………… 299
原告適格……………… 12, 38, 66, 139, 155, 265, 278
原処分主義……………………… 14, 40, 68
建築確認……………………… 32, 55
建築主事……………………… 59
建築審査会……………………… 62

こ

効果裁量……………………… 58, 275
更正……………………… 299
　　――の請求……………………… 297
拘束力……………………… 16, 250
国家賠償……………………… 18

さ

再審査請求……………………… 8
再審情願……………………… 213, 231
財務会計上の行為……………………… 318, 338
　　――の「特定」……………………… 316
在留資格……………………… 214
在留特別許可……………… 211, 217, 226, 227

| 裁量権の逸脱・濫用……… 11, 143, 156, 183, 188
| 裁量統制……………………………………… 276
| 差止訴訟……………………………… 148, 176, 194
| 3号請求……………………………………… 332

し

| 自治事務……………………………………… 390
| 執行停止………………………… 18, 184, 209, 254
| 執行不停止の原則…………………………… 17
| 実質的当事者訴訟…………………………… 295
| 指定確認検査機関……………………… 33, 60
| 修正申告………………………………… 286, 298
| 重大な損害…………………… 157, 254, 257, 271
| 住民監査請求…………………………… 310, 324
| 住民訴訟……………………………………… 329
| ――における原告…………………… 313, 334
| 主観(的)訴訟………………………………… 5
| 出訴期間………………………………… 12, 38, 63
| 受理…………………………………………… 93
| 情報公開制度……………………………… 142
| 証明責任……………………………………… 16
| 職権主義……………………………………… 15
| 処分………………………………………… 295
| ――の違法………………………………… 39
| ――の蓋然性……………………………… 178
| 処分基準……………………………… 168, 181, 192
| 処分行政庁………………………………… 22
| 処分性……………… 10, 114, 121, 135, 150, 300
| 申告納税方式……………………………… 300
| 申告納付方式……………………………… 291
| 審査請求…………………………………… 8, 303
| 審査請求前置…………………………… 37, 264
| (申請型)義務付け訴訟…………………… 363
| 申請と届出………………………………… 91

せ

| 請求
| ――の客観的併合……………………… 138, 153
| ――の原因……………………………… 22, 210
| ――の趣旨…………………………… 22, 87, 210
| 設置・管理の瑕疵……………………… 387, 388
| 接道義務……………………………………… 61

そ

| 相当期間……………………………………… 89
| 訴額の算定……………………………… 87, 315
| 訴状…………………………………………… 21
| 訴訟参加………………………………… 264, 280
| 訴訟物…………………………… 14, 88, 103, 210
| 訴訟要件……………………………………… 11
| 租税不服申立……………………………… 291

た

| 第1号法定受託事務…………………… 384, 390
| 退去強制手続…………………………… 216, 221
| 退去強制令書……………………………… 215
| 第2号法定受託事務……………………… 390

ち

| 地方公共団体の事務………………………… 91
| 地方支分部局…………………………… 259, 272
| 懲戒免職処分………………………………… 311
| 聴聞…………………………………… 166, 191

つ

| 償うことのできない(重大な)損害……… 355, 367

て

| 撤回………………………………………… 190

と

| 当事者訴訟…………………………………… 136
| 道路………………………………………… 360
| 特定行政庁…………………………………… 60
| 特許………………………………………… 371
| 取消………………………………………… 190
| ――と撤回……………………………… 375
| 取消判決の効力………………………… 188, 197

に

| 2号請求……………………………………… 332

の

| 納税申告……………………………………… 298

は

判決効 ………………………………………… 245

ひ

被告 …………………………………………… 13
　――の主張制限 ………………………… 244, 248
被告適格 ……………………………………… 65
非申請型義務付け訴訟 ……………………… 70
比例原則 ……………………………………… 182

ふ

賦課課税方式 ………………………………… 300
不作為の違法確認訴訟 …………………… 85, 102
不服申立前置主義 …………………………… 304
不利益処分の手続 …………………………… 191
分限免職処分 ………………………………… 311
　――と懲戒免職処分の違い ……………… 327

ほ

法定受託事務 …………………………… 378, 390
法律による行政の原理 ……………………… 2
法律の法規創造力 …………………………… 3
法律の優位の原則 …………………………… 2
法律の留保 …………………………………… 2

み

民事上の仮処分 ……………………………… 74
民事訴訟としての差止訴訟 ………………… 73

む

無過失責任 …………………………………… 389

も

申立ての趣旨 ………………………………… 257

よ

要件裁量 ……………………………………… 58
要綱 …………………………………………… 95
予見可能性 ……………………………… 380, 393
4 号請求 …………………………… 313, 333, 335
　――における被告 ………………………… 314

り

理由の追加・差し替え ………………… 15, 242
理由の提示 ……………………………… 115, 125

ろ

労災保険給付 …………………………… 235, 246
労働者性 ………………………………… 236, 246

【執筆者、執筆担当紹介】

編著者

 大貫裕之（おおぬき・ひろゆき）　中央大学大学院法務研究科教授
  （執筆担当：第2編②、⑩。いずれも解説編）

 宇佐見方宏（うさみ・まさひろ）　弁護士、中央大学大学院法務研究科特任教授
  （執筆担当：第1編（共著）、第2編①、⑤、⑦。第2編はいずれも事例編）

執筆者（50音順）

 稲葉一将（いなば・かずまさ）　名古屋大学大学院法学研究科教授
  （執筆担当：第2編④、⑦。いずれも解説編）

 河口まり子（かわぐち・まりこ）　弁護士・中央大学大学院法務研究科実務講師
  （執筆担当：第1編（共著）、第2編②、⑪。第2編はいずれも事例編）

 神橋一彦（かんばし・かずひこ）　立教大学法学部教授
  （執筆担当：第2編③、⑪。いずれも解説編）

 久保田まち子（くぼた・まちこ）　弁護士
  （執筆担当：第2編⑥事例編）

 小松　哲（こまつ・さとし）　弁護士
  （執筆担当：第2編⑨事例編。⑨解説編1〜4）

 重　隆憲（しげ・たかのり）　弁護士、中央大学大学院法務研究科客員講師
  （執筆担当：第2編⑧、⑩、⑫。いずれも事例編）

 辻本雄一（つじもと・ゆういち）　弁護士、中央大学大学院法務研究科客員講師
  （執筆担当：第2編③、④。いずれも事例編）

 土田伸也（つちだ・しんや）　中央大学大学院法務研究科教授
  （執筆担当：第2編①、⑫。いずれも解説編）

 徳本広孝（とくもと・ひろたか）　首都大学東京社会科学研究科法曹養成専攻教授
  （執筆担当：第2編⑧解説編。⑨解説編advanced 1・2）

 野口貴公美（のぐち・きくみ）　中央大学法学部教授
  （執筆担当：第2編⑤、⑥。いずれも解説編）

事例別　実務行政事件訴訟法

2014（平成26）年4月30日　初版1刷発行

編著者	大貫裕之・宇佐見方宏
発行者	鯉渕　友南
発行所	株式会社 弘文堂　101-0062 東京都千代田区神田駿河台1の7 TEL 03(3294)4801　振替 00120-6-53909 http://www.koubundou.co.jp
装　丁	水木喜美男
印　刷	港北出版印刷
製　本	井上製本所

© 2014 Hiroyuki Oonuki, Masahiro Usami. Printed in Japan

JCOPY 〈(社)出版者著作権管理機構　委託出版物〉

本書の無断複写は著作権法上での例外を除き禁じられています。複写される場合は、そのつど事前に、(社)出版者著作権管理機構（電話 03-3513-6969、FAX 03-3513-6979、e-mail:info@jcopy.or.jp）の許諾を得てください。
また本書を代行業者等の第三者に依頼してスキャンやデジタル化することは、たとえ個人や家庭内での利用であっても一切認められておりません。

ISBN978-4-335-35596-7

──── 条解シリーズ ────

条解破産法	伊藤眞・岡正晶・田原睦夫・林道晴・松下淳一・森宏司=著
条解民事再生法〔第3版〕	園尾隆司・小林秀之=編
条解会社更生法〔上・中・下〕	兼子一=監修　三ケ月章・竹下守夫・霜島甲一・前田庸・田村諄之輔・青山善充=著（品切れ）
条解民事訴訟法〔第2版〕	兼子一=原著　松浦馨・新堂幸司・竹下守夫・高橋宏志・加藤新太郎・上原敏夫・高田裕成
条解不動産登記法	七戸克彦=監修　日本司法書士会連合会・日本土地家屋調査士会連合会=編
条解弁護士法〔第4版〕	日本弁護士連合会調査室=編著
条解刑法〔第3版〕	前田雅英=編集代表　松本時夫・池田修・渡邉一弘・大谷直人・河村博=編
条解刑事訴訟法〔第4版〕	松尾浩也=監修　松本時夫・土本武司・池田修・酒巻匡=編集代表
条解行政手続法	塩野宏・高木光=著　（品切れ）
条解行政事件訴訟法〔第3版補正版〕	南博方・高橋滋=編
条解行政情報関連三法　公文書管理法　行政機関情報公開法　行政機関個人情報保護法	高橋滋・斎藤誠・藤井昭夫=編著
条解独占禁止法	厚谷襄児・糸田省吾・向田直範・稗貫俊文・和田健夫=編
条解精神保健法	大谷實=編集代表　古田佑紀・町野朔・原敏弘=編　（品切れ）

──── 弘　文　堂 ────

＊2014年2月現在